青岛方言

王建升 编纂

2021年度青岛市社会科学规划研究项目 批准号"：QDSKL2101408

中国海洋大学出版社
·青岛·

图书在版编目（ＣＩＰ）数据

青岛方言/王建升编纂.—青岛：中国海洋大学
出版社，2022.8（2023.10重印）

ISBN 978-7-5670-3240-8

Ⅰ.①青… Ⅱ.①王… Ⅲ.①北方方言–方言研究–
青岛 Ⅳ.① H172.1

中国版本图书馆 CIP 数据核字 (2022) 第 146806 号

青岛方言 QINGDAO FANGYAN

出版发行	中国海洋大学出版社		
社　　址	青岛市香港东路 23 号	**邮政编码**	266076
网　　址	http://pub.ouc.edu.cn		
出 版 人	刘文菁		
责任编辑	矫恒鹏	**电　　话**	0532-85902349
电子信箱	2586345806@qq.com		
印　　制	北京虎彩文化传播有限公司		
版　　次	2022 年 9 月第 1 版		
印　　次	2023 年10月第 2 次印刷		
成品尺寸	170 mm × 240mm		
印　　张	22		
字　　数	312 千		
印　　数	1001~2000		
定　　价	69.00 元		
订购电话	0532-82032573（传真）		

发现印装质量问题，请致电 15764257687，由印刷厂负责调换。

序

　　语言是人类最重要的交际工具和思维工具，方言是语言因地域环境和历史条件不同而呈现的分支与变体。《礼记·王制》中就记载："五方之民，言语不通，嗜欲不同。"被誉为中国古典文学源头的《诗经》，其中的《风》就收录了各地民间诗歌，最初就是用方言传唱，后来在编纂时用当时的"雅言"进行了整理加工。作为我国最早的方言著作，西汉扬雄的《輶轩使者绝代语释别国方言》被誉为"悬诸日月不刊之书"。可见方言自古就显现出其独特的价值，并对我国的语言文化产生了深远的影响。近半个世纪以来，我国语言文化的多样性受到了前所未有的冲击，各地方言日渐式微。如此下去，承载着民族记忆与乡愁的方言将以极快的速度消亡，成为时间荒原之中遥远的回响。保护方言，不仅需要专家学者的呼吁与研究，还要靠社会各界的积极参与和守护。作为青岛市崂山区民间文艺家协会副主席兼秘书长，王建升二十年来矢志于青岛方言的搜集整理与文化考证，足见一个赤子对家乡的拳拳之心。

　　要拯救方言，就要和时间赛跑！

　　王建升投入了这场漫长的与时间的竞赛。因为方言词汇不是"随叫随到"的，有它自然流淌出现的机会，当时若无机缘捕捉，不知要再等多少日子。所以整理方言既要进行全面系统的田野调查，又必须拿时间做本，时时处处留心记录，经得起熬炼，耐得住寂寞。为了探寻方言词汇的本字，摸清其历史演变的脉络，他从汉语方言研究的发轫之作《輶轩使者绝代语释别国方言》开始入手，从《说文解字》《广韵》《集韵》及历代语言词典等汉语语言学的圭臬之书，到唐诗宋词、元曲杂剧、小说笔记、俚曲唱词、典籍方志，乃至全国各地的方言资料，在浩如烟海的文献中披沙拣金，探赜索隐，涉猎面之广、搜集量之巨、研究之深令人赞叹。悠久曲折的城市历史，五方杂处的城市生态，造就了青岛兼蓄并包、多元融合的城市文化，所有这一切都在青岛方言中留下了深深的烙印。随着研究的深入，大量古语词浮出水面，青岛方言的发展脉络日渐清晰起来。在王建升的不懈努力下，青岛灿烂的历史文化又增添了青岛方言这一重要内容。

《青岛方言》收录方言词条 2600 余条，并逐一注音、释义、举例，呈现了青岛方言的整体面貌与显著特点。作者没有将语言学的框架凌驾于鲜活的方言语境之上，也没有脱离生活的土壤而单纯分析其语言形式，而是将方言研究和乡情民俗、地域文脉紧密地结合起来。由于提供了大量的生活场景例句、文献资料与古典文学作品释例，这本书读起来犹如在古今之间穿越，在市井与乡野间飞梭。打开这本书，如同翻开一幅方言版的"清明上河图"，这里有社会百业和人生百态，有乡村农家的柴米油盐和酸甜苦辣，也有里院市井的嬉笑怒骂与家长里短，无声的文字为读者展现了一幅生动的民俗画卷。掩卷之余，我们仿佛能看到作者奔波于市井农家做田野调查的身影，还有考释本字、追溯流变时神交古人、情通乡亲的场景，更能感受到他一路走来所获得的那份喜悦和丰盈。

方言土语是扎根于生活沃土的大地之音，吸收的是化育万物的民间元气，浸润着世代千载的人生悲欢，洋溢着宏阔包容、酣畅淋漓的精神气度，具有普通话所没有的艺术张力和风采神韵。同时，方言也是民间故事、曲艺歌谣、民间技艺等民俗文化赖以留存、传承的媒介和载体。在漫长的历史长河中，不知有多少词语和民俗逐渐消亡湮灭，又有多少城市的记忆被掩埋与遗忘，这时，我们不妨从方言中找寻那多彩的璞玉和遗失的美好。

方言乡音不仅具有重要的语言、历史和民俗价值，而且承载着乡情乡愁，连接着我们的精神家园。德国语言学家洪堡特说："每一种语言都包含着一种独特的世界观。"对于从小生活在方言环境中的人来说，方言是他感受、认识和联系所有现实外部世界最主要的途径。无论以后对普通话接受到什么程度，其实他内心里总有一部用家乡方言写成的词典，还有一方用这部词典构筑的精神田园；对于一个城市来说，方言保存着城市记忆，是城市文化的有机组成部分，保护方言就是厚植乡土文化之根；对于一个民族来说，传承好方言文化不仅有助于进一步增强文化自觉和文化自信，也可以进一步激发中华优秀传统文化的生机与活力。我们希望看到更多的人关心、支持、参与到活态民间文化的保护与传承中来，以"功成不必在我，功成必定有我"的历史担当，以"结硬寨，打呆仗"的执着坚守，做民间文化保护与发展的基层研究者。

是为序。

潘鲁生

辛丑小满于北大山

（作者为中国文联副主席，中国民间文艺家协会主席）

目录

青岛方言的特点 /1

凡例 /15

音序索引 /17

青岛方言词汇 /001

后记 /319

青岛方言的特点

青岛作为一座城市的历史始于1891年。时年，清政府决定在胶澳（青岛）设防，后调登州镇总兵章高元率兵移驻胶澳。1928年《胶澳志》记载："青岛村初为渔舟聚集之所，旧有居民三四百户，大都以渔为业，今之天后宫、太平路一带，乃三十年前泊舟晒网之所。章高元驻兵而后，渐成小镇市矣。"而在此之前，青岛的老城区隶属于莱州府即墨县所辖，俗称即墨南乡。夏商时期，青岛区域属莱夷；西周时属夷国；春秋战国时期属齐国。对于那个时期"莱夷地"的语言，《孟子·万章上》中有"此非君子之言，齐东野人之语也"的记载。这里所说的"齐东"就是当今山东半岛东部，即"莱夷地"。可见当时莱夷地区的人民是被"诗、书、执礼，皆雅言"的儒士所鄙视的，视其为"野人"。在掌控着文化话语权的上层士大夫们看来，这些"野人之语"登不得大雅之堂，没有多大记录的价值。没有文字记载传世，我们现在也就无从知晓当时的语言特点了。西汉时期的扬雄在收集前代的方言资料和实际调查的基础上，整理编著了中国第一部记录方言的著作——《輶轩使者绝代语释别国方言》，其中提到"东齐"或"齐东之间"的内容约有30处。可见，到了汉代，"齐东"地区的方言有了相对固定的地域特征。但由于记录的数量十分有限，我们不能系统地描绘当时"齐东"方言的特点。从青岛市区原有村落的格局与分布来看，大部分居民是明代大规模移民的后裔，现在青岛方言的基本形态应该是从那时开始形成。从清末在青岛设防，后相继为德、日所侵占，一直到1949年后青岛经济社会的快速发展，青岛市区外来人口不断增长，形成了五方杂处的移民城市。本地方言在与移民带来的胶州、平度等近郊方言，以及山东半岛的日照、潍坊、烟台、威海等地区方言的融汇影响下，逐渐形成了现在的青岛方言。

青岛方言属于北方方言中的胶辽官话，在语音、词汇、语法方面，保留了许多古音、古词和古语法，具有鲜明的特点。

一、语音方面的特点体现在声母细化，韵母简化，古音丰富

（一）声母细化指的是普通话的同一组声母，在青岛方言中细分为两类。第一种情况是普通话的声母 j、q、x（相应的国际音标为：[tɕ] [tɕ']
[ɕ]），在青岛方言里细分为团音、尖音：一类仍然读 j（即 [tɕ]，如：技、建、讲）、q（即 [tɕ']，如：起、欠、强）、x（即 [ɕ]，如：戏、险、向），即团音；另一类读尖音，相应的国际音标分别读为 [ts] [ts'] [s]。其中 [ts] 声母如：集、挤、净、静、尖、箭等，[ts'] 声母如：齐、七、前、千、墙、枪等，[s] 声母如：西、细、先、鲜、想、镶等。所以，普通话的同音字在青岛方言中却不同音，如：激≠积、计≠剂、肩≠尖、建≠箭、交≠浇、降≠酱，期≠七、旗≠齐、牵≠千、腔≠枪、强≠墙，稀≠西、戏≠细、掀≠鲜、香≠箱、歇≠些、校≠笑。其实，读音分尖团音一直被认为是汉语的一大特点，是汉语高度精密的表现。1932 年"中华民国教育部"颁行《国音常用字汇》，是历史上第一次在官方字典中取消尖音，从而出现了尖音、团音合并。第二种情况是普通话的 zh、ch、sh（相应的国际音标为：[tʂ] [tʂ'] [ʂ]）声母，在青岛方言中分为两类，一类仍然读舌尖后音 zh、ch、sh，另一类是舌叶音，相应的国际音标分别为 [tʃ] [tʃ'] [ʃ]，因此，一部分同音字在青岛方言中并不同音，如：争≠蒸、支≠只、抄≠超、齿≠尺、时≠食、生≠升、梳≠书。其实，普通话的声母 zh、ch、sh 来自于中古音的知、庄、章三系，元明时期由三类合为两类，明清之后合为一类，因此青岛方言仍然保留了元明时期的发音特点。

（二）韵母简化则体现了音节结构单纯化的汉语发展总趋势。如普通话中韵母 eng、ong 合并为 eng，而 ing、iong 合并为 ing，所以在普通话中不同音的字在青岛方言中却同音，如：东＝灯、宗＝增、公＝更、空＝坑、红＝横、中＝争、熊＝行、永＝影。

（三）青岛方言中保留古音的例子很多。如"枕头"被称为"豆枕"，因为"头"的繁体是"頭"，属形声字，"豆"为声，"頁"是形，《说文解字》对"頭"的解释是："首也，从頁豆声，度侯切。"即"頭"的古音同"豆"（dou），青岛方言中的"豆枕"实为"頭枕"，是保留了古音的结果。再如白居易的诗《晨兴》："宿鸟动前林，晨光上东屋。铜炉添早香，纱笼灭残烛。头醒风稍愈，眼饱睡初足。起坐兀无思，叩齿三十六。何以解宿斋，一杯云母粥。"如果按照现代读音，"粥"与前面就不押韵了。若用青岛方言的发音读"粥"就十分顺畅，因为青岛方言的"粥"就读如"zhu"。很多普通话读音为"zhou"的字，如"（车）轴、（拐）肘、（笤）帚、妯（娌）"，在青岛都读为"zhu"，其实这些发音特点都是古音的遗留。

（四）用音变区别词义。如"光棍"一词，在读音儿化时，指年龄大的单身男子，如俗语"瓜薖一拎，光棍儿一根""光棍儿汉子出家——无牵无挂"。如果读音不儿化，则有两个意思：一是名词，指为人明智、行事得体的人，如俗语"宁接光棍一句言，不接彪子二百钱"。《增广贤文·补遗》中就有"村夫硬如铁，光棍软如棉"。清代王浚卿小说《冷眼观》第二十四回："要想同他反对几句，又因为他手下人太多，俗语叫光棍不吃眼前亏，我就悄悄的走来了。"二是形容词，指为人行事公道得体，让人钦佩，如：人家说的那话办的那事，真是光棍。再如"佮伙儿"一词，读音为 gǎ huōr 时，指结伴、合伙之意；读音为 gā huor 时，则指姘头。

（五）其他方面的特点。

1. 声调减少。青岛方言只有三个声调，普通话读去声的字，除了少数读阴平，其余大部分读阳平，读为阴平或阳平没有规律，部分字还存在两读现象。

2. 部分字的介音 u 被省略，有一部分则被增加。青岛市区在历史上曾归即墨管辖，语音受即墨地区影响最明显的方面之一就是省略介音 u。在即墨方言中，韵母中的介音 u 大部分被省略，如"嘴、最、罪、醉、崔、催、脆、随、岁、碎、段、锻、短、乱、钻、团、酸、算、蒜、尊、遵、村、存、寸、孙"等。青岛方言老派发音中，一部分字如"对、推、腿、退、断、瞳、蹲、墩、炖、顿、盹、囤、吞、囵"等与即墨方言发音相同，省略了 u 介音。一部分字的 u 介音在一般情况下不省略，在特定的词汇中则被省略，如"团"一般情况下读 tuàn，而在"蒲团"这一词汇里就读 tàn；"端"在一般情况下读 duǎn，而在"端详"这一词汇中就读 dǎn，这类的例子还有"断、甩、疮、撅"等。同时，也有一部分在普通话中没有介音 u 的字在青岛方言中却被附加上了介音 u，如"散""伞"在老派发音中一般读为 suan；"哥、歌、个、搁、河、和、合、何、荷、贺、鹤、科、颗、我、饿、俄、蛾、鹅、恶"等古合口字，在老派发音中仍保留 u 介音。

3. 青岛方言中韵母 ei 在普通话中分别读为 o、ai、e。青岛老派发音中的 ei 韵母字，有一部分是从古代入声字变来的，这些字在普通话中分别读 o、ai、e 韵母。o 韵母如"伯、默、墨"等；ai 韵母如"百、白、拍、麦、脉、摘、宅、窄、拆、柏、迈"等；e 韵母如"德、得、测、策、册、责、隔、克、客、刻"等。

二、词汇方面的特点体现为词汇生动，词义细腻，古语词丰富

（一）词汇生动。在青岛方言中，往往把动植物最显著的特征或特点作为其名称，如：由于牛筋草的根系极发达，秆叶强韧，不易拔起，故名"蹲倒驴"；当地一种极为耐干旱的草本植物，名"气死日头儿"；鬼针草，因其结的长针状籽端有双倒钩刺，很容易附着在人的衣服上，遂称"后老婆针"。其他一些植物名称如：开不够儿、望镰倒、驴饳饳、大车轱轮儿、老雕翅子、老婆指甲、獾耳朵、犸虎铃铛、掐不齐等；动物名称如：海腚根、担杖钩儿、老鼠尾巴、草鞋底、蹚打山等，均是以其特征进行命名，非常生动。

（二）词义细腻。青岛地区的动词非常有特色，而且对动作分得很细腻。如普通话里的"击、打"，在青岛方言中分别就有㧔（hǔ）、撰（diǎn）、搧（shǎn）、擽（māo）、敹（zhū）、毦（shù）、戳

（hǎi）、敽（xiē）、敊（lū）等很多含义不同的动词；其他如蹃（zhǎ）、蹨（juān）、蹽（pāng）、蹴（chāi）、趾（cī）等，都是在普通话中不常用的动词。其中有的是一些古语词，比如，《輶轩使者绝代语释别国方言》第十卷中说："南楚凡相椎搏曰拯，或曰惣。""惣"（亦作"呼"）是击打的意思，在青岛特指用手掌、板状物击打，如《醒世姻缘传》第十一回："那日审官司的时节，不是俺爷爷计会元央了直日功曹救护着，岂不被赃官一顿板子呼杀了。"《醒世姻缘传》第八十八回："他要可恶不老实，呼顿板子，给他剥了衣裳，还叫他去做那徒夫。""撺"（亦作"敦""墩"）是指用拳头击打，如元杂剧《哭存孝》第二折："词未尽将他来骂，口未落便拳敦。""拐"义为"折断"，常用词有："拐断、拐弯弯"等。《说文解字》中说："拐，折也。从手，月声。"扬雄《太玄·羡》："车轴折，其衡拐。""擽"义为"撕裂"，《集韵》的解释是："擽，毁裂也。"蒲松龄《日用俗字》中写到："裤子擽开大事毕，不用裁缝动剪刀"，青岛人经常说"擽开、擽破"等词语。"揣"（亦作"拥"）义为"推"，《说文解字》的解释是："揣，推捣也。"在宋元时期的文学作品中例子很多，如《梦溪笔谈》第九卷："（柳开）……载以独轮车，引试日，衣襴，自拥车以入，欲以此骇众取名。"《窦娥冤》第三折："则被这枷扭的我左侧右偏，人拥的我前合后偃。"

再如，"害"在表达"发生不安的内心情绪"意义时，普通话中只有"害羞、害怕"等极少的词汇。青岛方言在表达这一意义时还有进一步的拓展，如害急（着急）、害淡（害羞）、害躁（烦躁）、害气（生气）、害愁（犯愁）、害吓、害臊、害惊等词汇。同时，"害"除了可表达"发生不安的内心情绪"（心理方面），又能表达"引起人某一方面的不适"（生理方面）这一意义，如害饿、害干、害疼、害使、害痒、害冷、害热、害硌、害烫、害使、害颠、害憋、害挤、害撑、害攘、害馋、害困、害盹、害辣、害咸等，几乎大部分引起人不适的感觉都可用"害"来表达。这种用法至少在元代就已广泛使用了，只是到了近现代才在通行语中逐渐萎缩。元杂剧中此类例子很多，如：《合汗衫》第二折："我咬你这一口儿，你害疼呵。"《汉宫秋》第二折："怕娘娘觉饥时吃一块淡淡盐烧肉，害渴时喝一杓儿酪和粥。"《生金阁》第三折："我害饥也，买个蒸饼吃哩。"《陈抟高卧》第四折："干把那蝶梦惊回，多管葫芦提害痒。"《神奴儿》第二折："怕你害渴时有柿子和梨儿，害饥时有软肉也那薄饼。"

（三）古语词丰富。"夜来"一词早在唐代就已被普遍使用了，最为大家耳熟能详的应推唐诗《春晓》："春眠不觉晓，处处闻啼鸟。夜来风雨声，花落知多少。"还有《卖炭翁》："夜来城外一尺雪，晓驾炭车辗冰辙。"但在这两首诗中"夜来"的意思是"昨夜"，而青岛方言中的意思是"昨天"。青岛地区在表达"昨夜"时，一般用"夜来晚上"或者是"夜来下晚儿"。在唐代，"夜来"主要指"昨夜"；从宋代开始，"夜来"一词兼有"昨夜"和"昨天"两个意思，如杨万里的《明发石山》："明发愁仍集，寒云又作屯。悬知今定雨，正坐夜来暄。"下面是元杂剧中几个表示"昨天"的例子：《秋胡戏妻》第一折："我想夜来过门，今日当军去。"《后庭花》第二折："老婆子夜来晚间在狮子店里安下，只听的这秀才和我翠鸾孩儿说话。"《破窑记》第二折："（洁云）夜来老僧赴斋，不知曾有人来望老僧否？（聪云）夜来有一秀才自西洛而来，特谒我师，不遇而返。"《西厢记》一本第二折："夜来老僧不在，有失迎迓，望先生恕罪。"还如"菢"，是动物孵卵、繁殖的意思，《唐韵》："菢，薄报切，音暴。"《广韵》："菢，鸟孵卵。"《集韵》："菢，鸟伏卵也。"韩愈《荐士》诗："鹤翎不天生，变化在啄菢。"《农政全书·牧养·鸡》："养鸡不菢法：母鸡下卵时，日逐食内夹以麻子喂之，则常生卵不菢。""菢"的本字为"抱"，见《輶轩使者绝代语释别国方言》第八卷："北燕、朝鲜、洌水之间谓伏鸡曰抱。"青岛地区的老年人在表达"给"这一意义时，更习惯用的是"乞"。在现代汉语中"乞"是求讨、请求的意思，而青岛人却用于表达"给"，正好意思相反。其实，"乞"的本义为"给"，"求讨、请求"是后来的引申义。宋代史学家郑樵在其名著《通志》中说："气，氤也。因声借为与人之乞，音氣。因与人之义，借为求人之乞，此因借而借也。"清嘉庆年间戈载所撰的《词林正韵》中记载："（乞）去冀切，音器。凡与人物，亦曰乞。"

三、语法方面的特点主要表现在重叠词丰富，"子"尾发达，词缀独特等方面

（一）AA式构形重叠词丰富。许多词重叠之后并没有产生新词，只是产生了该词的变体，这些重叠结构的意义与重叠前相比基本不变，只是增加了某些语法意义或是色彩意义。

1.AA式名词重叠。通常情况下，名词AA式构形一般都儿化。例如：

窝窝儿　　眼眼儿　　孔孔儿　　洞洞儿　　面面儿　　渣渣儿

茬茬儿　　沫沫儿　　末末儿　　点点儿　　星星儿　　杠杠儿

沟沟儿　　边边儿　　褶褶儿　　道道儿　　片片儿　　毛毛儿

绒绒儿　　格格儿　　口口儿　　事事儿　　条条儿　　棱棱儿

角角儿　　刺刺儿　　尖尖儿　　叉叉儿　　块块儿　　粔粔儿

2.AA式动词重叠。单音节动词重叠后形成的AA式结构，多数增加了一种状态强化的意味，词的基本意义不变，如：蜷蜷、卷卷、勾勾、鼓鼓、梗梗、掇掇、撅撅等。某些动词的AA式变成名词，以突出名词的某一特性，有时儿化，有时不儿化，如：咬咬（特指咬人的小虫子），跑跑儿（特指爬行的小虫子），鼓鼓儿（凸起的东西），搐搐儿（褶皱）。

3.AA式形容词重叠。分为两种情况。

（1）一类是用来突出事物的性状，一般不儿化，用作定语。例如：

长长：～脸；～棍子

短短：～腿；那么个～衣裳

方方：～木头；～口

圆圆：～桶；～窟窿

团团：～脸；～身子

扁扁：～嘴；～饺子

勾勾：～鼻子；～爪子

横横：～杠儿；～梁

歪歪：～头；～脾气

斜斜：～眼；～线

尖尖：～头儿；～下巴

干干：～鰲；～碗儿

矮矮：那么～的个子

瘦瘦：～身子；小～腿

弯弯：没有那个～肚子别吃那个～镰

（2）第二类一般情况下儿化，且后面加"的"，用作状语或补语，表示程度的加深，相当于"非常 A""很 A"。例如：

远远儿的：跑得～

高高儿的：称得～

早早儿的：上班～

溜溜儿的：开车～

崩崩儿的：干得～

硬硬儿的：想得～

死死儿的：管得～；忘得～

4.AA 式象声词或动词重叠。象声词及某些动词通过"一 AA 的（地）"形式，表示某种声音连续不断出现或持续保持某种状态的样子。不管原来 A 读什么音，第一个变为重读的四声，第二个读轻声。例如：

一汪汪的（地）：那个小狗一听见动静就一汪汪地叫。

一哗哗的（地）：水龙头的水淌得一哗哗的也没人管。

一哇哇的（地）：把个孩子打得一哇哇地哭。

一喳喳的（地）：学生们待教室来一喳喳的。

一嗷嗷的（地）：没等说孩子几句，孩子就一嗷嗷的。

一轰轰的（地）：推土机一轰轰的，说什么话也听不见。

一溜溜的（地）：他家孩子真听话，安排什么事都一溜溜地干完了。

一驰驰的（地）：听说你待来找他，他一驰驰地跑了。

一突突的（地）：惊得他那个心一突突的。

（二）"子"尾相对发达。这是青岛方言在语法上的一个显著特点，例如：澡堂子（浴池）、一点子（很少或很小）、生古钉子（吝啬）、心眼子（心眼）、嘴巴子（口才）、赌气子（赌气）、茶几子（茶几）、木鸡子（发呆的样子）、牙花子（牙龈）、鸡皮子（鸡皮疙瘩）、腚巴子（臀部）、腿骬子（胫骨）、左巴来子（左撇子）、金嘎子（金戒指）、彪子（精神不正常的人）、溜沟子（奉迎拍马）、生杂子（极其吝啬）、马蛇子（蜥蜴）、枸奶子（枸杞子）、马扎子（马扎）、手背子（手背）、房门子（房门）、苦菜子（苦菜）、树墩子（树桩）等，这里包括名词、形容词、量词、动词等，都附带着"子"字尾。

（三）具有一些独特的词缀。

1. 前缀"溜、老、精、怪"等，附在动词或形容词前面表示程度的加深，其意义相当于"非常""很""特别"。例如：

溜：溜清　溜软　溜轻　溜熟　溜尖　溜圆　溜滑

老：老厚　老高　老远　老长　老大　老深　老粗

精：精矮　精湿　精生　精秕　精轻

怪：怪冷　怪热　怪疼　怪沉　怪可怜

2. "打"附在单音节动词后其本身的意义虚化，"A打"的形式含有动作随意或反复连续的意味。例如：

拎打　呲打　嘛打　磕打　碾打　趾打

戳打　吹打　说打　呼打　掇打　吐打

3. "巴"既可以作为名词的后缀，如潮巴、哑巴、响巴、俊巴、瘦巴、野巴等，又可以作为动词、形容词的后缀。青岛方言中，单音节动词都可以带上"巴"，构成"A巴"的格式，具有和谐音节和舒缓语气的作用，例如：捏巴、拥巴、砸巴、洗巴、搓巴、擦巴、糊巴、塞巴、弹巴、揉巴、挤巴、扬巴、摊巴、剁巴、劈巴、分巴、打巴、抻巴、眨巴等。当用于非疑问句时，动词"A巴"多以其重叠形式"A巴A巴"的形式出现，表示动作具有短暂和连续的意义，例如：揉巴揉巴、择巴择巴、撕巴撕巴、捏巴捏巴、平巴平巴、压巴压巴、摊巴摊巴。

4.还有一种动词词缀"得上"，表示程度的加深，相当于普通话的"得慌"。例如：

憋得上　　闷得上　　气得上　　使得上　　累得上

饿得上　　干得上　　硌得上　　盹得上　　疼得上

（四）形容词生动形式。青岛方言的形容词生动形式比较丰富，主要有以下类型。

1.在单音节形容词前粘附一个单音节语素，以示程度的加深。青岛方言中大多不使用"很""非常"等词，而以其他单音节语素代替，起到加深程度的作用。例如：

酸—焦酸　　甜—细甜　　苦—悲苦　　咸—齁咸　　热—滚热

快—风快　　干—响干　　脆—崩脆　　焦—响焦　　硬—钢硬

白—挑白　　紫—殷紫　　黄—显黄　　平—肆平　　滑—溜滑

2.在表示积极意义的形容词前加副词"那么"和"没是（mù shi）"，分别构成形容词的比较级形式"那么 A"和最高级形式"没是 A"。例如：

原级	比较级	最高级
高	那么高	没是高
厚	那么厚	没是厚
深	那么深	没是深
粗	那么粗	没是粗
远	那么远	没是远
长	那么长	没是长
宽	那么宽	没是宽
大	那么大	没是大

"那么"和"没是"只能修饰表示积极意义的形容词，不能修饰表示消极意义的形容词。上述的最高级形式可以重叠，如"没是高没是高"等，重叠后表示程度的进一步加深，也可以加"AB"形成"没是AAB"以加重语气。B与A虽是正反义对立的形容词，但在这里并不减轻最高级的形容程度，例如：没是高高下、没是长长短、没是深深浅、没是粗粗细、没是厚厚薄、没是大大小。但并不是所有正反义对立的形容词都可以用这种形式，如"高"和"矮"、"宽"和"窄"虽然是正反义对立的形容词，却没像"没是高高矮""没是宽宽窄"这样的说法。

3. 在表示消极意义的形容词重叠形式"AA"前加"嘛"，强调其消极意义的程度进一步加深，有的儿化，有的不儿化。例如：

嘛细细儿　　嘛薄薄儿　　嘛窄窄儿　　嘛点点儿
嘛矮矮　　　嘛短短　　　嘛浅浅

4. 在正反义对立的形容词"AB"形式前，可以加"嘛"，其词义就着重强调表示消极意义的"B"，程度进一步加深。例如：

嘛高下=很矮　　嘛深浅=很浅　　嘛长短=很短　　　嘛厚薄=很薄
嘛宽窄=很窄　　嘛粗细儿=很细　　嘛大点儿=很小（少）

5. 在形容词前加"嘛"，无论该形容词本义是积极意义还是消极意义，均改为消极意义，但数量很少。例如：

嘛高儿=很矮　　嘛点儿=很小（少）

6. 青岛方言形容词还可以构成"ABB的"格式，意为"稍A、微A"。例如：

甜甘甘的　酸溜溜的　苦森森的　辣嗖嗖的　辣浩浩的　咸滋滋的
厚敦敦的　薄溜溜的　长干干的　高墚墚的　矮扑扑的　宽透透的
蓝生生的　白皭皭的　紫盈盈的　绿莘莘的　红松松的　黄干干的

（五）一些介词、助词、副词经常被省略。

1. 普通话中的处所补语多用介词词组表示，例如"放在桌子上""跑到院子里"等，青岛方言常省略了其中的介词，处所补语可以直接放到动词后面，这时的动词说得比较重、语音比较长。例如：

把饭掇（到）桌子上。

把它撂（在）院子里。

书放（到、在）哪里？

把画儿贴（到）墙上。

把花儿栽（在）盆里。

2.助词"了"的用法与普通话基本相同，但句中时态助词"了"常可通过重读并延长前面动词的读音而加以省略。例如：

看（了）电影就回去。

把花生炒（了）吃了。

倒（了）油瓶不扶。

3.否定副词"不"经常省略，意思不发生变化。例如：

管谁——不管谁；人人

管哪儿——不管哪里；到处

管几时——不管什么时候；总是

管什么——不管什么；所有的东西

（六）方位词"来"。"来"用于名词或名词性短语后，表处所、时间、范围等，相当于"里"。例如：

去了好几趟他们家来都没人。

这是他们公司来发的工作服。

他表弟在老家村来当书记。

等到假期来咱再一块儿玩。

他嘴上不说，心来满肚子意见。

你没看见我的包儿放哪来了？你的包儿放在那来，不是这来。

（七）量词"块""些"。青岛方言中的量词"块""些"与普通话相比，词义更丰富、使用范围更广。

1.量词"块"在普通话中表示块状、团状或某些片状的东西，如一块儿糖、一块儿石头、一块儿纸、一块儿地等，在青岛方言中，其使用范围更宽泛。

（1）表示文艺作品的首、曲、场、部等。例如：

唱块儿歌儿。

看块儿电影。

看块儿戏。

演块儿剧。

看块儿电视。

（2）表示个、段等（用于人时含贬义）。例如：

那块场儿让人家早就占下了。

给他块事干干。

这块儿路挺远的。

你去剪几块儿铁丝，割两块儿绳子。

那块儿人能办出什么好事来？

2. 量词"些"。

（1）"些" + 名词。这里的"些"是"某些""那些""这些""有些"等的概称。例如：

些人背后里乱传话。

些家长一听都着急了。

些出大力的哪有那些弯弯心眼儿。

（2）量词"些"前可加"一"之外的数词，其词义相当于"份"或"倍"。例如：

把货分成两些，一个人一半。

他装的那一车东西能顶你的三些。

（八）同素异序现象。同素异序词有时在意义上有区别，但多数并无不同，在青岛话中两种说法都对。例如（前为普通话，后为青岛话）：

颠倒—倒颠	诚实—实诚	总共—共总	气味—味气
摆布—布摆	捣鼓—鼓捣	洗刷—刷洗	揉搓—搓揉
傧相—相傧	刚劲—劲刚	当郎—郎当	奔拉—拉奔
奉承—承奉	样式—式样	承认—认承	健康—康健

（九）比较句式与古汉语的比较句式完全相同。其比较句式是在比较词后面加"起"字，从而构成"甲＋比较词＋起＋乙"的句式，这与古汉语的比较句式，如"蜀道之难难于上青天""霜叶红于二月花"完全一致。例如：

他不矮起他哥哥。

六月韭，臭起狗。

洗脸不洗脖子，丑起骡子。

逢着是个官儿，就强起卖水烟儿。

什么高起天？什么矮起地？什么甜如蜜？什么蜜水甜？父母高起天，子女矮起地，娘想孩子甜如蜜，孩子想娘蜜水甜。

埋怨老天不凑趣，一日长起十来日，捱过今朝又明朝，怎么教人不生气。（《聊斋俚曲集·琴瑟乐》）

凡例

1. 因国际音标专业性强，非专业人士难以识读，故本书所收条目采用汉语拼音注音，一些方言词汇仅能标注出与实际发音近似的音。

2. 青岛方言与普通话的声韵调系统存在较大差异，其中最明显的是青岛方言的声母细化，保留了一些古音。第一种情况是普通话的声母 j、q、x，在青岛方言里细分为团音、尖音：一类仍然读 j、q、x，即团音；另一类如"集、七、西"的声母发音，为尖音。第二种情况是普通话的声母 zh、ch、sh，在青岛方言中细分为两类：一类仍然读 zh、ch、sh，即舌尖后音；另一类如"蒸、成、升"的声母发音，为舌叶音。为了避免与普通话发音产生混淆，本书将所收录词汇中发音为尖音的 j、q、x，在其下方标注△；发音为舌叶音的 zh、ch、sh，在其下方标注＿，以方便在阅读时区分辨别，如下表所示。

青岛方言声母细化表

普通话声母	细化为团音、尖音	例字
j	j 团音	机 建 具
	j̪ 尖音	集 箭 聚
q	q 团音	旗 签 曲
	q̪ 尖音	齐 前 娶
x	x 团音	戏 先 许
	x̪ 尖音	细 鲜 须

普通话声母	细化为舌尖后音、舌叶音		例字
zh	zh 舌尖后音		支 争 竹
	<u>zh</u> 舌叶音		知 蒸 煮
ch	ch 舌尖后音		齿 抄 初
	<u>ch</u> 舌叶音		尺 超 出
sh	sh 舌尖后音		时 生 梳
	<u>sh</u> 舌叶音		食 升 书

3. 本书原则上按照汉语拼音字母顺序排列，兼顾词汇的日常使用度，因此某些词汇并非完全按照字母顺序排列。

4. 多义项词条用①②③等表示义项顺序。

5. 词汇释义力求考释方言本字及词义源流，汇集古典文学作品和青岛地区俗语、谚语、歇后语、歌谣中的方言词汇作为例句，以丰富方言语境。

6. 一般情况下儿化的词，在词条后加（～儿），并根据实际发音标注。

7. 青岛方言中轻音较多，轻音不标注音调。

8. 各种符号：

△ 拼音 j、q、x 的下方加小三角形，代表发音为尖音。

_ 拼音 zh、ch、sh 的下方加下划线，代表发音为舌叶音。

。 字下加小圆圈，表示此字是用同音字代替。

= 同义条目之间用等号连接，用于待释义的首条之后。

～ 注文与例子中用"～"代替本条目，无论本条目有几个字，都用一个替代号。

（ ） 圆括号除平常用法外，在注音里表示另外的读音。

： 注文与例子之间用冒号。

| 例子之间用单竖线隔开。

‖ 关于本条目音义方面的有关说明，放在双竖线之后。

△ 用熟语为例，前面加三角形。

音序索引

【A】

a	001
ai	001
an	002
ang	003
ao	004

【B】

ba	004
bai	008
ban	009
bang	012
bao	013
be	015
bei	017
ben	019
beng	019
bi	020
bian	021
biao	022
bie	022
bin	023
bing	023
bu	024

【C】

ca	032
cai	032
cang	034
cao	034
cha	035
chai	037
chan	038
chang	038
chao	040
che	041
chen	042
cheng	043
chi	044
chou	047
chu	047
chua	050
chuan	050
chuang	051
chui	052
chun	052
chuo	052
ci	053
cou	054
cu	054
cuan	055
cui	056
cuo	056

【D】

da	057
dai	065
dan	066
dang	069
dao	071
dei	074
den	075
deng	076
di	077
dian	080
diao	082
die	083
ding	083
dou	084
du	086
duan	086
duo	087

【E】

en	088
eng	088

【F】

fa	088
fan	090
fang	091
fei	092
fen	092
feng	093
fu	094

【G】

ga	095
gai	097
gan	098
gang	100
gao	100
ge	101
gei	101
gen	101
geng	102
gou	103
gu	104
gua	106
guai	107
guan	108
guang	109
gui	110
gun	110
guo	111

【H】

ha	114

hai 115
han 118
hao 118
hei 120
hen 121
heng 121
hou 122
hu 124
hua 126
huan 127
huang 128
hui 128
hun 129
huo 130

【J】
ji 131
jia 136
jiai 139
jian 139
jiang 141
jiao 141
jie 143
jin 144
jing 145
jiu 146
ju 146
juan 147
jue 147

【K】
ka 149
kai 150
kan 151

kang 152
kao 153
keng 154
kou 154
ku 154
kua 154
kuai 155
kun 155
kuo 156

【L】
la 156
lai 157
lan 159
lang 160
lao 161
ler 163
lei 164
leng 165
li 165
lia 166
lian 166
liang 166
liao 168
lie 169
lin 170
ling 170
liu 171
lou 171
lu 171
lü 172
luan 173
lun 173
luo 173

【M】
ma 173
mai 175
man 176
mang 177
mao 177
me 178
mei 181
men 181
mi 181
mian 183
mie 183
min 183
ming 184
mu 184

【N】
na 185
nai 185
nan 185
nang 185
nao 186
nen 187
neng 187
nian 187
niu 189
nuo 189
nü 189

【O】
ou 189

【P】
pa 190

pai 191
pan 191
pang 192
pao 192
pe 193
pei 193
pi 194
pian 195
pie 196
ping 196
pu 197

【Q】
qi 198
qia 201
qian 202
qiang 202
qiao 204
qie 205
qin 206
qing 207
qiu 210
qu 210
quan 211
que 211
qun 212

【R】
reng 212
ruo 212

【S】
sa 213
san 213

sao	214	tian	243	【Y】		zhuai	310
seng	215	tiao	245	ya	271	zhuan	310
sha	215	tie	245	yai	272	zhuang	311
shai	217	ting	246	yan	273	zhun	312
shan	217	tou	246	yang	275	zhuo	312
shang	219	tu	248	yao	277	zi	313
shao	222	tuan	249	ye	278	zou	314
she	224	tuo	250	yi	280	zuan	315
shen	224			yin	286	zui	315
sheng	225	【W】		ying	288	zuo	315
shi	226	wa	251	you	289		
shou	230	wai	251	yu	291		
shu	232	wan	252	yuan	291		
shua	233	wang	253	yue	292		
shuai	234	we	253	yun	292		
shui	234	wei	254				
shun	234	wen	255	【Z】			
shuo	235	wu	255	za	293		
si	236			zai	293		
su	239	【X】		zao	294		
suan	239	xi	258	zeng	294		
sui	239	xia	260	zha	294		
suo	239	xiai	262	zhai	297		
		xian	263	zhan	297		
【T】		xiang	263	zhang	298		
ta	240	xiao	264	zhao	300		
tai	240	xie	266	zhe	300		
tan	240	xin	266	zhei	301		
tang	240	xing	267	zhen	301		
tao	241	xiu	269	zheng	302		
te	241	xu	269	zhi	305		
tei	241	xuan	270	zhou	308		
teng	242	xue	270	zhu	308		
ti	242			zhua	309		

青岛方言词汇

【A】

a

【啊吃】ǎ chi ＝〖啊喊〗ǎ qi 喷嚏：打～的时候要紧捂着嘴，不能管哪喷。‖参"阿嚏"：《俚语证古》第三卷："喷鼻谓之打阿嚏。"

【腌臜】ā za 原意为肮脏、杂乱，一般用来表示天气闷热潮湿，让人不舒服：△春冷雨，秋热雨，五黄六月～雨。

【盦】ā ①苫盖；覆盖：买回来的几捆篷布，都～待那个货堆上。②（因建筑物倒塌或山体滑坡等）掩埋：他们挖土挖塌了，连车子搅筐都叫土～待里边儿。③大量地投入：两口子做的那个买卖，把家里的钱都～上了。

ai

【艾蒿】ǎi hao 艾草。

【爱物】（～儿）ǎi wur 心爱的东西：这是他的～儿，哪能割舍给你？｜张祜《将至衡阳道中作》："万里南方去，扁舟泛自身。长年无～，深话少情人。"｜《红楼梦》第六回："忽见堂屋中柱子上挂着一个匣子，底下又坠着一个秤砣般一物，却不住的乱幌。刘姥姥心中想着：'这是什么～儿？有甚用呢？'"

an

【安生】 ǎn sheng 安定；安宁：从她嫁到这个门儿上，也没过几天～日子｜《红楼梦》第六十九回："你虽悔过自新，然已将人父子兄弟致于麕聚之乱，天怎容你～。"｜《西游记》第三十三回："我们若吃了他师父，他肯甘心？来那门前吵闹，莫想能得～。"

【安安生生】 ǎn an shěng sheng 安宁平静的样子：他们两口子待家里～过日子多好，何必出来遭这个罪。

【安插】 ǎn cha ①放置；安放：把个小房子～得满满的。②安排；安置（人）：把他自己的人都～进好单位了。③组装：光能拆，拆了就～不起来了。

【安奠】 ǎn dian 安置稳妥：去了～下就把恁接过来。‖"奠"为"安放、放置"之意：《礼记》内则："奠之，而后取之。"

【安顿】 ǎn den ①安排：来的客都～好了没有？②安心；安生：这些事不先办妥实了，上哪儿了心都不～｜《红楼梦》第一百零二回："只是一件，我见那孩子眉眼儿上头也不是个很～的。起先为宝玉房里的丫头狐狸似的，我撵了几个，那时候你也知道，不然你怎么搬回家去了呢。"

【安乐】 ǎn luo ①平安喜乐：你凭着～日子不过，去拾那些闲心事。②身体健康（一般用来慰问老人、产妇等）。属于老派的说法，现在已很少使用：听说恁姐姐生了，大人孩子都～？

【安乐窝】 ǎn luo wě 安逸舒适的住处：他这下真找了个～，哪儿也不想去了｜《宋史》第四百二十七卷："宋邵雍自号安乐先生，隐居苏门山，名其居为～。"｜元杂剧《鲁斋郎》第四折："鲁斋郎哥哥，自惹下亡身祸；我舍了个娇娥，早先寻～。"｜辛弃疾《题鹤鸣亭》词："疏帘竹簟山茶碗，此是幽人～。"｜《聊斋志异·锦瑟》："吾家娘子悯君厄穷，使妾送君入～，从此无灾矣。"

【安席】 ǎn xì 安排酒筵：△～容易请客难。

【啽】 ǎn 语气词。①用于句首或句末，表惊讶、感叹或责问：～，怎么下这么大的雨！｜这么些巧事都叫他碰上了，～。②用于句首，表疑问：～，你才说什么？｜～，他不是说好了要来？③用于句首，表应答：～！我待这里，叫我干什么？

【哎阳】ǎn yang =〖嗯阳〗ěn yang 语气词，表惋惜、惊讶、赞叹、埋怨等：～，你这一说我觉着他真可怜｜～来，俺一共拿来这么点儿东西你也不留，你这是嫌后？｜～，他还真长本事了来！

【鞍子瓦】àn zi wā 屋脊上用的马鞍状瓦。

【暗亏】ǎn kui 背地里遭受的伤害和损失：他们要是背后了给你个～吃，你上哪知道？

【揞】ān 用手将粉状或细软的东西往伤口上敷：伤得挺厉害的，多～上点药。

【俺】ān ①代词，我：～也来报上个名。②我的：这是～爸爸买的车。③我们（不包括听话者）：听说恁这里干得好，～都来学学。

【埯】ān 挖小坑播种瓜、豆等：把地阡子～上点豆角儿。

【唵】ān 把手里的细碎东西往口里塞：孩子几口就把爆米花～上了｜蒲松龄《日用俗字·庄农章》："儿童大把～青麦，麦芒蚵着叫讙讙。"

ang

【昂唧】ǎng ji （狗）叫：人一从那走，那个狗就～。

【肮脏】ǎng zang =〖昂脏〗ǎng zang ①不高兴：走的时候我看他有点～。②使不高兴；使恶心：他上人家眼前一顿胡说八道，就是特为～人家｜《聊斋俚曲集·姑妇曲》第一段："这一回出来，安心把人找，～气儿吃了一个饱，连骂又带诮，数瓜又数枣，扎的那横亏，一霎说不了。"｜《聊斋俚曲集·磨难曲》第十七回："戴纱帽穿朝衣，都是些贪东西，认上头便受他昂脏气。"③不洁净：他家里～得都站不下个人｜《聊斋俚曲集·禳妒咒》第一回："天地之间，蚕们可以老了，掩树可以倒了，饥困可以饱了，昂脏可以扫了，惟独这着骨的疔疮，几时是个了手呢？"

ao

【懊恨】āo hen 后悔：过后儿他自己也～了。

【熬眼】（～儿）ǎo yānr 熬夜：为了撵出活儿来，他没少～儿。

【熬鹰】ào yǐng 通过让鹰隼彻夜不眠使其听从指令：把人关屋里和～样的，谁也草鸡了。

【B】

ba

【八成儿】bā chengr 基本上；有可能：现在不来～是不能来了。

【八九儿】bǎ jiūr ①基本情况；大体情况：你不说咱也能猜出个～来。②差不多；基本上：这个事儿～就是他干的。

【扒皮鱼】bà pi yù =〖扒皮狼〗bà pi làng =〖扒皮鸡〗bā pi jǐ =〖面包鱼〗miàn bǎo yù 马面鲀鱼，一般将鱼皮剥除后烹调食用，故名。

【扒拉】bǎ la ①用手指或器物使移动：～算盘子｜你上那儿～找找，我记着就稳待那里。②寻找；选择：他单位那么多小嫚儿，就～不着个合适的对象？③快速翻看；粗略计算：他～了～头年的账目｜你再～～，看我算的对不对。④迅速拨进：他～了几口饭就忙着走了。

【巴】bǎ（bā）①希望；谋求：他待这里眼～眼望地等了一过晌儿｜元杂剧《合汗衫》第二折："家私家私且莫夸，算来算去都是假，难镇难压，空急空～。"｜元曲《快活三过朝天子》："钟鸣漏尽强支吾，划地～活路。"②挨着；连接：这月儿不～那月儿｜元杂剧《桃花女》楔子："前不～村，后不着店。"③蜇住：他叫巴蜇子毛儿～了一下。④黏住；吸住：玻璃叫吸盘～住了。⑤张开；裂开：衣裳～开缝了｜地下都～开了。⑥ba 词缀，用在单音节动词后面，有舒缓音节和舒缓语气的作用，有的表示随便或轻松地做某事：打～｜锄～｜捏～｜弹～｜摊～｜剁～｜砸～｜劈～｜分～｜抻～｜洗～｜搓～｜眨～。

【巴巴儿的】bǎr bǎr di ①结实或牢靠的样子：这个胶粘东西～。②出色的样子：这个小狗看门～。

【巴瘩儿】bā dar 疙瘩状物：绳子上有个～｜树根上长了些～。

【巴毛不醒】bǎ mào bǔ xīng 没有睡醒或倦怠恍惚的样子：他困得～的，别叫他。

【巴涩】bǎ shēi 舌头感到不润滑或麻木难受的滋味：这些苹果吃起来～～的。

【巴数】bǎ shu 数落；指责；责备：孩子也这么大了，不能守着外人～｜《聊斋俚曲集·姑妇曲》第一段："大成～了一阵，墙上挂着一支鞭子，拿下来把珊瑚打了几下子，于氏那气才略消了。"｜《聊斋俚曲集·翻魇殃》第四回："他每日～我还要落泪，何况是到如今水净鹅飞，我不知到后日怎么受罪。"

【巴望】bǎ wang 盼望；希望；指望：当父母的谁不～儿女们好？

【巴蜇子】bā zhè zi =〖巴蜇子毛儿〗bā zhè zi màor 一种蜇人的毛虫，学名刺蛾：△一个人一个命，一个～一个瓮。

【巴蜇子罐儿】bā zhè zi guànr 刺蛾的幼虫，因外包硬壳形如小罐，故称。

【巴挣】bǎ zheng 为了生计辛苦劳作：为了孩子们，他～了半辈子。

【吧吧】(～儿) bǎ bar <贬>说：你说的话，他都上外边儿给人家～儿｜别听他跟你瞎～儿。亦作"巴巴"：《聊斋俚曲集·禳妒咒》第二十四回："适才胡挠胡抓的做了两碗菜，已是完了一天的大事，且找个人去巴巴瞎话。"

【吧嗒车】bǎ da chě =〖吧嗒吧儿〗bǎ da bǎr 泛指摩托车及机动三轮车：他骑着个～上货去了。

【吧嗒人儿】bǎ da rènr 一种泥制的儿童玩具，一根竹棍上有人的造型，旋转时发出"吧嗒吧嗒"的声响，故名。

【把把戏儿】bà ba xìr ①<贬>能力；本事：没有那个～就别去瞎戳弄。②花招；伎俩：咱也不知道他背后耍了些什么～。

【把兄弟儿】bà xǐng dìr 拜把子的兄弟：这几天他的那几个～都跑来帮忙。

【把攥】bā zuàn 非常有把握：手掐～｜他处理这点事儿是～的营生｜△瞎汉攥鼻清——～着。

【疤疤渣渣】bǎ ba zhǎ zhà 木头表面凹凸不平的样子：桌面没推平，摸起来有点～的。

【疤枻】bǎ zhai=〖疤渣〗bǎ zha 树枝被砍掉后在树干上留下的疤痕或树茬：这根木头不好，～太多了。

【疤眼儿】bǎ yànr ①眼部的疤痕：他那个～是小时候长珠眼儿留下的伤。②眼皮上有疤痕的人。

【笆篓】bà lou 用棉槐等有韧性的植物枝条编制的篓子。

【屁屁】bǎ ba 幼儿用语，屎；粪便：△天不怕地不怕，就怕飞机拉～。亦作"巴巴"：元杂剧《存孝打虎》第二折："我若杀的过，则管杀；我若杀不过，我便走了，看你怎生刺巴巴。"

【吧家】bà jiǎ 顾家；为家庭劳碌：这个闺女真～，儿都不换。‖《集韵》："吧，敛也。"

【吧家虎儿】bà jia hūr 勤劳顾家的人；善于为家庭谋利益的人：他那个媳妇真是个～。

【罢了】bǎ ler ①而已。语气词，用在陈述句的末尾，对句子的意思起冲淡的作用，前面常跟"不过"等词呼应：这不过人家不去过多追究～。②语气词，用在陈述句的末尾，相当于"另当别论"：人家说不要就～，也不应该直接给人家分了。

【雹子】bǎ zi 冰雹：夜来下的大～和鸡蛋样的｜△云彩黑，带红边，下雨定带冰～块。

【拔橛】(～儿) bǎ juèr 旧时的一种竞技游戏，两人互相抱住对方的腰，将对方拔离地面者取胜：范摅《云溪友议》第一卷："闻镇海军进健卒四人……悉能～角抵之戏。"

【拔脓】bǎ nèng ①将拔毒膏药贴敷在尚未破溃的脓包上，以祛除脓液。②＜贬＞使经受痛苦：就他儿真能给他拔拔脓。

【拔气】bǎ qì 嗳气，胃里有气体向上走：她一生气就～拔不迭了。

【拔腿】bà tēi ＝〚撒腿〛sà tēi ①抬起脚（跑）：听见有人来了，他～就跑。②（从沙土、泥浆等物中）将腿提起：他脚铲待滓泥里，怎么～就拔不出来。③从纠纷、麻烦中脱身，一般用于反问或否定句式中：现在撤身还能行，到时候恐怕都拔不出腿来了。

【茇瘩】bā da ＝〚卜瘩〛bū da 玉米、小麦等农作物收割后剩下的根部与其所连接的残茎：苞米～。‖《说文解字》："茇，艸根也。从艸犮声。春艸根枯，引之而发土为拨，故谓之茇。一曰艸之白华为茇。北末切。"｜《輶轩使者绝代语释别国方言》第三卷："茇，根也，东齐或曰茇。"｜《梦溪笔谈·杂志二》："余使虏，至古契丹界，大蓟茇如车盖。"｜陆龟蒙《奉酬袭美先辈吴中苦雨一百韵》："首到春鸿蒙，犹残病根茇。看花虽眼晕，见酒忘肺渴。"

【柭棍】（～儿）bǎ gùnr 木棍：△一等人使眼教，二等人使嘴教，三等人使～溜秋教。亦作"巴棍"：黄六鸿《福惠全书》："执所携巴棍而毒殴之，名曰下马威。"｜《聊斋俚曲集·翻魔殃》第四回："我就狠一狠，交个那杀人贼，也省的我路上着他抓住，使那巴棍打我这腿。"｜《聊斋俚曲集·翻魔殃》第九回："大姐说：'必然打你一百巴棍。若不得捱打，就请走。'"｜《聊斋俚曲集·禳妒咒》第十六回："或者是脸上抓，身上掐，腿上扭，腚上砸，棒槌槌，巴棍打。"｜《聊斋俚曲集·禳妒咒》第二十四回："一年八石粮，上了工细端相，主人家试试怎么样？一碗不香使巴棍就降，打的裤儿提不上。"｜《聊斋俚曲集·富贵神仙》第六回："差人见他不能走，后头路待使巴棍揎。"‖《说文解字》："柭，棓也。""棓"古通"棒"。

【湃】bà 用冰或凉水使冷；冰镇：把西瓜放水里～～再吃｜《红楼梦》第三十一回："才鸳鸯送了好些果子来，都～在那水晶缸里呢。"｜《红楼梦》第六十四回："宝玉笑道：'这真难为你想的到。只是也不可过于赶，热着了倒是大事。'说着，芳官早托了一杯凉水内新～的茶来。"｜

《金瓶梅词话》第二十九回："春梅说：'嗔道不进房里来。说你要梅汤吃，等我放在冰里～一～你吃。'西门庆点头儿。春梅～上梅汤，走来扶着椅儿，取过西门庆手中芭蕉扇儿替他打扇。"又："于是春梅向冰盆内倒了一瓯儿梅汤，与西门庆呷了一口，～骨之凉，透心沁齿，如甘露洒心一般。"亦作"拔"：《醒世姻缘传》第八十二回："相主事即时差了相旺前去，正见狄希陈递了诉状，正从南城来家，走的通身是汗，坐着吃冰拔的窝儿白酒。"又："这天热，旺官儿，你也到前头厅上脱了衣裳，吃碗冰拔白酒，凉快会子。"

【湃凉】bǎ liang ＝〖瓦凉〗wǎ liang 如同凉水或冰水一般凉；很凉：晚上孩子把被蹬了，身上～｜听人家这么一说，他的心是～～的。

bai

【摆】bāi ①用清水简单地漂洗：这里水有的是，一阵儿就把衣裳～～了。②理睬：他还自觉不臭去找人家，人家根本就不～他。

【摆弄】bāi leng ①捣鼓：他那一间屋都～满了买的石头。②支配；摆布：他根本就不听人家～。③照顾：她每天～那两个孩子就要使死了。④打理；料理：有空他就～那几棵花儿。

【摆理】bǎi lǐ 讲理；摆出道理或理由：你待和他～，吆喝没有用。

【摆谱儿】bǎi pǔr 摆场面；摆架子：回来的人说，他摆的那个谱儿不小。

【摆筛】bāi shai ①摆动；摇动：小狗儿一见他回来那个尾巴就～不迭了｜他待那儿直～头，你也没看见｜△狗尾巴上的露水——经不起～。②爱出风头；骄傲自大：他就学了这么点手艺就～起来了。

【败】bài 别；不要：你快～说了｜咱要紧～去想那样的好事儿。

【败以】bài yi 别；不要，一般单用：你来花些钱，再～。‖1928年《胶澳志》："～，禁止人且勿如此，又不要如此即曰～。"

【刮划】bāi huai 炫耀；显摆：别听他待那～，净是瞎吹。

ban

【半彪子】bàn biao zi 智商不足之人：他是个～，他的话你也听？

【半大】bàn da 介于大和小之间的：～孩子｜～衣裳｜《醒世姻缘传》第九回："这一匹水红绢，叫裁缝替我裁个～袄，剩下的，叫俺嫂子替我做件绵小衣裳，把这二斤丝绵絮上。"

【半大孩子】bàn da hǎi zi 幼儿或少年：这些～是最不好管的时候｜△～壳罗猪（形容能吃）。

【半道】（～儿）bǎn dàor 道路的一半；半路：走到～儿才想起没拿钥匙｜李白《流夜郎半道承恩放还兼欣克复之美书怀示息秀才》："去国愁夜郎，投身窜荒谷。～雪屯蒙，旷如鸟出笼。"｜贺铸《弄珠英》词："应占镜边春，想晨妆、膏浓压翠。此时乘兴，～忍回桡，五云溪，门深闭。"｜《昭明文选》第二十卷："六国时，张敏与高惠二人为友。每相思不能得见，敏便於梦中往寻，但行至～，即迷不知路，遂回，如此者三。"

【半吊子】bǎn diào zi 愚笨痴傻的人：听说话就知道他是个～。

【半截子话】（～儿）bǎn jiě zi huàr 没说完整或表义含混的话：他撂下这么句～就走了。

【半截子气】bàn jie zi qì 形容说话时气息微弱：他年纪轻轻儿的，说话怎么老是～？

【半年】bǎn niàn 农历节日，指每年的农历六月初一日，戏称"馋老婆节"。

【半晌不夜】bǎn shāng bù yè 不是中午也不是夜间，意为时间不合适，不是时候：他～地过来没什么好事。

【半死不拉活儿】bǎn sī bǔ la huòr 有气无力、奄奄一息的样子：天旱得那几棵树都～的。

【半头晌儿】bàn tou shāngr 半上午；上午一半的时间：△腿痛腰酸疮疤痒，雨来不用～。

【半头砖】bàn tou zhuǎn ①半截的砖：老王去捡了几块儿～回来把架子垫了垫｜《聊斋俚曲集·增补幸云曲》第五回："乍离龙床鸳鸯枕，

土炕上无席铺杆草，～只垫上檐毡帽。"｜《聊斋俚曲集·墙头记》第一回："炕上铺着席头子，头枕着块～，就死了可有何人见？"｜《聊斋俚曲集·翻魇殃》第十一回："加镢尽力只一拗，塞上一块～，大冒一阵气才散。"｜《聊斋俚曲集·富贵神仙》第三回："自己铺下草，找了一块～，嫌硌头又使衣服垫，依壁坐来把腿盘。"②对人的贬称：他和个～似的还想逞能｜《真本金瓶梅》第七十八回："我见那水眼淫妇，矮着个靶子，象个～儿也是的！把那水济济眼挤着，七八拿杓儿舀！"

【半宿】bǎn xū 半夜：他老是到了～才回来，孩子们都困了｜《聊斋俚曲集·快曲》第四联："等了～没有信儿，听得城头四更鼓敲。"｜《聊斋俚曲集·磨难曲》第二十五回："父子两个说了～。太公说：'我儿，已交四鼓了，你去闭闭眼，明日好做文章。'"

【半宿大夜】bǎn xū dà yè 半夜：这么个小女孩儿～地出去谁能放心？｜他一出去哈酒，就～才回来。

【半夜五更】bàn ye wū jing 半夜；深夜：～起来找东西，弄得人家也困不着觉。

【半中腰】bǎn zhèng yǎo ①长度在中间的位置：萝贝头辣腚骚，最好吃的就是～。②中途；事物发展过程当中：～蹦出这么个事儿来，谁也不敢应承｜《金瓶梅词话》第六十八回："过了同仁桥牌坊往东，打王家巷进去，～里有个发放巡捕的厅儿。"

【拌嘴】bǎn zuī 强嘴；争吵：他们又为些鸡毛蒜皮的事待那儿～｜《金瓶梅词话》第二十四回："两个正～，被小玉请的月娘来，把两个都喝开。"｜《红楼梦》第十七回："才他老子拘了他这半天，让他松泛一会子罢。只别叫他们～。"｜《红楼梦》第二十回："宝玉会意，忽'嗯'一声帘子响，晴雯又跑进来问道：'我怎么磨牙了？咱们倒得说说！'麝月笑道：'你去你的罢，又来～儿了。'"｜《红楼梦》第六十四回："老太太、太太不在家，这些大娘们，嗳，那一个是安分的，每日不是打架，就～，连赌博偷盗的事情，都闹出来了两三件了。"｜《聊斋俚曲集·磨难曲》第五回："一个说：'不必～。相公们，俺只当央及您，这不是好去处，咱走动些。'"｜《醒世姻缘传》第七十九回："童奶奶吆喝道：'别这样没要紧的～拌舌，夫妻们伤了和气！'"

【绊绊磕磕】bàn ban kǎ ka ①行走受碍或费力的样子：他～地跑海边儿去了。②说话停顿并费力的样子：他说起话来～的，听着发急。

【绊磕】bàn ka 障碍；阻碍：谁能不遇着点儿～，这都不算什么。

【绊绊拉拉】bàn ban lǎ la ①妨碍行走的样子：他屋里的东西摊得到处是，～的也不知道收拾收拾。②说话停顿并费力的样子：看样儿他没提前看稿子，念起来都～的。

【绊拉】bàn la ①绊脚；妨碍行走：地下的那根绳子～人。②妨碍；干扰：调动的事就叫他一直～着。

【板筋】bān jin ①猪牛羊等的筋腱：烤～。②脖子两侧肩上部的筋腱：给我拿拿～这里。

【板脚】bǎn juē 鞋子太硬穿着不舒服：才买的这双鞋样子真好看，就是穿着～。

【板牙】bān ya 门牙：他那个大～演戏倒是好。

【板铮儿】bān zhengr 整齐；端正：他干的活儿特别的～。

【般般样样】（～儿）bǎn ban yǎngr yang 各种各样；品类齐全：你～儿买这么多东西，太给恁添麻烦了。

【般大般儿】bǎn dà bǎnr ①年龄相仿：他们那几个一块儿学唱戏的也都～的年纪。②大小相近：他选的那些都～，匀溜个儿。亦作"般打般儿"：1928 年《胶澳志》："般打般儿，言一般相等也。"

【般上般下】bǎn shàng bǎn xià 年龄相仿：他们几个都～的，真能玩到一块儿去。

【般样】（～儿）bǎn yàngr 种类；类型：都是自己人吃个便饭，怎么做上这么多～儿的菜｜《朱子语类》第四卷："此只当以人品贤愚清浊论。有合下发得善底，也有合下发得不善底，也有发得善而为物欲所夺，流入于不善底。极多～。"｜《朱子语类》第二十卷："天下道理千枝万叶，千条万绪，都是这四者做出来。四者之用，便自各有许多～。"

【搬】bǎn ①移动物体的位置：～砖｜～石头。②迁移：△屎气蜋～家——滚蛋。③在非正餐时间吃东西：他进门就～了个馒头。④旧时指正式地邀请：△割大锯，拉大板，将媳妇，望好天。～他姑，～他姨，～他红眼二舅母｜《醒世姻缘传》第四回："你放着南关里萧北川专门妇女科不去请他，以致误事。你如今即刻备马，着人～他去！"｜《聊斋俚曲集·姑妇曲》第二段："到了九日上，他哥哥自家来～他。"又："我今夜寻思了一个法儿，你在家守着咱娘，我往沈家庄～咱姨来看看。"｜《聊斋俚曲集·翻魇殃》第一回："每遭来家，一点合不着他的意思，就使出来，因此整年的没人～他，倒是他后娘过意不去，着人～了他来，待了半年，又不好了。"

bang

【帮】bǎng ①帮助：△打墙盖屋，邻～相助｜△人靠人～，花靠叶扶｜△土～土成墙，穷～穷成王｜△饥时～一口，强起饱了～一斗。②物体两旁或周围的部分：鞋～儿｜菜～儿｜△狗叼白菜～儿——和块肉似的。③（～儿）由同伴组成的集体；团伙：他们是一～儿的｜千万不能叫孩子入了坏人～儿。④（～儿）量词，群（用于人）：来了一大～人。

【帮子】bǎng zi ①蔬菜叶子的较厚部分：白菜～。②量词，群；伙：这～人干活我看还像那么回事儿。

【绑腿】bāng tei 把小腿部捆绑起来的宽布条，利于长途行走：以前当兵的都打着～。

【棒实】bàng shi 壮实；结实（形容人）：恁弟弟长得真～。

【傍】bàng（bǎng）①（方位）靠近：他家那块地就～着他堂哥家的。②从边缘处接合：这块布不够长儿，从边下～上块儿。③（时间）临近：～明天儿｜～晌儿｜～黑儿｜～年根儿。

【傍黑儿】bǎng hēir =〖傍黑天儿〗bǎng hèi tiǎnr 傍晚；临近天黑的时候：他来家的时候都～了｜△早上倒照不出门，～倒照晒死人。

【傍明儿】bǎng mìngr =〖傍明天儿〗bǎng mìng tiǎnr 黎明；

临近天亮的时候：～他就起来爬山去了。

【傍晌】bǎng shāng =〖傍晌天儿〗bǎng shàng tiǎnr 将近正午的时候：你走的时候都～了，一路上太晒了｜《聊斋俚曲集·寒森曲》第八回："一日，歪子小～还没吃早饭，出来又没捞着什么。"

【膀身】bāng shen 肩部：他的～比你的宽。

【膀窝儿】bāng wer 衣服的腋窝处：这件衣裳～这儿有点瘦。

【膀子】bāng zi ①肩膀。②可以帮助和依靠的人：多个兄弟就多个～。

bao

【包脚】bǎo juē 裹脚。旧时把女孩子的脚用长布条缠裹，使脚形尖小的陋习：△临渴掘井，上轿～。

【苞根儿】bào genr 植物名，中华结缕草。

【苞米儿】bǎo mīr 玉米：春～｜秋～｜～皮。

【苞米骨头】bǎo mī gū tou =〖苞米芯子〗bǎo mīr xǐn zi 玉米芯，玉米脱去籽粒后的穗轴。

【苞米秸子】bǎo mī jiǎi zi 玉米植株的杆茎，以前常用来烧火做饭或作为骡子、马等牲畜的饲料。

【苞米儿缨儿】bǎo mīr yǐngr 包裹在玉米穗上的玉米须。

【抱】bào ①孵卵：～窝｜别吓着那个老母鸡，它待那～小鸡｜《农政全书·牧养·鸡》："养鸡不～法：母鸡下卵时，日逐食内夹以麻子喂之，则常生卵不～。"｜韩愈《荐士》诗："鹤翎不天生，变化在啄～。"②繁殖；生：他养的羊～小羊了｜家里的猫这一窝～了五个小猫儿。‖《唐韵》："～，薄报切，音暴。"《广韵》："～，鸟孵卵。"《集韵》："～，鸟伏卵也。"其本字为"抱"，见《輶轩使者绝代语释别国方言》第八卷："北燕、朝鲜、洌水之间谓伏鸡曰抱。"｜《格物粗谈·禽类》："母鸡生子，与青麻子吃，则长生不抱。"｜冯贽《云仙杂记》第四卷："封少卿问禅于龙华厚参师，曰：'金鸡抱卵时如何？'"｜

张鷟《朝野佥载》第四卷："王幸在家穷，无物设馔，有一鸡见抱，已得十余日，将欲杀之。"｜元杂剧《五侯宴》第四折："王员外将鸭蛋拿到家中，不期有一雌鸡正在暖蛋之时，王员外将此鸭蛋与雌鸡伏抱，数日个个抱成鸭子。"｜《醒世姻缘传》第五十二回："每年园里也养三四个猪，冬里做了腌腊；自己腌的鸭蛋，抱的鸡雏。"｜《聊斋俚曲集·慈悲曲》第一段："古时有一家人家，屋里有一窝燕子。那小燕子方才抱出，那母燕子被猫咬去。"

【菢生】bào sheng ①动物繁殖：兔子一年～不少。②植物萌芽生长：把豆子泡泡先～着芽儿。

【菢窝】bào wě 孵卵，有时用来调侃妇女坐月子：母鸡正待那～。亦作"抱窝"：《金瓶梅词话》第三十三回："你没的说，倒没的倡扬的一地里知道，平白噪剌剌的，抱什么空窝，惹的人动的唇齿。"

【菢窝鸡】bǎo wě ji ①孵蛋的母鸡。②形容头发凌乱邋遢的人：他那个头和～样的，就这么出来了。③=〖菢窝儿〗bǎo wer 豆象，一种在豆类存储过程中容易吸引的飞虫，幼虫生活于干豆上，并以其为食。

【保险】bǎo xiān ①保证；一定：你放心，她～能给恁闺女说个好女婿。②确保安全；确保没有问题：把东西放家里是最～的。③商业保险：公司里给同事们都投了～。

【保准】bǎo zhūn 一定；保证：这时候还没回来，他～是要去了。

【煲】bào 特指将凉了的开水再加热烧开：暖瓶里的水都凉了，倒水壶里～～吧。

【报庙儿】bǎo miàor 旧时在人去世后，逝者家属到土地庙报告死亡消息：那一年饿死的人太多了，～的都排着大长队。

【暴】bào 尘土飞扬；尘土落在东西上：快关上窗，外边太～了｜《聊斋俚曲集·增补幸云曲》第十五回："佛动心你好邋遢，茶壶放在床底下。没有盖子闭着口，～上灰尘怎么顿茶？"｜《醒世姻缘传》第五回："拿罩儿罩住，休要～上土。不久就是万岁爷的圣诞，进了万岁爷罢。"亦作"报"：《聊斋俚曲集·蓬莱宴》第三回："把火吹，把火吹，一霎报了一头灰；软窈窕的玉人儿，怎么能受这样罪？"

【暴皮】bào pì 因暴晒造成表皮受伤起皮：那个大毒日头把人晒得都~了。

【爆仗】bào zhang 爆竹：几个孩子满大街跑着放~｜《聊斋俚曲集·禳妒咒》第一回："我就从来~性，受不的气儿顾不的命。"｜《聊斋俚曲集·禳妒咒》第十五回："可是矗着耳朵放~，使了钱卖了些出作。"亦作"爆张""爆燍"：《庄农日用杂字》"：蜡烛称几斤，爆张买两盘。"｜《聊斋俚曲集·俊夜叉》：我一时爆燍性，你也骂的尽够了，从今受了娘子教。

be

【波罗儿】bě ruòr 水泡；气泡：你看这些鱼待水里吹~。

【波罗盖】(~儿) bě luo gàir 膝盖：他伤着腿了，一阴天~儿就痛｜《海浮山堂词稿·南吕一枝花·月食救护》："黑呼通阴霾半夜天，硬哥邦石砌当阶地，软乌刺腿丁骨存了血，磞柯查~去了皮，隔重云日月交食，打不破昏思迷。"｜《聊斋俚曲集·磨难曲》第二十八回："里苦哀哉，疼又麻难顾追，十万蛆蜇这~。"｜《醒世姻缘传》第十回："这话长着哩！隔着层夏布裤子，垫的~子慌！我起来说罢？"｜《二十年目睹之怪现状》第一百零三回："这老妈子把自己的~儿堵住了二奶奶的谷道。"亦作"波落盖"：《聊斋俚曲集·禳妒咒》第一回："戚老爷丢了刀，一波落盖跪下，捏起那嗓根头子来，哏哏了一声说：'我杀乜鸡你吃。'"

【啵】bē(bě) 语气助词，相当于"吧"，亦作"波"：①表示请求、催促、建议：人家都来叫了好几遍了，咱快去~｜元杂剧《拜月亭》第二折："父亲息怒，宽容瑞兰一步，分付他本人三两句言语呵，咱便行波。"｜元杂剧《调风月》第二折："你又不吃饭也。睡波！"｜元杂剧《看钱奴》第二折："陈先生，陈先生，早打发俺每去波。"｜元杂剧《李逵负荆》第三折："你也等我一等波，听见到丈人家去，你好喜欢也。"②表示疑问：恁是夜来家去的~？｜元杂剧《合汗衫》第三折："长街市上，有那等舍贫的财主波？救济俺老两口儿！"｜元杂剧《窦娥冤》第一折："孩儿也，你教我怎生说波？"｜元杂剧《李逵负荆》第三折："（宋江、鲁智深做入坐科）（正末云）他是一个老人家，你可休唬他，我如今着他认你也。老王，你过去认波。"

【啵啵儿】bě ber 胡说；背后议论：他在人家眼前瞎～了些什么！

【菠萝眼】bě luò yān ①眼部疾病，医学名称为角膜葡萄肿。②形容身体有缺陷的人或有不良嗜好的人：她挑来挑去挑了个～。

【脖梗儿】bě gēngr =〖脖子梗〗bě zi gēng 人或动物的脖子与后背相接的一侧：快去把～洗洗，看看脏的｜△骑驴骑～——要的这个摩登景儿。

【饽饽】bě be 指圆形的馒头。属于老派的说法，现在已经很少使用：枣儿～｜香～｜～往肉里滚｜△小大嫚，好大脚，扑丫扑丫上了坡。拾麦子，蒸～，看看大嫚吃多少（shuo）｜△老雕老雕你打场，挣个～乞恁娘，老娘不吃给老黑，老黑吃了好打滚儿。亦作"饽饽""波波"：元杂剧《黄粱梦》第四折："他怀里又没点点，与孩儿每讨饽饽。"｜元杂剧《冯玉兰》第一折："奶奶敢肚饥了。且住一住儿，等我买几个波波来吃咱。"｜明杂剧《雌木兰替父从军》第一出："偌咱要递你一杯酒儿，又忙劫劫的。才叫小鬟买得几个热波波，你拿着，路上也好嚼一嚼。"

【饽花儿】bē huar 烙制的带有吉祥图案的面食：七月七，㷊～。

【饽花儿榼子】bē huar kā zi 刻有鱼、桃、元宝、莲蓬等吉祥图案的木制模子，用来制作面食。

【薄】bè ①厚度小：～皮儿｜枵～｜～板。②稀；浓度小（与"稠"相对）：做的稀饭太～了｜《聊斋俚曲集·墙头记》第一回："热了烫人嘴巴子，～了照出行乐图，老来相处你这椿物。"｜《聊斋俚曲集·磨难曲》第七回："店主说：'病后只宜吃～粥，快做快做。'"③贫瘠：山礓～地。④少：这个买卖利钱很～。

【薄溜溜儿】bě ròur rour ①单薄的样子：你把猪肉～地切。②稀薄的样子：稀饭还是～的好喝。

【煿】bē ①将食品放在锅上烘烤或放到少量油中煎：～鱼｜～馇花儿｜～茄子饸｜～黄花鱼。②烘烤；烘干：炕都～人了，别添火了｜△蹦蹦蹦，上南岭；开白花，结黑种；推白面，～黑饼。（谜语：荞麦）‖《集韵》："～，伯各切，火干也。"

【煿饼】bě bīng 烙制面饼：她～真好吃｜△船上～——调过来（因渔民忌说"翻"）。

【蟷浆】bě jiɑng 螳螂的卵块，中药名为团螵蛸。‖ 应为"蟷蟭"的变音：《广韵》："蟷蟭，蟷螂卵。"

bei

【白】bèi ①像霜或雪的颜色：～萝贝｜△吃红肉拉～屎｜△～酒红人面，黄金黑世心。②未添加其他东西的：～开水。③没有效果；徒然：△瞎汉点灯——～费蜡｜△嘴上抹石灰——～说。

【白吃白挨】bèi chī běi yài 吃了亏只能自认倒霉：要是人家不管的话，你也～。

【白瞪】běi deng 翻白眼，表示生气、轻蔑或厌恶：她～了一眼，扭头就走了｜《官场现形记》第五回："三荷包越说越得意，把个藩台～着眼，只是吹胡子，在那里气得索索的抖。"｜《儿女英雄传》第二十五回："我要不起根发脚把你我从能仁寺见面起的情由，都给你当着人抖搂出来，问你个～～的，我就白闯出个十三妹来了！"｜《梼杌闲评》第十四回："侯二官那里懂他说的甚么，只是～着双眼乱望。"｜《老残游记二编》第三回："我同三爷两个人脸对脸，～了有半个时辰，一句话也没有说。"

【白瞪眼】bèi děng yān ①眼睛呆滞无神地看：△吃饭摸大碗，干活～。②比喻无计可施的样子：人家到时候不管，他也～｜△老鼠掉面缸——～。

【白黑拉夜】bèi hēi là yè =〖白黑搭夜〗bèi hēi dà yè =〖白黑夜〗bèi hēi yi（ye）夜以继日；不分昼夜：他整年～地干，也挣不了几个钱儿｜《聊斋俚曲集·慈悲曲》第二段："对着人也是难学，也是难学。哎，～的，使碎了心肠谁知道？"｜《聊斋俚曲集·慈悲曲》第四段："忽然他姑得了病，他就合他姑舅哥们，～的守着。"

【白果】①běi guō 银杏树：△桃三杏四梨五年，憨汉子栽下～园。②（～儿）běi guōr 银杏的果实：烤～儿吃。

【白果眼】běi guō yān 对眼白过多的人的戏称：冯梦龙《挂枝儿·卷六·怨部·假相思》："秃髼病，梳了个光光的油鬓；缺嘴儿，点了个重重的朱唇；齇鼻头，吹了个清清的箫韵；～儿把秋波来卖俏，哑子说话教聋子去听。"

【白䃖䃖】běi liào liao 苍白的样子：他看样儿是不大舒梭，那个脸色～的。‖《玉篇》："䃖，力小切，面白䃖䃖也。"

【白毛子汗】běi mao zi hàn 淋漓大汗：干了这么点活儿就使得他浑身～。‖参"白汗"：《王梵志诗》一百四十九首："出门拗头戾跨，自道行步趋跑。伺鬼把棒忽至，遍体白汗如浆。"｜岑参《卫节度赤骠马歌》诗："扬鞭骤急白汗流，弄影行骄碧蹄碎。"｜《敦煌变文集·卷六·大目乾连冥间救母变文》："白汗交流如雨湿，昏迷不觉自嘘嗟。"

【白生生】běi shèng sheng ①白地可爱的样子：元无名氏《朝天子·嘲妓家匾食》："～面皮，软溶溶肚皮，抄手儿得人意。"②平白无故且无可奈何地：他们这一帮子人就这样～叫人家骗了。

【白蛆】běi zha 苍蝇卵：那些肉都招～了｜蒲松龄《日用俗字·昆虫章》："肉臭～常泛泛。"

【白瞎】bèi xiā ①不中用；没出息：他倒是出去上了几年学，回来不还是～？②浪费：买的那些什么锤什么钻的也都～了。

【白瞎拉倒】bèi xiā lǎ dāo 没用；没出息：几年没看见他，谁知道如今变得～。

【背褡】（～儿）bèi dar 坎肩等无袖的短衣：外边儿太热了，光穿个～儿就行了｜元杂剧《赵礼让肥》第一折："我则见他番穿着绵纳甲，斜披着一片破～。"

【背地后】bèi di hòu 背后；暗地里：他就会～说人的闲话｜谁都恨这些～给人亏吃的人｜《醒世姻缘传》第七十四回："一个姐姐叫人采打得这们等的，回到家来，两个兄弟没出来探探头儿，问声是怎么，～里已是恨说辱没了他，这不合死了的一般？"

【背父生】běi fù shěng =〖背生子〗bèi shěng zi 遗腹子，父亲死后才出生的子女。

【背后荫儿】běi hòu yǐnr 背光或有荫凉的地方：这些花儿喜阳光，放～里不能长。

【背饥荒】bèi jǐ huang 负债：钱没看着挣回来，倒～来家了。

【悲苦】běi kū 非常苦：这服中药～，太难吃了。

【悲苦焦酸】běi ku jiào suǎn 悲伤凄楚；五味杂陈：她找了个男人也不如意，这几年过得也是～。

【掰】bēi ①用手把东西分开或折断：他一下儿就把棍子～成两半儿了。②把东西分开：他把那一大碗饭～成了三小碗儿。

ben

【扳】běn ①抓住：他这是～着猪圈门子亲嘴，不知香臭！②旋转：把钮儿往这～就关上火了。③攀附：咱不知道人家是～上什么门子了。

【扳骨碌】bèn gǔ lu 摔跤；扭打：没说上几句话，他们两个人就～打起来了。

beng

【崩拉星儿】běng la xīngr 零零星星的样子：这片山上全是松树，～有几棵楸树。

【崩硬】běng yìng 很硬：天太干了，馒头拿出来一天就～了。

【蹦精】bèng jing 形容人矮小灵活或敏捷精明的样子：才来的这个小伙计儿真～。

bi

【比量】bī liang ①比照：你就～着他的身高买衣裳｜《西游记》第十四回："行者遂脱下旧日直裰，将绵布直裰穿上，也就是～身体裁的一般。"②用手大致地比划：按你～的来说，那个大箱子也待有两米来高｜《聊斋俚曲集·磨难曲》第十四回："（哑巴）点点头，哇哇了两三声，把手～着，舒了八个指头。问：'是做甚么？'把一只手拉着自己胳膊。问：'是拉你老婆么？'又～有三尺高，作一个望上掀的形状。"

【秕虱子】bǐ shī zi 过于软弱的人：待家门口还挺有本事，出了家门口他就成了个～。

【秕眼儿】bī yanr 不饱满的果实：听说多吃点～花生养胃。

【逼】①bī 躲藏或隐藏在物体后边：孩子见了外人就～他爹娘的身后不肯露面儿｜《醒世姻缘传》第三十六回："小和尚拿着鞋，把手～在脊梁后头，扑在晁夫人怀里，把那鞋照着他奶子一撩，说：'娘，你看俺妈妈的运粮船呃！'"｜《醒世姻缘传》第五十六回："龙氏喜得那心里不由的抓抓耳朵，挠挠腮的。素姐在后门外～着听，也甚是喜欢。"｜《醒世姻缘传》第五十六回："狄希陈忍着疼，擦着眼，～在那门后头墙上，听着素姐骂，一声也不敢言语。"｜《醒世姻缘传》第五十九回："素姐抖搜着尿裹脚发恨。狄希陈唬的个脸蜡渣黄，～在墙上。"｜《醒世姻缘传》第七十二回："倒是程思仁～在门里，口里气也不出，身子也没敢探探，见众人要走了开去，只得出来。"｜《醒世姻缘传》第七十六回："谁知相大舅屋里说话，素姐～在窗外句句听得甚真。"亦作"偪"：《醒世姻缘传》第六十八回："不料素姐偪在门外头听，猛虎般跑进门来。"②bǐ 逼迫；威胁：他如今是秕芝麻挤不出油来，再～他也没有用。

【箅子】bì zi =〖箅卡碴〗bì ka cha 饭箅，蒸食物时用来托住食物的圆形器具，上面多孔以透蒸汽：△大年五更借～——你使俺不使？

【鼻清】bǐ qing ①鼻涕：淌～。②软弱无能的人：他就是块儿～。③新鲜葱叶内的粘液。

【鼻清嘎渣】bǐ qing gǎ zha 鼻垢：人家的～都比你强！

【鼻清客】bǐ qing kēi ①鼻子总是流鼻涕的人。②懦弱怕事的人：来个人就吓成这么个样儿，真是个～。

【鼻子尖】① bǐ zi jiǎn 嗅觉敏锐：馋猫～。②（～儿）bǐ zi jiǎnr（zǎir）鼻尖；鼻子末端最突出的部分：～上长了个风刺｜△～上摆摊儿——光看自己那块小场儿。

【笔管儿】bī guanr =〖笔管儿鱼〗bī guanr yù 枪乌贼。

【滗】bī 挡住泡在液体中的东西或渣滓，把液体倒出去：你去把水盆浮上漂着的那些渣渣儿都～干净了。亦作"逼"：《醒世姻缘传》第二十六回："水饭要吃那精硬的生米，两个碗扣住，逼得一点汤也没有才吃。"‖《广韵·质韵》："～，去滓。"

【篦子】bì zi 一种细齿梳头用具，中间有梁，两侧有密齿：梳头～｜赵潜《养疴漫笔》："诸孙中有一无赖者……取封锁柳箱开之，其中止有一小铁～，余无他物，自此祖母竟不回矣。"｜《镜花缘》第九十三回："褚月芳道：'我说'非'字，好像～。'"

【腹脐眼儿】bǐ qi yānr 肚脐眼：别抠～，光肚子痛。‖"腹"古音读如"必"：《韵补》："腹，叶音必。"

【赇】bī 以一定的价格转让：我把这个小店儿～给俺个亲戚了。‖章炳麟《新方言·释词》："～，词之予也。《说文》：'～，逐予也。彼义切。'今凡以物予人者，通语曰给。淮西、淮南，吴、越皆言～，音转如把，或转如伯。广州乃正作彼义切。"

bian

【辩白】biǎn bèi 申辩：说明白就行了，别再一个劲儿地～了｜周辉《清波别志》："蔡于五诗中～，引证甑山公事尤苦，卒不能免。"

【蒚诸芽】biān zhù yà =〖蒚诸子芽〗biān zhù zi yà 蒚蓄，又名竹片菜：△～，红根根儿，姥娘教俺引针针儿。引不上，姥娘打俺两挂棒，上南园，哭一场，回来还是俺亲姥娘。‖《俚语证古》第九卷："蒚诸，蒚苏也，蒚蓄也。小藜之赤茎谓之蒚诸芽。"

biao

【表蒙子】biào měng zi 装在手表、水表等仪表盘上的透明薄片。

【膘子】biǎo zi =〚肥膘儿〛fèi biǎor 肥肉：割这块儿瘦点的肉，不要～。‖1928年《胶澳志》："肥肉曰膘，音镳。"

【彪】biǎo 傻；缺心眼：他不痴不～的，这样的事还能看不明白？

【彪乎乎】biǎo hù hu =〚彪彪乎乎〛biǎo biao hǔ hu 愚笨痴傻的样子：看他长得挺精神的，怎么办起事来～的？

【彪话】biǎo huà 傻话；不明智的话：他去了净说了些～，还以为自己很厉害。

【彪事】biǎo shì 傻事；不明智的事：他那么个明白人竟然办出这么个～来。

【彪子】biǎo zi 愚笨痴傻的人：你看他那个熊样儿糙起个～？｜△宁听君子一句言，不借～一吊钱。

【彪子啷唧】biǎo zi lǎng ji =〚彪不愣登〛biǎo bu leng dèng 有点儿愚笨、有点傻的样子：不说话觉不出来，听他说话怎么～的？

bie

【别】biè（biě）①用针等把东西附着或固定：～针｜困觉的时候要紧把门～上。②扭；转过去：大爷把头～过去，不愿看他｜《醒世姻缘传》第九十一回："大奶奶将头一～，也不做声。"③拗：慢点儿使劲，要不棍子就～断了｜《醒世姻缘传》第六十七回："将一个药箱，拿起那压药鐷的石狮子来一顿砸的稀烂，将一把药鐷在门槛底下～成两截。"

【憋肚子气】biē dù zi qì 未得发泄或无法排解的怨愤：跟他净生些～。

【憋屈】biē qu ①空间狭小、憋闷难受的感觉：两个老人成天～待那个小屋里。②心中委屈无法诉说：也没个人和他拉拉呱说说话儿，他自己不能～出毛病来？

【鳖蝠儿】biē fur 蝙蝠。

【瘪约】biě　yue①变形损坏：那个脚踏车叫汽车压～了。②疲惫不堪的样子：他从来没干这么出力的活，真把他使～了。③衣冠不整或萎靡不振的样子：就他那个～样儿也想着管事？

bin

【宾服】bǐn　fu　尊敬；佩服：人家虽然没上几天学，那手好字儿倒是真叫人～｜《红楼梦》第八十四回："不是我说句冒失话，那给人家做了媳妇儿，怎么叫公婆不疼，家里上上下下的不～呢。"‖"宾服"的本义为归顺、臣服：《史记·秦始皇本纪》："二十有六年，初并天下，罔不～。"又："皇帝哀众，遂发讨师，奋扬武德。义诛信行，威燀旁达，莫不～。"又："他时秦地不过千里，赖陛下神灵明圣，平定海内，放逐蛮夷，日月所照，莫不～。"｜《汉书·蒯伍江息夫传》："南越～，羌僰贡献，东瓯入朝，广长榆，开朔方，匈奴折伤。"｜《汉书·东方朔传》："天下震慑，诸侯～。"｜《清史稿·本纪二》："今朝鲜～，察哈尔举国来附，苟不能抚辑其众，后虽拓地，何以处之？"｜《东周列国志》第十八回："当今天子在上，寡人率诸侯～于下，百姓乐业，草木沾春，舜日尧天，不过如此。"

bing

【冰】bǐng①水在零度以下结成的固体：～块儿｜～溜。②因接触雨、凉水、冰雪等受冻或着凉：他待路上叫雨～着了｜《金瓶梅词话》第二十六回："好囚孩子，冷地下～着你，你有话对我说，如何这等拙智？"③经冷冻加工的（东西）：～鲅鱼｜～刀鱼｜～货。

【冰溜】bǐng　liu＝〖冻溜〗dèng　liu　水在零度以下结成的固体：夜来晚上冷得窗上都结～了。

【冰溜碴子】bǐng　liu　chǎ　zi　细碎的冰：叫～割破手了。

【病病恙恙】bǐng　bing　yǎng　yàng　身体欠佳，如同病了一般的样子：他家里的那个孩子也是～的，干不了什么活儿。

【病痌儿】bǐng gur =〖病痌子〗bǐng gu zi 体弱易生病的人；长年生病的人：他多少好嫚儿不找，找这么个～回来当媳妇。

【病拉恙儿】bìng la yǎngr 精神状态不好，看似生病的样子：他倘着个老头儿成天～的，什么也不能干。

bu

【卜拉】bū la 拨动；用手指或器物使移动：我拿了根棍儿～了两下看看，下面也没有什么东西。亦作"不剌"：元杂剧《刘弘嫁婢》："掏火棒儿短，强似手不剌。"

【卜蝼】bǔ lou 泛指小海螺。

【卟卟噔儿】bù bu dēngr 一种用玻璃制作的儿童玩具，细口大腹，对着口吹，玩具底部的玻璃随之振动，发出卟卟噔噔的声音：△～，掉待水里没有影儿。

【不扁扁】bǔ biān bian 不服软；不认输：把他揍成那么个样儿了，还是～。

【不糙儿】bù cǎor 不错；挺好：他的毛笔字儿写得真～。

【不糙起】bù cǎo qi ①相比不差：你这个镯子～她那个。②没有什么两样；完全一样；相当于：你拿这么两个钱儿给人家～待这嘛人。

【不出头】bǔ chu tòu 怕难为情；不善交际：那个男人～不出脑的，还赶不上个闺女。‖1928 年《胶澳志》："～，羞缩之谓。"

【不凑手】bù cǒu shōu（钱款）不足：钱要是～的话，就等年底再给｜元杂剧《金凤钗》第四折："（银匠云）钞～。（邦云）也罢，住一住儿来取。"｜《红楼梦》第一百一十回："凤姐听了，呆了一会，要将银两～的话说出，但是银钱是外头管的，王夫人说的是照应不到，凤姐也不敢辨，只好不言语。"｜《官场现形记》第四十八回："大人想要不还他，似乎对不住人家，而且声名也不好听，倘若是还他，一时又～，因此甚觉为难。"｜《醒世姻缘传》第一回："晁爷新选了官，只怕一时银～。"

【不大】bū dà ①小：这件衣裳你穿着～。②用在动词或形容词后，表示其程度或影响有限：看～出来｜这些灰洗～去。③次数不多：他这些日子～来了｜《红楼梦》第四十四回："袭人特特的开了箱子，拿出两件～穿的衣裳。"｜《金瓶梅词话》第十五回："不是这等说，我又～十分用酒，留下他姊妹两个就同我这里一般。"｜《醒世姻缘传》第二十回："再说晁家没有甚么近族，不多几个远房的人，因都平日上不得芦苇，所以～上门。"④不怎；程度不深：听说最近两个人弄得～强｜《聊斋俚曲集·慈悲曲》第四段："张诚说：'我今晌午～饥困，就添上俺哥哥也够了。'"｜《聊斋俚曲集·磨难曲》第十八回："张龙说：'～疼。'李虎说：'～疼，必定是梦。'"

【不大离】（～儿）bù da rìr①差不多：别装了，我看～儿够了｜《老残游记二编》第四回："屋里的陈设，箱子里的衣服，也就～值两千银子。"②反语，指要出问题或麻烦：他这么下去的话，也就～儿了。

【不带】bù dǎi 不会或没有出现某种状态、反应或结果；绝对不：这么大年纪了上五楼～喘的｜帮他多少忙～说个谢字儿的。

【不迭】bù diè①用在动词后，表示时间来不及、能力不够、数量不充分等：这些黄瓜等到大流儿，你都吃～｜《真本金瓶梅》第二十一回："那李瓶儿连忙穿衣～。"｜《醒世恒言》第三卷："美娘躲身～，被公子看见。"②用在动词后表示动作反复或持续进行：摘～｜说～。

【不范】bū fàn 用在动词后，表示承受不了：抗～｜吃～｜享～｜弄～｜舞扎～｜孩子大了哄～了。

【不返乏儿】bǔ fàn fàr 难以承受；达到极限：使得～｜忙得～。

【不割舍】bǔ gǎ shi 舍不得；心疼：这幅画儿我还没稀罕够，真～送人。

【不跟趟儿】bù gěn tàngr①因速度慢、距离远跟不上：他个小孩子和恁一块儿走保证～。②学习、技能、说话等跟不上进度或不及他人：他学习～就留了一年级。③不及时：营养～耽误孩子长个儿。

【不过意】bù guǒ yì 过意不去：叫你费了这么多事，俺心里真是～｜《红楼梦》第一百一十三回："紫鹃到了这里，我从没合他说句知心的话儿，冷冷清清撂着他，我心里甚～。"｜《醒世恒言》第二十卷：
"旁边有一人名唤种义，昔年因路见不平，打死人命，问绞在监，见他父
子如此哭泣，心中甚～，便道：'你们父子且勿悲啼。'"

【不果睬】bǔ guǒ cɑi ＝〖没果睬〗mě guǒ cɑi 出乎意料；没
留神：他～叫一块儿石头绊了一下儿，摔了一跤。

【不害淡】bù hǎi dàn 不知羞耻：他真～，能做出那种事来。

【不换】bù huàn ①不交换：那是他的爱物，拿什么也～。②不次
于；不亚于；相比不差，一般置于名词后：他家那个好儿媳妇，亲闺女～｜
她十七八那会儿，长得天仙～｜那是买东西凭票儿的年代，他的那个差事
县官儿～。

【不济】bù jì ①差；不好：好的放这边儿，～的堆那边儿｜元杂剧
《东堂老》第一折："（柳隆卿云）赵小哥，上紧着干，迟便～也。"｜
《聊斋俚曲集·墙头记》第一回："三肋肉一只鸡，就是您家那好东西，
好厨子做煞也～。"又："咱那东西虽～，他也知道咱家穷，全要你把心
来用。"又："东西～，你好歹吃饱，休饿着。"｜《聊斋俚曲集·墙头
记》第四回："爹这两日吃的饭～，病了么？"｜《聊斋俚曲集·增补幸云
曲》第二十一回："今日运气～，把银子赢给了别人了。"｜《聊斋俚曲
集·禳妒咒》第十六回："他二姨夫都这么作法，还是你那管法～。"｜
《醒世姻缘传》第三十三回："狄希陈学问～，序齿他却是个学长；第二
是相栋宇的儿子相于廷；第三是薛如卞；第四是薛如兼。"｜《醒世姻缘
传》第五十五回："若只做出家常饭来，再人材～，十来两十二三两就买
一个。"｜《醒世姻缘传》第八十七回："不说你货物儿～，揽不下主顾，
只怨别人呢！"｜《红楼梦》第八十一回："你这话说的也是，这样事没有
对证，也难作准。只是佛爷菩萨看的真，他们姐儿两个，如今又比谁～了
呢。"｜《周书》第十一卷："太祖西巡至牵屯山，遇疾，驰驿召护。护至
泾州见太祖，而太祖疾已绵笃。谓护曰：'吾形容若此，必是～。'"｜
《醒世恒言》第九卷："王三老正在门首，同几个老人家闲坐白话，见陈
青到，慌忙起身作揖，问道：'令郎两日尊恙好些么？'陈青摇首道：

"～。正有句话，要与三老讲，屈三老到寒舍一行。'"|《水浒传》第二十四回："今年觉道身体好生～，又撞着如今闰月，趁这两日要做，又被那裁缝勒掯，只推生活忙，不肯来做。"②最小的限度；再差一些的情况：～也待买五箱回来才能够|你还去找他帮忙看看，再～他也能帮你出个主意|《醒世姻缘传》第二十三回："差不多的人家，三四个五六个合了伙，就便延一个师长；至～的，才送到乡学社里去读几年。"‖《俚语证古》第十四卷："不好谓之～。"

【不家去】bù jiǎ qi 不回家：他下了班就出去瞎逛荡，～干活儿|《聊斋俚曲集·姑妇曲》第一段："珊瑚说：'我也不愁没主，我就～了。'"|《聊斋俚曲集·姑妇曲》第二段："何大娘说：'我儿，你待去家着，我也不肯留你。'珊瑚说：'我～。'"

【不匠】bù jiàng ①不妙；不好：这个事我看要～，早想想别的办法吧。②不合适：我觉得这个东西放这里～。③（身体）不舒服：他试着这几天身上～，清早就上医院来看看。

【不看】bù kǎn 看上去不像：你一点儿也～五十岁的人。

【不论壶儿】bù lǔn hùr 不按规矩；不讲道理：他说起话来～。

【不卯】bǔ māo 有矛盾；合不来：他们两个人～，凑不成一块儿|《红楼梦》第二十一回："你两个～，又拿我来作人。我躲开你们。"

【不强起】bù qiǎng qi ①不好：我看这些酒也～。②相比之下不优于：你选的这个瓜也～发先那一个。

【不善】bù shàn ①不错；了不起；非同寻常：才毕业就能找着这么个工作，也就很～了|半年没看见孩子，个子长得真～。②不弱；厉害：《金瓶梅词话》第十二回："家中这几个老婆丫头，但打起来也～，着紧二三十马鞭子，还打不下来，好不好还把头发都剪了。"|孔尚任《桃花扇》第三十四出："你看狼烟四起，势头～。"|《聊斋俚曲集·翻魇殃》第五回："仇大姐为人却又～。"|元杂剧《墙头马上》第一折："（张千云）舍人使张千去，若有人撞见，这顿打可～也。"③用在动词后，表示其程度深：这两天儿他又疯得～|把他累得～。

【不上数】（～儿）bù shǎng shūr 排不在前面；排不上号：他的学习成绩待班儿里都～｜《真本金瓶梅》第六十七回："金莲道：'李瓶儿是心上的，奶子是心下的，俺们是心外的人，～。'"

【不使】bǔ shi 不用：△有权～，过期作废｜《红楼梦》第六十四回："你还当是先呢，有银子放着～。你无论那里借了给他罢。"

【不是】bù shì ①非，表示否定：△过了十月节，～风就是雪｜△会说～好人，痒痒～好疮｜△烧火棍子当大梁——～那块料｜△～一家人，不进一家门。②错误；过失：不做～也不让人家说～｜《醒世恒言》第十三卷："我说不干神道之事，眼见得是孙神通做的～！更不须疑！" ③ bū shi 语气助词，表示疑问或反诘的语气：你待要去看看～？｜他待来～？ ④ bū she 用在句末，表示对前面话语的强调：到了夏天～，河里的水哗哗的，清得能看见底儿。

【不说】bǔ shuō ①不讲话；不开口：你～人家还能把你拊井里？②暂且不讲，以突出下面的话：价钱贵贱～，做工还那个细致。③不但；除此之外，一般用在前半句的末尾：给他垫上钱～，还出车忙了两天。

【不希】bù xì 不屑于；不愿意：人家才～看他那个脸色来。

【不下】bù xià 不少于；不比某个数目少：听他他叨叨了～十遍。

【不消说】bù xiāo shuō 不必说；不用提：他去办这点儿小事儿，那就～了｜元杂剧《望江亭》第二折："我这夫人，十分美貌～了；更兼聪明智慧，事事精通，端的是佳人领袖，美女班头，世上无双，人间罕比。"｜《聊斋俚曲集·磨难曲》第二十四回："中伏酷热火炎炎，草叶焦枯未种田，老天呀！～是连年俭。"

【不寻思】bù xǐn si ①不考虑：当时太着急了，他也～那么多。②没想到：我就～你也是当地人｜南戏《琵琶记》第二十出："婆婆，我当初～，教孩儿往皇都。把媳妇闪得苦又孤，把婆婆送入黄泉路，只怨是我相耽误。"

【不言定】bǔ yān dìng 不一定；说不定：咱先不用太急了，他还～能来。

【不宜量】bǔ yī liang 不可；不适宜：人真是～惯，要不都就吃馋耍懒了｜《聊斋俚曲集·姑妇曲》第一段："看这一样揣东西，～好说只宜量捶。"｜《聊斋俚曲集·墙头记》第一回："他说我年太高，～把心操，八石粮不用开口要，又不封粮不纳草，吃穿使费都勾了。"

【不宜量惯】bǔ yī liang guàn 不可娇宠或纵容使其养成（某种不好的）习惯：孩子可～，惯上毛病就不好改了。

【不宜量好】（～儿）bǔ yī liang hāor 不知好歹：好话都说尽了，他这个人怎这么～儿？｜《聊斋俚曲集·禳妒咒》第十六回："好并一好，相处才到老；世间惟男儿，最～。"

【不认的】bù yǐn di 不认识：那里的人他都～，去了怕没有给说实话的｜《醒世姻缘传》第八回："既～他，你怎就知他是个姑子？"｜元杂剧《陈州粜米》第一折："（正末云）你这官人是甚么官人？（二斗子云）你～，那两个便是仓官。"

【不认亲疏】bù yìn qǐn shu 对亲近的人没有亲切感或不提供必要的帮助：他都钻钱眼儿去了，根本就～。‖ 参"不识亲疏"：元杂剧《墙头马上》第四折："你道我不识亲疏，虽然是眼中没的珍珠处，也须知略辩个贤愚！"｜元杂剧《后庭花》第二折："这孩儿又不会人言语，他可又性痴愚，不识亲疏。"

【不用】bǔ ying 用于句首，表警告：～还待这蹦跶，有你的好果子吃。

【不中】bù zhěng 不行；不可以：把零头省去还～？｜元杂剧《单刀会》第三折："他那里定无好会，则怕～么？"｜元杂剧《后庭花》第一折："大嫂也，中也～，我则依着你。"

【不治】bù zhì ①不行；不可：他知道了非来评理～的。②不起作用；解决不了：这个活儿离了他～｜他这个情况，谁来也～。

【不值当】bù zhǐ dang 不值得；不合算：就为这么几个钱儿都～生气的。

【不子】bǔ zī =〖不止〗bǔ zhī 表示超出某个数目或范围：这一

大筐恐怕二百斤也～｜他出去～半个月了。

【不走字儿】bǔ zōu zìr 运气不佳；倒霉：那几年他～，也真遭了些罪。

【步荡】bǔ dang 在有水的地方随意地踩；穿着沾了水的鞋子来回走动（而弄脏）：孩子就愿意走水湾儿～水玩｜才擦的地叫他们穿着水鞋一阵儿～脏了。

【布摆】bù bai ①安排；布置：怎么还非要听他～？｜元杂剧《渔樵记》第二折："你可怎生着我挣闿，你怎生着我～！"｜南戏《琵琶记》第十九出："兀的是天灾，教他媳妇每难～。"｜《水浒传》第六十二回："沙门岛往回六千里有余，费多少盘缠，你又没一文，教我们如何～！"｜明杂剧《五马破曹》楔子："师父你那妙策神机难料解，端的便指示三军能～。"②照顾；负责：她还待帮着～两个小外甥吃饭。

【㧟】bù ①用手臂围住；抱：清早她就～着孩子回娘家了｜△～着元宝跳井——舍命不舍财｜△孩子哭，～给他娘｜△～着孩子进当铺——自己当人，人家不当人｜《聊斋俚曲集·姑妇曲》第二段："不脱衣服，不脱衣服，白黑一个替身无。就是待溺泡尿，也叫他儿来～。"②收养：两口子～了个孩子养。③量词，表示两臂合围的量：这一大～草够烧的了｜《聊斋俚曲集·俊夜叉》："我仔说了够一把，你就抉了一大～。"

【垺土】bǔ tu 飞尘；尘土：房子靠着马路，一开窗就有～。亦作"墣土""布土"：蒲松龄《日用俗字·僧道章》："墣土坱成十里雾，钹铙飞撒半天云。"《俚语证古》第二卷："细尘谓之布土。布字当作坾（古音读布）。《山海西经》：'大次之山。其阳多坾。'郭云，坾似土。按坾为细粉。细尘似之。故谓之坾土。"‖《广韵》："垺，尘起。"1928年《胶澳志》："尘细曰～。"

【鹁鸽】bǔ ga 鸽子：他家房顶上有个～窝｜李调元《南越笔记》第八卷："鸽之大者曰地白，广州人称鸽皆曰白鸽，不曰～。"｜陶宗仪《南村辍耕录》："尝卧病，其幼子偶弹得一～，归以供膳，于梢翎间得书一缄……"｜《都城纪胜·闲人》："又有专为棚头，又谓之习闲，凡擎鹰、架鹞、调～、养鹌鹑、斗鸡、赌博、落生之类。"｜《四朝闻见录·丙集·～诗》："铁勒金狨似锦铺，暮收朝放费工夫；争如养取南来雁，沙漠能传二帝书。"｜《儿女英雄传》第三十四回："你进场这天，不必过于打扮的花～儿似的。"｜《聊斋俚曲集·俊夜叉·穷汉词》："只有～屎呀似的一块银子，雀子屎呀似的一块金子，俺也算有了身分。"｜《聊斋俚曲集·禳妒咒》第二十四回："给俺老婆做的通红的袄，娇绿的棉裤，扎挂的合那花～一样，人人看着齐整。"｜《聊斋俚曲集·增补幸云曲》第二十二回："王龙道：'这是什么故事？'万岁道：'这是野～寻窝。'"｜《醒世姻缘传》第四回："见了便就念骂，说道你如何炎凉，如何势利，'～拣着旺处飞'，奚落个不了！"

【麬】bùr =〖面麬〗miǎn bùr 制作面食时，为防止面团粘到手或用具上而撒的干面粉：再撒上点儿～儿，有点沾手。亦作"粰""面布"：蒲松龄《日用俗字·饮食章》："不大不小攥成剂，丸搋加粰手不粘。"‖《集韵》："粰，屑麦也。"又："粰，屑米也。"《俚语证古》第五卷："涂面之粉，谓之面布。"

【䏰胵】bǔ chi 家禽及鸟类的胃：鸡～还挺好吃的。‖《古今韵会》："～，鸟之肠胃也。"亦作"布蚩"：《俚语证古》第五卷："鸡胃谓之布蚩。"

【醭】（～儿）bùr =〖白醭〗（～儿）běi bùr ①去皮的柿子、熟地瓜等含糖量高的食物在晾晒过程中表面析出的白色细末状物（主要为糖分）。②酱油、醋等食物因受潮、发酵或腐败而出现的白色霉斑或霉块，也泛指一般物体所长的白色霉菌：那些忌讳（醋）放得都长～了｜白居易《卧疾来早晚》诗："酒瓮全生～，歌筵半委尘。"｜杨万里《风雨》诗："梅天笔墨都生～，辈几文书懒拂尘。"｜《醒世姻缘传》第八十七回："（郭总兵）叫小厮：'把我的铺盖，卷到梢舱里，合周相公同榻，再不与这个两个臭婆娘睡！闲出他白醭来！'"③某些植物果实或茎叶表面上的一层似白霜的蜡质分泌物：这些黄瓜真新鲜，白醭儿都没掉｜《醒世姻缘传》第二十回："有的似东瓜白醭脸，有的似南枣紫绉唇。"

【C】

ca

【擦黑儿】cǎ hēir 傍晚：天都～了，咱快家去吧。

【擦滑儿】cà huàr ①（地面）湿滑；易滑倒：慢点，那个场儿～。②滑行；滑落：他待冰溜上～。

【礤撑】cā cheng 礤床，把瓜、萝卜等擦成丝的器具。亦作"擦床儿"：元杂剧《铁拐李》第一折："这老汉是村里人，进城来诸般不买，先买了个擦床儿。"

cai

【才】cài（cǎi）①刚刚；不久之前：今日歇着，俺也都～起来｜《红楼梦》第十七回："～他老子拘了他这半天，让他松泛一会子罢。只别叫他们拌嘴。"｜《红楼梦》第二十六回："宝玉见他星眼微饧，香腮带赤，不觉神魂早荡，一歪身坐在椅子上，笑道：'你～说什么？'"｜《醒世姻缘传》第四十回："狄婆子问：'你～说他媳妇不大调贴，是怎么？'"②表示事情发生得晚或结束得晚：都要明天了～来电。③表示只有在某种条件下才能怎样：△当家～知柴米贵，养儿方知父母恩。④强调确定的语气：他～不能那么勤快来。⑤天份；才能：他很有～，就是没赶上好年代。⑥有天份；有才能：他画画那个好，真～。⑦人才；具有某一方面才能的人：他那个孩子其实是块～。

【才待】cài dai 刚要；刚准备：他的日子～好点儿，家里又摊上这么一出事儿了｜《金瓶梅词话》第五十八回："他家鸨子说，收拾了～来，被王皇亲家拦的往宅里唱去了。"｜《金瓶梅词话》第七十六回："那西门庆～往外走，被月娘又叫回来。"｜《聊斋俚曲集·翻魇殃》第四回："到了第二日，～打盹，支使的一个小厮来说：'差人来拿俺大叔来。'"｜《聊斋俚曲集·寒森曲》第六回："～上前问路，那些人见了，都起来说：'果不出爷爷所料。'"又："二相公～尝，看了看浑光浆，觉着不是

个模样。"|《聊斋俚曲集·寒森曲》第八回："这一日，大相公吃了些饭来，～伸手摸，只听的二相公长吁了一口气。"

【财帛】 cǎi bei 钱财；财富：△～动人心｜△拿着～使脚踮｜《史记·大宛列传》："散～以赏赐。"｜《东周列国志》第二回："此计如果可行，何惜～，汝当速往。"｜《聊斋俚曲集·墙头记》第二回："兄弟们厚是极厚，～上也要分明。"｜《聊斋俚曲集·磨难曲》第四回："多亏了那元宝千个，～耀眼，买透阎罗。"｜《聊斋俚曲集·增补幸云曲》第十八回："他贵压当朝，～甚重，志大胸高，吃酒中间磕你顿拳头！"｜《真本金瓶梅》第三十三回："自从西门庆家做了买卖，手里～从容，新做了几件虼蜋皮，在街上掇着肩膊儿，就摇摆起来。"｜《醒世姻缘传》第三十四回："我是财神，掌管天下人的～；因失落了库上钥匙，烦你配就。"又："敬德得了这股～，才有力量辅佐唐太宗东荡西除，做了元勋世胄，封了鄂公，赐了先隋的一库铜钱。"又："看官听到此处，你说这～岂可强求？所以古来达人义士……不肯蒙面丧心，寡廉鲜耻，害理伤天，苟求那不义的～。"｜《醒世姻缘传》第五十三回："最放不下的七爷，七八十了，待得几时老头子伸了腿，他那家事，十停得的八停子给我，我要没了，这股～是瞎了的。"｜《醒世姻缘传》第九十四回："这是奇货可居，得他一股大大的～，胜是那零挪碎合的万倍。"又："但是天下的～，也是不容易担架的东西，往往的人家没有他，倒也安稳；有了他，便要生出事来，叫你不大受用。"亦作"财贝"：周颙《与何胤论止杀书》："财贝之一经盗手，犹为廉士所弃。"

【猜摸】 cǎi mè 猜测：我～着你能来。

【猜枚】（～儿）cǎi mèir ①猜谜语，本指旧时的一种酒令游戏，游戏中将瓜子、棋子、铜钱等握于手心，让他人猜数目、正反等，不中罚酒：他～才厉害来｜《二刻拍案惊奇》第三十四卷："随命取酒共酌，～行令，极其欢洽。"｜《聊斋俚曲集·磨难曲》第十八回："两个（解子）说：'咱三人～。'鸿渐说：'我不入令。'……两个嗨嗨叫叫，～化拳，一霎大醉。"｜《摘锦奇音》第二卷："一口赏花还，饮酒行令把枚猜。

除非他来时，除非他来时，乖，才把愁怀解。"｜《醒世姻缘传》第十四回："将日下山时候，典史接了漕院回来，只听得监中一片声唱曲～，嚷做一团，急急讨了钥匙，开门进去，只见禁子囚犯大家吃得烂醉，连那典史进去，也都不大认得是四爷了。"｜《醒世姻缘传》第六十六回："我到了那里，亭子上摆着一桌酒，张大爷还合一个大高鼻梁的汉子——我不认的他，又有一个穿水红衫子老婆，合俺姑夫在上面一溜家坐着，合姑夫～。"②胡乱揣测：好好想想，别老是瞎～。‖《俚语证古》第十四卷："解谜谓之猜默。默字当作枚。"

【裁坊】cǎi fang ①裁缝铺：他是开～的。②指裁缝这一职业：△～掉了剪子——光剩下尺（吃）了。

cang

【苍蝉】cǎng yang 苍蝇。

【藏灰】càng huǐ 隐匿灰垢：这种地板不～，整天不闲着擦。

【藏眼儿】cǎng yānr 隐蔽；不容易找到：这些东西最好放个～的地方儿，别叫孩子动着。

cao

【糙】cǎo 不好，一般用于反问或否定句式：△话～理不～｜你自己买的这些还～？

【糙蛋】cǎo dàn ①坏；不像话：如果他这么办就太～了。②不中用；无能：他这么点事都办不好，真～。

【糙好】cǎo hāo 不管怎样；不管好坏：你上市场～买个鸟笼子回来，省着他再叨叨。

【糙起】cǎo qi ①相比较差；相比较弱，一般用于反问或否定句式：别看这个机器使了这么多年了，现在也不～新买的。②如同；好像（消极意义）：他腆个脸那么长，～人家该他的钱。

【草鸡】cāo ji ①本地品种的鸡。②招架不住；难以承受：使～了｜

嘛～了｜冻～了｜他待那等了五六个钟头，什么人也～了。③服软：他到最后也说～话了。

【草鞋底】cào xiǎi dī 一种百足虫，形似蚰蜒。

【草葽】（～儿）cào yàor =〖草葽子〗cào yào zi 草绳；用麦秸、稻草等编成的绳状物：把麦秸儿使～捆起来了｜李诫《营造法式·壕寨制度·城》："每膊掾长三尺。用～一条，木橛子一根。"

【操拨】cǎo be 挑拨：他～得人家两口子光打仗。

【褾儿】càor 衣物接缝处内翻的部分：袖～｜裤～｜那件衣裳穿着有点瘦，你把～放放。

cha

【插巴】chā ba 耍弄；欺骗：叫人家～一次了，他还能不长记性？

【插把儿】chā bàr （电器）插头。

【插号儿】chà hàor 不守秩序，插入已经排好的队伍：前边儿那么多～的，也没有人出来管管。

【插货子】chā huò zi 相似但不匹配的物件组合成的东西：那些车都是些～，咱不敢买。

【插空儿】chà kèngr ①利用空闲时间：等你～去买回来。②利用空余的缝隙或间距：树下边～栽上点儿冬青。③小孩子骑自行车因够不着车座，将右腿从自行车三角梁架中间穿过去踩着踏板骑行：才学会骑车子的时候光会～，再大点儿就骑大梁。

【插言】chà yàn 插话，指不合时宜地加入谈话：大人说话小孩儿少～。

【喳喳】chǎ cha =〖喳呀〗chǎ ya 偷偷地议论：那几个老婆们在那里～什么？亦作"插插"：《醒世姻缘传》第七回："谁肯对咱说？这是媳妇子们背地插插，我绰见点影儿。"

【喳咕】chā gu ①小声地说话：也没听见他们待那～什么。②背后议论：咱可不能～人儿。

【喳拉】chǎ la 背地里议论：～老婆舌头｜～话儿。

【馇】chā 煮；炖；熬；边煮边搅拌。属于老派的说法，现在很少使用：～菜｜～饭｜～黏粥｜～豆腐｜～稀饭｜～猪食。亦作"插"：《醒世姻缘传》第四十九回："老魏炕上坐着，他媳妇在灶火里插豆腐。"又："俺插着麦仁，你成三四碗家攘颡你，你送的是什么布和钱？"｜《醒世姻缘传》第五十四回："做水饭，插黏粥，烙火烧，都也通路。"｜《醒世姻缘传》第六十七回："把一个做饭的小锅，一个插小豆腐的大锅，打的粉碎；又待打那盆罐碗盏缸瓮瓶坛，艾回子只得跪了拉他。"

【茶匙儿】chǎ chīr 汤匙。

【茬】（～儿）chàr ①作物收割后余留的残株：麦～儿。②指在同一块地上，农作物种植或收获的次数：这些葡萄一季儿结好几～儿。③事情的次数：现在不弄利索了，过后少不了遭二～儿罪。④（人）批；代；辈：等这一～儿人长起来，社会那待发展成个什么样。⑤ chār 人；人家：善～儿｜硬～儿｜好～儿。

【茬口儿】chǎ kour ①时机；当口：他没遇着个好～｜你现在去的话，这个～不大对。②口径；说话的内容：他们两个说得都对不上～。

【差半子】chà ban zi 原本左右或前后成对的东西，只有两只左或右的、前或后的：他走得急了，穿着双～拖鞋就出来了。

【差不离儿】chǎ bu rìr（lìr）①差不多：玩了快一天了，～好走了。②有分寸；不离谱：干什么都待～，他们也不是些计较的人儿。

【差秤】chǎ chèngr 卖的东西份量不足：买他好几次东西都～了。

【差劲】chǎ jìn ①（质量、品质等）不好；不像话：他这么办事真是挺～的｜他这么干也太～了。②差别很大：别看就加了这么点儿铁皮，使起来可差老劲了。

【差起】chà qi 比……差：从这个店买的一点儿不～上一家儿的。

【差味儿】chǎ wèir 散发出腐烂变质的味道：鱼都～了，不能买。

【差样儿】chǎ ràngr（yàngr）变换品类或样子：他生了个男孩子了，再想要个闺女差差样儿。

【伮】chǎ 特指狗吃食：△人不为财，狗不~屎｜△狗改不了~屎。‖
《广韵》："~，楚恰切，狗食。"《集韵》："~，测恰切，犬食也。"
亦作"嚓"：《聊斋俚曲集·俊夜叉》："若是狗改了嚓屎，你说话就是那
公鸡拂群。"

chai

【柴草嘎牙】chài cāo gà yà 食物因纤维过硬而难吃的样子：这
些山菜~的不能吃。

【踩】①chāi 踩；踏：~了一脚泥｜△瞎汉~屎——没果睬｜《聊
斋俚曲集·快曲》第二联："今日真是活倒运，~着蝎子按着蜂！"｜《聊
斋俚曲集·磨难曲》第五回："一马当先，营寨城池，~一个稀糊烂！"｜
《聊斋俚曲集·磨难曲》第二十九回："俺领着雄兵马足足十万，安排着
一行人平~三山！"｜《聊斋俚曲集·磨难曲》第三十一回："尚书部院，
领兵十万，赵总兵足智多谋，刘副将骁勇敢战，平~三山，教张逵浑身是
汗！"又："适才远远望见一个人，爬墙往方娘子家去了，想是他的个情
人。俺也~个狗尾儿。"②chǎi 泥泞：外边才下的雨，~的没法走。

【踩践】chāi jian 欺负；排挤；刁难：她待婆婆手里，受老~了。

【踩屎】chǎi shi ①踩上粪便。②交霉运；出丑：他今日真~了，
趟上这么个事儿。

【嘬】chài 吃饱了仍继续吃或喂：他们把个孩子~成个大胖子了。‖
《广韵》："~，一举尽脔。"《礼记·曲礼上》："濡肉齿决，干肉
不齿决，毋~炙。"郑玄注："~，谓一举尽脔。"孔颖达疏："併食之
曰~。"亦作"餫"：《聊斋俚曲集》第一段："冬里餫猪五口，夏里养
蚕十箔。"

【搋】chǎi ①用手掌压、揉，使搀入的东西和匀：~面。②用力塞、
压，使结实：把包儿~满了。③chài 硬塞；强迫人接受：两口子把孩
子~老人这里就不管了。

chan（chan）

【馋虫】（～儿）chǎn chèngr 比喻强烈的吃东西的欲望：闻着那个好味儿，把～儿都勾起来｜《聊斋俚曲集·增补幸云曲》第二十六回："胡百万把酒尝，吃一口喷鼻香，引的喉咙里～上。"｜《醒世姻缘传》第二十八回："待了一年，一日，在朋友家赴席，席上炒得极好的田鸡，喷香的气味钻进他鼻孔内去，他的主意到也定了不肯吃，可恨他肚里～狠命劝他破了这戒。"

【馋犟】chàn jiàng 想吃而嘴上说不吃；想得到但是嘴上说不想要：给你就快点儿拿着，别～。

【划】chān ①光着身直接穿棉衣，里面不穿其它内衣：那时候日子穷，冬天都～穿棉袄。②马、驴等不配鞍子（而骑）：元杂剧《三夺槊》第二折："那将军～马骑单鞭搭，论英雄果勇跃。"亦作"产""劗"：元杂剧《老生儿》第一折："这人每待去借个产驴，交俺骑着，将草棍子打我哩。"《俚语证古》第十二卷："马不着鞍谓之劗马。"

【划空】chān keng 身上直接穿棉衣，里面不穿其他内衣：那时候冬天孩子们就穿个～袄过冬。

【铲】chān ①铲子。②脚陷入泥或水中：他一脚～待沟里。

【铲窝子】chān wè zi 挖的陷阱：夜来他上山抓鸟儿，没果睬掉进～了。

【缠磨】chǎn me 纠缠；搅扰：这个孩子太～人了｜《聊斋俚曲集·翻魇殃》第七回："范栝做不上来，不敢～他师傅，光来～二相公。"

chang（chang）

【疮】chǎng 皮肤或黏膜发生溃烂的疾病：△会说不是好人，痒痒不是好～｜△头顶上长～脚底下流脓——坏透了。

【疮疤】chàng bǎ 疮好了之后留下的疤痕：△好了～忘了疼｜△腿痛腰酸～痒，雨来不用半头晌。

【长虫】chǎng cheng 蛇：△话经三张嘴，～也长腿。

【长法】（～儿）chàng fār 长久之计：现当急儿这么做还行，但怎么说也不是个～｜《聊斋俚曲集·姑妇曲》第二段："只等了二三日，于氏看着不是～，便到他那屋里，臧姑坐着也没欠身。"

【长果儿】chǎng guōr ＝〖长生果〗chàng sheng guō 花生的老派说法：《聊斋俚曲集·禳妒咒》第十六回："他若牙缝儿崩不字，小孩子卖长生果，吃不了还叫他兜着走哩！"

【长溜溜儿】chǎng ròur rour 长度较长的样子，含喜爱之意：你把肉～地切着。

【长珊】chǎng shan 物体的长度较长，含喜爱之意：他挑的那根竹竿真～。‖《俚语证古》第十四卷："长大谓之～。"

【长珊珊】chǎng shàn shan 物体的长度较长的样子，含喜爱之意：这个裙子～的｜明杂剧《僧尼共犯》第四折："一顶酱盖似大髼髻，戴着一绺黑鬒鬒～的头髮，挽着一方金花大手帕，连耳带腮，紧紧的勒着。"

【长远】chàng yuan 长久；持久：还是平平淡淡的才～。

【常不六九】（～儿）chàng bu liǔ jiūr 隔三差五；经常：他～过来找我耍。

【场】chāng ①地方：你是哪个～儿的？｜这么多东西都没～儿放了｜才搬去没几天，又吆喝着待换～儿｜△哪里生，哪里长，到老想着那个～儿｜△十个闺女十门亲，十个兄弟没～儿分｜《醒世恒言》第十卷："多则半月，少则五日，就要换～，免露行迹。"②用于晒打粮食的平坦空地：～园｜△一亩地要个～，一百岁要个娘｜△天上鲤鱼斑，晒～不用翻｜△忙死忙，先打～｜△石碾上放灯——照～（常）｜《诗经·豳风·七月》："九月筑～圃，十月纳禾稼。"③量词，用于事情的经过：△正月三～雨，不愁没粮吃｜△一人说一句，凑成一～戏。④比赛地；舞台；考场：上～｜捧～｜△没有～外的举人。

【场面】chāng mian ①情景；状况：他走南闯北什么～没见过。②排场；体面：人家做什么都那么～，真有个老板样儿。

【场面人】chāng mian yìn 讲究体面、处事周到的人：他那个儿～不会叫你难堪的。

【场园】chǎng wan 用于晒打粮食的平坦空地：晚上他们都跑～上风凉｜《醒世姻缘传》第三十六回："算计往那里下手，又寻下了刀疮药并扎缚的布绢，拿了一把风快的裁刀，要到那～里边一座土地庙内，那里僻静无人，可以动手。"｜《聊斋俚曲集·磨难曲》第二十三回："怕的是秋耕了的地土，合那当道的～。"｜《庄农日用杂字》："～结实压，苦子秆草编。"‖1928 年《胶澳志》："～曰场完。"

chao（chao）

【抄翻】chǎo fan ①把过去不好的事情重新提起：他又～起当时分家的时候些事。②（陈病）复发：他这一累着不要紧，把他头痛的毛病又～起来了。

【抄弄】chǎo leng 翻出以前的事情或触发旧有矛盾：还是要多往前看，老是～些旧账没什么意思。

【超嫩】chǎo lùn 非常嫩：快买点吧，这些茼蒿～。

【超盈】chǎo yìng ①（时间、容量、性能等方面）有富余；轻松：剩的活儿不多了，今日干完它很～。②（生活、经济）宽裕：这两年儿家里日子过得很～。‖《俚语证古》第十四卷："超用，饶饶也。居家度日，资财充实，谓之超用。'超'字当作'饶'（古音读超）。'用'为'饶'之双声音转。"

【朝大谱儿】chào dǎ pūr ①大体上；粗略地：咱当时也没拿尺，只能～估计估计。②不了解情况而自以为是地认为或估计：这样的事你要亲自去看，不能光待家里～。

【朝莫】chāo me 约莫；估计：饭不用买多了，你～两个人吃的就行了。

【朝面儿】chǎo miànr 出现；露面：上他家去了三趟，他都不～｜这么些天，他老板都没～。

【潮】chào 傻：人家也不～也不彪，怎么就待听他的支使？｜《聊斋俚曲集·姑妇曲》第一段："又不傻，又不～，好媳妇你休去了，指出件不是还可笑。"｜《聊斋俚曲集·姑妇曲》第三段："好您～达，好您～达，一堆砖头拿到家。"｜《聊斋俚曲集·墙头记》第四回："张大说：'俺也不～，这有个话说。'"｜《聊斋俚曲集·翻魇殃》第三回："说他～实是～，认定魏名实相交，时常跑去登门叫。"又："哥哥还把兄弟教，娶媳妇合费钱合钞。不知你听谁调唆，极精细却是极～。"｜《聊斋俚曲集·翻魇殃》第四回："仇大郎实是～，赌的钱不大高，困里空可没嘎枭。"｜《聊斋俚曲集·翻魇殃》第十一回："慧娘说：'你这～孩子！看着人家知道，成了故事。'"｜《聊斋俚曲集·寒森曲》第四回："屡屡显圣还不信，那有这样～东西，还要把他尸灵治？"｜《聊斋俚曲集·富贵神仙》第四回："这翰林极是美官，人人求之不得的，难道说方二爷他～么？"亦作"嘲"：《聊斋俚曲集·墙头记》第二回："家里财神不供养，把他简慢又蹭开，这是嘲呀可是怪？"

【潮巴】chǎo ba 傻子：这样的事儿都看不出来，是不是个～？亦作"嘲巴""伣巴"：《聊斋俚曲集·快曲》第一联："反知道兵马在，就是个嘲巴也不来；况那贼，奸又乖，必然远躲天涯外。"｜《聊斋俚曲集·增补幸云曲》第二十二回："佛动心笑颜开，我每日也疑猜，谁想你把俺当嘲巴待。"｜《聊斋俚曲集·禳妒咒》第八回："那高家公母，也不是伣巴，听说江城，一貌如花，雪白脸儿，昏黑头发，一点朱唇，一口银牙，腰儿一捏，脚儿半揸，穿上一件好衣服，真似一尊活菩萨。"

che

【车襻】chè pǎn 一种推车时用来辅助承力的长条形带子，其两头系在手推车的车把上，中间搭在推车者的肩膀上。

【扯】chē ①拉：～住｜牵～。②不拘形式和内容地谈：拉～｜胡～｜～淡。③纠缠；推诿：～皮。④物体失去原来的弹性或发生延展性变形：这件毛衣领子～了，没法穿了。

【扯淡】chè dàn =〖扯闲淡〗chè xiǎn dàn 胡扯；瞎说；多管闲事：那根本就不是他管的事儿，真能去扯些闲淡。|《聊斋俚曲集·墙头记》第二回："落了草叫譁譁，摸摸有峻甚喜欢，细想来也是精～。"

【扯逛】chě guang 物件松垮变形：架子叫风都吹得都～了|你快回去换换这件衣裳，你看都～了。

【扯孝】chè xiǎo =〖撕孝〗sī xiǎo 撕开成匹的白布当作戴孝的布。

chen（chen）

【硶】chēn 食物中有细沙土，入口咀嚼不适：馒头里边儿搅进什么去了，吃起来发～怎么？‖《玉篇》："～，食有沙。"《集韵》："～，物杂砂也。"

【硶牙】chèn yà 食物中有沙子等硬物硌牙：这些饼暴进土去了，吃起来～。

【抻】chēn（chèn）①拉长；伸展：～开|～头|～～筋。②拉伤：～脖子了|～腿了。

【抻巴】chēn ba 伸展身体四肢：你坐时间太长了，多站起来～～|越是上了年纪越应该多～腿胳膊。

【抻够】chēn gou 伸长（四肢或头部）：那个人～着个头往里瞅。

【抻了】chēn ler 肌肉被拉伤或因用力过猛而受伤：他把手脖子～。

【抻头】chèn tòu ①将头部伸出：开着车不能往外～，太危险了。②带头；参与；出面：一听待拿钱，再就没有～的了。

【抻头呼脑】chēn tou hǔ nāo 探头探脑的样子：待进来就大大方方地进来，别待门后了～的和个小偷似的。

【沉】chèn ①沉重；重量大：这个大包太～了|△土地爷爷戴蒜臼子——头～。②份量；重量：你没称称现在多～了？|《醒世姻缘传》第六回："你只强！休说别的，天下有这们大狮猫？这没有十五六斤～么？"③（在水里）往下落：鱼到了这个时候都～底了。

【沉活儿】chèn huòr 重体力劳动：我一个人就行，也不是些～。

【沉头】chèn tou 沉着应对的能力；对问题或矛盾的承受能力：他办事挺有～的。

【陈谷子烂芝麻】chèn gǔ zi làn zhǐ ma 毫无意义的陈年琐事：去了又听他讲那些～的破事｜《红楼梦》第四十五回："可是我糊涂了，正经说的话且不说，且说～的混捣熟。"

【趁钱】chèn qiàn 有钱：他家里趁不少钱｜《水浒传》第三十一回："为是他有一座酒肉店，在城东快活林内，甚是～。"｜《喻世明言》第二十六卷："我今左右老了，又无用处，又不看见，又没～。"

cheng（cheng）

【重另】chèng lǐng 重新；再一次：那张没写好，我～抄了一遍。

【重样儿】chěng ràngr 同样的东西重复出现：她每天做饭不带～的。

【重影儿】chěng rēngr 视觉问题造成的图像重叠现象：就发这几年，他不带眼镜儿看东西老是～。

【撑死】chěng shi 顶多；至多，比喻达到最高程度，在句子中的位置较为灵活：能有一百斤～｜这块儿路～有六里地。

【成大能生】chěng dà něng sheng ＝〖成大营生〗chěng dà yǐng sheng 不合时宜的言行给人添乱或让人反感：越是嘱咐他少说两句，他越～，说起来没头儿。

【成块】（～儿）chěng kuair（在、到）一起：走～｜他和他爸爸妈待～｜《聊斋俚曲集·禳妒咒》第二十九回："一个丫头看着家，还有旧衣合破鞋，我去合他拾～。"

【成年】chěng niàn 整年：恁～不来趟，来了就有事儿急着回去。

【成群结帮】（～儿）chèng qùn jiē bàngr ＝〖成群结党〗（～儿）chèng qùn jiě dāngr 成群结队；一群群或一队队的样子：来耍崂山的人～的｜厂里的人都～地看演戏的去了。

【成天】chèng tiǎn ①整天：谁也架不住他这么～往那跑。②总是：他～就没句实话。

【成心】chèng xǐn 故意：别往心里去，他也不是～的。

【称】chěng 购买（称重计价的东西）：你回来的时候直接～点儿鸡蛋｜《醒世姻缘传》第二十五回："次日，薛教授的夫人也叫人～了五斤猪肉、两只鸡、两尾大鲫鱼、二十只鲜蟹、两枝莲藕、六斤山药、两盘点心，过来回望。"｜《聊斋俚曲集·寒森曲》第七回："便叫王知县，就罚他上新泰县变猪，着那合县的人～他的肉吃。"｜《聊斋俚曲集·墙头记》第一回："今日可有个指望，听说他～肉杀鸡，等他丈人，就不教我陪客，或者还舍点腥水儿喝喝呀！"亦作"秤"：《醒世姻缘传》第二十二回："过了小和尚的满月，正月十九日，晁夫人分付叫人发面蒸馍馍，秤肉做下菜，要二十日用。"

【承奉】chěng feng 奉承：人家说的都是～话儿，他还当真了。

【承敬】chěng jing 顺承尊敬：那帮人是～他的爸爸，不是他｜《晋书》第五十七章："僚佐邑宿，尽礼～，宴飨馔食，事事留怀。"亦作"诚敬"：《醒世姻缘传》第一回："若是那等目不识丁的人，村气射人的，就是王侯贵戚，他也只是外面怕他，心内却没半分诚敬。"

【盛货儿】chěng huòr 容器的容量大：这样的箱子看起来不大儿，装东西才～来。

chi（chi）

【驰驰丫丫】chǐ chi yǎ ya 中空、松散不紧密的样子：别光看那么多，其实～的。

【驰丫】chǐ ya ①中空；松散不紧密：看起来这些油菜～着一筐，其实没什么份量。②中空的；不结实的：～白菜。

【驰丫子】chǐ yà zi 卷叶不结实、球体松弛的白菜、卷心菜等叶球作物：那些白菜粪力没跟上，净长了些～。

【驰道儿】chǐ dàor =〚驰杆子〛chǐ gān zi 跑；溜走：好汉不

吃眼前亏，你不快～还等什么。

【弛肚子】chǐ dǔ zi 拉肚子；腹泻。

【弛挠】chǐ nao 蓬松而凌乱的样子：他～着个头，就不知道梳梳。

【弛空】chǐ keng ①中空；不严密：盖的被都～着，怎么能不冷？｜孩子的衣裳～着，都往里灌风。②使中空：你把盖上面的薄膜～～，要不下面的菜不透气就烂了。

【弛屎】chǐ shī ①腹泻。②倒霉：他这趟买卖儿做得真～。

【哧鳞】chǐ lin =〖哧棱〗chǐ leng 张扬招摇；自命不凡：他有了钱就～得不知道姓什么了｜他从当上了这个老总，～得横横着走路。

【哧鼻子】chǐ bǐ zi 擤鼻涕。

【翅翅儿】chìr chǐr 小心翼翼：你～地放，别洒出水来。

【吃饱蹲】chǐ bào děn 比喻只知道吃饭而不愿意干活的人：他就是个～，听见吃就瞪开眼了。

【吃垆土】chì bǔ tu 吸入（前面的人奔跑时扬起的）尘土，比喻落在别人后面：和他一块儿干活，你光～就行了。

【吃不开儿】chī bu kǎir 不受欢迎：他这么办事儿，上哪儿也～。

【吃苍蚪】chì cǎng yang 喻指难堪或受到屈辱：咱可不跟他去吃那些苍蚪。

【吃等食儿】chǐ dēng shir 坐享其成；只等着分享别人的劳动成果或施舍：那几个光在家里～，就累他一个人了。

【吃独食】chì dǔ shì 比喻独占利益：他自己不声不响地在这～，怕人看见｜《醒世姻缘传》第四十九回："俺婆婆那咎提下的亲，凡有下礼嫁娶的，他都背着俺婆婆～。"｜《醒世姻缘传》第八十七回："我从小儿不好～，买个钱的瓜子炒豆儿，我也高低都分过遍。"

【吃火】chǐ huō 某种食物需要大火候才能做熟：这些肉～，放锅里大炖炖。

【吃劲】chì jìnr 承受压力：光剩了一个轮子在下面儿～儿｜上了年纪脚也不～了。

【吃老保】chì lǎo bǎo 享受退休金或养老保险金。

【吃累】chì lèi 吃苦；受累：如今你日子也挺超盈的，快别撇家舍业地去~｜冯梦龙《挂枝儿·卷五·隙部·负心（四）》："耽惊受怕我吃你的累，近前来听我说向伊：来由你，去由你，怎么这等容易！"

【吃巧儿】chǐ qiāor 吃比较少见的食物：普通人讲的是吃饱，有钱人是讲的是~。

【吃味儿】chī wèir 吃醋；产生嫉妒心：恁几个人老是弄成一块儿，他心里有点儿~｜《官场现形记》第三回："他们做大员的，怎好厚一个，薄一个，叫别位同乡看着~。"

【吃香儿】chì xiǎngr 吃得开；受重视；受欢迎：这些设备待外地很~。

【吃腥嘴儿】chì xǐng zuīr =〖吃腥腥嘴儿〗chì xǐng xing zuīr 对不当得利上瘾成性；占人便宜后不知收敛，得寸进尺：他一旦~了，再就收不住了。

【吃烟】chì yǎn 抽烟：这么小的孩子就学会~了｜《官场现形记》第三回："胡理也不~，不吃茶，取了信一直去找钱典史。"｜《儿女英雄传》第二十回："太太便合姑娘对面坐了，手里拿着烟袋，且不~，着实的给姑娘道了一番谢。"

【痴】chǐ ①精神失常：就为人家小嫚儿不跟他，他就~了。②傻；不精明：△~娘夸好女，~汉子夸好老婆。

【痴勾勾】chǐ gòu gou 眼神因满含期望而呆滞的样子：爷爷站在海边儿，~地等着孩子回来。

【痴厮】chǐ si 傻子：他老是觉着自己精明，人家都是些~｜△~过年——好景。

【嗤水】chǐ shuǐr 涎液；口水：馋得他都拉拉~。

【嗤水窝子】chǐ shuì wě zi 婴幼儿的腮腺，民间传言碰了此处会造成孩子不住地流口水，故得名。

chou（chou）

【瞅瞜】chōu hou 看；望：那个人怎么不住地～你?

【抽头】chǒu tou 抽屉。

【臭】chòu ①不好闻的气味（与"香"相对）：～味儿｜狗～屁｜△好鞋不踏～屎。②东西不好卖：前两天市场上的柿子～得要命｜△六月韭，～起狗。③不受欢迎；惹人厌恶：～钱｜～美｜～架子｜他待老师手里就待～死。④说话口无遮拦或好传是非：有句话儿千万不能叫他知道，他的嘴太～了。⑤贬损；丑化：他背地后～人家没有什么好处。

【臭败】chòu bai =〖臭脏〗chòu zang 丑化；讥诮：这个事儿要是让他知道了，又好～人家了｜当婆婆的怎么能这样～自己的儿媳妇?

【臭大姐】chòu da jiē =〖放屁虫〗fàng pi chèng 一种昆虫，学名椿象，触碰到它就会释放出难闻的气体：蒲松龄《日用俗字·昆虫章》："齐马婆如～，山水牛似寒先生。"

【臭门子】chòu měn zi =〖臭门户儿〗chòu měn hur 丧失信誉；信誉扫地：他卖的东西老是不新鲜，一阵儿就～了。

【臭手】chòu shou 技能或手气太差的人：他那号儿～能干出什么好活儿来?

chu（chu）

【怵】chù 畏惧；害怕：别看他长这么大的块儿，咱一点儿不～他。

【畜类】（～儿）chǔ reir ①牲畜：～也知道个好歹。②=〖畜力〗chǔ li 骂人的话，畜生：看他那些行事，连个～都赶不上!｜《聊斋俚曲集·翻魇殃》第九回："我那儿这样贤，你受罪我何安? 今日难见我儿面! 我生这样～货，听说你自己扎一簪，我那泪珠何曾断!"｜《聊斋俚曲集·禳妒咒》第十三回："打杀也么不说一句话，看来真～，知道那羞耻是什么。"

【嗍】chǔ ①轻轻地吸取；聚缩嘴唇而吸取：你先～口尝尝。‖1931年《增修胶志》："斟酒细饮曰～。"②鼻子用力吸：～鼻子。

【嗿鼻子】chǔ bǐ zi 通过鼻腔用力吸气：他感冒了，一个劲儿～。

【嗿卜蝼】chǔ bù lou 一种细长的小海螺。

【嗿打】chǔ da ①吸鼻子：受凉了？怎么听你～～的。②抽泣：别～了，自己的爸妈多说两句没什么。亦作"搐答"：《聊斋俚曲集·慈悲曲》第三段："拿着文书来到也么家，见了亲娘泪如麻，又搐答，说他方才是任华，怎么倒在地，怎么又爬查，从头细说他父亲的话。"

【搐搐儿】chū chur ①皱纹：这几年他老得满脸～。②褶皱：裤子上的～太多了，熨熨吧。③缩；收缩：弄了块儿塑料布不到一个礼拜就～～了。

【出大力的】chù dǎ lì di 从事繁重体力劳动的人：～挣的可都是血汗钱。

【出大着】chū da zhi 不良家教、家风对家庭成员造成的影响：他家的人都～，就愿意占小便宜。

【出地】chǔ di 极快地；忽地：看恁来了，他～跑出去了。亦作"出的"：元杂剧《单鞭夺槊》第三折："我则见忽的战马交，出的枣槊起，飕的钢鞭重，把一个生硬汉打的来浑身尽肿。"｜元杂剧《三战吕布》第三折："那吕布见刀来，出的躲过。"

【出活儿】chù huòr 工作效率高：俺两个人一块儿干真是挺～的。

【出货儿】chù huòr 产生的东西多：这些虾个头看着大，上锅一点儿不～。

【出急】chǔ jī 救急；在困难时提供帮助：咱有什么事儿的时候，人家真～。

【出溜】①chù liù 拟声词，滑行或滑倒的声音：从路边儿～钻出一条蛇来｜他没走几步，叫冰～一下滑倒了。②chǔ liu 快速地走或跑；随意走动：他来回也不～几趟儿了，不知道忙些什么｜他整天满街瞎～。

【出溜滑儿】chǔ liu huàr 很滑的样子：慢点儿，下雪下得地上～。

【出产】chù shan ①农作物收获：光这片黄瓜一夏天就～了不少钱。②出息；前途：明杂剧《僧尼共犯》第四折："再过几年，不出寺门，俺做了老法师，你做了老姑子，再有什么～也。"｜《真本金瓶梅》第八十七回："孩儿，你爹已是死了，你只顾还在他家做什么，终是没～！"｜《醒世姻缘传》第二十二回："就是贡了，还只说咱选个老教官，没什么大～，也还不理！"｜《醒世姻缘传》第二十五回："薛教授道：'住在这里八年，一些也没有～，到不如丢吊了自在。'"｜《喻世明言》第二十二卷："维扬路远，又且石匠手艺没甚～。"③出落：几年没看见这孩子，～成大青年了｜《聊斋俚曲集·禳妒咒》第七回："夫人拉过江城的手来，撮了撮下颏，捏了捏耳环，便说：'你看看江城～的这样的风流，这样的标致！'"‖1928年《胶澳志》："王筠《说文释例》载：产，《唐韵》所简切，段氏谓今南北语言皆作楚简切。余妻高，胶州人，其读书语言皆作所简切。王着《说文释例》所述如是。是知即墨人'产'读如'陕'，乃《唐韵》之读法也。《胶志》所谓变音如'港'曰'蒋''日'曰'义'之类，亦古音耳。"

【出头】chù tòu ①有能力；有担当：家里那几个弟兄，个个儿不～不出脑的。②发迹；发达：等你～了别忘了这些弟兄们。③出面效力或承担责任：遇上这样的事儿没有愿意替他去～的｜《文明小史》第三十三回："听说大老爷怕的是冯主事，不敢～。"④（～儿）chù tòur 用于整数后，表示有零余：他看起来四十～儿的样儿。

【出外】chù wài ①离家远行；外出：她男的老是～，顾不上家里头｜《初刻拍案惊奇》第二卷："外靠男子～营生，内要女人亲操井臼。"｜明杂剧《中山狼》第一折："常言的～不如家，既没个侣伴们共温存，更少个僮仆儿相衬搭，俺不觉的颤钦钦心头怕！"｜《聊斋俚曲集·慈悲曲》第二段："龟头你比那囊包的还赛，自家乜小厮还叫不了来，每日家里装汉子，你还要～！"②超出某一数量；以外：那根墙能有十米～。

【出心】chù xǐn ①实心实意：这是人家～给你买的，要紧别嫌后。②根据心意：这是～的营生，没多没少。

【出眼】chǔ yān 显眼；扎眼：他穿着那身衣裳太～了，老远就认出他来了。

【除】chù ①用锨等工具铲起：他～了几锨土把门口垫了垫｜《聊斋俚曲集·慈悲曲》第四段："张诚说：'你看俺哥哥，你从多咱就起来了？'慌忙拿杴就～。"｜《聊斋俚曲集·翻魇殃》第十一回："放了又～，～了一大堆。寻思着，田地都烧红了，我起出这一桁来上地也好。"｜《醒世姻缘传》第二十八回："严列星使镢头掘，老婆使铁掀～。"｜《醒世姻缘传》第二十九回："走到一家门首，一个妇人拿了一把铁掀，～了一泡孩子的屎，从门里撩将出来，不端不正，可可的撩在薛教授只鞋上。"｜《醒世姻缘传》第八十五回："相大哥说：'为甚么搅下这堆臭屎！拿掀～的离门离户的好！'"｜《醒世姻缘传》第九十二回："及至二人到家，进入陈师娘住房门内，地下的灰尘满寸，粪土不～，两人的白鞋即时染的扭黑。"②特指批量收获白菜、萝卜等农作物：立冬就好～萝贝了｜～白菜。③ chū 副词，表示埋怨、责怪，相当于"不但"：他～不帮忙，还净说三道四。

chua

【欻欻】chuǎ chua ①做动作时发出声音：他还不明天就起来～。②低声说；小声议论：他们姊妹两个又待下边儿～什么。

【欻嘎】chuǎ ga ①翻动；摆弄：我才收拾好，你别给我～乱了。②做；尝试性地做：这么待家闲着也不是个事儿，还待～点儿营生干干。

【欻拉】chuǎ la ①象声词，翻动东西的声音：我怎么听见外面有～～的动静？②（声音较大地）翻动：你待地下～什么？

chuan

【穿堂风】chuǎn tàng fēngr 穿过整个房间的风：有～真风凉。

【串】chuàn ①混乱；颠倒：说了那么多的药名儿，老是光记～了。②混合：冰箱里的东西都～味儿。③将整的钱兑换成零的：～钱。

【串帮儿】chuàn bǎngr 漏出马脚；漏出破绽：本来还以为能把他老婆糊弄过去，谁知道伙计们都～了。

【串钱】chuǎn qiàn =〖破钱〗pě qiàn 把币值大的钱兑换成币值小的钱：他老是上小铺儿那儿去～，回来好找零儿。

【串味儿】chuàn wèir 不同味道的东西放在一起，味道变得不纯正：冰箱里的东西时间长了都～了。

【串窝儿】chuàn wěr =〖串窝子〗chuàn wě zi 一家人或一个群体的人相互传染了同一种病：这把儿感冒全家都～了。

【串种儿】chuàn zhēngr 不同品种的动物或植物杂交：这些瓜都～了。

【剶】chuǎn 修剪或切断树木的枝条：那棵梧桐树好～～枝子了。‖《字汇补》："～，充眠切，音川。去木枝也。"

【籑】chuǎn 碾去或舂去谷物的外壳：～谷子。‖《说文解字》："～，小舂也。从支，算声。"1928年《胶澳志》："碾谷曰～。"

chuang

【创】chuāng ①竖立；依靠在墙等支撑物上使稳当：把木板～待门后。②建起；建造：忙了半个月，房子就～起框儿来了｜《醒世姻缘传》第六十一回："恰好庄间狄员外大兴土木，～起两座三起高楼，狄希陈托了管理为名，陪伴父亲在庄居住，依了邓蒲风的指教，七日一回看望。"③打开支撑装置使支起：你把车子～里面还晒不着。④向下掼；用力向下敦：锤把儿松了，～几下就好了。⑤因突然陷落或从高处跳下造成脚部或腿部的挫伤或不适：往下跳的时候把腿～了一下。

【创门子】chuǎng měn zi（一般特指妇女）串门：闲着没事少出去～嗒拉老婆呱｜△狗～挨棒锤，人～招是非。‖《俚语证古》第三卷："妇女荡游，出入邻家，谓之～。"

【创腿】chuǎng tēi 腿关节受挫或挫伤：从那么高的场儿往下跳太～了。

【碳】chuǎng 用含沙石等硬物的水激荡冲刷：水壶底下些水锈，放上点儿鸡蛋皮～～还干净。‖《文选·木华〈海赋〉》："飞涝相～，激势相沏。"｜曹寅《题朱赤霞画〈对牛弹琴图〉》诗："柳风飂飂白石～，玄晏先生聘玄赏。"

chui

【吹吹哒哒】chuǐ chui dǎ da 说话吹嘘、言而无实的样子：他说话～的，别上他的当。

【吹哒】chuǐ da 夸口；说大话：他守着这么多明白人，还敢～。

【吹胡子瞪眼】chuǐ hǔ zi děng yān 形容生气时怒目相向的样子：恁在这～的也不解决事儿。

【炊帚】chuǐ zhu 饭帚：《聊斋俚曲集·禳妒咒》第一回："本等是真说不的假，南瓜皮子一大筐，～苕帚三五把。"

chun

【纯】chùn ①纯正；不掺加别的成分：这些蜂蜜很～。②纯粹地；完全地：这怨不了旁人，～该他不长脑子。

chuo（chuo）

【戳弄】chuǒ leng =〖戳齐〗chuǒ qi ①不断地触击：孩子正拿着竿子～小鸟｜他拿着木头待那～什么？②招惹；（试探性地）引逗：你把他～火了，有你哭的时候。③（尝试性地）做：兄弟们都劝他不能老是这么闲着，待～点营生干干。

【绰】chuō ①平着铲：把那些土～起来。②平直地取齐或取平：从这个场儿～平。③在沸水中轻微烫煮后快速取出：这些菜放开水里稍微一～就熟了｜《醒世姻缘传》第二十六回："做水饭分明是把米煮得略烂些儿好吃，又怕替主人省了，把那米刚在滚水里面～一～就撩将出来，口里嚼得那白水往两个口角里流。"

【绰子】chuō zi 撮垃圾用的簸箕：没有～不好打扫。

ci

【呲打】cǐ da=〖呲拉〗cǐ la 斥责；嘲讽：他～起人来就赶～个孩子｜有事多给孩子讲讲道理，不能老是～他。亦作"泚""雌""雌答""雌搭"：《聊斋俚曲集·增补幸云曲》第十三回："二姐被万岁泚了几句，就羞的低了头说：'姐夫好乔性儿！每哩既犯相与，就不问问么？'"｜《金瓶梅词话》第七十二回："看你贼淫妇，吃了这二年饱饭，就生事儿雌起汉子来了，你如今不禁下他来，到明日又教他上头上脸的。"｜《醒世姻缘传》第四十四回："谁家一个没摺至的新媳妇就开口骂人，雌答女婿？这是你爹那半夜教道你的？"｜《醒世姻缘传》第四十八回："薛亲家闷闷渴渴的，是他闺女雌答的；咱怎么的来，他恼咱？"｜《醒世姻缘传》第七十四回："狄大爷说：'黑了，你家去罢。你当不的人呀！'雌搭了一顿，不僦不睬的来了。"

【呲牙咧嘴】cǐ yà liě zuī ①长相丑陋、五官不周正的样子：你看那几个都～的，谁能看好了。②因疼痛而面部扭曲的样子：你不知道他痛得～那个样儿。

【呲上眼去】cǐ shang yān qi ①眼睛瞳孔放大，形容人即将死去或已死去：等着医生来的时候，那个人都～了。②目瞪口呆、无能为力的样子：都到这个程度了，他一听不～了？

【跐】cī 踩；踏；蹬：墙皮都酥了，一点儿也～不住｜《聊斋俚曲集·墙头记》第二回："若是魇殃不大巧，这里～来那里蹬，裂璺里就误救残生命。"｜《聊斋俚曲集·寒森曲》第三回："看了看，吴孝那脖子上半截带子，梁上还有半截，才知道是～着椅子上吊，坠断带子吊下来，撞倒那椅子，那样响亮。"｜《聊斋俚曲集·禳妒咒》第二十一回："着人快去备马，着人快去备马，待我～着梯子爬过墙去，把门开了。"｜《聊斋俚曲集·富贵神仙》第六回："那娘子撩起裙子，翘起那小脚儿来～着镫儿，扳着鞍子先上去。"

【跐蹚】cī tang 踩踏；碾压：几个孩子把床～得个不像样儿。

【刺挠】cì nao ①刺痒，不舒服：这件毛衣把我脖子～的｜浑身～不知道哪儿痒痒。②讽刺；揶揄：他特为说话～～人家。③感到难堪：《醒世姻缘传》第四十九回："俺婆婆央他，教他续上我罢，他～的不知怎么样，什么是肯。"‖《俚语证古》第三卷："皮肤作痒，谓之刺闹。"

【伺候】cì hou ①接待：那条大鱼留着好～客。②服侍；照料：她生了孩子都是婆婆来～的月子。③供使唤；在身边服侍：《二刻拍案惊奇》第十五卷："须臾便有礼部衙门人来～，伏侍去到鸿胪寺报了名。"

【趑道儿】cǐ dàor 跑路：还没等你来，他早～了。‖《说文解字》："趑，苍卒也。从走，次声。读若资。"

【蛴螬】cǐ cao 蛴螬，金龟子的幼虫，常吃作物的根部。

【蛴螬眼】cǐ cao yān ①蛴螬在作物根部啃食留下的坑洞。②质量不好的东西：△拣不拉残～。

cou

【凑搭】còu da ①靠近；接近：他说着说着就～过来了。②聚合：钱不够的话咱一块儿～～就差不多了。

【凑付】còu fu 将就：咱先～一个月两个月的，过了年再讲。

【凑付事儿】còu fu shìr 勉强说得过去：他这么办的话，还～。

【凑候】còu hou <贬>往前；靠近：人家在那边说事儿，他非要～过去听。

cu

【粗拉】cǔ la ①粗糙；不细致：这党子人儿干活太～了｜这都是些～活儿，差不多就行了｜恁哥哥干活快是快，就是太～了。②粗犷；粗心：他是个～人儿，说话有个言差语错的别怪乎。

【粗拉活儿】cǔ la huòr 粗活：刺绣可不是～，急性的人干不了。

【促死】cǔ shi 立刻死去，常用以发誓或诅咒人：他说不是他拿的，要是他的话出门就～｜《真本金瓶梅》第七十四回："天么，天么，可冤杀人！爹何曾往我家里？若是到我家里，见爹一面，沾沾身子儿，

就～了！'"|《真本金瓶梅》第八十三回："两人坐下，妇人便问：'你既然不曾与孟三儿钩搭，这簪子怎得到你手里？'敬济道：'本是我昨日在花园荼糜架下拾得的，若哄你，便～促灭！'"

【促寿】cù shòu 减少阳寿：他做这么伤天理的事儿也不怕～|《聊斋俚曲集·姑妇曲》第三段："眼前虽着人难受，只怕折了你的儿孙，促了你的寿！"又："不说大成欢喜，且说二成夜间梦见他父亲说：'您两口子不孝不弟的，眼前就促您的寿哩！'"又："若是他终于不回头，着他公公说该～，该没儿，该早死了，还有甚么儿哩？"|《醒世姻缘传》第九十四回："龙氏骂道：'贼砍头！强人割的！不是好死的！～！'"

【促眼】cǔ yān 做事过分，让人看不下去：他这事办的，太～了。

【促人】cù yìn 说话顶撞人：他说话怎么这么～！

【踤】cū ①挫伤；撞伤：他打篮球～着手了|左思《吴都赋》："所以挂扡而为创痏，冲～而断筋骨。"②说使人难堪、难以承受的话：把他好一个～。||《集韵》："～，苍没切，与猝同。"

【踤磕】cū ka 苛刻：那两口子对老人真是太～了。

【蹙】cū 皱；皱缩：床单都～起来了，快整理整理。

【蹙蹙嘎牙】cū cu gà yà ①褶皱多的样子：你把垫子怎么弄得～的？②吝啬的样子：他办事～的，真不大方。

【蹙蹙捏捏】cū cu niě nie 吝啬、不大方的样子：他那个人～的，光想沾人家的光。

cuan

【揎】cuàn（càn）用拳打：他一拳～待人家脸上。

【蹿】cuǎn ①向上跳：上～下跳。②液体骤涌：他把那人打得鼻子～血|水～起来了，快把水壶拿下来。③用急火炖：～骨头汤。

【蹿道儿】cuǎn dàor 快跑；溜掉：没等你来他早～了。

【蹿杆子】cuǎn gān zi <贬> 快跑；溜之大吉：一听有人来了，他一溜烟儿就～了。

cui

【脆快】cuì kuɑi ①利落；爽快：恁哥哥真是个～人｜你定下来就行了，别这么不～。②声音清脆：他说话～的。

cuo

【错环儿】cuò huànr 关节错位：孩子要是闪腰岔气错了环儿，找他推拿准管用。

【错延】cuò yɑn ①本应整齐或关紧、密闭的物件出现错位；位置交错：我把门～了一点儿缝儿好透透气。②（时间）交叉：恁几个要是歇班，把时间都～开。

【撮】cuō ①用手或簸箕等器具把散碎的东西收集起来：你去～袋子沙回来好使。②用手擎举上去：他们几个人把孩子～到房顶上了｜《聊斋俚曲集·墙头记》第二回："使力气～上墙，松了手往下张，真如死狗一般样。"又："张大说：'你过来，我把这墙上～过你去罢。'"｜《聊斋俚曲集·磨难曲》第十九回："众人又～上一个去。王五说：'又上来了一个贼。'"｜《聊斋俚曲集·富贵神仙》第六回："才叫了一声受罪的官人，没良心的官人，你也上来就在我这后头；又叫人～着官人，扶将上去。"｜《聊斋俚曲集·富贵神仙》第九回："赵鬼子说：'……待我跳进去，先捉住金三，开了门再讲。'真个两三个人，～上他去了。"又："墙外头听见赵鬼子一声儿嗋叫，就知道吃了亏了。又～了一个上去。"｜《醒世姻缘传》第七十七回："相主事娘子抱着往上～，相主事叫起爹娘并那上宿的家人媳妇。"又："两个家人娘子倒替着往上～，一个把绳剪。"③推捧：有用的时候他把人家～得那么高，用不着的时候就蹅脚底下去。④娇惯；纵容：他父母把几个孩子都惯得恨罢不能～天上去。

【撮弄】cuō leng 怂恿；鼓动：△～死猫上树｜那都是些不靠谱的营生，少听他们瞎～｜《红楼梦》第六十八回："（凤姐道）我又是个心慈面软的人，凭人～我，我还是一片痴心。"

【挫】cuō（用拳）击打：他一拳把人家的眼～青了。

【矬】cuò 矮小：△人～声高｜△爹～～一个，娘～～一窝。

【矬子】cuǒ zi 身材矮小的人：△～里面拔将军。

【搓约】cuǒ yue ①反复地揉搓：你说得他都不好意思了，光～手里头那张纸。②经受困苦或挫折：他待海上干这一夏天的活儿，～得认不出来了｜她进了这个婆婆门儿真受了些～。

【皲皮】cuò pi ①一种皮肤病，即鱼鳞症：他长了满身的～。②得了鱼鳞症的人：他是个～。‖《集韵》："～，粟体。"

【D】

da

【大】dà ①在体积、面积、数量等方面超过一般或所比较的对象（与"小"相对）：△手～捂不过天来｜△水～漫不过鸭子｜△官～一级压死人。②年龄大；岁数大：△～让小必定好｜△儿～不由爷。③指大小的对比：这间房有那间两个～。④用在节令、重要日子前，表示强调：～年五更｜～新正月｜六十～寿。⑤用在"不"后面，表示程度浅或次数少：不～爱说话｜不～下雨了｜不～像是个坏人｜不～来｜不～愿意。⑥用在方位词前，表示最：～前面｜～北边｜～顶上｜～后面｜～里边｜～东头儿。⑦用在动词或形容词前，表示程度更深或更充分；长时间地：～耍耍儿｜～歇歇｜～走走｜～想想｜～跑跑｜～晒晒｜～炒炒｜孩子长得～矮了找个媳妇都不好找｜车开得～快了后面撵不上｜《真本金瓶梅》第六十七回："你昨日辛苦了一夜，天阴，～睡回儿也好，慌的老早扒起去做什么？就是今日不往衙门里去也罢了。"｜《真本金瓶梅》第六十四回："我猜这奴才，有些蹊跷，不知弄下什么碴儿，拐了几两银子走了。你那书房里，还～瞧瞧，只怕还拿什么去了？"｜《醒世姻缘传》第十六回："晁夫人去扯那床夹被，只见一半压在那个蓝包裹底下，～沉的那里拉得动。"｜《醒世姻缘传》第二十二回："等到十六日天～明了，长老道：'这已过了子时，料应没事了，进去看他一看。'"

【大半】dǎ ban 好像；大概；可能：那个柜子～是他爷爷留下来的。

【大包大揽】dǎ bǎo dǎ lān 主动把事情兜揽过来：看你～的，逞什么能？

【大伯】dǎ bei =〖大伯哥〗dǎ bei gě 妻子对丈夫的哥哥的背称：那是他～家的孩子｜《真本金瓶梅》第十六回："只我先嫁繇爹娘，后嫁繇自己，常言嫂叔不通问，～管不的我暗地里事！"｜《聊斋俚曲集·姑妇曲》第二段："臧姑听的跑了来，也不怕～，骂二成：'贼杀的！你不来呀！'"又："～拿着当奴才！就是不曾拿绣鞋，就是不曾给他拴裤带。"｜《醒世姻缘传》第三十六回："或有～小叔的，就说那妯娌怎样难为，伯叔护了自己的妻妾，欺侮孤孀。"

【大差不差】dǎ chǎ bù chǎ 相差不多：要是～的就别去计较了。

【大处】dà chu 出息；做大事的潜质与志向：让人的孩子有～｜睽睽着眼想着占小便宜的人能有什么～？

【大法】dà fa 宽大；宽松：他穿这套衣裳挺～的。

【大大法法】（～儿）dà da fǎr fǎr =〖大法法〗（～儿）dǎ fàr far ①高大、宽大的样子：这条裤子一点儿不瘦，穿上还～的｜《醒世姻缘传》第六十七回："那赵杏川～的个身材，紫膛色，有几个麻子，三花黑须，方面皮，寡言和色，看那模样就是个忠厚人。"②不注意分寸、自以为是的样子：这是人家留着给老人的，他～地张口就要。

【大大小】dà da xiāo ①（年龄）大：你都多么～了，别和个孩子去争东西。②（面积、体积、体量的）大小；多少：树上结的果子也就赶个拳头这么～。

【大毒日头】dà dǔ yì tou 阳光很晒的样子：顶着这么个～出去不是找罪遭？｜《红楼梦》第三十六回："龄官又叫站住，这会子～地下，你赌气子去请了来我也不瞧。"

【大概其】dà gǎi qī 大约、大概的情况：他只能说出个～来，详细的事还待亲自去看看。

【大姑子】dǎ gu zi =〖大姑儿〗dǎ gur =〖大姑姐〗dà gū

jiē 女子对丈夫的姐姐的背称：那个瘦的就是她~|《醒世姻缘传》第六十八回："你~往泰安州烧香，你妯娌们不该置桌酒与他饯饯顶么？"

【大后日】dǎ hǒu yi 从今天起后数的第三天：他后日不来，到了~才能来|《水浒传》第四十回："明日是个国家忌日，后日又是七月十五日，中元之节，皆不可行刑。~亦是国家景命。直至五日后，方可施行。"|《醒世姻缘传》第八十一回："明日递了诉状，后日准出来，~出了票，咱次日就合他见，早完下事来伶俐。"|《儿女英雄传》第十六回："如今剩了明日后日两天，他~就要走了，这可怎么好？"

【大架子】dǎ jià zi 摆谱；摆架子：他如今有两个钱儿了，成天~的，觉着没有能赶上他的。

【大襟儿】dà jǐnr 一种传统服饰的前面部分，纽扣在身体一侧。通常为左侧的衣襟较大，称大襟，其可盖住右侧的底襟，在右腋下处结扣。

【大尽】dǎ jin 指农历有三十天的月份：《水浒传》第六十九回："原来那个三月，却是~。"|韩鄂《岁华纪丽·晦日》："大酺小尽。"原注："月有小尽、~。三十日为~，二十九日为小尽。"

【大劲儿】dà jìnr 过量；超过了规定或适宜的程度：酒喝~了|高兴~了|使~了。

【大剌】dǎ la 不拘小节；粗心：他太~了，整天丢三落四的。

【大剌剌】dǎ là la ＝〖大咧咧〗dǎ liě liě ①不拘小节、满不在乎的样子：他这个~也不是一天两天了|《水浒传》第二十三回："正在这里埋伏，却见你~地从冈子上走将下来，我两个吃了一惊。"|《老残游记二编》第六回："逸云此刻竟~的也不还礼，将他拉起说：'你果然一心学佛，也不难。'"②不拘小节、粗心的人：他更是个~。

【大离巴】dǎ lǐ ba 太过分；太离谱：你差不多就行了，别~了。

【大流】dǎ liu ①大量出产：过几天柿子就来~了。②大汛时的流水。③海流流速最快的时候：开~了。④主流；大部分人的意见或选择：△蟹子过河——随~。

【大嫚儿】① dà mǎnr 处女；姑娘；未婚嫁的年轻女人：人家儿子

离婚又找了个～。②dǎ mǎnr 排行最大的女儿：他家里的～上学了，二嫚儿才七岁。

【大嫚儿小媳妇儿】dà mǎnr xiǎo xī fur 泛指未婚女子和已婚的年轻女性：他成天待这个地方出溜，～的都认识他。

【大毛愣】dà mǎo leng 金星因其出现的时间不同而有不同的名称，傍晚出现在西方时叫大毛愣（长庚星），凌晨出现在东方时称三毛愣（启明星），二毛楞指天狼星：△ ～出来二毛愣撵，三毛愣出来明了天。

【大面儿上】dà miànr shang ①表面上：不用太仔细，～上过得去就行｜他们俩～还看不出来有什么。②公开场合；大庭广众的地方：《儿女英雄传》第四回："即或在～，有那个撅老头子，这些闲杂人也到不了跟前。"

【大年】dà nian 丰收之年：他爷爷在老家那时候，碰上个～家里的粮食还勉强够。

【大年五更】dà niǎn wū jing 年除夕的晚上：△～吃饺子——没有外四家儿。

【大起】dà qi 大于；相比更大；相比更重要：他官再大还能～局长？｜《醒世姻缘传》第五十九回："这是姐姐的喜事，还有什么～这个的哩？"｜《聊斋俚曲集·寒森曲》第三回："那官司～天，大爷到一霎完，这势力压倒了新泰县。"｜《醒世姻缘传》第五十九回："狄大娘，你还自家去走走。这是姐姐的喜事，还有甚么～这个的哩！"亦作"大其"：《聊斋俚曲集·俊夜叉·穷汉词》："只说窟窿天那大，还有大其天的大窟窿。"

【大手】dà shou 花钱大方；慷慨：人家真～，一下给了这么多钱。

【大头】dà tòu ①大的头部：你没看他长那个～，保证聪明。②被人愚弄或承受冤屈的对象：这么明摆着要人家～｜他拿着人家当冤～。③（～儿）dà tour 大的那一部分；大的那一端：△老鼠抗木锨——～儿待后边。

【大头菜】dà tòu cǎi 结球甘蓝，又称卷心菜。

【大头鱼】dà tǒu yù =〖大头腥〗dǎ tòu xǐng 太平洋鳕鱼。

【大些】dà xiě =〖一大些〗yǐ dà xiě 很多；许多：他表哥从烟台捎过来那～苹果都吃不了｜《聊斋俚曲集·墙头记》第四回："王银匠问我言，人家使着咱～钱，他说该弄个虚体面。"又："两个就待动手，旁里一大些人拉着。"｜《醒世姻缘传》第七十四回："同去的人多多着哩：侯师傅，张师傅，周嫂子，秦嫂子，唐嫂子，一大些人哩。"

【大新正月】dà xǐn zhěng yue 农历一月：～都忙着走亲｜《醒世姻缘传》第三回："却是为我一个，～里叫人恶口凉舌的咒你！"又："（晁大舍）又寻思道：'身上已复原了，若不出门，～里，岂不闷死人么？'"又："这～里，是谁这们哭！清门静户，也要个吉利，不省他娘那臭扶事！叫人替我查去！"

【大烟】dà yǎn 鸦片：△吃～拔豆棍——一码归一码。

【大眼看小眼】dǎ yān kǎn xiāo yān =〖大眼瞪小眼〗dǎ yān děng xiāo yān 面面相觑的样子：他们都是～，想不出个办法来｜《醒世姻缘传》第三回："养娘婢女，拌唇撅嘴。～，说了几句淡话，空茶也拿不出一钟。"｜《醒世姻缘传》第二十七回："跟的人回去学了那个光景，许多人～的不了。"

【大样】dǎ yang 慷慨；大方：那孩子从小就～｜人家很～，一点儿没艮次都给办了。

【大早了】dǎ zāo le 很早以前：这个地方～还是一片菜园地。

【打啊吃】dà ǎ chi =〖打啊气〗dà ǎ qi 打喷嚏：孩子是不是冻着了，一个劲儿地～。

【打虫子】dà chěng zi 特指服用药物驱蛔虫：这几天孩子肚子不舒梭，像是好～了。

【打怵】dà chù 害怕；畏惧：上一次自己走夜路惊着了，他一走夜路就～。

【打春】dà chǔn 旧时在立春之日用鞭子抽打泥做的春牛以祈丰年，因此称立春为打春：△不避～，娘家断了根。

【打灯】dà děng 开灯：屋里黑咕隆咚的，不～什么也看不清。

【打滴溜】（～儿）dà dǐ rour（liur）手攀高处，身体悬起并晃动：孩子们都待树上～耍｜《醒世姻缘传》第七十七回："不好，一个人扳着门上桯～哩！"‖《俚语证古》第三卷："缘高荡摇，谓之打低流。"

【打艮次】dà gèn ci ①迟疑；犹豫：你就别～了，同意就行了。②思路或话语出现短暂停顿：他突然这么一问，那人打了一个艮次。

【打呴斗】dà gǒu dou 打嗝；膈肌痉挛：他一生气就～。

【打哈哈】（～儿）dà hǎr har ①开玩笑；说笑：老师说的他都没听进去，光待下边儿～｜《聊斋俚曲集·禳妒咒》第二十六回："我也爱～，这骨牌争竞多，不敢再做从前错。"②随便对待；不用心：这不是个小事儿，你可别～。

【打鼾睡】dà hǎn shui 睡觉时打呼噜：他～动静太大了，响得人家根本睡不着｜《聊斋俚曲集·墙头记》第三回："夜有三更，不免卧倒，打了两声鼾睡。"｜《聊斋俚曲集·增补幸云曲》第十七回："万岁爷才把鼾睡打，一条花蛇甚蹊跷，口鼻耳眼都钻到。"｜《聊斋俚曲集·磨难曲》第七回："店小二放倒身便～，忽然醒来，听了听，说：'还有气哩。'"

【打㶴雷】dà hǔ lei 打雷，亦作"打忽雷"：△干～，不下雨。

【打饥荒】dà jǐ huang 还债：那几年他拼了命地挣钱～｜《红楼梦》第七十二回："倘或说准了，这会子说得好听，到有了钱的时节，你就丢在脖子后头，谁去和你～去。"

【打酱油】dà jiǎng yòu 旧时到店里购买散装的酱油，常用来喻指较为简单的劳动：他孩子都不小了，都能～了。

【打马虎眼儿】dā mà hu yānr 通过模糊事实或佯装糊涂以蒙混骗人：他是多么聪明的人，～糊弄不了他。

【打攴】dā pe（pu）拍打以震落；掸落：你衣裳上沾了那么多花毛儿，快脱下来～～。‖《说文解字》："攴，小击也。"

【打平伙】（～儿）dà pǐng huor 众人平均出钱或每人带上吃的东西一起聚餐：他挣那几个钱都不够自己和伙计们～儿的｜《二刻拍案惊

奇》第五卷："而今幸得无事，弟兄们且～，吃酒压惊去。"|《二刻拍案惊奇》第三十九卷："有个纱王三，乃是王织纱第三个儿子，平日与众道士相好，常合伴～。"亦作"打平火""打平和"：《二刻拍案惊奇》第二十二卷："众人又说不好单独难为他一个，我们大家凑些，打个平火。"|《金瓶梅词话》第七十七回："西门庆家中，这些大官儿常在他屋里坐的，打平和儿吃酒。"

【打谱】dà pǔ ①计划；打算：你去找恁哥哥帮你打个谱。②想；准备：那你～一个人去?

【打谱谱儿】dà pǔr pur（很有希望或很有把握地）打算；以为（一般实际情况与打算相反）：老两口～地寻思孩子过节能回来。

【打墙盖屋】（～儿）dā qiàng gǎi wùr 修建房屋的概称：谁家～的不用人? |△～，邻帮相助。

【打群仗】dà qǔn zhang 打群架：街上～的都伤了上医院了。

【打溜溜儿】dà rǒur rour 因找不到职业而闲荡：这么个大青年成天就这么～也不是个事儿。

【打闪】dǎ shān 打雷前的闪电：快拔下电来，外面～太厉害了。

【打扇】（～儿）dà shànr 挥动扇子以凉快或驱蚊虫：到了晚上，他给孩子们打着扇儿|《金瓶梅词话》第二十九回："春梅湃上梅汤，走来扶着椅儿，取过西门庆手中芭蕉扇儿替他～。"

【打食】dà shì ①消食；克食：咱喝壶茶叶打打食儿。②动物获取食物：那个小燕儿光待窝里等着老燕子给它～吃|《红楼梦》第一百零一回："谁知这山上有一个得道的老猢狲出来～，看见菩萨顶上白气冲天，虎狼远避，知道来历非常，便抱回洞中抚养。"|《聊斋俚曲集·慈悲曲》第一段："待了二日，那公燕子又合了一个来，依旧～喂他。"

【打死灯】dā shi děng 关上灯：走的时候～，省着浪费电。

【打散场儿】dà suàn changr 在工程完工、合伙成功后清算利润并聚餐：今晚上他们一块儿～去了。

【打通腿儿】dà těng teir 两人朝相反的方向睡在一个被窝里。

【打围】dà wèi 打猎；狩猎：△瘫痫～——瞎嘘喝｜△打鱼的腥腥嘴儿，～的跑断腿｜《喻世明言》第六卷："后来葛令公在甄山～，申徒泰射倒一鹿，当有三班教师前来争夺。"｜《红楼梦》第二十六回："这脸上是前日～，在铁网山教兔鹘捎了一翅膀。"｜明杂剧《中山狼》第一折："俺中山狼是也！有那赵卿～到此，教俺何处躲者？则索舍着命走也！"｜《聊斋俚曲集·磨难曲》第五回："大王说：'趁今日天气晴和，各人披挂整齐，下山～一遭，有何不可？'"

【打灾】（～儿）dà zǎir 迷信的说法，指死去的人让在世的人遭病灾：他孩子这几天没精神儿，非说是有老人打孩子的灾儿。

【打照面】（～儿）dà zhǎo miànr 面对面相遇；极短时间的相遇：要和他～儿的话，还能认出模样来｜无名氏《水仙子·喻镜》曲："～关情意，急回头不见他。"｜元杂剧《西厢记》一本第一折："刚刚的打个照面，风魔了张解元。"

【打转转】dà zhuàn zhuan 转圈：到如今还没个信儿回来，急得他爸爸妈溜地～。

【打坠坠】dà zhuǐ zhui ①抓住人或物用力往下：孩子打着坠坠非待买玩具。②拖后腿；阻碍别人做事：他想做点买卖，他老婆老是～。

【打嘴仗】dǎ zuī zhàng 吵架：成天光听恁两个～。

【答人情】dà yǐn qìng 对于别人给予的帮助，用馈赠礼品的方式进行答谢：这个工程挣那两个钱儿还不够他～的。

【耷拉】dǎ la 绵软而下垂：△低头～角。亦作"答刺""搭刺""搭拉"：元杂剧《黄粱梦》第三折："这一个直挺了躯壳，那一个又答刺了手脚。"｜元杂剧《两世姻缘》第一折："觑不的那抓掀，鬏髻偏，便似那披荷叶搭刺着个褐袖肩。"｜《醒世姻缘传》第二十二回："刚才不是我不依您的话，天下的事惟公平正直合秤一般，你要偏了，不是往这头子搭拉，就是往那头子搭拉。"

【耷撒儿】dā sàr 流苏；装饰在物品边缘的缨穗状物：锦旗都使～镶的边儿｜缝上这么些～反倒一点儿不利索。

dai

【待】dāi ①想；要；将：他～把老人接过来住两天儿｜元杂剧《老生儿》第一折："这人每～去借个产驴，交俺骑着，将草棍子打我哩。"｜元杂剧《幽闺记》第三十一折："香醪～饮何处觅，牧童处，问端的。"｜元杂剧《救孝子》第四折："若不是李押狱白破你张千谎，～教俺孩儿将人命偿。"｜元杂剧《陈抟高卧》第四折："您每各自安置，我～睡也。"｜元杂剧《朱砂担》第二折："正～要展开脚忙移步，百忙里腿转筋甚腌证候！"｜《聊斋俚曲集·墙头记》第一回："六月还穿破棉袄，腊月还是旧布衫，～烤火没人舍筐炭。"又："是他今日他达～来，买了些东西等他，须是做的好才好。又："有心～告诉官府，争奈这腿软腰酸。"｜《聊斋俚曲集·墙头记》第三回："咱家虽没好的吃，或是热面或冷酒淘，爹爹～吃就开口要。"｜《聊斋俚曲集·墙头记》第四回："银匠哈哈大笑说：'二位～要银子？甚么银子？桃仁子？杏仁子？'"又："银匠说：'这禽兽，你～打我不成！'"又："叫你给他看看，你就嫌脏，正眼不理么，怎么这个就～打人？"｜《醒世姻缘传》第二十二回："晁夫人道：'你看！不干给您，您～我给钱哩？'"｜《醒世姻缘传》第四十回："这们没主意就听他，他是～教我还住一日，他好合孙兰姬再多混遭子。"②用于假设，有左右为难，犹豫不决的意思：辛弃疾《最高楼》词："～不饮，奈何君有恨。～痛饮，奈何吾有病。"｜元杂剧《陈州粜米》第二折："～不要钱呵，怕违了众情；～等要钱呵，又不是咱本谋。"｜刘时中《一枝花·罗帕传情》曲："～书册中放呵倘或间沾污了非轻视，～帽盒里收呵若有些疏虞甚意儿？"｜南戏《琵琶记》第二十一出："这糠呵，我～不吃你，教奴怎忍饥？我～吃呵，怎吃得？"③在；从；到：△人～人下能成人，树～树下不成材｜你这～哪买的？｜把车子送～恁婆婆家。④接待；招待：别慢～了客。⑤对待：她～公婆还是挺好的。⑥应该；必须：那你也～把这里收拾利索了再走。

【待要】dāi yao 想要：他说是～去赶集｜△日子～好，家里有个絮叨老｜《醒世姻缘传》第九十四回："本～骂骂街，泄泄气，又被宫直

的老婆'蛇太君'挫了半生的旺气。"|《聊斋俚曲集·寒森曲》第六回：
"你～上那里去？"|《聊斋俚曲集·蓬莱宴》第三回："～不回去，只怕
有罪愆；梦恶转回去，怎么着回还？"|《聊斋俚曲集·墙头记》第一回：
"冰的牙根这样疼痛，怎处怎处？哎呀！可怜，可怜！～不吃，这样饥如
何捱的？"

【待诏】dǎi zhao 剃头匠：△拿着猪头练～|△～的扁担——一头
热|《水浒传》第十九回："只见那汉去路边一个篦头铺里问道：'大哥，
前面那个押司是谁？'篦头～应道：'这位是宋押司。'"|《醒世姻缘
传》第六十四回："我正叫了个～剃头，我流水叫徒弟看茶与他吃了。"|
《醒世姻缘传》第九十三回："原来这人是剃头的～，又兼剪绺为生……
凭有几层衣服，一割直透，那被盗的人茫无所知。"

dan

【单等】dǎn dēng ①只等：请的人都到齐了，～他来了|《聊斋俚
曲集·翻魇殃》第八回："那逃人，那逃人，一溜溜进书房门。倒在床上
挺着尸，～人来把他问。"|《聊斋俚曲集·翻魇殃》第十二回："仇大爷
定军机，四尊礮列东西，～贼从那里入。"|《聊斋俚曲集·富贵神仙》
第四回："事事的藏着头，～着按院问。"②偏偏等；只能等：这个孩
子～来了人说这些话气你|《醒世姻缘传》第四十五回："俺家是花子么？
没有碗饭吃，～着吃他的碗饭！"

【单看】dǎn kàn 只看：大人能做的都做了，剩下的～孩子自己的
了|《聊斋俚曲集·墙头记》第二回："不见我那大畜生，～王兄弟戏法
如何。"

【单门独户】dǎn mèn dǔ hù 在居住地没有族亲或其他亲属，常
指势单力薄：他们～待这里能扎下根儿，也真不容易。

【单挑】dǎn tiāo ①单独；独自；不和别的合在一起：人家爬山都
俗着伙儿，就他老是～。②一对一地进行比赛或打斗：仗着人多不算本
事，有种儿咱～。

【单枵】dǎn xiao 单薄。属于老派的说法，现在已很少用：你穿得有点～，没看外面下这个大雪？｜陈造《行春辞》诗："食三觯兮绮襦，悼～於昔年。我酒旨而希可茹兮，属餍兮共此样觞。"

【单人独手】dǎn yìn dǔ shōu 孤身一人或单独行动：你这样～地干也不是个事儿。

【担杖】dàn zhang 两头带铁钩的扁担：△跑了贼拎～｜元杂剧《七里滩》第一折："拽着个钝木斧，系着条粗麻绳，携着条旧～。"｜元杂剧《西蜀梦》第二折："英雄归九泉壤，则落的河边堤土坡上，钉下个缆桩。坐着条～，则落的村酒渔樵话儿讲。"｜元杂剧《张协状元》第四十出："又是你！恩官台旨，今日要离京，你各人肩着～。"

【胆气】dān qi 胆量和勇气：他人不大，～倒不小｜《后汉书·光武帝纪上》："诸将既经累捷，～益壮，无不一当百。"｜陈孚《博浪沙》诗："一击车中～豪，祖龙社稷已惊摇。"｜《醒世姻缘传》第四十七回："一个女人家有甚么～，小的到他门上澎几句闲话，他怕族人知道，他自然给小的百十两银子，买告小的。"

【但凡】dàn fan ①凡是；只要是：～老人说的话都不是随随便便说的，千万要听进去｜《元典章·吏部六·官职吏员》："监察每、廉访司官司人每，～勾当行的官人每。"｜元杂剧《铁拐李》第四折："自从岳孔目死了，韩魏公大人见他是个能吏，与他修理门楼房屋，～闲杂人等，不许上门哩。"｜元杂剧《衣锦还乡》第二折："～人家不和，皆起于姒娣争长竞短，分门各户，都是您这妇人家做出来的。"｜元杂剧《救孝子》第四折："（王脩然词云）～刑人，必然尸亲有准伏，方可定罪。"｜元杂剧《赵礼让肥》第二折："我这虎头寨上，～拿住的人呵，见了俺丧胆亡魂。"｜《水浒传》第二十三回："～客人来我店中，吃了三碗的，便醉了，过不得前面的山冈去。"｜《儒林外史》第三十回："～朋友相知，都要请了到席。"｜《官场现形记》第六回："～有过孝敬的，他一定还要另眼看待。所以他的好处，也在这里。"｜《醒世姻缘传》第二十三回："若～来的都要管待，一来也不胜其烦，二来人便不好常来取

扰；所以将卖酒为名，其实酒价还不够一半的本钱。"|《醒世姻缘传》第三十回："他虽是没了那枝彩笔，毕竟见过大光景的人……所以～有甚疏榜，都是他拟撰，也都是他书写，都另有个道理，不比寻常乱话。"②倘若；假如：上学的时候～用点儿心，如今还用出这号儿力？|元杂剧《陈母教子》第二折："～为人三思，然后再思可矣。你空长堂堂七尺躯，胸中志气半星无。"|《红楼梦》第三十二回："～宽慰些，这病也不得一日重似一日了！"|《红楼梦》第五十五回："我～是个男人，可以出得去，我早走了。"|《红楼梦》第六十回："你老自己掌不起来；～掌的起来，谁还不怕你老人家。"

【但使】dàn shǐ 假使：～我有一份办法，就不愿意来麻烦你|章碣《下第有怀》诗："～他年遇公道，月轮长在桂珊珊。"|王昌龄《出塞》诗："～龙城飞将在，不教胡马度阴山。"|李白《客中行》："兰陵美酒郁金香，玉碗盛来琥珀光。～主人能醉客，不知何处是他乡。"|萧衍《闺闱篇》："～丹砂就，能令亿万年。"|庾信《暮秋野兴赋得倾壶酒诗》："刘伶正捉酒，中散欲弹琴。～逢秋菊，何须就竹林。"|李商隐《楚宫》："～故乡三户在，彩丝谁惜擩长蛟。"|辛弃疾《定风波（席上送范先之游建康）》："听我尊前醉后歌。人生亡奈别离何。～情亲千里近，须信。无情对面是山河。"|辛弃疾《水调歌头（送郑厚卿赴衡州）》："莫信君门万里，～民歌五袴，归诏凤凰衔。"|张孝祥《蝶恋花》："莫拾明珠并翠羽。～邦人，爱我如慈母。"|鲍照《学陶彭泽体诗》："长忧非生意，短愿不须多。～尊酒满，朋旧数相过。"

【但仔】dàn zi 只要；假使：他～是个争气的，还用父母帮着他忙活？|《聊斋俚曲集·墙头记》第一回："天那天，～有一个好的，也还好过。"|《聊斋俚曲集·慈悲曲》第一段："但只是做着后娘，只出上一片好，就见了玉皇爷爷，也敢抓出心来给他看看；～是那做后娘的可又不能哩。"|《聊斋俚曲集·慈悲曲》第二段："刚才东头老孙婆子来说，您小达达往您养汉姐姐家里去了。你看～是个人，怎么就不来说声。"

【淡】dàn（dǎn）①难为情；不好意思：害～|～得他脸都红了。

②使难为情：他说的那些话咱都试着～人。③与性有关的：说～话。

【淡寡撒】dǎn guà sa 食物没有味道的样子：这些水果吃起来～的，一点滋味没有。

【淡话】dǎn hua 下流话：～篓子｜他说那些～真不要脸。

【淡寞索】dàn me suǒ 羞愧的样子；灰溜溜的样子：弄清了这个事儿，他～地走了｜《聊斋俚曲集·琴瑟乐》："从新来到房中坐，～的怪冷落。没好辣气上了床，闭眼就做了梦一个。"

【淡人】dǎn yìn 让人感到害羞或丢人：他说那些话，咱都听着～。

【断】dàn（duǎn）①东西从中间分开：△绳从细处～，人从心上变｜△有福之人不用忙，无福之人忙～肠｜△打～骨头连着筋。②不继续；禁绝：～亲｜～顿。③使看起来足够的东西不够：他看起来挺瘦，怎么这么～衣裳？

【断顿儿】dàn（duàn）dùnr 断炊；家里没有饭食：家里眼看着就要～了。

【断根】dǎn（duǎn）gěn ①从根部断开：这棵树叫风吹得都～了。②没有后代，一般特指没有男性后代：不能就这么从这一辈儿～。

【断亲】dǎn（duǎn）qin 亲戚之间断绝关系：这么多年不走动，他们都～了｜《聊斋俚曲集·禳妒咒》第十回："你情愿合他～，情愿合他退婚，并无反悔，落笔为真。"

【端详】dǎn xiàng ①仔细地看：最好～清楚了再说。②经过观察后认为：我～他不是个真大夫｜我～这个天儿要下雨。

dang

【当】dǎng（dàng）①从；自；沿着：你不如～这条路走，还近便。②指示代词，本：这是～地品种｜元杂剧《罗李郎》第四折："总饶你满园春，万花新，争如得见～乡人。"｜元杂剧《秋胡戏妻》第一折："早新妇儿遭恶运，送的他上边庭离～村。"③抵得上；等于：这孩子真中用，一个人～两个使。④充任；担任：～婆婆｜说给他家～媳妇｜△给好汉牵马坠镫，不给赖汉～祖宗。⑤姑且作为：△拿着豆包皮不～干粮。⑥认为；以为：他～你是外地人｜《真本金瓶梅》第六十八回："那驴子是隔壁豆腐铺里的，借俺院儿里喂喂儿，你就～我的。"｜《聊斋俚曲集·襄妒咒》第二十七回："我～是何人，原是大爷奶奶来了。"⑦在同一时间：正在那一时间点或时间：～时｜～天｜～月｜～年｜～辈。⑧抵押：困难那几年把首饰都～了换成吃的了。⑨面对着：还是～面说清楚比较好。⑩吃亏；受骗：上～。

【当不了】dàng bu liǎo ①免不了；极有可能：就这么吊儿郎当地干，他～又挨批评。②早晚；最终：现在买下也行，孩子大了～还待买。

【当不住】dàng bu zhù ＝〖当不〗dàng bu 或许；有可能：他～是变想法儿了｜他～想的和你一样。

【当步儿】dǎng bùr 立刻；马上：只要货到了，他们～给钱，一点儿不拖拉。

【当空儿】dǎng kèngr（时间上的）间隙：正好这个～车来了。

【当口】（～儿）dǎng kour 时间点；时候；时机：就他出门这个～儿，听见外边儿汽车的动静儿｜《文明小史》第六回："这里傅知府私心指望要趁这个～，立一番莫大功劳。"

【当齐】dǎng qi 打交道；交往：你和他～没有什么好结果。

【当腰】（～儿）dàng rǎor（yǎor）动物的腰部：割块～回来包饺子吃｜《聊斋俚曲集·磨难曲》第五回："小鹿儿忽然惊跳，一箭射去中～。"

【挡道儿】dàng dàor 挡路：△好狗不～，～没好狗。

【挡害】dāng hai 妨碍；碍事：抬一边儿放着吧，省着待这里～人家走路｜又没有人～着，他发什么无名火？

【挡话】dāng hua 搪塞的话：谁也能听出来那都是些～。

【挡头儿】dàng tour 挡住使不通畅的东西：加个～就滑不出来了。

【挡药儿】dāng yuer ＝〖抗药儿〗kàng yuer 短暂减缓症状但无法根治疾病的药物。

【党】dāng ①量词，用于成群的人：清早上就有成群结～的人来爬山耍｜门口来了一～子人。②意见相合的人或由私人利害关系结成的团体：他们两个是一～儿的。

dao

【刀】dǎo ①用来切割、削砍的工具：△瞎汉磨～——快了。②纸张计量单位，一百张为一刀：买两～纸。③作物收割的次、茬：△头～韭菜香椿芽，十七八的闺女嫩黄瓜。

【刀子勺子】dǎo zi shuǒ zi 喻指毫不相干的东西或非重点的东西：你别待这里～说些没用的。

【叨叨】dǎo dao ①反复不停地说：说一遍就行了，别～了。②纠结；纠缠：差不多早点打发他走算事，再～下去没意思。③交往：他这么个脾气，没有人愿意和他～。

【扨】dǎo 用筷子夹菜：别客气，多～菜吃。

【鱽鱼】dǎo yu =〖鳞荡鱼〗lǐn dang yù 带鱼：△佳鯌头鲅鱼尾，鳞荡肚皮鯙鯙嘴。‖参“鳞鱽”：蒲松龄《日用俗字·鳞介章》：“佳鯌来时卖河鮥，青鱼去后见鳞鱽。”

【倒巴】dào ba 位置、次序或逻辑出现颠倒：他把那个东西拿手里端详了半天，也没分出个～正巴来。

【倒槽】dào cào 倒霉；遭遇麻烦：他把这块熊惹恼了，算是～了。

【倒颠】dǎo dian 颠倒；上下易位；本末倒置：他说太快了，都说～了｜汤显祖《牡丹亭》第四十八出：“哭得我手麻肠寸断，心枯泪点穿。梦魂沈乱，我神情～。看时儿立地，叫时娘各天。”｜《聊斋俚曲集·寒森曲》第一回：“善人衰败恶人兴，倒倒颠颠甚不平；忽遇正神清世界，始知天道最分明。”

【倒粪】dǎo fèn ①将堆起来的粪肥反复地移位使其均匀，也指将从土炕拆下来的旧土坯捣碎与粪肥搅拌：他倒了两遍粪了。②比喻说话反复唠叨：说一遍都听明白就中了，别和～似的。

【倒个儿】dāo guòr 方向、位置、顺序等调换或颠倒位置：装反了你，倒个个儿就对了｜晒的褥子没～，到现在还没晒透。

【倒换】dāo huan ①交换；调换：要是勒得上就勤～着手｜《元典章·户部六》："民间将昏钞赴平准库～至元宝钞，以一折五。"｜元杂剧《五侯宴》第一折："～过文书，当日个约定觅自家做乳母，今日个强赖做他家里的买身躯。"②交替；轮流：咱分成两个班儿～着干。

【倒控】dào keng（使）物体翻转或大幅度倾斜：豆枕太矮了，这一宿把头～得难受。

【倒三不着两】dào sǎn bù zhuǒ liāng 颠三倒四的样子：不知道他这几天是怎么了，做点营生老是～的｜《红楼梦》第五十五回："罢了，好奶奶们。'墙倒众人推'，那赵姨奶奶原有些～，有了事都就赖他。"亦作"道三不着两"：《红楼梦》第四十八回："正是我忘了，原该叫他同你去才是。我前日还同你哥哥说，文杏又小，道三不着两，莺儿一个人不够伏侍的，还要买一个丫头来你使。"

【倒手】dǎo shōu ①把东西从一只手转到另外一只手：快倒倒手，把这只手都快勒麻了。②把货物从一个人这里转到另外一个人那里：这一～就净挣了不少钱。

【倒贴】dǎo tiē 指该收钱的一方反过来向该付款的一方提供财物：这样的女人～也不能要。

【倒血霉】dāo xiē mei 倒大霉：要是他老婆知道了，那他就～了。

【倒仰】dào yang =〖倒甸拉〗dào ga la 向后仰：这么～着干活儿，马上腰就撑不住了｜《红楼梦》第六十九回："妹妹的声名很不好听，连老太太，太太们都知道了，说妹妹在家做女孩儿就不干净，又和姐夫有些首尾，'没人要的了你拣了来，还不休了再寻好的。'我听见这话，气得～，查是谁说的，又查不出来。"

【倒找】dǎo zhāo 倒贴；倒给：这个菜要是不好吃我～你钱。

【道】dào ①道路：半～｜小～｜近便～｜轧捎～｜赶牛～｜△好狗不挡～｜△顺着磨～找驴脚印。②水流通行的路径：水～｜下水～｜

河～。③途径；办法：△小鸡不尿尿，各有各的～│△老妈妈的肚皮——～～儿就是多。④（～儿）道理；规律：听他说起来是头头是～│△会看的看门～，不会看的看热闹。⑤量词。a) 用于线形或细长条形的东西：一～竖杠儿│△一粒麦子一～缝儿，一个人一个性儿。b）用于门、墙、闸以及手等（表示界限、环节）：一～墙│一～闸│中间还隔着两～门│△脱了裤子放屁——两～手│△爹有娘有不如自己有，老婆汉子还隔～手。c）用于命令、题目等：出～题│下了～命令。⑥讲；说：会说会～│说长～短│△老人说，老人～，老人说话有根梢。⑦说：你这～谁？这么没礼道儿│元杂剧《倩女离魂》第二折："婆婆，我向扬州奴买些鱼吃，他～我不敢吃。我～你买些肉吃，他～我不敢吃。我～你都不敢吃，你吃些甚么？他～我吃淡粥。我～，你吃得淡粥么？他～，我吃得。"│元杂剧《救孝子》第四折："多不到半月十朝，亲家母又来探取。他～女孩儿不曾到家，惊的俺母亲进退无措。"又："撞见着放牛牧童，向他行问个前路。他～林浪中有个妇人，不知他为何身故。"│《乐府万象新·闹五更银纽丝》："伤床儿前，忙跪下，他～是番罢再来，呵花街不去踏，今宵饶罢。"⑧对（和）某人说：他～我今晚上不用来值班了│《徽池雅调》："你～我泪汪汪是妇人家水性，你～我剪青丝头又不疼，你～我害相思有谁来作证，你～我寄来哑谜都是假，难道烧香疤肉不疼。"│元杂剧《敬德不伏老》第三折："昨日庄东头王伴哥，请我赴牛儿会，有那伴哥来迟，我～伴哥你为何来迟。"⑨对原先困惑不解的事情顿时明白：我～他怎么能突然请咱吃饭！│元杂剧《生金阁》第三折："呸！我～是没头鬼，原来是这个老弟子孩儿！"⑩表示同一宗族或亲属关系：亲戚～里│一家一～│一～二户儿。

【捣嘎】dāo ga ＝〖捣嘎捣儿〗dào ga dāor 秘密；隐秘的内幕：谁也不知道他们之间到底有个什么～。

【捣鼓】dāo gu ①做；从事：那几年～海货很挣钱。②摆弄：他真技良，那把锁一阵儿～好了。

【捣弄】dāo leng 做；搞；弄：他都～不清，外人更搞不明白。

dei

【对当】dèi dang ①对答；反驳：他都那么说你了，你怎么还不拿话～他？｜元杂剧《㑇梅香》第三折："全不想可可的老夫人偏撞上，你便有口呵怎～。"｜元杂剧《东坡梦》第四折："一句句～，一句句～，总不离一曲满庭芳。"｜元无名氏《水仙子》曲："笑吟吟先倒在牙床上，羞答答怎～。"②对付：他哥哥要是来了，就不大好～。

【对过】(～儿) dèi gèr（dèi guòr）对面：马路～就是药店｜《醒世姻缘传》第二十五回："单于民新买添的产业，卖的精空，只有祖遗的一所房子，与杨尚书家对门，前面三间铺面，后面两进住房，客厅书舍，件件都全。薛教授极是欢喜，只是杨家的～，外人怎么插得进去？"

【对付】dèi fu ①应对：说得他都～不上话儿来。②融洽；合得来：你不用心事，我看他们两个还挺～的。

【对磨】dèi me 意气相投；行为习惯相仿：他们两口子一个馋的一个懒的，真～。

【对脾气】dèi pǐ qi 脾性相投；意气相合：他们两口子不大～，成天打仗。

【对撇子】dèi piē zi 意气相投：你和恁师傅真～。

【对味儿】dèi wèir ①味道相合；味道好：这两样儿放一块儿挺～的。②合乎情理：他回去越寻思越不～。

【对眼儿】dèi yānr = 〖对光儿〗dèi guǎngr 男女相互喜欢倾慕：咱觉着他们不大般配，人家两个可真～了｜人家两个～了，没办法。

【得地】dèi dì 得志；发迹；走运：时也命也运气也，他不～就推小车也｜《聊斋俚曲集·姑妇曲》："见你寻常百事佳，心里想念口中夸。就是外人不～，也该把他拉到家；拉到家，用香茶，一日三时供养他。"｜元杂剧《伍员吹箫》第四折："久已后你须～，略把眼照觑休忘。"｜元杂剧《马陵道》楔子："我观此二人，孙膑是个有德有行的人，庞涓久后～呵，此人是个短见薄识，绝恩绝义的人。"｜《喻世明言》第四十卷："沈炼长子沈襄，是绍兴有名秀才，他时～，必然衔恨于我辈。"｜《儿女英雄传》第三十回："何小姐是从苦境里过来的，如今～身安，安不忘危，立志要成果起这家人家，立番事业。"｜《小五义》第二十五回："此人心怀大志，日后～之时，就得面南背北，故此是'岂为有心'。居此地，无非随处乐吾天。"

【得济】dèi jì 得到好处，一般特指长辈得到晚辈的孝敬或好处：△早将媳妇早生气，早养儿子早～｜《红楼梦》第八十一回："这小孩子天天放在园里，也不是事。生女儿不～，还是别人家的人，生儿若不济事，关系非浅。"｜《聊斋俚曲集·墙头记》第四回："清晨肉晌午鸡，每日象贼吃食，丝毫何曾得他济？"｜《聊斋俚曲集·禳妒咒》第三十二回："而且今日又生子，公姑两个甚欢喜，未必不还得了济。"｜《聊斋俚曲集·翻魇殃》第十二回："搬你一回一回恼，整年轮月两别离，不想得了你的济。"

【得益】děi yī ①赚便宜：亲戚们之间说什么吃亏～的。②受益；沾光：学好了～的是你自己。

den

【顿磕】dèn ka ①卡顿；不顺畅：这个录音机不知道是怎么回事，老是一～一～的。②说话磕绊：你提前熟悉熟悉，别上台念起来～。‖《俚语证古》第四卷："讷言而不能直达于口，谓之～。"

【顿顿磕磕】dèn den kǎ ka ①卡顿或不顺畅的样子：机器这几天老是～的，像是轮子踢蹬了。②说话吞吞吐吐、磕磕绊绊的样子：他太紧张了，稿子念得～的。

【蹲倒驴】děn dao lǘ 牛筋草，根系极发达，草叶强韧，不易拔起，故名。

【蹲跍】děn gu 蹲着不动：别的孩子管哪蹿，就他～待墙根儿不愿动弹。‖《广韵》："跍，跍蹲貌。"参"敦孤"：《俚语证古》第三卷："叠股而坐谓之敦孤。敦孤字当作蹲踞（古音读敦孤两音）。"

【敦壮】děn zhuàng 敦实：那个孩子从小长得～。

【攧】děn ①（使）人或物重重的往下掼或摔：他没果睬地上有水，一腚滑倒～在地上｜把袋子～～，把沙装满了它。②用拳头打：他～了那个人好几锤。亦作"敦""墩"：元杂剧《李逵负荆》第三折："打这老子投肚皮揽泻药，偏不的我敦葫芦摔马杓。"｜《聊斋俚曲集·慈悲曲》第三段："吃毕了才把碗一敦，叫他来刮那饭盆，你把天理全伤尽！"｜元杂剧《玉壶春》第二折："（词云）休敦摔，莫伴群芳乱折。"｜元杂剧《哭存孝》第二折："词末尽将他来骂，口未落便拳敦。"｜元杂剧《争报恩》第四折："当不的他打瓮墩盆乔样势！"‖《集韵》："～，都昆切，音敦。击也。"

【攧窝子】dèn we zi 路面上的坑：下完雨路上净～，太颠人了。

deng

【东拉西借】děng lā xǐ jiè 到处借钱的样子：他～才凑齐了钱。

【东跑西蹿】děng pāo xì cuǎn ①跑来跑去的样子：孩子们大冬天待外边儿～的，一点也不怕冷。②奔波忙碌的样子：你自己找点儿营生干，不用跟着人家～。

【东跑西颠】děng pāo xì diǎn 奔波忙碌的样子：他父母这么大年纪成天～的，也不容易。

【冻】dèng ①温度低：天寒地～。②带胶质的食物经熬制后的凝固物：熬～｜猪皮～｜蹄子～｜鱼～｜骨头～。③＜贬＞比喻反应慢、愚笨的人：站那里和碗～样的，一点用没有。

【冻菜】dèng cai 石花菜，可熬制成冻（凉粉），故名。

【灯篓】děng lou 灯笼：这样的好媳妇，你快打着～找去吧。

【灯篓裤儿】děng lou kùr 一种用料轻柔、裤管肥大、裤脚扎住的裤子。

【懂行】dèng hàng =〖懂门〗dèng mèn 在行；内行：△买卖不～，瞎驴撞南墙｜咱得找～的来看看，别光自己瞎挖扎。

【瞪眸】děng hou 瞪大眼睛看：孩子～着眼儿光看你。

【瞪眼】děng yān ①睁大眼睛：好好地～看。②对别人生气或发脾气：吹胡子～｜～扒皮｜有事慢慢说，别～。③形容无计可施：△吃饭摸大碗，干活白～｜△小洞不管，大洞～。

【瞪眼扒皮】dèng yan bà pì＝〖扒皮瞪眼〗bā pì děng yān争吵或发怒时瞪大眼睛的样子：就为这么点事，还至于～的？｜什么事不能好好说，都这～的算干什么！

【撜】dèng 两头同时用力或一头固定而另一头用力，把线、绳、布等拉紧或拉直：～紧绳子，别松了｜～～袄袖儿。

【戥盘】dēng pan 配在杆秤上用来盛装物品的簸箕状或盘状容器：△你家有黄金，外边儿有～｜《聊斋俚曲集・姑妇曲》第三段："典当珠花，典当珠花，凑足了数儿找债家，一～称上银，那账兄够消罢。"

【戥盘秤】dēng pan chèng 配有载物盘的杆秤。

di

【的当】dī dang ①详细；透彻：他的话说不～，我也没法儿定｜齐己《寄南岳诸道友》诗："谩为楚客蹉跎过，却是边鸿～来。"｜冯梦龙《挂枝儿・卷五・隙部・骂》："劣冤家，今日里与你说个～，扭住在牙床上，狠骂一场，薄幸人，负心贼！"②可靠；妥善；稳妥：元杂剧《射柳捶丸》第一折："稳情取封官重赏，不枉了我举贤才～。"｜元杂剧《酷寒亭》楔子："就着～人押解他送配沙门岛去，疾去早来者。"｜《醒世恒言》第三十六卷："朱源于武昌上任，管事三日，便差～捕役缉访贼党胡蛮等。"｜《警世通言》第十八卷："密差～捕人访缉查家小厮，务在必获。"｜《醒世姻缘传》第五回："若老爷肯做时，差两个～的心腹人，小人两个里边议出一个，同了他去，如探囊取物的容易。"

【低拉嗒儿】dǐ la dàr 低垂的样子：看秤儿还～的，再缀上一个才差不多够份量儿。

【低溜】dǐ liu＝〖低拉〗dǐ la 低垂：这两天儿他～着个头，没大有精神儿。

【低溜耷拉】dǐ liu dǎ là 簇拥下垂的样子：葫芦待墙上结得～的。亦作"低留答腊"：《海浮山堂词稿·十劣·问年》："奶儿长低留答腊，孩儿多皮慵扒查，只等待眼儿昏花，腿儿塌撒。"

【低溜当郎】dǐ liu dǎng làng ①东西簇拥在一起垂挂或摆动着的样子：他家的葡萄结得那个好，～的。②无精打采或有气无力的样子：我看他回来累得～的。

【低头耷拉角】dǐ tou dà la jiā 无精打采、垂头丧气的样子：看他～的那个样儿，就知道没考好。

【地板擦子】dì ban cā zi 拖把。

【地瓜蔓子亲戚】dì guǎ wǎn zi qǐn qin 关系很远的亲戚：他们两家子都是～，平时也不怎么走动。

【地老鼠】dǐ lao shu =〖地拱羊〗dǐ gèng yàng 鼢鼠。

【弟兄】dǐ xing ①弟弟和哥哥：他～五个，还有两个女姊妹｜《喻世明言》第十卷："我爹做过太守，止生我～两人，见今哥哥恁般富贵，我要一件衣服，就不能勾了，是怎地？"｜《墨子·非儒上》："丧父母，三年其后，子三年，伯父、叔父、～、庶子，其戚族人五月。"｜《水浒传》第九十回："今者拜辞还京，某等众～此去前程如何，万望吾师明彰点化。"②特指哥哥：《三国志平话》上卷："玄德归宅，与二弟评议……张飞言曰：'～放心，我独自去破董卓，诛吕布。'"③对同辈或对下属表示亲切的称呼：他做事从来不叫～们吃亏｜董解元《西厢记诸宫调》第三卷："～休作外，几盏儿淡酒，聊复致谢。"

【滴溜】①dǐ liu 形容非常圆：～圆儿。②（～儿）dì rour 特指长在上眼皮上的圆形突起：眼皮上长了个～。

【滴水檐】dī shuì yàn 房檐：元杂剧《杀狗劝夫》第三折："前者得过承，是我那～前受了的冷。"

【得上】di shang 用在动词后，表示心理或生理上的某种不适，相当于"……得慌"：干～｜饿～｜怕～｜使～｜恨～｜淡～｜躁～｜困～｜气～｜烫～｜愁～｜急～｜盹～｜痒痒～。

【提溜】dǐ liu ①垂手拿；提：他~了两壶酒来看喜｜△~着尿罐要饭——膫门子。②提挂起来的一团或簇拥在一起的一团：两~葡萄｜一~大蒜｜《聊斋俚曲集·富贵神仙》第十一回："任拘你怎么端相，那木匠~着墨斗，也只是看一眼。"｜《醒世姻缘传》第八十九回："不消一日，素姐骂到自己门前，张氏卷了卷袖，紧了紧裙，手~着个棒槌，往外就跑。"③抓住某物在空中摇摆：待树上打~。

【抵偿】dǐ chàng 抵命；偿命：杀人~｜《醒世恒言》第二十七卷："焦榕通同谋命，亦应~。玉英、月英、亚奴发落宁家。"｜《聊斋俚曲集·寒森曲》第二回："我不像他有钱使，他死了我情愿~。"又："他杀了人他该死，我杀了他我~，直口布袋不用罾。"｜《聊斋俚曲集·磨难曲》第十三回："重犯~理亦应，也无烦恼也无惊；大贤大圣身遭此，难说宽柔气不平。"｜《醒世姻缘传》第三十回："珍哥虽然说是问了~，也还好好的监里快活，没见有甚难为他。"｜《醒世姻缘传》第五十一回："我又不是反贼强盗，不过是打杀了人，问了~，我待逃走不成？"｜《醒世姻缘传》第九十四回："这样纳粟监生，家里银钱无数，干了这等不公不法的勾当，逼死结发正妻，他若不肯求情行贿，执了法问他~，怕他逃往那里去！"

【扚】dī ①用手捏住提引；拔取：他嗓子上火了，把脖子~~好出出火｜~蒜薹｜咱~点儿韭菜薹回去吃吧。②针线、扣子等从缝合或结合部脱落：他衣裳上好几个扣都~了。‖《集韵》"~，击也，引也，手捰也，丁力切。"

【籴】dì 买入粮食。属于老派的说法，现在已很少使用：上集去~点儿粮食｜南戏《琵琶记》第二十出："自去之后，连年饥荒，家里只有公婆两口，年纪八十之上，甘旨之奉，亏杀这赵五娘子，把些衣服首饰之类尽皆典卖，~些粮米做饭与公婆吃，他却背地里把些细米皮糠逼逻充饥。"｜《聊斋俚曲集·寒森曲》第八回："歪子喜极了，实时换了些烧饼，~了米，拿到家中吃了一顿。"｜《醒世姻缘传》第二十九回："没有大米，小米又不好待客，早些家去叫人去~几升大米来。"

dian

【点】diān ①指示；启发：指～｜～步儿。②用卤水或石膏等使豆浆凝成豆腐：△卤水～豆腐——一物降一物。③理睬；尊敬；重视，一般用于反问或否定句式：咱本事小了，他根本就没～着。

【点步儿】diàn bùr 指点：看样儿有人给他～了。

【点逛】diān guang 愚弄；戏弄：△母狗子尿尿——～拾大粪的。

【点卯】diǎn mǎo 旧时官衙在卯时（早晨5~7点）查点到班人员，故称点卯，泛指上班或工作时露一面应付差事：以前还来班上点个卯，后来干脆就见不着人｜《红楼梦》第十四回："横竖你们上房里也有时辰钟，卯正二刻我来～。"｜《醒世恒言》第十七卷："过几日间，或去点个卯儿，又时常将些小东西孝顺。"｜《西游记》第四十四回："他做的是我家生活，恐他躲懒，我们去点他一卯就来。"｜《官场现形记》第三十四回："别位大人先生，就是发帖子请他光临，来虽来，不过同～应名一般，一来就走。"｜孔尚任《桃花扇》第九出："今日～日期，元帅升帐，只得在此伺候。"

【点心】diān xin ①正餐以外糕饼之类零食：周密《癸辛杂识前集·健啖》："闻卿（赵温叔）健啖，朕欲作小～相请，如何？"｜《水浒传》第十四回："我们且押这厮去晁保正庄上讨些～吃了，却解去县里取问。"②吃少量的食品充饥：咱先吃点麻花～～｜孙颀《幻异志·板桥三娘子》："有顷，鸡鸣，诸客欲发，三娘子先起点灯，置新作烧饼于食床上，与诸客～。"｜《鸡肋编》下卷："上觉微馁，孙见之，即出怀中蒸饼云：'可以～。'"｜《金华子杂编》下："家人备夫人晨馔于侧，姊顾其弟曰：'我未及餐，尔可且～。'止于水饭数匙。复备夫人～。"

【掂对】diǎn dei ①想办法：你～～，帮买点儿便宜煤。②为难；对付：看样儿他们是待这里～你。

【垫饥】diàn jǐ 稍微吃一点东西缓解饥饿感：这些东西不～｜你少吃点儿东西垫垫饥也好。

【颠】diǎn ①颠簸：下雨下的这段路太～了。②跑；溜走：他早上

来点了一个卵就不知道～哪去了|《聊斋俚曲集·磨难曲》第十八回：
"既不是梦，咱不快～，等待何时？"|《聊斋俚曲集·姑妇曲》第二段：
"大成窘了，从他媳妇那夹肢窝里钻出去～了。"|《聊斋俚曲集·姑妇
曲》第三段："臧家姑姑太心也么贪，一席话儿没听完，往后～，怕人分
他那元宝边。"|《聊斋俚曲集·富贵神仙》第六回："张鸿渐一刀没砍着
他，他跳过墙去～了。"又："既然有本领要告官，觉着不好一溜烟。今
日杀了人咋不～？"|《聊斋俚曲集·磨难曲》第十九回："人勾两千，人
勾两千，围了宅子没处～。"|《聊斋俚曲集·磨难曲》第二十三回："好
孽畜！谁想拿住他霎，他是推洋死哩！这不是溺了一泡尿～了？"|《聊
斋俚曲集·磨难曲》第二十七回："又上轿呼呼搧搧，那报马跑跑～～，
三十里一派人声乱。"|《聊斋俚曲集·翻魇殃》第四回："寻思一回，不
如～了罢。把姜娘子两件衣裳卷了卷，夹拉着走了。"

【颠道】（～儿）diǎn dàor 溜走；跑路：他怕你来训他，早就～儿
了|《聊斋俚曲集·富贵神仙》第六回："既然是会变，必定也会飞，也
是颠了道无处追。"|《聊斋俚曲集·磨难曲》第二十一回："开榜把名
叫，报子先知道。使钱买录条，拿着就～。"|《《聊斋俚曲集·翻魇殃》
第八回："你去学，你去学，流水打发我开交。还得备上一个骡，我好骑
着去～。"

【颠跣】diǎn xian ①小步行走的样子：他这么大年纪，～着走到
楼下就使得喘不动了。②瞎忙活的样子；献殷勤的样子：她成天跑过来
瞎～，也没赚出个好儿来。

【撼】diǎn 敲；捶；击打：～蒜|人家撵上把他好一个～|刘时中
《四块玉》曲："休费心，休过求，～破头！"|《看钱奴》第二折："他
他他，则待掐破我三思台，他他他，可便～破我天灵盖。"亦作"掂"：
元杂剧《后庭花》第一折："有一日掂折你腿胫，打碎你脑门。"|赵显
宏《一枝花·行乐》曲："门掩半安排粗棍掂，有苦无甜。"

【撼蒜】diǎn suàn 用蒜臼捣蒜：快去撼头蒜，好吃饺子。

【奠】diàn（diǎn）①向死者或过世的祖先供献祭品致敬：～酒|

先把菜～～再上桌。②在宴席开始前，先将一些酒水浇在地上，表示对祖先的尊敬：怎么回事，吃饭的时候没～酒是吧？

【奠仪】diǎn yì 送给办丧事的人家用于祭奠的财物：老人去世，他们都来上的～｜孔平仲《孔氏谈苑·丁讽久居》："一旦有妄传讽死者，京师诸公竞致～，纸酒塞门。"｜《红楼梦》第十七回："贾母帮了几十两银子，外又另备～，宝玉去吊祭。"

diao

【刁猫儿】diǎo mǎor 刁钻；耍心眼儿：和人交往不能～的，还是实实在在的长远。

【吊儿郎当】（～儿）diào ler làng dǎngr 不负责任或不正派的样子：跟着那帮儿人成天～，学不出个好儿来。

【吊旋风】diǎo xuàn fěng 因生气或受凉等原因突然发作的口眼歪斜的病，称作面瘫或面部神经麻痹。

【掉腚】diào dìng ①转成相反方向；转过头：老人说了他两句，他恼得～就走了。②转眼的功夫；极短的时间：座子上的包～叫人偷去了。

【掉向】diǎo xiàng 迷失方向：那个场儿的路儿曲里弯拐的，看～。

【调嘴】diǎo zuī 转换说法：他又～说什么也没看见｜元杂剧《黑旋风》第一折："你你你道我调着嘴不志诚，我我我打着手多承领。"

【窎】diào 远：～远｜杨泽民《倒犯·蓝桥》词："琴剑度关，望玉京人，迢迢天样～。下马叩靖宇，见仙女，云英小。"｜周邦彦《倒犯·仙吕调·新月》词："淮左旧游，记送行人，归来山路～。驻马望素魄，印遥碧，金枢小。"｜方千里《倒犯》词："携手故园，胜事寻踪，松篁幽径～。曲沼瞰静绿，荫檐影，龟鱼小。"｜《元史·食货志一》："至元三年，诏～户种田地他所者，其丁税于附籍之郡验丁而科，地税于种田之所验地而取。"‖李实《蜀语》："远曰～。"

【窎远】diào yuan 距离遥远且不便：他住的那个场儿太～了，去趟儿都害愁｜《明史·四川土司列传》："然夷性犷悍，嗜利好杀，争相竞尚，焚烧劫掠，习以为恒。去省～，莫能控制，附近边民，咸被其毒。"｜《清史稿·职官志三外官》："康熙元年，省操江，所部十二营改隶总督，始置安徽巡抚。嘉庆八年，以距寿春镇～，加提督衔。"亦作"调远"：《红楼梦》第一百回："幸亏我还是在跟前的一样，若是离乡调远听见了这个信，只怕我想妈妈也就想杀了。"

die

【跌膘儿】 diè biǎor 体重明显减少：吃这么少也看不见他～｜这样儿人喝凉水也不～。

【跌秤】 diè chèng 重量减少：晒上这么一头晌儿，菜跌老秤了｜几更拉过去也待跌十斤秤。

【跌分量】 diè fěn liang 重量下降：这么个毒日头晒得菜都～了。

【蹀躞】 diè xie ①小步行走的样子：快上车吧，就你这样什么时候才能～家去？②献殷勤的样子；瞎忙活的样子：他成天去～，也没～出个好儿来｜发先他又～着把菜给人送去了。

ding

【定规】 dìng guǐ ①现成的或约定俗成的规矩；成规：这样的事没有～，就是商量着来的事。②一定；很可能：他这时候没回来，～是又加班儿｜先别做那么多东西，他还不～来不来。③ dǐng guì 计划；确定：提前不～好了，今后净出罗乱。

【腚巴骨】 dìng ba gū 坐骨；尾椎骨：前两天儿他把～敦了一下子。‖参"腚尾巴骨"：《醒世姻缘传》第四十回："姑子悄悄的对狄婆子道：'这位嫂子是个羊脱生的，腚尾巴骨梢上还有一根羊尾子哩，他敢是背人，不叫人知的。'"

【腚根】 （～儿）dǐng genr ①肛门外括约肌部分：他的痔疮一犯了都拉～。②物体的根部；尾部：你把波螺儿～掐去，一搐就出来肉了。③残局；剩下未完成的部分：拾～｜他没事走了，让这些人给他打扫～。

【腚眼】（～儿）dǐng yanr 肛门：△鸭子扎猛——炫划～儿｜△人家上茅房他～儿痒痒｜他这么坏也不怕生个孩子没～儿！｜《聊斋俚曲集·俊夜叉》："虽是人家也赌钱，谁象你乜没～？"

【顶杠】dīng gang 争吵；互不示弱：没说三句话，两个人就～起来了。

【顶名】（～儿）dìng mìngr ①名义上；徒具虚名：他～来帮忙，还不够来添乱的。②用别人的姓名替代：房子他是顶着孩子的名儿买的。

【顶勒勒】dìng yǎng yang 经得住劝，一般用于反问或否定句式：咱这些人实在，不～。

【顶肴子】dìng yào zi 耐消化；耐饥：饿了先吃点儿～的｜我试着吃米饭不～，一会儿就害饿了。

【顶糟作】dìng zǎo zuo 经得住恶劣条件或遭遇：上年纪不～了，干这么两天活儿就累得不行了。

dou

【斗】dōu ①旧时量粮食的器具：△饥时帮一口儿，强起饱了帮一～｜△一天省一口，一年省一～。②形状像斗的东西：灰～子｜车～子。③圆形指纹：△七～八簸箕，到老够过的。

【斗脚】dòu jue 内八字型的脚。

【斗篷】dōu peng 一种有帽子的披风：他穿上那个～真好看｜《红楼梦》第二十一回："（袭人）料他睡着，便起来拿了一领～来替他盖上。"｜《儿女英雄传》第三十一回："因要下地小解，便披上～，就睡鞋上套了双鞋下来。"

【斗眼儿】dòu yanr ①内斜视。②有内斜视的人。

【斗嘴】dǒu zuī 亲嘴：他这不是扳着猪圈门子～，不知香臭吗？

【抖露】dǒu lou ①抖动以震落附着的东西：把袋子上的花毛儿～干净了再装东西。②泄露；张扬：把他那些事都跟人家～出去了｜《红楼梦》第二十一回："平儿仍拿了头发笑道：'这是我一生的把柄了。好就

好，不好就～出这事来。'"亦作"抖搂"：《儿女英雄传》第二十五回："我要不起根发脚把你我从能仁寺见面起的情由，都给你当着人抖搂出来，问你个白瞪白瞪的，我就白闯出个十三妹来了！"|《真本金瓶梅》第九十四回："这雪娥听见，千不合，万不合，悄悄说了一句：'姐姐几时这般大了？就抖搂人起来！'"

【抖擞】dǒu sou ①（提起来）振动，抖动；抖动以震落附着的东西：衣裳上沾了些什么东西，快出去～～|白居易《游悟真寺》诗："～尘埃衣，礼拜冰雪颜。"|《游宦纪闻》第四卷："有乡民着新紫襦诣谒，僧请以为施，民有难色。僧曰：'急～去狗毛！'盖民窃烹邻狗得襦，人无知者，故戏之。"|白无咎《鹦鹉曲》："觉来时满眼青山，～绿蓑归去。"|元曲《雁儿落兼得胜令》："～了元亮尘，分付了苏卿印。"亦作"斗擞""斗薮""抖搜"：苏轼《子由在筠作东轩记》诗："君到高安几日回，一时斗擞旧尘埃。"|《续仙传》："后于长安卖药，方买药者多，斗擞葫芦已空。"|孟郊《夏日谒智远禅师》诗："斗薮尘埃衣，谒师见真宗。"|元杂剧《度柳翠》第二折："抖搜的宝钏鸣，偪慦的云髻松。"|《醒世姻缘传》第五十九回："素姐抖搜着尿裹脚发恨。狄希陈唬的个脸蜡渣黄，逼在墙上。"②哆嗦：冻得人他直打～。③过度张扬；得意忘形：就从他当了官儿，再～得不行了。

【豆枕】dǒu zhen 枕头：～太高了困觉难受|齐己《夏日雨中寄幕中知己》诗："北风吹夏雨，和竹亚南轩。～欹凉冷，莲峰入梦魂。"|刘时中《红绣鞋·歌姬米氏小字耍耍》曲："出胎胞蓐草上早会藏阄，卧在被单学打令，坐着～演提舠，刁天撅地所事儿有。"|《庄农日用杂字》："～印花布，被子褥子毡。"‖本字应为"头枕"。

【逗逗飞】dǒu dòu fěi 一种幼儿玩的小游戏，用左右各一手指尖相碰，然后离开，如此反复。‖《俚语证古》第三卷："小儿作戏，以一指与一指对合，旋即离开，谓之～。"

【逗弄】dòu leng ①逗乐：孩子哭了，快～～他。②挑逗；捉弄：人家要得好好的，别把他～哭了。

du

【堵】dū ①阻塞；挡：～路｜～嘴。②说话无礼，让人无法继续交流：找他商量个事，他一句话就～得你吭吭的｜他说话太～人了｜《红楼梦》第二十九回："别人不知我的心，还有可恕，难道你就不想我的心里眼里只有你！你不能为我烦恼，反来以这话奚落～我。"

【赌气子】dǔ qì zi 赌气，因为不满意或受指责而任性行动：两口子就争竞了几句，老婆～回娘家了｜《红楼梦》第三十六回："龄官又叫站住，这会子大毒日头地下，你～去请了来我也不瞧。"｜《儿女英雄传》第十五回："一～，我老师也没拜，'鹿鸣宴'也没赴，花红也没领。"｜《聊斋俚曲集·磨难曲》第十八回："施舜华他合我异常的恩爱，我怎么猛上心定要回来？可着他～把我坑害！"

duan

【短】duān ①两端之间的距离小或时间近：△大风吹倒梧桐树，自有旁人说～长｜△头发长，见识～｜△长到夏至～到冬。②缺点；短处：说长道～｜△打人不打脸，揭人不揭～。③亏欠了道理或丧失了底气：△吃人家的嘴软，拿人家的手～。④抢夺；拦路抢劫：一下儿叫他把包儿～去了｜《儒林外史》第五回："严乡绅执意不肯，把小的的驴和米同稍袋都叫人～了家去，还不发出纸来。"｜《儒林外史》第十九回："木耐将曾经～路遇郭孝子将他收为徒弟的一番话，说了一遍。"｜《聊斋俚曲集·增补幸云曲》第三回："你莫非是一个响马？这两日关前～了皇杠，一个也还没拿着哩。"｜《聊斋俚曲集·增补幸云曲》第八回："接过来耀眼明，掌柜的諕一惊，这人不是小百姓；不然是个真强盗，宝藏库里剜窟窿，或是～了天朝的贡。"｜《聊斋俚曲集·增补幸云曲》第二十回："他那主子若是个性好的人，写一个火票来问你要了去；若是傲上的人，驾前一本，就说尚书的公子～了差官的马去了，可不连老爷的官伤着了么？"｜《聊斋俚曲集·增补幸云曲》第二十二回："大姐说：'必然是个响马，在那里～了皇杠。不如拿起他来，送到当官，比这狗头！'"｜《聊斋俚曲集·磨难曲》第二十九回："我听说任大王山上一发兴旺，招集了两三万人马。昨日又～了皇杠，教军门赔了十二万。"‖《俚语证古》第三卷："～，夺也……路劫谓之～。"

【短道】duàn dào 拦路抢劫：他家大儿上街～叫派出所抓去了。亦作"断盗"：《后汉书·孔融传》："案表跋扈，擅诛列侯，遏绝诏命，断盗贡篚，招呼元恶，以自营卫。"‖参"短路"：杂剧《徐伯株贫富兴衰记》第二折："看他穿的袄子布衫靴子帽，则怕有短路的？"｜《儒林外史》第三八回："你不过短路营生，为什么做这许多恶事？"

【短道的】duàn dǎo di 拦路抢劫的人：这条路过往人少，听说有～，别从这走。

【短溜溜儿】duān ròur rour 稍微短一些的，含喜爱之意：切菜的时候～地切着，炒起来还好熟。

duo

【多言多语】duǒ yàn duǒ yū 多嘴；说不应该说的话：人家的家务事，你别～的。

【躲难】duò nàn 躲避灾难：这个家族是祖上来这里～留下来的。

【掇】duō ①用手端：饭好了，往上～饭吧｜《真本金瓶梅》第二十九回："妇人道：'你洗，我教春梅～水来。'不一时，把浴盆～到房中，注了汤，二人相继浴毕。"｜《醒世姻缘传》第四十八回："端茶～饭，都是狄周媳妇伏事。"｜《聊斋俚曲集·磨难曲》第八回："吃完了饭，丫头、老婆子～去家伙。"②两肩往上抬起的样子：他走路老是～着膀儿｜他一到了冬天就成天～～着膀儿，蛳不成个儿了｜《真本金瓶梅》第三十三回："自从西门庆家做了买卖，手里财帛从容，新做了几件虼蜋皮，在街上～着肩膊儿，就摇摆起来。"

【掇索】duō suo 洒落（细碎的东西）：让你和点儿面，还不够你～的｜孩子吃点心～得些渣渣儿满地是。

【E】

en

【摁钉儿】 èn dingr 图钉。

【摁扣儿】 èn kour 子母扣。纽扣的一种，用金属或塑料制成，一凸一凹的两个合成一对：这件儿衣裳全是～。

eng

【齆鼻子】 èng bǐ zi 因鼻塞而发音不清（的人）：他是个～，说话都听不清楚。‖张慎仪《蜀方言》："鼻音不利曰齆。《广韵》：齆，乌贡切，音瓮。"

【F】

fa

【发彪】 fà biǎo 犯傻：人家都走了，就剩你待这里～。

【发付】 fā fu ①嫁（闺女）：他还想留着这些钱好～闺女。②（给老人）送葬；送终：他姥爷过继了个侄子，到老了好有人～。

【发坏】 fà huài 使坏；做一些损人的事：刚砌的墙，不知道叫那个～的推倒了。

【发厉害】 fà lì hai 发脾气；耍横：你朝着家人～算什么本事？

【发蛮】 fà mǎn 性格沉闷且具有爆发性：他老头上来一阵儿就～，一般个人儿受不了｜他听了也不做声儿，又待那发起蛮来了。

【发木理混】 fà mǔ li hun 蛮不讲理；撒泼：他正待那～，别进去挨上嚄｜这个小嫚发起木理混来真吓人。

【发皮汗】 fà pǐ han 出大汗：你穿这么厚的衣裳待～？

【发脾寒】 fà pǐ han 患疟疾：《喻世明言》第三十六卷："侯兴一个儿子，十来岁，叫做伴哥，～，害在床上。"｜《聊斋俚曲集·墙头记》

第二回："还不瞒墙着实叫，堪堪就死命难存，～冷的还成阵。"

【发市】fà shì 商家一天中做成第一笔生意；开张：他等了一头响也不～|《春渚纪闻》第六卷："（东坡）熟视久之，曰：'姑取汝所制扇来，吾当为汝～也。'"|《聊斋俚曲集·墙头记》第二回："银匠说：'我先给你～，盛一碗给张大爷。'"|《聊斋俚曲集·磨难曲》第二十八回："自家姓胡，卖卜为生。今日还不曾～，这肚里自嘁搜起来了。"又："胡生拉住说：'今日还没～，赊不的！'"|《醒世姻缘传》第七十一回："况且他那精铜的物件，那个不带着两只眼睛，闻的童七大名，就害头疼，那个还敢来合他交易？所以常是好几日不得～。"

【发酸】fà suǎn ①闻到或尝到酸味：这些稀饭哈起来有点儿～，是不是踢蹬了？②出现微痛而无力的感觉：站了没一阵儿就试着两条腿～。

【发物】(～儿) fā wur 会影响伤口愈合或引发旧病的食物：伤口还没好，这几天别吃～|《醒世姻缘传》第五十七回："每服五丸，温烧酒送下。忌葱韭，～不食。"

【发无赖】fà wǔ lài =〖发赖〗fà lài =〖发死赖〗fǎ sì lài =〖发草鸡〗fǎ cāo ji 耍赖：他讲理讲不过人家，就开始～了。

【发小儿】fǎ xiāor (sāor) 从小；从幼童时期：这孩子～就有个大人样儿。

【发熊】fà xìng ①使性子；发脾气：他又跑自己屋里～儿不出来了。②不驯服：弟兄几个数他最～了。

【发券】fà xuàn 利用砖、石等块料之间的侧压力建成跨空承重结构的砌筑方法。常见的门、窗、涵洞上方的拱状造型一般使用此工艺。亦作"发碹"。

【发洋彪】fā yàng biāo 犯傻：在这样的场面上说这些话，这不是～是干什么？

【发迂】fà yǔ ①迂腐刻板，不知变通：他非说读书多的人老是看～。②絮叨：你别待这里～了，他们不能鲁你。

fan

【反腔】fàn qiǎng 反驳：老板连嘛带嘲的，他也不敢～。

【反正】fǎn zhèng 副词，表示情况虽然不同但结果并无差别，可以用在句首，也可用于句尾，口语中经常省略为"反"：～咱该说的都说了，听不听那是他的事｜他不来了～，那就不用费事忙活了。

【返乏儿】fàn fàr ①恢复体力：晚上多困点儿，好返返乏儿。②恢复实力：要是他返过乏儿来够你受的。

【返艮】fǎn gēn 受潮；湿度大：衣裳粘上海水了，要是洗不净老是看～。‖1928年《胶澳志》："艮，迟缓又柔韧之谓，又物反潮湿亦云反艮。"

【返碱】fǎn jiān 土地或建筑物等表面泛出盐碱类析出物。

【返生】fàn shěng ①食物在做好之后容易出现火候不够的情况：做芸豆待火大点儿，要不看～。②与人交往中不容易亲近：他那个人老是～，和他家人也这么个样儿。

【返醒】fān xing 苏醒；苏缓：下了这场雨，庄稼都～过来了。

【饭食】fǎn shi 吃的东西；饮食：他吃饭不挑，从来不嫌～｜《醒世恒言》第三十五卷："转到家中，吃了～，作别了主母，穿上麻鞋，包裹雨伞，又分付老婆，早晚须是小心。"｜《水浒传》第十一回："次日天明起来，讨些～吃了，打拴那包裹撒在房中。"｜《醒世姻缘传》第五回："晁知县看了书，差人将这一班人送到寺内安歇，叫衙役们轮流管他的～。"｜《醒世姻缘传》第十九回："大人家的～，有甚么稽查？脱不了凭他们厨房里支拨。"｜《醒世姻缘传》第二十五回："即如舍开这个客店，不是徒在～里边赚钱，只为歇那些头口赚他的粪来上地。"｜《醒世姻缘传》第二十六回："再是那些觅汉雇与人家做活，把那～嫌生道冷，千方百计的作梗。"｜《真本金瓶梅》第二十五回："（蕙莲）又替他换了衣裳，安排～与他吃。睡了一觉起来，已是日西时分。"

【饭罩儿】fàn zhàor 盛馒头、饼子等食物的圆形容器，上面带有很多小孔，以前多为陶制，后多为铝制、不锈钢制。

【饭帚】fǎn zhu 刷锅用具，多用脱粒后的高粱或黍子穗儿制成。‖《俚语证古》第八卷："饭诸，～也。净锅之器谓之饭诸。"

【犯疯儿】fàn fěngr 发疯；发狂：她犯了疯儿够你受的。

【犯事】(～儿)fàn shìr ①犯罪；犯法：不知道他犯了什么事儿，叫厂里撵回来了｜《红楼梦》第九十九回："老爷极圣明的人，没看见旧年～的几位老爷吗？这几位都与老爷相好，老爷常说是个做清官的，如今名在那里！"②打交道；发生交往或交集：他们只是见面打个招呼，从来没犯过事儿｜平常好好好儿，不～看不清一个人。

【犯小人】fǎn xiāo yin ①遇到对自己不利的人而坏事；遭陷害：算命的说去年他～。②过于计较；做损人的事：他上来一阵儿老是～。

【矾】fàn ①某些金属硫酸盐的含水结晶：明～｜白～。②加工海蜇的一道程序，用白矾水泡新鲜海蜇，以析出体内的水分：～海蜇。

【番瓜】fǎn gua 一种长条形的瓜。

【翻拉】fǎn la ①翻动：他把箱子～遍了也没找着钥匙。②背后说别人的不是；埋怨：他～人家照顾得不周到。

【翻棉单】fǎn miǎn dan 儿童游戏，两人轮换翻动手指头上的绳环，变出各种花样儿。

【翻拾】fǎn shi 翻动着找：找了半天才把衣裳从柜子里～出来。

fang

【放襈儿】fàng càor 重新调整衣物的接缝，使衣物更宽大舒适：这条裤子穿着太紧了，得稍微放点儿襈儿。

【放赖】fǎng lài 要赖：他输不起了，跑这里来～。

【放躺儿】fàng tāngr =〖放躺杠儿〗fàng tāng gangr 灰心泄气：他要是一～，一时半会儿你上哪找人干活？｜这两天儿我看他也～了。

【放挺】fàng tǐng 比喻躺倒不干活：他去干了没有三天就～了。

【放羊了】fàng yǎng ler 失去管束或放任自流的样子：老师先走了，孩子们都～｜你上班了，几个孩子待家都～。

【防避】fǎng bi 预防；提防：△养儿～老 |《红楼梦》第三十四回："俗语又说'君子防不然'，不如这会子～的为是。"

【妨】fāng 迷信中认为会连累亲人早死或遭受厄运：算命的非说她命里～男人 | 元杂剧《调风月》第四折："是个破败家私铁扫帚，没些儿发旺夫家处，可更绝子嗣，～公婆，克丈夫。" | 元杂剧《赵氏孤儿》第二折："你道他是个报父母的真男子；我道来，则是个～爷娘的小业种。" | 元杂剧《荐福碑》第三折："先～杀一个洛阳的员外，奔黄州早则无方碍，半路里先引的一个旋风来。" | 贾凫西《木皮词》第三十八页："这正是有福的～了没福的去，眼见这皇觉寺的好汉又主了中华。" 亦作"方"：《海浮山堂词稿·朝天子·自遣》："海浮，命毒！方的俺无钱物，半床图画半床书，这便是安身处。"

fei

【飞】fěi ①（鸟虫等）在空中活动：△鞋上的凤凰——能走不能～ | △家雀～到糠堆上——空欢气。②在空中漂浮游动：把窗关上，省着～进灰来。③挥发：酒精忘了盖盖儿，都～没有了。

fen

【分拐】fěn guāi 分清事理；明白道理，一般用于否定或反问句式：这样的事儿上都分不开拐，还能做点什么？ | 这么简单的题他都不～，那些难的你更教不会。

【坟茔】（～儿）fèn yingr =〖茔盘〗yǐng pan 坟地，一般特指祖坟：这些事是～管着 | 元杂剧《鲁斋郎》第四折："想当初向清明日共饮金波，张孔目家世～，须不是风月鸣珂。" |《聊斋俚曲集·翻魇殃》第七回："吩咐到那行了礼，上了～散了鞋，婆婆是该行八拜。" |《聊斋俚曲集·富贵神仙》第十一回："三月里上～，家家户户麦饭过清明。" |《醒世姻缘传》第四十一回："娘就没看见么？他在～子上，朝东站着，那下边请纸马的情管是他汉子，穿着穰青布衫，罗帽子，草镶鞋。"

feng

【风快】（～儿）fěng kuàir 形容刀器锋利：他真技良，磨的这把刀～儿｜《醒世姻缘传》第三十六回："算计往那里下手，又寻下了刀疮药并扎缚的布绢，拿了一把～的裁刀，要到那场园里边一座土地庙内，那里僻静无人，可以动手。"｜《三刻拍案惊奇》第二十九回："（徐公子）便在书房中，将一口剑在石上磨，磨得～，赶紧进房来。"

【风凉】fěng liang ①乘凉：快上街上～～吧。②凉爽；凉快：这里有穿堂风真～。

【风弦】fěng xian 风箱，一种用木板做的长箱型装置，通过拉动木箱内的活动木板，起到压缩空气为炉灶鼓风助燃的作用：这么小就能帮大人拉～做饭了。

【风张】fěng zhang 不受管束或无节制地嬉笑哄闹：没事早回来，别待外边～｜元杂剧《度柳翠》楔子："你这和尚，～风势，说谎调皮，没些儿至诚的。"

【风张巴势】fěng zhang bà shì 不受管束或无节制地嬉笑哄闹的样子：你成天～的，哪有个女孩子的样儿？

【风住了】fěng zhǔ ler 停风：刮到第二天下晚儿风才住了。

【疯魔】fěng me 发疯；着魔：那个人把他鼓弄得都～了｜《红楼梦》第二十一回："凤姐自掀帘子进来，说道：'平儿～了。这蹄子认真要降伏我，仔细你的皮要紧！'"亦作"风魔"：元杂剧《西厢记》一本第一折："风魔了张解元，似神仙归洞天。"｜《醒世姻缘传》第九十三回："每日被那娼妇淘碌空了的身子，又是一顿早辰的烧酒，在那七层桌上左旋右转，风魔了的一般，眼花头晕，焉得不'脑栽葱'搋将下来？"

【逢】fěng ①特指集市的日期：等着～李村集再去买｜《醒世姻缘传》第十九回："～六是刘埠集，过七就是流红集，流红离着刘埠只八里地，没的来回好走路哩！"②只要；既然：△～着是个官儿，就强起卖水烟儿｜人家～那么说就有他们的道理｜△～着有个讲儿，就有那个响儿。

【逢集】fěng jì 轮到有集市的日子：正碰上～，路上的车格外多。

fu

【浮儿】fùr ①称量商品的容器：算钱的时候别忘了去了～。②出售商品的次数：一头晌才卖了两～。

【浮皮儿】fǔ pìr 表面：就～稍微伤了一下，没什么事儿。

【浮皮撩痒】fǔ pi liǎo yāng =〖浮皮草痒〗fǔ pi cǎo yāng 浮于表面而不切中要害：你这么～跟他说和没说一样。

【麸子】fǔ zi =〖麸皮〗fǔ pì 小麦研磨过筛后剩下的麦皮和碎屑：夜来赶集买回几袋子～好喂鸡｜《聊斋俚曲集·翻魇殃》第九回："买了～喂上马，店主慌忙走面前，上下都是包子麹。"

【冨溜儿冨溜儿】fǔ rour fǔ rour 充满后要溢出的样子：下完雨，水库里的水～的｜碗里的水～的，不好掇。‖《广韵》："冨，满也。"

【菖子苗】fǔ zi miào 田旋花。亦作"斧子苗"：《醒世姻缘传》第七十二回："论人倒标致，脸象斧子苗花儿似的，可是两点点脚；要不，你老人家娶了他也罢。"‖ 参"芙芙子苗"：《聊斋俚曲集·禳妒咒》第一回："口里一口糯米牙，头上一头好头发，脸儿好象芙芙子苗，金莲不够半揸大。"｜《聊斋俚曲集·蓬莱宴》第二回："那里的仙女下九也么霄，俊脸儿好似芙芙子苗。美娇娇，一片风流在眉梢。"

【福将】fū jiàng 有福的人或能在危急时刻转危为安的人。

【福泰】fǔ tai 身材丰满、面相丰润：他爷爷长得真～。‖《俚语证古》第三卷："面相丰润谓之～。"亦作"富态"：《醒世姻缘传》第八回："曲九州道：'没的是和尚，有这么白净，这们富态？'"

【福福泰泰】fǔ fu tǎi tài 身材丰满、面相丰润的样子：你还减什么肥，原来～的多好看。

【釜炱】fǔ tai 砖砌或陶制的烟囱：△～不出烟，怕是要变天。‖《说文解字》："炱，灰，炱煤也。从火，台声，徒哀切。"段玉裁《说文解字注》引《玉篇》："炱煤，烟尘也。"

【腐酱瓮】fū jiang èng 腌制咸菜、发酵调味品等用的大缸。

【G】

ga

【佮】gā ①合伙：△买卖好做伙难～｜当初～他的伙儿一块儿做买卖来。②结交；结亲：～亲家｜～干姊妹｜～邻居｜他们两个从小～了娃娃亲。③结伴；邀集：我想～你的伙儿去赶集。④（药）配伍；用适当的标准加以调配：～药｜～解药。‖《广韵》："～，古沓切，并佮，聚。"《玉篇·人部》："～，合取也。"《五方元音》："～，伴聚。"《说文解字》："～，合也。"王筠释例："合、～义同音异。通力合作，合药及俗语合伙，皆～指音义也。今无复用～者。""佮"今多写作"轧"。

【佮不来】gā bu lài 性情不相投：他们认识几年了，但是～。

【佮伙】①（～儿）gǎ huōr 合伙：他们两个～开的饭店｜△买卖好做伙难佮。‖1931年《增修胶志》："合伙曰～。"②（～儿）gǎ huōr 结伴：俺～去看电影。③（～儿）gā huor 相好的；姘头：这就是他那个～。④gā huo 交往；相处：他们俩～半辈子了，从没红红脸儿。⑤gā huo 与之成为情人关系：他～着他单位的那个会计。

【佮拉】gǎ la＜贬＞结交；不正当的结合：你怎么能和这样的人～上？

【佮亲家】gā qìng ji 结为儿女亲家：他们两家子～挺合适的。

【佮药】gà yuě 抓配中草药：前两天一个劲儿地咳嗽，佮了两副药回来吃上就好了。

【匌拉】gǎ la ①（～儿）圆圈；环状物：他老实的，给他划个～绝对不敢出去｜褥子上有块尿～。②（～儿）四周；周围：你上那一～儿去看看。③遛弯儿；溜达：你快～着找去啵。‖《广韵》："匌，周匝也。"

【蛤蜊】gǎ la 蛤蜊，贝壳类软体动物，壳卵圆形：红岛～｜辣～｜泥～｜沙～。

【旮旯儿】gā rar 角落；狭窄隐蔽的地方：孩子跑个～去藏着，大人没处找。

【轧】①gà 避开正常线路沿直线方向或近路进行拦截或超越：～捎道儿｜～他前边去｜把他的车～路边儿。②yà ～花｜～马路。

【轧捎道儿】gà shǎo dàor 抄近路；走捷径：从这里～的话，能近便不少路。

【乍古】gā gu 吝啬：他就这么～，上哪儿也伙不出人来。

【乍古钉子】gā gu dǐng zi 极度吝啬的人：那个～能借钱给你？

【割】gā ①切断；截下；划分出来：～麦子｜～韭菜｜～草。②购买（需要裁割的东西）：～布｜～件衣裳｜咱～起肉买还能买不起葱花？③在买卖中卖方虚谎多报货物重量：这块肉最少叫他～了半斤秤。

【割把子】gà bà zi 在办事过程中截留克扣或占别人的便宜：安排他去买点儿什么东西，老是待割点儿把子。

【割秤儿】gà chèngr 缺斤少两：都是些熟人，他好意思～？

【割蜜】gà mì 旧法养蜂的取蜜法，把蜂巢中储存蜜的部分用刀割下来：△没指着这窝蜂子～吃。

【割磨】gā me 买卖双方进一步议价：你全买了吧，我给你～～。

【割舍】gā shi =〖割舍得〗gā shi di 舍得：那时候穷家过日子，都不～花钱｜南戏《琵琶记》第二十出："公公，婆婆，人道你死缘何故？公公，婆婆，你怎生～抛弃了奴？"｜元杂剧《《窦娥冤》楔子："我也只为无计营生四壁贫，因此上割舍得亲儿在两处分。"｜《聊斋俚曲集·蓬莱宴》第四回："就象我那娘子，又带上了一朵鲜花，怎割舍得卖了他？"亦作"割舍的"：元杂剧《燕青博鱼》第二折："我割舍的发会村，怒吽吽使会狠。"｜元杂剧《灰阑记》楔子："不是我做娘的割舍的你，你可也做人家媳妇去，再不要当行首了也。"｜元杂剧《赵氏孤儿》第三折："背地里搵了，没来由割舍的亲生骨肉吃三刀。"｜《金瓶梅词话》第五十九回："（李瓶儿）叫了一声：'我的儿烁，你叫我怎生割舍的你去，坑得我好苦也。'"｜《醒世姻缘传》第七十八回："每遭拿着老米饭，豆腐汤，死气百辣的揣人，锅里烙着韭黄羊肉合子，喷鼻子香，馋的人口水往下直淌，他没割舍的给我一个儿尝尝！"

【割衣裳】gà yǐ shang 购买做衣服用的（从布匹上分割下来的）布料：这是给她婆婆割的两套儿衣裳。

【割肉】gà yǒu ①买肉：你去割两斤肉回来包饺子｜△亲戚～割上骨头。②（～儿）gà ròur 触及、损害切实利益：那不就割他的肉儿了，他能愿意？

【嘎唧儿】gà jir 后缀，一般含消极或否定的的意义。骂～｜咸～｜凶～｜凉～。

【嘎拉】gǎ la 闲扯；胡说：也不知他待人家跟前都～了些什么｜说不了几句他又开始～淡话了。亦作"割拉"：《醒世姻缘传》第四回："拿茶来，吃了睡觉，休要割拉老鼠嫁女儿！"

【嘎拉子亲戚】gǎ là zi qǐn qin 远房亲戚：他们两家还是～。

【嘎渣】（～儿）gǎ zhàr ①食品表面烘烤形成的硬层：火烧～儿。②结痂；块状垢渍：血～｜鼻清～｜屎～｜盐～。‖《俚语证古》第五卷："锅焦谓之戈札……又疮甲亦谓之戈札。"

gai

【该】gǎi ①欠：他还～着人家小卖部五百块钱｜《聊斋俚曲集·禳妒咒》第二十六回："我只赌瓜子，我输了～着，你输了我可打你。"｜《红楼梦》第一百回："人家～咱们的，咱们～人家的，亦该请个旧伙计来算一算，看看还有几个钱没有。"②赊账：今日没拿钱，先～着吧｜《聊斋俚曲集·墙头记》第二回："银匠说年年化银子，～下了几吊火钱，因着相好，不曾开口，怎么连面不见？"又："为着～钱就不见，家父不是这样人，既相好怎么不相信？"｜《聊斋俚曲集·墙头记》第三回："他说火钱六七吊，至到而今把他～，没钱使上门来索债。"又："因着合他常相处，～钱也无个账目存，这一来叫人心不愤。"③与某人或某事物有关：这个事～你什么事｜《聊斋俚曲集·禳妒咒》第二十六回："（公子云）打我罢呀，～他什么事？（江城云）他从头里合你挤眉弄鼻的，难道我看不见么？"④轮到：后日～我值班了。

【该当】gǎi dang 命运注定如此：说起来这个事也是～着，那天他勤不着懒不着地非要去看什么戏｜《白雪遗音·八角鼓·酒鬼》："依着我说，不如凭着命去闯。酒鬼点头，他说道命里头～。"

【盖垫】gài dian 用双层细高粱秸编制的圆形厨房用品，用来当锅盖、容器的盖子，也可摆放馒头、饺子等食品。‖ 参 "盖垫子"：《醒世姻缘传》第四十九回："他也还会编席，编盖垫子，也会编囤。"

gan

【干巴人情】gǎn ba yǐn qìng 不实际帮助别人，仅说一些毫无价值的话让别人对自己有感激之情：谁不知道谁，还用他送这些～！

【干馋】gǎn chàn 想吃而得不到：△鼻子尖儿上抹蜂蜜——～捞不着。

【干给】gǎn gēi 白给：～了些东西也没办成事｜《聊斋俚曲集·襄妒咒》第十回："早知这个胎，～也不要，我情愿打光棍直到老！"｜《聊斋俚曲集·襄妒咒》第十三回："休说使了二百钱，就是～也不要！"

【干黄】gǎn huàng（没有血色或不健康的）黄色：他个脸～，是不哪儿不舒梭？

【干粮】gǎn liàng 水分少、不易变质、便于携带的面食：△拿着豆包皮不当～｜《论衡·艺增》："且周殷士卒，皆赍～。"｜楼钥《跋从子所藏书画》："问所携，前则草履，复则～。"｜《聊斋俚曲集·墙头记》第一回："又怕老头脾胃弱，吃了～消化难，老孝顺儿革了他达的面。"

【干松】gǎn seng 干燥；干燥而松散：这个好日头，晒的衣裳一阵儿就～了。

【干松松】gǎn sèng seng 干燥、干爽的样子：坐吧，地下～的。

【干住屋儿】gàn zhu wùr 寄居蟹或寄居虾。

【秆草】gān cao 作牲畜饲料用的谷秸：欧阳修《乞罢刈白草札子》："今年马军抽减，归京后，马数少于去年，其～等数，必不至阙少。"｜《东京梦华录》第一卷："每遇冬月，诸乡纳粟～，牛车阗塞道路，车尾相衔，数千万辆不绝。"｜《庄农日用杂字》："场园结实压，苦子～编。"亦作"杆草"：《聊斋俚曲集·增补幸云曲》第五回："乍离龙床鸳鸯枕，土炕上无席铺杆草，半头砖又垫上檐毡帽。"

【赶拢】 gān leng 讨好；迎合：俗话说的好，～不是买卖。

【赶脚】（～儿）gǎn juēr 指旧时用马、驴、骡子等牲畜提供运输服务：王二小～｜△骑驴的不知～的苦｜《聊斋俚曲集·富贵神仙》第九回："那～的果然就合他上了永平府，到了王店桥，隔着家有一程路，心里胆虚，带上眼罩儿遮了面。"｜《聊斋俚曲集·磨难曲》第十八回："店主说：'我一面招管。'即时叫了个～的来，说：'脚钱我管。'"

【赶上】 gān shang ①追上；跟上：能～哪趟儿车就坐哪趟。②遇上；碰到：正～旱天。③比得上：她哪～你长得俊。④不如，一般用于反问或否定句式：出去挨那个挤还～待家里耍耍儿了？｜赶不上等干完活一块儿打扫，省着费两遍事。

【赶趟儿】 gàn tàngr ①来得及：你这个时候走也～。②反应快；不落后：他干活不行，就说大话～。

【赶眼色儿】 gǎn yān sheir ①善于察言观色并及时做出让人满意的行动：人家把孩子教育得真是～。②眼疾手快，常用于贬义：才掇出来的盆花儿，叫哪个～的拿去了。

【敢子】 gān zi ＝〖**敢子的**〗gān zi di 当然；必定：听你这么一说，他～愿意去｜《聊斋俚曲集·禳妒咒》第二十四回："即如就一碗豆腐，若是切成叶着油煎了，蘸上个蒜碟儿，或是切成细馅包包儿，～他就吃了。"亦作"敢仔""敢则""敢自"：《聊斋俚曲集·增补幸云曲》第十八回："长官，你戏我哩，叫我王官，又问我贵姓，敢仔我姓王。"｜《醒世姻缘传》第七十四回："你要说那大主子，他不给人家做'七大八'，俺敢仔没本事说。"｜《醒世姻缘传》第九十回："俺的心里敢仔指望叫娘做彭祖才好。"｜《儿女英雄传》第三十三回："我到了咱们家这一年多，听了听京里置地敢则合外省不同，止知合着地价计算租子，再不想这一亩地有多大出息儿。"｜《红楼梦》第六十回："你这么会说，你又不敢去，指使了我去闹。倘或往学里告去捶了打，你敢自不疼呢？"｜《红楼梦》第六十四回："贾琏又笑道：'敢自好呢。只是怕你婶子不依，再也怕你老娘不愿意。'"‖1928年《胶澳志》："敢子的，能如此便佳，与京语敢情之用同。"

【擀杖】gān zhang 擀面杖。亦做"秆杖"：王哲《换骨骸·赠道友王十四郎》词："一斩红崖，按阔狭、方能及丈。横梁架，细如秆杖。"

gang

【杠子】gàng zi 画出的直线或较浅的痕迹：车门叫树枝刮上了一趟～。

【杠子头】gàng zi tòu ①固执并易与人发生争执的人：别和这个～叨叨｜他这个～脾气，上哪儿都叫人心事。②特指一种硬面制作的火烧或馒头，制作时用杠子反复压面，故称：～火烧。‖参"杠子火烧"：《醒世姻缘传》第八十回："一日，将午的时候，寄姐不在面前，童奶奶袖了几个杠子火烧要从窗缝送进与他，唤了几声不见答应。"

【刚连纸】gǎng liàn zhī 一种薄的白纸：老辈儿的时候，家里的墙都使～糊的｜《聊斋俚曲集·增补幸运曲》第八回："休说做衣服，就买儿张～来也不勾糊一身衣服的。"

【钢钢儿的】gǎngr gǎngr di ①结实；牢靠：他保养的机器到如今使起来还～。②（感情、关系）极好：他们几个的关系那真是～。

【钢硬】gǎng yìng 非常硬：那些馒头都晒得～，根本咬不动。

gao

【高低】gǎo dǐ 无论如何；不管怎样：他一杯白酒下去，趴桌子上～起不来了｜《醒世姻缘传》第六十五回："你只说是那里见来，或是听见谁说，我好到那里刨着根子，就使一百千钱，我～买一套与你。"｜《醒世姻缘传》第八十七回："我从小儿不好吃独食，买个钱的瓜子炒豆儿，我也～都分过遍。"

【高起】gǎo　qi 比……高：他对象也不～你｜△什么～天？什么矮起地？什么甜如蜜？什么蜜水甜？父母～天，子女矮起地，娘想孩子甜如蜜，孩子想娘蜜水甜。

【高塽】gǎo　shuang ①本义指地形高，敞亮：原来选的那个地方好，真～。②高挑；挺拔：他看中那棵长得～点儿的耐冬花了。‖《集韵》："塽，地高明处。通作爽。"

【高塽塽】gǎo　shuàng　shuǎng 高大敞亮的样子：你有心盖新房了，就盖得～的｜他家的房子盖待崖子顶那里，～的真廖亮。

ge

【各牙】gè　yà ＝〚咬牙〛yào　yà 不驯服；不好对付：他那个东西真～。

【各一路】gē（guō）　yi　lù ＜贬＞思想行为与常人相异：他什么都待和人别扭着，真是～种儿。

【膈应】gè　ying ①使人恶心：他做的那些鸡翘脚儿的营生真～人。②反感；厌恶：他最～那些胡吹海嗙的人了。

gei

【隔道手】gēi　dao　shōu 隔着一层；多一个环节：△爹有娘有不如自己有，老婆汉子～。

gen

【艮】gēn ①受潮：扎紧口儿，别～了。②湿度大：靠着海边管哪好，就是太～了。③慢腾；拖拉：他那个脾气太～了。‖1928年《胶澳志》："～，迟缓又柔韧之谓，又物反潮湿亦云反～。"

【艮瓜齑】gēn　guà　ji 一种用晾晒过的萝卜条腌制的咸菜。

【艮硬】gēn　ying ①食物坚韧耐嚼：他蒸的馒头吃起来挺～，真有嚼头儿。②说话不紧不慢：那个小嫚儿说话真～。

【艮质质】gèn　zhǐ　zhi 食物咬起来有韧性、有质感的样子：这条鱼胶性大，吃起来～的｜才蒸的地瓜面饼子，吃起来～的。

【跟搭】gěn　da 跟随；跟着：我走哪儿小狗～到哪儿｜《聊斋俚曲集·富贵神仙》第十三回："此事闹动了合庄，都来磕头，连那李大的老婆，在家里也坐不住了，～着也跑了来，捣了顿头去了。都来叩头，都来叩头，仇家也不敢记前仇，～着别人来，好像那鸡嗛豆。"

【跟脚】（～儿）gěn　juer ①鞋子大小合脚：才买的这双鞋真～｜《儿女英雄传》第四回："我合他一块儿去，少爷，你老也支给我两吊，我买双鞋。瞧，这鞋不～了。"②紧接着：你前脚走了，他～就走了。

【跟脚子】gěn　juè　zi ①随母亲改嫁的孩子。②走到哪里跟到哪里的人：你怎么是个～，上哪里都跟着？

【跟趟儿】gěn　tàngr ①行进的速度跟得上：你走慢点儿，俺都不～了。②说话、学习、技能等能跟上进度或他人：他早上了一年学，不过学习还挺～的｜他干活挺黏驰，说话倒是真～。③及时：只要水能～，这些菜长得很快。

geng

【公理公道】gěng　lī　gěng　dào 公正；不偏不倚：～地说，他干的活还是很好的。

【拱】gēng ①向外钻或顶：种子撒上两天就～出芽来了。②（猪等动物用嘴）顶或掀：猪把猪圈～倒了。③用力推（车）：这个上坡一口气～不上去。④用刀等尖锐之物戳入：他把人家都～上刀子了。⑤（虫子等在作物上）钻洞：这棵树上的桃儿都叫虫子～了。⑥钻营：他见了当官的就往前～。⑦屈缩着爬行：那么多毛虫子待叶子上～。⑧大针脚缝制；针尖在织品中连续穿行几次再拔针引线一次：你把那床被再～几针。

【拱鼻子】gèng　bǐ　zi （强烈的气味）呛鼻子：他家整天关门锁窗的，憋得那个味都～。

【拱送】gēng　seng ①在人群中使劲钻：他一阵儿就～上前边儿看

戏去了。②＜贬＞想尽办法地去做：他非要～跟着恁出去玩。

【供仰】gèng yang ①用供品来祭祀祖先、神明；在重要的节日将食用的饭菜先向祖先或神明进行敬拜：把鱼肉～～再上桌吃。②遵照相关礼仪进行敬拜：～牌位。

【梗梗儿】gèngr gengr 挺直（脖子、头等部位）：他～～着个脖子，一点儿也不服气。

gou

【狗避】gōu bi 吝啬；不大方：招待客人要紧大大方方的，别～。

【狗蹲】gōu den ＜贬＞如同狗一样蹲着；蜷缩状蹲着：他不下地干活儿，光知道跑阴凉儿地～着。

【狗狗避避】gōu gou bǐ bi 吝啬、不大方的样子：他～的，一听说出钱的事就躲远远儿的。

【狗屎铁】gòu shi tiē ①一种含铁量极低，提炼价值不高的铁矿石，常用来比喻毫无价值的东西：△黄金～。②低质煤燃烧后融结在一起的琉璃状残渣。

【狗心景】gòu xin jīng 不正常的想法和行为：快点儿来家，我看你又耍上～来了。

【狗咬尾巴儿】gōu yǎo yū bar 对十分要好的伙伴关系的戏谑叫法：他们两个成天～，好成一个头。

【够秤儿】gǒu chèngr 所售货物重量足秤：这些虾就算去了水也保证～。

【够够儿的】gǒu gòur di 非常厌烦的样子：他闻着油条味儿就～│一听着他那个破锣动静真是～。

【够过】gǒu guò 足以富足地生活：他家的钱三辈儿～的│△七斗八簸箕，到老～的。

【够呛】gǒu qiàng ①不一定：我看他说的那个事要～了。②够受的：他真接下这个活儿来，那就够他呛的。

gu

【古力】gū li = 〖古力井〗gù li jīng 下水道井，为外来语。

【沽】gù 沾（水或脏的东西）；染（污渍）：你裤子～上些什么东西，洗也洗不去。

【沽沽】gù zhan ①沾染（凌乱或不洁净的东西）：衣裳～上些毛毛儿，都择不下来。②涉足；涉及：你～这么多，能学过来?

【姑舅姊妹】gù jiu zī mèi 兄妹或姐弟的孩子之间关系的泛称：《红楼梦》第二十回："头一件，咱们是～，宝姐姐是两姨姊妹，论亲戚，他比你疏。"

【轱辘马儿】gù lu mār 本指在铁轨上靠人力推行的铁质小推车，后泛指人力小推车。

【轱轮】①gǔ len 浑圆、圆滚滚的样子：他的身子～着，穿衣裳不好看。②（～儿）gū rènr 轮子：车～。③（～儿）gū rènr 量词，段；节：我干这一～，你干那一～。

【孤桩】（～儿）gǔ zhuangr ①砍掉枝干和根部后的树干。②失去双臂或双腿的身体：他当兵打仗的时候，两条腿都炸去了，光剩个～儿了｜《醒世姻缘传》第二十回："及到做完了衣服，胖得穿着甚是烦难，虽勉强穿了衣服，两个没头的～停在一处。"

【骨堆】gǔ zui 平地上隆起的土包：明日好扒白菜～了｜元杂剧《盆儿鬼》第三折："呀，呆老子也，却原来是一个土～!"亦作"孤堆"：元杂剧《老生儿》第三折："我嫁的鸡随鸡飞，嫁的狗随狗走，嫁的孤堆坐的守。"｜元杂剧《李逵负荆》第二折："休怪我村沙样势，平地上起孤堆。"

【馉饳】gǔ zha ①旧时对包子、饺子的统称，包子称"大馉饳"，饺子称"小馉饳"，现在已经很少用：△蛤蟆打哇哇，六十天吃～。②团状或块状物：糖受潮了，都硬成一个大～儿了。

【馉饳汤】gǔ zha tǎng ①煮馉饳（饺子）的汤。②用细面粒做的疙瘩汤：有日子没划拉～喝了。

【鼓】gū ①一种大体为仿圆形的打击乐器：敲大～。②凸起；胀大：书包儿～～囊囊的。③使东西发出声音：～掌。④非常多；极度拥挤：今天逛栈桥的人都～了。⑤（电灯丝、保险丝等）熔断损坏：厅里的灯～了，嘎急换换。⑥吹嘘：他净在那～。

【鼓捣】gū dao 折腾；摆弄：不知道孩子偷着～些什么东西｜《红楼梦》第六十三回："一坛酒我们都～光了，一个个吃的把臊都丢了，三不知的又都唱起来。"

【鼓颠】gǔ dian ①身体反复小幅度晃动：拤着孩子～了几下他就困着了。②步子小、晃晃悠悠走路的样子：这条路挺远的，你什么时候能～了去。

【鼓鼓】①gū gu 隆起的样子：包里装着什么～着？②（～儿）gūr gur 突起之处：手上不知道怎么起了一个～。‖《俚语证古》第十四卷："圆而突起，谓之～。"

【鼓鼓蝇蝇】gǔ gu yǐng ying ①缓慢蠕动的样子：他一看着虫子～的，浑身起鸡皮疙瘩。②费力而缓慢行走的样子：这么大年纪了～地上楼费老事了。③心动而不平静的样子：听了你这么一讲，他夜来一天这个心就～的。

【鼓蝇】gǔ ying ①蠕动：那是条什么虫子待那～？②费力而缓慢地行走：你几更儿～去就响天了。③心动：叫他这么一说，说得那些人心里也～了。‖《康熙字典》："蝇，虫行貌。"《俚语证古》第十三卷："蠕动谓之顾雍。"

【鼓脓】gù nèng 化脓；出脓：过了几天，他伤口都开始～了。

【鼓尖儿】gù jiǎnr 容器装满的样子：他把车装得满满的，都鼓着尖儿。

【鼓手】gū shou ①旧时在婚礼、丧礼上吹奏乐器的人：△八十岁学～——学会了也没有牙吹｜《醒世姻缘传》第四十四回："唤了乐人～，于十一月初十日备了一个齐整大聘。"｜《醒世姻缘传》第七十六回："狄希陈公服乘马，簪花披红，童寄姐穿着大红丝麒麟通袖袍儿，素光银带，盖着文王百子锦袄, 四人大轿, 十二名～, 迎娶到寓, 拜天地, 吃交巡酒, 撒帐, 牵红, 都有李奶奶合骆校尉娘子照管, 凡事都也井井有条。"②爱说大话的人: 那是个～, 少听他吹牛。

【鼓子】gū zi 说大话、爱吹牛的人: 他是个～, 少信他的。

【锢路】gù lu =〖锢路子〗gù lu zi 旧时修理焊补破损的铜、铁、锡等金属器具和瓷器的人: 《东京梦华录》第三卷: "若养马, 则有两人日供切草; 养犬则供饧糟; 养猫则供猫食并小鱼。其～、钉铰、箍桶、修整动使……则管定铺席人家, 时节即印施佛像等。"|《梦粱录》第十三卷: "若欲唤～钉铰修补锅铫、箍桶修鞋、修幞头帽子……时时有盘街者, 便可唤之。"亦作"骨路": 张邦基《墨庄漫录》: "公乃误曰: '我谬也, 误呼汝矣。适欲唤一锢漏俗呼骨路者耳。'"

【箍】gǔ ①用力束紧; 用环状物或带子、条子等束紧: ～桶|他整天～着个嘴不做声儿。②紧紧地搂抱: 你从后边～着恁爸爸, 别掉下去。③(～儿) gǔr 紧紧套在东西外面的圈: 铁～儿。

【箍脖子搂腰】gǔ bě zi lòu yǎo ①形容举止亲昵的样子: 他们待大街上～的, 像怎么回事儿。②形容关系好的样子, 含贬义: 他们两个好起来就～的, 一句话说不来就打破头。

【箍缩】gǔ shu 收缩; 蜷缩: 这些海蛎子一上锅都～得没货了|这批布缩水太厉害了, 放水里摆了摆就～进去一大块儿。

gua

【瓜薤】guǎ ji 泛指用芥菜、萝卜、黄瓜等腌制的咸菜: △～一拎, 光棍儿一根|△冻了～瓮, 冻不了孩子腚|冯梦龙《古今笑谈·癖嗜部·瓜薤》: "韩龙图赘, 山东人, 乡俗好以酱渍瓜啖之, 谓之～。"|《红楼梦》第四十九回: "宝玉却等不得, 只拿茶泡了一碗饭, 就着野鸡～忙忙的咽完了。"‖1928年《胶澳志》: "酱瓜曰～。"

【瓜薤瓮】guǎ ji èng 用来腌制咸菜的大缸: △孩子腚, ～。

【瓜种】① guǎ zhēng 瓜类的种子: 这样的瓜品种真好, 别忘了留点儿～。②（～儿）guǎ zhengr 炒熟后供剥食的瓜类的种子或葵花籽：出去买了两斤～回来吃。

【呱嗒】guǎ da ①金属或木板碰击发出的声响：那是什么在那儿～着响？②门环叩击金属底盘的声音，泛指敲门：半宿有人来～门。亦作"瓜打"：《聊斋俚曲集·墙头记》第二回："了吊儿乱瓜打，拾石头把门砸，全不听的人说话。"③说话；滔滔不绝地说：我也没听见他待那～些什么。④ guà dǎ 突然板起脸的样子：没等媳妇说完，他那个脸就～得上，没好气地摔门走了。亦作"瓜搭"：《儿女英雄传》第二七回："往日那脸一沉就绷住了，此刻只管往下瓜搭，那两个孤拐他自己会往上逗。"｜《醒世姻缘传》第五九回："素姐正喜喜欢欢的，只看见狄婆子就把脸瓜搭往下一放。"

【刮拉】guǎ la ①有联系；有牵连：听说他和街上那些不三不四的人也～着。②有某种联系或关系的：别没有数，他们两家子也～着亲戚｜听说话他～着威海口音。

guai

【乖】guǎi 经验；见识：这两年他跟着师傅出去学了不少～｜《聊斋俚曲集·增补幸云曲》第十五回："你嫌我辱没你时，你教些～给我，早晚给你支架子如何？"｜《红楼梦》第四十八回："倒是你说的是，花两个钱，叫他学些～来，也值。"

【拐】guāi ①拐杖；走路时帮助支持身体的棍：拄～｜～棍。②转折：里出外～｜～弯｜～弯抹角。③骗：～骗｜～孩子。④走路不稳或跛脚：他一瘸一～地爬楼太费劲了。⑤牵扯着；影响着：你闯好了，～着亲戚们也脸上有光。⑥占对方的便宜：照他这么算，还～你十块钱。⑦特指用自行车运载：他清早上就～着一大筐菜上市场卖去了。

【拐带】guāi dai ①拐骗：元杂剧《合汗衫》第四折："（卜儿云）媳妇儿，你这十八年在那里来？（旦儿云）婆婆，被陈虎那贼，～将这里来。"②＜贬＞引领；带动：和他这样的人待一块儿，把孩子就～瞎了。③牵连；影响：叫这个腿痛～得浑身难受｜他不好好学习，把他弟弟也～踢蹬了。

【拐弯儿】guài wǎnr ①转弯：前面往右～就到了。②比某一数量还多；有余：他今年都四十～了。

【㧟】guǎi 触碰：别把杯子～下去。

guan

【官官相卫】guǎn guǎn xiàng wèi 官官相护；做官的人互相庇护：待那个年代～，他爷爷告了几年的状也没人管｜明杂剧《勘金环》第四折："若见那防御和同知，兄弟也你可休～。"亦作"官官相为"：元杂剧《蝴蝶梦》第二折："打的来皮开肉绽损肌肤……三个儿都教死去，你都官官相为倚亲属，更做道国戚皇族。"｜元杂剧《两世姻缘》第四折："也是俺官官相为，你可甚贤贤易色。"｜《醒世恒言》第二十卷："俗语道：'官官相为。'见放着弟兄两个进士，莫说果然冤枉，就是真正强盗，少不得也要周旋。"｜《醒世姻缘传》第八回："这大街上不住的有官过，看见围着这们些人，问其所以，那官没见大官人他两个怎么难为你，只见你在街上撒泼，他官官相为的，你也没帐，大官人也没帐，只怕追寻起他计老爷和他计舅来，就越发没体面了。"

【管哪】guàn na ①到处：孩子把水洒得～都是。②任何地方：歇着这几天他待家里～没去。

【管什么】guān shǐ mu 不管什么；所有的：～不用你心事｜～还待跟他说说｜△～没有别没有钱，～有别有病。

【管听】guàn tǐng 管得住，一般用于反问或否定句式：没问问自己的老婆他能～了？｜才这么大的小孩子就管不听，大了更没有法儿管。

【管辖】guān xia 管束；约束：他想着离着老人远点儿，少受些～｜《红楼梦》第四回："我正愁进京去，有个嫡亲的母舅～着，不能任意挥霍挥霍；偏如今有升出去了，可知天从人愿。"

【贯价】guàn ji 总是；一贯：师傅前面干，他～跟后面儿好好学。

【惯孩儿】guàn hair 娇生惯养的孩子：家里就他一个男孩子，从小就是个～。

guang

【光巴】guǎng ba 光着（身体）：你～着身子不能冻着？

【光巴溜杆子】guǎng ba liǔ gān zi 身上穿衣极少或光着身子的样子：你这～的像怎么回事？

【光腚虫】guàng ding chèng ①对光屁股小孩子的戏称。②蛞蝓，夏秋季节山上出现的一种红色软体虫子。

【光棍】guǎng gùn ①（为人行事）明智得体：听听人家那话说的，真是～。②为人明智、行事得体的人：△宁接～一句言，不接彪子二百钱｜王浚卿《冷眼观》第二十四回："要想同他反对几句，又因为他手下人太多，俗语叫～不吃眼前亏，我就悄悄的走来了。"｜《增广贤文·补遗》："村夫硬如铁，～软如棉。"

【光棍儿】guǎng gùnr 年龄大的单身男子：△～汉子出家——无牵无挂｜△瓜齑一拎，～一根。

【光肉儿】guǎng ròur ①净是肉；全是肉：他的身子胖得～。②光着膀子；光着身子：这么凉的天光着肉儿，你也不怕冻着。

【光说】guǎng shuō ①一个劲儿地说：不让他说了他还～。②只说（相对与"做"）：～不干｜～不练。③只说（一个方面）；片面地看到：～人家日子好，没看看人家出了多少力。‖此意义有时省略"光说"后的前半句，突出强调后半句：你～，人家那孩子用了多少功。

【逛】guàng ①闲逛：没事多待家里看看书，少出去瞎～。②游览：这几天～栈桥的人老鼻子了。③机器部件松动或偏离正常轨迹：你这个车把都～了，嘎急紧紧。

【逛荡】guàng dang ①<贬>闲逛：你成天没事待街上～什么？②（衣服、鞋等）尺寸太大穿起来不合适：他瘦了不少，原来的衣裳穿起来都～了。③摇动；晃动：桶里的水都～出来了。

gui

【鬼】guī ①鬼魂：哪个庙里没有屈死的～？②对人的蔑称或憎称：酒～｜烟～｜胆小～。③躲躲闪闪；不正大光明：～～祟祟｜～睛蛤蟆眼。④狡猾；精明：这个小东西很～了｜《輶轩使者绝代语释别国方言》第一："自关而东，赵魏之间谓之黠，或谓之～。"⑤通过狡诈的手段获取：又叫他～了三百块钱去。

【鬼画狐儿】guì hua hūr 坏主意；阴损的花招：他成天就知道弄这么些～。

【鬼头蛤蟆眼】guī tòu hà ma yān =〖鬼睛蛤蟆眼〗guī jing hà ma yān ①刁钻狡猾的样子：他～的，光想占人家的便宜。②贼眉鼠眼或举止猥琐的样子：《醒世姻缘传》第六十八回："你若跟着我，谁不说你：'看这们～的个小厮，有这们等个媳妇！'"｜《醒世姻缘传》第八十六回："昨日曾有一个，这人瞎只眼，小一个鼻头，合一个～油脂腻耐的个汉子，下到我家，拴下头口，放下了两个被套，忙忙的饭也不吃，都出去，说是往城内金龙四大王庙里还愿去了。"

【鬼弄】guī leng 通过狡诈的手段获取或支配：他爸爸的钱都叫他～去了。

【鬼剃头】guī tǐ tòu 指头发突然大面积脱落。

【鬼参】guī zha 撒娇；娇气：这么大了还是个孩子，一见着爸爸妈就～得要命。

【贵孩儿】guì hair 得到宠爱的孩子：他发小待家里就是个～。

gun

【滚热】gūn yè 如同沸腾般热；滚烫：水是刚烧的，还～｜《聊斋俚曲集·墙头记》第二回："倒上酒顿的～，咱给爹汤汤风寒。"

【滚战】gūn zhan ①扭打：那两家的人都～起来了。②滚爬：才买的件衣裳，一阵儿～脏了。

guo

【过】 guǒ（guò）①从这儿到那儿，从此时到彼时：△一道河也~，两道河也是~｜△蟹子~河随大流。②从甲方转移到乙方：把房子~到你名下｜他从小就~继给他二爹了。③使经过某种处理或某一过程：~筛｜~罗｜~堂｜~秤｜~磅。④从头到尾重新审视或回忆：打头儿挨着再~一遍看看。⑤超出某一限度：~量｜~逾｜~杠儿｜~头儿。⑥达到某一标准：饺子还不~火，再煮煮｜他这把考试没~线。⑦用在动词后，与"来""去"连用，表示趋向：拿~来｜走~去。⑧用在动词后表示曾经或已经：没见~大世面。⑨举行一些活动或仪式纪念某些节日：难~的日子好~的年｜~腊八｜~八月十五｜~小年｜~五七｜~周年。⑩节俭：别这么~，钱该花花｜两口子太会~了，拿着分钱能攥出汗来。⑪触电；遭到电击：叫电~死了。

【过饭饭儿】 guǒ fànr fanr 过家家的儿童游戏：结婚了就正理八经地过日子，哪能和~样的？

【过干】 guǒ gan 皮革、橡胶等老化而失去弹性或干裂：这根皮带~了，不能使了｜这个篮球都~了，不能打了｜那个脚踏车里皮子都~了，不敢装沉东西。

【过杠儿】 guǒ gàngr ①超过标志线：他掷的铅球~了。②超过规定的或时间：今日早上困~了。③过份；逾越规定：谁~了就处分谁。

【过后儿】 guǒ hòur 事后；以后：△让人不算痴，~得便宜｜△光知道人前笑呵呵，不知道~受折磨｜当时不说清楚，~哪有机会解释？｜《红楼梦》第四十四回："老太太……~又说：都是为凤丫头花了钱。"

【过下雨阴天儿】 guǒ xiǎ yū yìn tiǎnr 阴雨天在家休息：农民上哪找礼拜天，就能过个下雨阴天儿。‖参"过阴天儿"：《儿女英雄传》第二十三回："我过个阴天儿哪？你让我把这只底子给姑娘纳完了他罢。"

【过劲儿】 guò jìnr ①过了最强烈、最顶峰的时候：过那个劲儿了，他也就寻思开了。②药物发挥完效力：这些膏药都~了，撕下来吧。

【过木】 guò mu 位于门、窗、洞口的上方，两端垒在墙体中的横木，起承托作用：蒲松龄《日用俗字·木匠章》："替木～有两样，上承下承总一般。"

【过头力】guǒ tòu lì 超负荷的劳动；劳累过度：年轻的时候出～了，老了没有好身子。

【过午】guǒ wu =〖过晌儿〗guǒ shāngr 下午：明日～咱一块儿去｜《聊斋俚曲集·翻魇殃》第二回："到了～，趁着姜娘子没在屋里，自己有几两私房银子，拿着二三两去了。"｜《阅微草堂笔记》第五卷："今日～，门不启，呼之不应，当有他故。"

【过意】guǒ yì 心安，一般用于反问或否定句式：恁拿这么多东西来，叫俺真是不～｜《西游记》第三十六回："唐僧见他们磕头礼拜，甚是不～。"

【过逾】guǒ yu 过分：他要是这么说的话就太～了｜吕惠卿《建宁军节度使谢表》："分既～，理宜颠越。"｜《儿女英雄传》第十八回："邓九公道：'喂，先生！你这也来得～贫了，怎么这句又来了呢？'"｜《红楼梦》第三十六回："他姐姐伏侍了我一场，没个好结果，剩下他妹妹跟着我，吃个双分子也不为～了。"｜《红楼梦》第六十二回："宝玉忙说：'这一道门何必关，又没多的人走。况且姨娘，姐姐，妹妹都在里头，倘或家去取什么，岂不费事。'宝钗笑道：'小心没～的。'"｜《红楼梦》第六十九回："他虽好性儿，你们也该拿出个样儿来，别太～了，墙倒众人推。"

【果睬】guō cai ①看到；注意：他没～有人进来。②料想：谁也不～他能办出这样的事来。

【果木】（～儿）guō mur ①水果：还有几个卖～儿的没撤摊儿｜元杂剧《襄阳会》第一折："叔父，你不饮酒呵，你请个～波……你看这桌子上，好枣、好桃、好梨也。"｜《喻世明言》第二十五卷："吾闻江南洞庭有一树，生一等果，其名曰橘，其色黄而香，其味甜而美；若将此树移于北方，结成～，乃名枳实，其色青而臭，其味酸而苦。"｜元杂剧《贬夜郎》第三折："更做～丛中占了第一，量这厮有多少甜滋味？"｜

《镜花缘》第十六回："彼处不产五谷，虽有～，亦都不食，惟喜以土代粮。大约性之所近，向来吃惯，也不为怪。"②果树：《管子·地员》："蓄植～，不若三土。"｜张岱《陶庵梦忆》："城下密密植桃柳，四围湖岸，亦间植名花～以萦带之。"｜左思《三都赋序》："考之～，则生非其壤；校之神物，则出非其所。"｜《西游记》第二十三回："舍下有水田三百余顷，旱田三百余顷，山场～三百余顷；黄水牛有一千余只，况骡马成群，猪羊无数。"

【蜾蜾蛲子】guǒ guo nǎo zi 蝌蚪。

【裹脚】①guǒ juē 裹脚。旧时把女孩子的脚用长布条缠裹，使脚形尖小的陋习：以前女人不～说不上婆婆家。② guō jue 经过多年裹缠后形成的小脚：他姥娘就是个～。③ guō jue 裹脚布，旧时女子缠足用的长布条：△懒老婆的～——又长又臭｜《聊斋俚曲集·禳妒咒》第五回："城南李知府看见那高家小相公聪明俊秀，要给他做个丈人，托我做媒，许下给我裂半尺布的～。待俺去走走，设或说成了，挣他这一宗布来，裂了～，只怕还剩下一对鞋里也是有的。"

【锅台】guǒ tài 锅灶周围的台子，泛指烧火做饭的土灶：整天围着～转的人，不懂外边的事｜△瞒着～上了炕｜△是亲三分向，～热起炕。

【锅头】guǒ tou 农家锅灶的中间用于柴火、煤等燃烧的部分：这几天犯风，～不大好烧｜△～憋烟，雨下当天｜《聊斋俚曲集·翻魇殃》第八回："～灶脑，米面柴薪，小小事儿，不必留心问。"

【锅腰】①guò yǎo 弯腰：大门太矮了，人过去都待～｜△虾皮子～——礼道儿多。②（～儿）guǒ yaor 驼背；驼背的人：他那个～越来越厉害了。‖《俚语证古》第三卷："屈腰谓之～。"

【锅腰子】guǒ yào zi 驼背的人：△～上山驴啃草，～下山腚朝天，～困觉像座船，～窄楞着困觉好似对虾上大盘｜《聊斋俚曲集·寒森曲》第四回："踽踽凉凉都乱动，好似夹了一群贼，又像当的～会。"

【虼蚤】guō zao 跳蚤：△一个～顶不起被单来｜《红楼梦》第

三十一回："这些大东西有阴阳也罢了，难道那些蚊子，～，蠓虫儿，花儿，草儿，瓦片儿，砖头儿也有阴阳不成？"｜《醒世姻缘传》第八回："他那做戏子妆旦的时节，不拘什么人，捋他的毛，捣他的孤拐，揣他的眼，恳他的鼻子，淫妇穷子长，烂桃揸拉骨短，他偏受的，如今养成～性了，怎么受得这话！"｜《醒世姻缘传》第十九回："小鸦儿点了香来，点着了灯，在床上再三寻照，那有个蝎子影儿，只拿了两个～。"

【H】

ha

【哈】hā ①饮；喝；把液体或流食咽下去：～水｜～酒｜《聊斋俚曲集·磨难曲》第六回："天那天，这才是一口水也没捞着～。"｜《聊斋俚曲集·磨难曲》第十八回："坐不多时，就送上酒和菜来，那酒扑鼻子香。解子～了一口说好香，好香！"｜《聊斋俚曲集·寒森曲》第六回："那个鬼～了那碗水，便问：'相公干了么？'"｜《聊斋俚曲集·增补幸云曲》第十八回："他若来时，唱给我听了，答应的我喜欢，赏他一桌酒，合你二姐姐吃～，临走再赏他二百钱，可不是陡然富贵么？"｜《聊斋俚曲集·墙头记》第一回："听说他称肉杀鸡，等他丈人，就不叫我陪客，或者还舍点腥水儿～～！"②特指喝酒：一天到晚就知道～。③特指车辆等燃油机器消耗油料：他这个车～机油太厉害了。④说出：他一口～出这么个价格也不好再改口儿。⑤（学习方面）学好；学会，一般用于反问或否定句式：让他上学他该死～不进去，不出大力能干什么？

【哈虫】hǎ cheng 天牛的幼虫，呈蠕虫状，半透明至乳白色，蛀蚀树木。‖《俚语证古》第十三卷："木中蠹虫谓之～。"

【哈风儿】hà fēngr 没东西吃；挨饿：不出力挣钱孩子等着～？

【饸饼】hǎ bing 烙制的夹馅面饼：今晚上回去煻～吃。

【盍】hà（hǎ）覆盖（一般用于铺盖瓦片）：房子快盖好了，明日就～瓦。‖《广韵》："～，《说文》做盇：'覆也'；《尔雅》：'合也'。胡腊切。"

【盍瓦】hǎ wā 铺设房屋的瓦片：师傅，咱几时～？

【煆】hǎ 短时间地蒸：馒头不太热了，放锅里～～再吃。‖《广韵》："～，赫也，热也，干也。呼呀切。"

【煆趴】hǎ pa ①锅腰：他看样儿是腰不舒梭，怎么个腰老是～着。②俯卧：你～过身子来，我给你揉揉脊梁。‖《集韵》："煆，身伛貌。"

hai

【海虹】hài hèng 贻贝：他待海上养了好几年～。

【海蛎子】hài lì zi 牡蛎：～好吃，就是太难洗了｜他们伙伙儿上海打～去了。

【海蜇里子】hài zhè lī zi 海蜇伞部内壁上的一层薄皮。

【海蜇脑子】hài zhè nāo zi 海蜇的性腺。

【海蜇皮儿】hài zhè pìr 用白矾和盐将海蜇的伞部腌制加工后的片状物，一般用来拌制凉菜：白菜心儿拌～。

【海蜇头】hài zhè tòu 海蜇的口腕部。

【海蜇爪子】hài zhè zhuā zi 海蜇的触腕。

【害】hài（hǎi）①祸害；害处；引起灾难的人或事物：～处｜祸～｜除～。②使受损伤：～人｜损～。③杀死：杀～｜遇～。④妨碍：把桌子挪了吧，放那里～事。⑤心理上发生不安或负面的情绪：张口就要东西，真不～淡｜～吓｜～臊｜～急｜～惊｜～躁｜～疼。⑥生理上有不适的感觉：～使｜～痒｜～硌｜～烫｜～颠｜～憋｜～挤｜～攘｜～困｜元杂剧《神奴儿》第二折："怕你～渴时有柿子和梨儿，～饥时有软肉也那薄饼。"

【害憋】hǎi biē ①感到呼吸不畅：一个小屋里这么多人，都试着～得上。②想排便：课还没讲完，孩子们就～了。

【害不着】hǎi bu zhuò ①不影响；不妨碍：人家也～你的事，找人家就没道理了。②然而；反而：你替人家担心得不行了，～他自己还当没事儿一样。

【害馋】 hǎi chàn ①特别想吃东西：看人家吃，你不～？②感到羡慕；想得到：你一说那里好，他又～了。

【害撑】 hài chěng 因吃得过多而胃腹不适：孩子都说～了，别再叫孩子吃了。

【害愁】 hǎi chòu 为烦恼或焦虑的事而愁闷：没什么难事，别～。

【害淡】 hǎi dàn 感到羞怯或羞愧：他说的那些话咱听了都觉着～。

【害干】 hài gǎn 感到口渴：一天没哈口水儿，早～了都。

【害急】 hǎi jī 着急；焦躁：孩子们都等得～了。

【害冷】 hǎi lēng 感到寒冷：你穿这么少～｜《醒世姻缘传》第七十九回："寄姐道：'我没为怎么，我实不～。'"又："十月已过，渐次到了冬至，小珍珠依旧还是两件布衫，一条单裤，～躲在厨房。"｜《聊斋俚曲集·墙头记》第二回："对你说休要～，走热了自然舒坦。"｜《聊斋俚曲集·墙头记》第三回："天已明了，看老头子～，先送些火去。"

【害气】 hǎi qì ①生气：事都过去了，你也别～了。②嫉妒：有些人看见别人过好了就～。

【害使】 hǎi shī 感到疲惫：要是～了就歇歇再干。

【害事】 hǎi shì 碍事；坏事：把桌子往墙边靠，放这里有点儿～。

【害疼】 hǎi tèng ①身体某一部位感到疼痛：轻点儿，捏得人家都～了｜元杂剧《合汗衫》第二折："（正末云）我咬你这一口儿，你～呵。"｜《聊斋俚曲集·寒森曲》第七回："推起来呼笼笼，起初时还～，研到腰不见腿儿动。"｜《醒世姻缘传》第二十七回："这人好了创疤，又不～，依旧照常作孽。"｜《醒世姻缘传》第四十五回："狄周媳妇问说：'醒了怎么样着？他说～来没？'玉兰说：'我没听的他说～……我就没那好！'"｜《醒世姻缘传》第六十回："跳起来，那身上～，怎么行动；扎挣着去取鞭子，那两只胳膊甚么是抬得起来，只得发恨了一造罢了。"｜《醒世姻缘传》第八十九回："我实不知狄大嫂是拶了的手，我就捏着手往家里让，谁知狄大嫂这们～。"②疼惜；不舍得：只要能把事办好了，别～花钱｜元杂剧《紫云庭》："那厮每拿着二分钞便～。（带云）～，咱每就呵便二十锭三十锭呵，（唱）更磕着如今等。"｜《醒世姻缘传》第四十八回："狄希陈轻则被骂，重则惹打，浑身上不是绯红，脸弹子就是扭紫。狄宾梁夫妇空只替他～，他本人甘心忍受。"

【害饿】hǎi wè 感到肚子空；想吃东西：到这个点儿都～了。‖参"害饥"：元杂剧《贬黄州》第三折："（末云）浑家，孩儿害饥哩，甑中还有米也没有？（旦云）从昨日没了米了。"｜元杂剧《生金阁》第三折："我害饥也，买个蒸饼吃哩。"

【害热】hài yě 感到温度高：～的话就把外套脱了｜《金瓶梅词话》第四回："却说西门庆在房里，把眼看那妇人，云鬟半挽，酥胸微露，粉面上显出红白来，一径把壶来斟酒，劝那妇人酒。一回推～，脱了身上绿纱褙子。"

【敳】hǎi 用棍棒或长条状物击打：孩子要是不听话只管拿笤帚疙瘩～｜他一棍子就把玻璃～破了。亦作"抙"：《聊斋俚曲集·禳妒咒》第一回："不知是谁撒了汤，恼的娘子滴下水，进来房门采住毛，抙了一百小鞋底。"｜《聊斋俚曲集·富贵神仙》第四回："重新又嗐，重新又嗐，撕了帽子剥了鞋，拿起大鞋底，抙他乜天灵盖。"｜《聊斋俚曲集·磨难曲》第十一回："从新数着数儿打，撕了衣裳剥了鞋，拿鞋底抙那天灵盖。"‖《广韵》："～，伐也，击也。"

【孩子耍儿】hǎi zi shuār ①小孩子玩的游戏：这么大的个人了，整天光弄些～。②喻指小把戏、小伎俩：他的那些～谁还看不明白？

【孩子芽芽】（～儿）hǎi zi yǎr yar 婴儿；小孩子：那时候他还是个～，不懂什么事｜《聊斋俚曲集·翻魇殃》第十二回："那些贼到他家里，～也不留，排头赶杀没人救。"

【絯儿了】hǎir ler =〖絯絯儿的〗hǎir hǎir di 形容非常多：今日市场上卖石榴的～｜街上的人都～｜山那面的卡槭花儿～。‖《广韵》："絯，多也。"

【絯絯儿】hǎir hǎir 整整；满满：～一天｜～两大车｜～一个月。

han

【汉子】hàn zi ①成年男子：△桃三杏四梨五年，憨～栽下白果园。②丈夫：△前老婆后～，韭菜馅饼两半子｜他们～老婆挺团结的｜《真本金瓶梅》第十六回："只有花大家两口子来吃了一日斋饭，他～先家去了，只有他老婆，临去，二娘叫到房里去，与了他十两银子，两套衣服，还与二娘磕了头。"｜元杂剧《后庭花》第一折："我不幸嫁了这个～，他每日只是吃酒，家私不顾，在这衙门中做着个祗候人。"

【汉子老婆】hàn zi lāo pe＝〖老婆汉子〗lāo pe hàn zi 夫妻二人：人家～成天待一块儿，就对鸳鸯｜△爹有娘有不如自己有，老婆汉子还隔道手｜△纪经贩子，老婆汉子（指最容易因利益关系产生矛盾的搭档）｜《聊斋俚曲集·翻魇殃》第三回："想是您媳妇调唆你，不待自家受苦辛，老婆汉子不长进！"

【汗濈濈】hǎn chù chu 微微出汗的样子：家里有点热，我看孩子页颅盖儿～的。

【寒食】hǎn shi 传统节日，在清明前一天。旧时这一天民间有禁烟火、吃冷食之俗：△二月～早开花，三月～晚开花｜△春到～六十日，清明夏至七十七｜△三月～不用忙，二月～忙不上｜元杂剧《幽闺记》第三十一折："逆旅中过～，见点点残红飞絮白，夕阳影里啼蜀魄。"

【搇】hān ①拿（在手上）：上老人那里去，不管怎么也待买点儿东西～着。②接；受：他也是诚心给你，你快～着。‖《輶轩使者绝代语释别国方言》："～，受也。"《玉篇》："～，受也。"亦作"捍"：《醒世姻缘传》第二十六回："后来渐渐的越发作梗起来，嫌粥吃了不耐饥，定要道士再捍上儿个饼。"

hao

【好病】hāo bìng ①疾病痊愈：他回去养了三天就～了。②＜贬＞收敛；变得老实：他要是再要混的，揍他一顿就～了。

【好歹】hào dāi ①好的和坏的：不知～的东西。②总算；最终：

劝了一晚上，～听进去了。③毕竟；不管怎样：～他还是你的亲儿子。

【好人儿】hào rènr 长相好看：恁嫂子真～。

【好性儿】hào sèngr 性格脾气好：你真～儿，换了谁也不能这么让着他｜元杂剧《西厢记》二本第一折："你对夫人说去，恁的这般～的女婿，教他招了者。"｜《红楼梦》第六十八回："奶奶太好性了。若是我们的主意，先回了老太太，太太看是怎样，再收拾房子去接也不迟。"｜《红楼梦》第六十九回："他虽～，你们也该拿出个样儿来，别太～了，墙倒众人推。"｜《醒世姻缘传》第二回："晁奶奶可也～，不敢欺；俺小人家依不的！这若是俺那儿这们败坏我，我情知合他活不成！"｜《醒世姻缘传》第七十三回："您都是前生修的，良公善婆，汉子～，娘家又有人做主，那象我不气长？"｜《醒世姻缘传》第七十四回："（狄希陈道）：'你光要汗巾，不要这杭杭子？你倒～。我娶了你罢？'寄姐说：'你这们～，我嫁了你罢呀！我只是光要汗巾子，不要这个！'"

【好上】hǎo shang 尽心地；认真地：我出去趟，你～待家看着恁弟弟｜《庄农日用杂字》："黄黑豆铺子，～尽心看。"

【好使】hǎo shī ①使用起来顺手、得劲：别看这把钳子鏉锹了，使上点儿油还很～。②有效；管用：你的那些章程到了这个地方不～。③（钱）值钱；购买力高：早了那个钱～，不同如今。④善良；仁慈：那个人心眼真～。

【好说】hǎo shuō ①说起来容易：△实话～难听。②不难办；好商量：单纯钱的事儿～，关键找不着合适的人｜《红楼梦》第九十六回："别的事都～，林丫头倒没有什么。若宝玉真是这样，这可叫人作了难了。"③好好地说：～歹说最后他才同意。④ hào shuō 严厉地责备；数落：夜来晚上把孩子～一顿。

【好说话】hǎo shuō huà ①脾气好；容易商量：不能看咱～就支使起来没有个头儿了｜《官场现形记》第十三回："看了上司的嘴脸还不算，还要看奴才的嘴脸，我老爷也太～了。"②有充足的理由或情面说出想法或请求：该做到的都做到了，我就～了。

【好一个】 hào yi ge 狠狠地：～吃｜～说｜～噘。

【好人物】（～儿）hào yǐn wur 相貌俊美：他哥哥真是～｜南戏《琵琶记》第十二出："既不曾嫁人，如今新状元蔡邕，～，好才学，朕与你主婚，你可招他为婿，你意如何？"｜《醒世恒言》第三卷："九阿姐不知怎生样造化，偏生遇着你这一个伶俐女儿。又～，又好技艺，就是堆上几千两黄金，满临安走遍，可寻出个对儿么？"

【号丧】 hǎo sang ①旧时家中有丧事，来吊唁的人和守灵的人大声干哭。②<贬>哭，多用来骂人：《红楼梦》第六十九回："秋桐正是抓乖卖俏之时，他便悄悄的告诉贾母王夫人等说：'专会作死，好好的成天家～，背地里咒二奶奶和我早死了，他好和二爷一心一计的过。'"

【蒿子猫儿眼】 hǎo zi mào ler yān ①蒿子，泛指艾蒿、黄花蒿等菊科蒿属植物；猫儿眼，指猫眼草。比喻不成材或没有什么用处的东西：你买回这些～的回来好干什么？②不论好坏、不区分情况：他不好上端详看看，～地就说上个媳妇，回来净找罪受。

【薅】 hǎo 拔取（草）：她小的时候就能帮着大人上地里～草。

hei

【黑墘】 hēi jian =〖黑墘土〗hēi jian tū 一种结构致密、土质坚硬的黑色粘土：后湾里的土净是些～。‖ 桂馥《札朴·乡言正字》："土强曰墘。"

【黑雀瞽】 hěi que gu 夜盲。亦作"黑雀鸪""雀瞽"：《俚语证古》第三卷："日落则目昏不见，谓之黑雀鸪。"｜蒲松龄《日用俗字·疾病》："人生疾病有多般，雀瞽青睁与鼻渊。"｜田艺蘅《留青日札·鸡盲雀瞽》："今人之目至晚不见者，名曰鸡盲。"

【黑影儿】 hēi yingr ①黑色的影子：看有个～闪过去了。②黑暗处：他们待～里没看清楚那个人是谁。③比喻不被人记住：他干的那些活儿都干～里去了。

hen

【恨虎】hèn hu 学名雕鸮，一种大型猛禽：他出那个凶样儿，就和个～似的。

【恨人】hěn yìn 让人感到烦躁或恼怒：一等就等了他好几个钟头，真～｜《聊斋俚曲集·墙头记》第二回："张大轮打着说：'好～！使的我喘吁吁的，他倒嗜嗤起来。'"

【狠歹歹】hèn dǎi dài 用力、狠命的样力：抓着不能轻饶了他，得～地给他下子。

heng

【红馥馥】（～儿）hěng fùr fur（因喜悦、健康）脸色泛红的样子：他那个气色真好，脸～的｜《真本金瓶梅》第三十四回："西门庆见他吃了酒，脸上透出红白来，～唇儿，露着一口糯米牙儿，如何不爱？"｜《醒世姻缘传》第二十一回："～的腮颊，蓝郁郁的头皮。两眼秋水为神，遍体春山作骨。"｜《醒世姻缘传》第五十八回："直待了晌午大转，相栋宇吃的脸～的从外来了，见了老狄婆子，说了话，才到后边园内合狄员外狄希陈相见了。"｜《醒世姻缘传》第六十七回："三日以后，沿边渐渐的生出新肉，～的就如石榴子儿一般。"｜《摘锦奇音》第二卷："四月里玫瑰花～，猛听得普德寺一对大蜡烛，姐妹们邀我南郊外。"亦作"红拂拂"：《聊斋俚曲集·禳妒咒》第七回："红拂拂的脸儿真可爱，瘦小小的金莲只半揸；瘦小小的金莲只半揸，真叫男儿要爱煞。"

【红胡子】hěng hǔ zi 土匪；结伙打劫的人：他长得那个吓人样儿，就和个～似的｜《红楼梦》第一百一十三回："赵姨娘双膝跪在地下，说一回，哭一回，有时爬在地下叫饶，说：'打杀我了！～的老爷，我再不敢了。'"‖《俚语证古》第三卷："关外强盗，呼之为～。"

【红肉儿】hěng ròur 瘦肉：△吃～拉白屎｜这块儿全是～，一点儿肥膘儿没有。

【烘黑】hěng hēi 非常黑：他一夏天待海滩上，晒得个脸～。

【㧒】hèng 扔；抛弃：他买回来的机器也锈踢蹬了，白～上那么些钱｜△吃了端午粽，才把棉袄～。‖《集韵》："～，呼宏切，音轰。击声。又挥也。"亦作"㧍"：《聊斋俚曲集·墙头记》第二回：大家过不成，大石头往他那锅里㧍。"｜《聊斋俚曲集·墙头记》第三回："他给你做了好的，我定然剥来㧍了。"｜《聊斋俚曲集·寒森曲》第三回："恶虎为护那耳朵，常带着七八个家丁，怕人再使砖头㧍。"｜《聊斋俚曲集·寒森曲》第五回："哎哟了一大声，陡然间害头疼，像石头照着脑门㧍。"｜《聊斋俚曲集·禳妒咒》第四回："不如包打上二百好冰凌，上公堂照他皮脸㧍，要进童生是童生，要进几名是几名。"｜《聊斋俚曲集·富贵神仙》第八回："家有丈夫，教子成名；难道没达，就把书本子㧍？"

hou

【后根子帐】hǒu gen zi zhàng 事情过去很久之后再追究事情的原委或相关的责任：别看这时候好好好儿，小心他过后儿算～。

【后老婆】hǒu lao pe 再娶的妻子。

【后老婆针】hǒu lao pe zhěn 鬼针草，其结的长针状籽末端有双倒钩刺，很容易附着在人身上。

【后娘】hòu niàng =〖后妈〗hòu mǎ 继母的背称：△～打孩子，一巴掌顶两鞋底｜△六月天，～脸，说变就变｜《聊斋俚曲集·慈悲曲》第一段："你看那有刺的，就叫做'～拄棒'，有钩的就叫做'～匙子'。"｜《聊斋俚曲集·慈悲曲》第三段："～只知有前窝，分出后窝就不公，就不通，更不通，一般也知道那脸儿红。"

【后手儿】hǒu shour 为防止意外事情发生而提前做好的准备措施：将来的事还没法说，应该给自己留个～。

【后窝】（～儿）hǒu wer =〖后窝子〗hǒu wè zi 对后夫或后妻所生的子女的背称：《聊斋俚曲集·慈悲曲》第三段："后娘只知有前窝，分出～就不公，就不通，更不通，一般也知道那脸儿红。"

【后日】hǒu yi 后天；明天的第二天：等～咱都去看看｜《水浒传》

第二十九回："等明日先使人去那里探听一遭，若是本人在家时，～便去，若是那厮不在家时，却再理会。"｜《醒世姻缘传》第五十五回："媒婆们吃了饭，每人与二十四个驴钱，叫他～来定夺。"｜《红楼梦》第九回："原来宝玉急于要和秦钟相遇，却顾不得别的，遂择了～一定上学。"｜《真本金瓶梅》第六十九回："我知道，不在明日，只在～，随早随晚讨了示下，就来了。"

【厚】hòu ①厚度大：这些肉你切得别太～了。②浓稠：你做的稀饭太～了｜这些酒一看就～敦敦的。‖《增韵》："～，醲（古同浓）也。"《礼记正义·内则》第十二："饘，之然反，～粥也。酏，羊皮反，薄粥也。"③稠密：这棵树结的果格外～。④多：那天去的人那么～。

【厚揞揞】hǒu chù chu 特别浓稠的样子：这些稀饭～的不好喝。

【厚敦】hǒu den ①厚度大：这块儿布摸起来挺～的。②浓稠：你熬的稀饭有点～了。

【厚敦敦】hǒu dèn děn ①厚实的样子：你絮的这床褥子～的｜《醒世姻缘传》第二十一回："两耳虽不垂肩，却～的轮廓；双手未能过膝，亦长疱疱的指尖。"②浓稠的样子：锅里的糖熬得～的。

【猴精巴怪】hòu jǐng bà guài 耍小聪明、刁钻猥琐的样子：他～的，吃亏的营生一点儿不干。

【猴儿精神】hǒur jìng shen ＜贬＞调皮、不庄重的样子：不知他哪那么多～。

【猴儿齐】hòur qi ①试探性地尝试：那两年他还～着想干运输。②不庄重地开玩笑、打闹：和他～光等着吃亏就行了。

【齁】①hǒu 食物的盐分太重而造成咳嗽、喉咙嘶哑：他吃咸菜太多～着了。②（～儿）hǒur 肺气肿、哮喘等呼吸道疾病：他从小就有～，不好说媳妇。

【齁瘤儿】hǒu gur 指患哮喘或呼吸道疾病的人，呼吸沉重有哨音：他和人家比赛喝酱油，齁成了个～｜他从小有个哮喘病，是个～。

【齁儿齁儿的】hǒur hǒur di 饭菜过咸使嗓子不适的样子：他做饭

放了两次盐，菜～没法吃。

【齁咸】hǒu xiàn 非常咸：菜怎么做得～，打死卖盐的了？｜蒲松龄《日用俗字·饮食章》："金华火腿尤清素，高邮变蛋不～。"

hu

【呼打】hǔ da ①扇动；振动；吹动；摆动：这里那么多蚊子，拿扇子～两下｜大风把篷布～破了｜△老板鱼凫水——～起来了。②（口）一张一合；（艰难地）呼吸：那条鱼没死，还～气儿。③（～儿）hǔ dar 指一边儿固定，另一边儿悬空的东西：舌头～儿｜风弦～儿。亦作"忽打"：《聊斋俚曲集·增补幸云曲》第十六回："你只扇那八根柴、小油红，暑伏天使俩钱买的粗蒲扇，忽打忽打罢！"

【护食】hǔ shì（动物）在吃东西的时候不允许人或别的动物靠近或触碰食物：他不知道那个狗～，上来就叫狗咬了一口。

【护头】hǔ tòu（小孩）害怕理发：他小时候特别的～，一剪头就哭不成个了｜《金瓶梅词话》第五十二回："我说这孩子有些不长俊，～，自家替他剪剪罢。"

【护向】hǔ xiang 袒护；偏向：他爷爷老是就～着小孙子｜《刘知远诸宫调》："记得村酒务，将人恁折剉，入舍为女婿，俺爷爷～着。"

【忽剌】hù lǎ 突然；忽然：到家了才～想起来没拿包｜《真本金瓶梅》第十一回："预备下熬的粥儿又不吃，～又新兴出来要烙饼做汤，那个是肚里蛔虫？"

【雹雷】hǔ lei 阴雨天气的闪电及其发出的响声：他这么不孝顺也不怕叫～劈死｜卢仝《与马异结交》诗："～霹雳卒风撼不动，欲动不动千变万化总是鳞皴皮。"亦作"忽雷"：顾况《险竿歌》诗："忽雷掣断流星尾，曈眬划破蚩尤旗。"｜曹勋《断梅三首》诗："晚云翻海忽雷震，农说断梅明日晴。"｜陈瓘《庐山诗二首》："法鼓忽雷震，此事非偶然。何时穿蜡屐，问法浮云边。"｜贾至《相和歌辞·燕歌行》："季秋胶折边草腓，治兵羽猎因出师。千营万队连旌旗，望之如火忽雷驰。"｜葛立方《玉楼春》诗："笙簧冻涩闲纤指。香雾暖熏罗帐底。却教试作忽雷声，往往惊开桃与李。"｜姚合《恶神行雨》诗："龙喷黑气翻腾滚，鬼掔红光劈划损。哮吼忽雷声揭石，满天啾唧闹轰轰。"

【霯雷雨】hǔ lei yū 雷雨：△～三过晌儿。亦作"忽雷雨"：杨万里《戊子正月六日雷雨感叹示寿仁子》："今晨忽雷雨，天地又发春。草木闷红绿，生意察已欣。"

【揌】hǔ 用手掌（或片状物）击打：～他两巴掌｜《辀轩使者绝代语释别国方言》第十卷："南楚凡相椎搏曰拯，或曰～。"亦作"呼"：《醒世姻缘传》第十一回："那日审官司的时节，不是俺爷爷计会元央了直日功曹救护着，岂不被赃官一顿板子呼杀了。"｜《醒世姻缘传》第七十七回："你要不听俺的话，别说惹出大祸来带累杀你，相觐皇见做着工部，替他表兄出气，拿了你去，呼给你顿板子，发到兵马司，把你递解还乡，你这点命儿是不消指望的了。"｜《醒世姻缘传》第八十八回："他要可恶不老实，呼顿板子，给他剥了衣裳，还叫他去做那徒夫。"

【囫囵】hǔ len 完整；整个儿：拿个～的过来，这个都破了｜《聊斋俚曲集·墙头记》第三回："你外头袍子虽～，边上漏着破铺衬，旧衣裳穿上还不趁。"

【囫囵个儿】hù len guòr ①未破损：你拿这个～的，那个裂口的给我就行了｜这筐鸡蛋跌得没剩几个～的。②整个；全部：那个人开车太快了，没刹住就～翻路边去了。③不脱衣服睡觉：你这么～困能舒梭?

【囫囵觉】hǔ len jiào 足时且安稳的睡眠：小点儿声，叫他困个～。

【溜黑】hǔ hēi 非常黑：出去耍一天，就把衣裳弄得～～的。‖《说文解字》："溜，青黑色。从水，旨声，呼骨切。"

【胡琴儿】hǔ qinr 泛指二胡等弦乐器：晚上又听他待家里拉～。

【胡黍地】hù shu dì ①高粱地。②比喻迷失方向的地方：你听他的就上～去了。

【胡诌咧扯】hù zhǒu liě chē ＝〖胡诌乱扯〗hù zhǒu luǎn

chē 胡说八道或吹嘘的样子：别听他～，那都是没有的事儿｜他上来一阵儿满嘴跑火车，你少听他～。

【糊拉】hǔ la ①（随意地）涂抹：孩子把墙上～得管那是牙膏。②（数量和程度上）接近；将近：你别看这几样东西，也～着百十斤儿。③占有；涉猎：你成天东一棒槌，西一榔头的，～这么多怎么能干好。

【糊迷】hǔ mi 糊涂；不清醒：这一言那一语的，把他都听～了。亦作"胡迷"：《聊斋俚曲集·磨难曲》第二十三回："有一伙瞎厮，在路上走路胡迷了，一骨碌张在崖里。"

【烀】hū ①触碰；接触：门上有油漆，别～着。②交往；接触：那个人脾气不好，少～着他。

【烀皮】hū pì 贴着皮肤或其他物体的表面或表皮：这些胶质量不好，贴的纸都鼓起来了，一点儿也不～儿｜《聊斋俚曲集·墙头记》第三回："老人家衣服要会做，绵的极厚要～，揥里宽快些才如意。"

【烀】hǔ 一种烹调方法，将锅底加少量的水，食物粘在锅内壁上，盖上锅盖加热，以半蒸半烤的方法把食物弄熟：今日晚上咱～饼子吃。亦作"煳"：《庄农日用杂字》："烧汤泡干饭，煳饼也休嫌。"

【帍】hù 覆盖：油菜都叫虫子～死了。‖《说文解字》："～，覆也。从巾，无声。"

【核】（～儿）hùr 果核：这些桃儿是离～儿的｜《声谱》："果子～也，户骨切，果核。"亦作"胡"：元杂剧《薛仁贵》第三折："你道不曾摘枣儿，口里胡儿那里来？"‖《俚语证古》第十卷："果实之核谓之胡。"

hua

【花馉儿】huǎ juānr 折叠成各种花样形状的面食，一般在加工过程中在夹层里加上油、盐、葱花等。

【花墙】huǎ qiang 用砖、石头等按照一定造型砌起来的镂空墙，起装饰或防护作用。

【花栽子】huà zǎi zi 花苗；花秧：头年移来家的那棵～，都长了这么大了｜元杂剧《墙头马上》第一折："奉命前往洛阳……选拣奇花异卉，和买～，趁时栽接。"

【哗啦】huǎ la 支离破碎的样子：他骑车摔待沟里，车子都～了，真捡了条命回来。

【话迟】huà chì =〖语迟〗yū chì 话少；说话慢：△贵人语迟｜他～，别急他。

【滑】huà ①光滑；滑溜：△油瓮里捞出的鸡子——～蛋一个｜△天上下雨地下～，自己跌倒自己爬。②滑动；滑行：～倒｜～冰。③狡诈；不诚实：～头｜狡～｜油嘴～舌。④（药品使用次数太多而）失去效力：沾着点儿病就打吊瓶，打～了就不管用了。

【滑丝】huà sǐ 螺纹因磨损而纹路紊乱：另换个螺丝，那个都～了。

【划架子】huǎ jià zi 装腔作势；摆谱：谁还不认识他，你看他还划那些架子。

【划拉】huǎ la ①拢；聚拢：咱帮着把地下这些木头棍儿～起来。②揽取；掠夺：他父母留给姊妹们的那两个钱都叫他～去了。③掀起（衣服）：他～起衣裳来一看，后脊梁上全是伤。④随意涂抹；潦草或粗略地写：老师留的作业孩子一阵儿就～起来了｜《儿女英雄传》第三十三回："公公可别笑，这可就是媳妇胡～的，实在不像个字。"

【划弯儿】huà wǎnr ①转弯：别忘了到前边的路口～。②动脑子；灵活处理：碰上这些事儿你脑子得学会～，别死脑筋。

huan

【还醒】huǎn xing ①植物受伤或萎蔫后恢复过来：才栽的那些菊花我看都～过来了。②从昏迷中苏醒：《聊斋俚曲集·寒森曲》第三回："我且在此听听，看他～过来赖咱。"｜《醒世姻缘传》第十二回："清早小夏景起去开门看见，吓得死过去半日才～过来。"亦作"还省"：《醒世姻缘传》第六十三回："正乱哄着，素姐才还省过来。"

huang

【黄干干】huàng gǎn gǎn（不好看的）黄色：你哪里不大舒梭，脸怎么～的？|元杂剧《范张鸡黍》第三折："我见他皮壳骷髅，面色儿～浑消瘦。"|《聊斋俚曲集·增补幸云曲》第十四回："那一个道：'你看这汉子脸上～的。'"|《醒世姻缘传》第十八回："（小姐）五短身材，黑参参面弹，两弯眉叶，～云鬟。"亦作"黄甘甘"：元杂剧《三夺槊》第二折："折倒的黄甘甘的容颜，白丝丝地鬓脚。"|元杂剧《张天师》楔子："你没病，我看着你这嘴脸，有些黄甘甘的。"|元杂剧《飞刀对箭》第二折："看了你这么黄甘甘，骨岩岩，一搭两头无剩，则怕你近不过那摩利支。"|元杂剧《薛仁贵》第二折："则见他怡撒撒开圣旨，早唬的来黄甘甘改了面色。"|元杂剧《碧桃花》第二折："我见他黄甘甘容颜憔翠，更那堪骨体尫羸，只你这秀才每花酒病最难医。"|元杂剧《竹叶舟》楔子："我看起来，你穿着这破不刺的旧衣，擎着这黄甘甘的瘦脸，必是来投托俺家师父的，却怎麽这等傲气。"|元杂剧《魔合罗》第四折："唬的个黄甘甘脸儿如地皮，可不道一言既出，便是驷马难追。"

【黄塧】huàng jian =〖黄塧土〗huàng jian tū 一种结构致密、土质坚硬的黄色粘土：挖点儿～回来好拖墼。‖桂馥《札朴·乡言正字》："土强曰塧。"

【谎蛋】huāng dan 母鸡看起来像下蛋的样子实际没下蛋，喻指谎言：不信你看，这又是个～|我看他又待这里下～。

【晃浪】huǎng làng 摇晃动荡的样子：桶里的水一个劲儿～着响。

hui

【灰不溜秋】huǐ bu liǔ qiù 颜色发灰的样子：他个脸色看起来～的，就赶没洗脸样的。

【灰粔粔儿】huì jǔ jur 细条形的泥垢：孩子也不多少日子没洗澡了，搓下那么多～来。

【灰曝子味儿】huǐ bào zi wèir 尘土的气味：长期密闭的空间里

产生的气味：一进屋里那个大～都呛人。

　　【回】huī ①将衣服拆了重新做成另外的式样：你把这个大衣～成个半身儿吧。②将东西转让转卖：那件儿衣裳叫我～给邻居家了｜《醒世姻缘传》第六十五回："既是张大哥有两套，你叫他～一套给我，我多与他些银子……他为合他婆子合了气，敬意寻了这两套衣裳与他婆子赔礼的，只怕他不～给你。"又："有一个相厚的弟兄要问你～一套，你要不～一套与他……为～这衣裳，一连来了两遭，你没在铺里。"③用在名词前面表示其朝向、方位：～头朝东｜～门朝南｜《聊斋俚曲集·慈悲曲》第二段："那腿上去了一块皮，走着还瘸呀瘸呀的，瘸的进了房门，也没管孩子哭，一头攮在床上，～脸朝了里。"｜《醒世姻缘传》第二十回："女人尸首还好好的睡在床上，男人的尸首上半截在床上，下半截在床下；都是～头朝北。"｜《醒世姻缘传》第八十三回："我见人上轿，都是脸朝外，倒退着进去。我没见有～头朝里钻进去，转磨磨的。"

　　【烩】huǐ 把硬面火烧、饼等面食与菜等混合在一起，加水煮熟或煮热：～饼子。

　　hun
　　【混弄】hùn leng ①欺骗；愚弄：你光听他的，～着多花了好几百块钱。②造成（不好的后果）；殃及：错听一句话，～跑了多少冤枉路。

　　【混子郎唧】hùn zi lǎng ji 游手好闲、不干好事的样子：我看那个人～的，隔他远点儿。

　　【横理】hǔn li 蛮横不讲理：到最后说不过咱，他就发起～来了｜你和他讲正经的，他和你讲～。‖1935年《莱阳县志》："蛮横曰～。横音如混。"

　　【横理霸刚】hǔn li bà gàng 蛮横不讲理的样子：他家的人说话老是～的，都没敢惹的。

　　【横理腔儿】hǔn li qiǎngr 蛮不讲理的话语：咱和他说不进去，他满口～。

huo

【火哧哧】huò chǐ chǐ =〖火大哧〗huō dà chǐ 生气上火的样子：走的时候看他那个表情有点儿～的。

【火刺刺】huò cǐ cì 气恼的样子：他～地推门进来了。

【火窜】huō cuan 生气；上火：别人这么一说，他直接就～了。

【火窜火燎】huō cuǎn huǒ liāo 异常焦急的样子：家里人都等你回来，急得～的。

【火儿人】huōr yìn 生气；发火；恼怒：他～走了｜少说几句，～他连你一块儿揍着。

【火性】huō xing 火气；脾气：他那个～很暴｜元杂剧《东墙记》第一折："老夫人治家严训，怨俺那～如雷老母亲。"｜元杂剧《竹坞听琴》第四折："哎，你个有～的便何须闹！"｜《醒世姻缘传》第八十九回："俺男子汉没有～，你老婆家到有～了！这狄家的疯老婆，是个人么？"

【货】huò ①货物；商品；东西：新鲜～｜缺～｜△有周村客就有周村～｜△便宜没好～，好～不便宜。②骂人的话：骚～｜贱～｜挨揍的～｜△好～不用管，管死没好～。

【货底子】huǒ dī zi 卖剩下的货物：打扫～。

【货郎】huò lang ①旧时走街串巷售卖日用品的人：针头线脑儿的～都卖。②蟑螂。

【货郎鼓子】huò lang gū zi 带手柄并且在两侧系有圆球的双面小鼓，摇摆时圆球敲击鼓面咚咚作响，旧时的货郎叫卖时为了引人注意，常摇摆此物：他头摇得和～似的。

【祸害】huò hai ①祸患；引发祸患的人或事：△好人不长命，～遗千年｜他待那里纯是个～｜《红楼梦》第八十回："以后还不早打发了这没王法的东西。留在这里，岂不是～。"②毁损；伤害；糟蹋：～人｜这么大片树都叫他～了。

【活泛】huǒ fan ①头脑机灵；处事活络：往下待学着～点儿，别光照书本那一套｜《醒世姻缘传》第十三回："送这差不多五十两银子己你，指望你到官儿跟前说句美言，反倒证得死拍拍的，有点～气儿哩！"
②动作灵活；身体敏捷：人家那么大年纪了，看他身子～的｜《水浒传》
第七回："智深正使得～，只见墙外一个官人看见，喝采道：'端的使得
好！'"

【舠】huō 用手或器具将水移至他处：家里进了水，全家人～了一
头晌｜三个人很快把池子～干了。‖《篇海》："～，斗取物也。"

【豁上】huǒ shang 不惜付出某种代价；宁愿舍弃：他～老命也待
去和他争过这个理来。

【擢浪】huǒ lang ①接触（水）：上了年纪筋骨不行了，一～凉水
就手痛。②用手、脚或器物搅动水；玩水：孩子～盆里的水，把衣裳都弄
湿了。

【擢罗】huǒ luo ①搅拌；搅动：添上水还得稍微～～。②搞乱；
破坏：好事叫他也～踢蹬了｜叫他这一～，没有敢去买东西的了。③气氛
活跃、热闹：他不去的话～不起来。

【劐】huǒ 锐器刺入物体并顺势拉开：你待把鱼肚子～开，把里边
儿拾掇拾掇。

【J】

ji（ji）
【几更】jī geng ①什么时候：叫你这么个干法儿，这～能干完？
②很长的一段时间：他～也不来一趟。③到某个时间：～你磨洋着送饭
来，这些人就饿死了｜～你去了，车就早走了。

【几时】jī shi ①什么时间：恁～来的？｜～能吃上你的喜蛋？｜张
先《一丝花》词："伤高怀远～穷？无物似情浓。离愁正引千丝乱，更
东陌，飞絮蒙蒙。"｜《聊斋俚曲集·磨难曲》第九回："小相公听说就
哭了娘，咱～家去呢？"②多少次：这些儿药一天～吃？

【饥荒】jǐ huang 债务：他买房子拉了不少～｜《红楼梦》第五十三回："他现管着那府八处庄地，比爷这边多着几倍……不过二三千两银子，也是有～打呢！"

【饥困】jǐ kun 饥饿。属于老派的说法，现在已很少使用：上前边儿找个饭店吃饭，孩子们都～了｜△吃了三顿饱饭忘了～｜《百喻经·五百欢喜丸喻》："尔若出国，至他境界，～之时，乃可取食。"｜《后汉书·耿弇列传第九》："吏士素～，发疏勒时尚有二十六人，随路死没，三月至玉门，唯余十三人。"｜《后汉书·刘虞公孙瓒陶谦列传》："时多雨雪，队坑死者十五六，虏亦～，远走柳城。"｜《世说新语》："各自～，以君之贤，欲共济君耳，恐不能兼有所存。"｜《东坡志林》："富彦国在青社，河北大饥，民争归之。有夫妇襁负一子，未几，迫于～，不能皆全，弃之道左空冢中而去。"｜段成式《酉阳杂俎·续集》第二卷："（王）用伐木～，遂食一鱼。其弟惊曰：'此鱼或谷中灵物，兄奈何杀此！'"｜刘大櫆《吴节妇传》："夫人度日虽艰窘，而兢兢保此千金，不敢视为己有，卒待其幼弟之～，全畀其庶母，俾携归以供朝夕。"｜《阅微草堂笔记》第十五卷："亦提二人就坐，各置肉于前，察其似无恶意，方～，亦姑食之。"｜《旧唐书·本纪》第十二："己亥，百僚请上复常膳；是时民久～食新麦过多，死者甚众。"｜《齐东野语》："士卒皆奋空拳，掉臂南奔，蹂践～而死者，不可胜计。"｜《三国志·吴书·吴主传》："民多征役，岁又水旱，年谷有损，而吏或不良，侵夺民时，以致～。"｜《牡丹亭》第五十出："想歌阑宴罢，小生～了，不免冲席而进。"｜《太平广记》第三百九十五卷："忠政役十一日，始服汤三瓯，不复～。"｜《太平广记》第四百一十四卷："南阳文氏，其先祖汉末大乱，逃壶山中，～欲死，有一人教之食术，云遂不饥。"｜《聊斋俚曲集·墙头记》第一回："他急自极好害～，何况等了半日多，此时不知怎么饿。"｜《聊斋俚曲集·襄妒咒》第一回："天地之间，蚕们可以老了，挏树可以倒了，～可以饱了，昂脏可以扫了，惟独这着骨的疔疮，几时是个了手呢？"｜《聊斋俚曲集·慈悲曲》第四段："张诚又说：'俺哥哥你还不吃饭么？'张讷说：'我不～。'"又："张诚说：'我今晌午不大～，就添上俺哥哥也够了。'"｜《聊斋俚曲集·富贵神仙》第三回："出了大汗，到了五更里，觉着～，便叫店主来，对他说想饭吃。"又："烧心的～火生烟。我的天哟，断肝肠，才把肝肠断！"

【虮子】jī zi 虱子的卵：头上那些～待使箆子才能刮下来｜《聊斋俚曲集·墙头记》第一回："身上衣服没人洗，虱子～都成条，一双鞋穿的底儿吊。"

【记】jǐ 胎痣：身上那个～越长越大了。

【记恨】jì hen 仇视；仇恨：事都过去了，别再～了。

【记苦】（～儿）jǐ kūr 汲取教训：吃了那个亏，他真是～了。

【技良】jǐ liang 手巧；手艺好：他是有名的～人｜△眼～手拙。

【鸡皮子】jǐ pì zi 鸡皮疙瘩：吓得他连～都出来了。

【鸡子】（～儿）jǐ zīr 鸡蛋：攒了两把～都赶集卖了｜《醒世姻缘传》第二十一回："也有送盒面的，也有送盒芝麻盐的，也有送十来个～儿的，也有送一个猪肚两个猪肘的。晁夫人都一一的收了。"｜《醒世姻缘传》第四十二回："他额定每日要三十个白煮～，一斤极酽的烧酒供献，转眼都不知何处去了。"｜《醒世姻缘传》第四十三回："众禁子们有提壶酒的、煮两个～的，都拿去与张瑞风扶头，都说：'张师傅，喜你好个杭货么？'"｜《醒世姻缘传》第四十四回："我黑了不吃饭，你明早煮两个～我吃罢。"｜《醒世姻缘传》第四十五回："他今日到家，吃了够六七个煮的～，喝了够两碗烧酒，还待吃，怕他醉了。"｜《聊斋俚曲集·墙头记》第三回："看咱爹爹肚里饥，快打～用油煎，吃点儿且把心窝站。"

【及至】jǐ zhi 等到某种情况出现；直至：△雁儿雁儿你摆布拉拉，～到家找恁妈妈；雁儿雁儿你摆布齐齐，～到家找恁姨姨｜《孟子·滕文公上》："～葬，四方来观之，颜色之戚，哭泣之哀，吊者大悦。"｜董解元《西厢记诸宫调》第八卷："各自准备下万言千语，～相逢，却没一句。"｜《聊斋俚曲集·丑俊巴》："放身倒在床儿上，迷迷糊糊不动弹，睡着不醒起来坐，～起来又不安，反来覆去思又想，魂里梦里怪声欢，不觉金莲叫出口，活现美人在面前。"｜《聊斋俚曲集·磨难曲》第五回："一张呈状呈到堂上，～官府替他打人，他又讲起情来。"｜明杂剧《僧尼共犯》第三折："～归来已二更。怕的是严城夜禁天街净，响当当喝号提铃。諕的我褪前擦后不敢行，因此上探望俺骨肉亲情。"｜《老残游记》第八回："～步回店里，见有一个差人，赶上前来请了一个安。"｜《醒世姻缘传》第三十七回："～娃娃长到五六岁的时候，就送到家塾里边，早晚俱由家中便门出入，直到考童生的时候，方才出到街头，乍然见了驴马牛羊，还不认得是甚么物件。"｜《醒世姻缘传》第五十九回："他如今不在跟前，我却明白又悔，再三发狠要改，～见了，依旧又还如此。"｜《醒世姻缘传》第六十六回："狄希陈～到家，浑身上下通是染了个血人。"｜《醒世姻缘传》第六十七回："（常功）到十月，过了小雪，～十二月，到了小寒，不见他来赎取，凡遇赶集，瞒了狄员外把这皮袄插了草标去卖。"｜《醒世姻缘传》第八十五回："怎么我往京里去寻你爷儿们，你爷儿们躲出我来，～我回来寻你，你又躲了我进去，合我掉龙尾儿似的，挑唆你相大哥送在我软监里，监起我两三个月？"｜《醒世姻缘传》第九十回："～日落，几个族里的妇人合女儿尹三嫂，守候晁夫人升仙，其余的作了别渐都散去。"又："～到了那边，看得金碧辉煌，十分壮丽，心里又痛又感，一面叩谢众人，一面号啕痛哭，呕了两声，吐了一洼鲜血，便觉昏沉。"

【极好】jǐ hāo ①最好（的）；再好（的）：～个人搬不动这块儿大石头｜△大闺女的心思——～的人摸不准。②很多；很大；很长：他这次搬家拉了～几车｜他待这儿上班也～几年了。

【急窜火儿】jī cuǎn huōr =〖紧窜火儿〗jìn cuǎn huōr 赶快；急忙：这么点活儿～干完了就行了。

【急冒窜火】（～儿）jī mào cuǎn huōr 火急火燎的样子：他～地来了一趟儿，没等说几句话就走了。

【急捞捞】jì lǎo lǎo =〖急捞搔〗jǐ lào sǎo 急不可耐的样子：你快叫他去吧，你看他～的那个样儿。

【急溜溜】jì liu liu =〖**急莫溜儿**〗jì me ròur 赶紧；赶快：～的把货送去，他们正急着使。

【急眼】jì yǎn 十分着急；焦急到极点：听说你把他的地方占了，他直接～了。

【急自】jī zi =〖**急什**〗jī shi 本来；原本；已经，表埋怨或责怪：～就忙不过来，他又来助忙|《聊斋俚曲集·墙头记》第一回："～要不出来，可也没奈何，也就依了。"又："他～极好害饥困，何况等了半日多，此时不知怎么饿。"|《聊斋俚曲集·寒森曲》第五回："三人正哭，那个解子狼眉竖眼的说：'～一个喡喡哼哼的，一个扭扭捏捏的，又添你哭哭啼啼的，哭会子，不走罢！'"亦作"急仔""极仔"：《聊斋俚曲集·翻魇殃》第二回："急仔嫌他年纪大，抓打起来不害嚣。"|《聊斋俚曲集·翻魇殃》第四回："一路上自思道：'俺媳妇子急仔睃不上我，不如就给他罢。'"|《聊斋俚曲集·翻魇殃》第六回："穷姑姑，穷姑姑，下番人家谁贪图？急仔人家嫌咱穷，咱还倒嫌人家富。"|《聊斋俚曲集·翻魇殃》第七回："你原是大人家，急仔没人敢哈喇，去了就是眼目大。"|《聊斋俚曲集·琴瑟乐》："对对蝴蝶飞帘下，惹的大姐心里骂：急仔这回不耐烦，现世的东西你来囃？"|《聊斋俚曲集·翻魇殃》第九回："极仔想你不得见，又说你去的不光滑，痛恓恓把我心摘下。"

【忌】jì ①戒除不良嗜好：～烟|他把酒～了一年多了。②禁忌（某食物）：～口|～腥|～辣。

【忌讳】jì hui ①食用醋：买瓶儿～。②因为风俗或个人原因对某些言语或事物避讳：他就～人家说他的小名。

【忌酒】jǐ jiǔ ①戒酒：你～了俺也不勃勃你哈了。②禁忌饮酒：大夫说吃药的时候～。

【忌烟】jì yǎn ①戒烟：他都忌了半年的烟了。②禁忌吸烟：治这个病待～。

【济】jī ①让；优先：～他先说|有好东西都先～老人吃。②尽管；随便：～挑～拣|《聊斋俚曲集·墙头记》第二回："地土百亩有余零，

都是当年自家挣。难说～他摆划。"｜《聊斋俚曲集·姑妇曲》第一段："谁是恁那媳妇子，～你怎么么揉搓哩？"｜《聊斋俚曲集·磨难曲》第十六回："上山爬岭～着你闯，之乎丢去，者也全忘。"｜《聊斋俚曲集·富贵神仙》第七回："那里值当的方仲起，我就合你缠一缠；缠一缠，～着揎，打到你明年明年又明年！"

【挤轧】jī ga 挤眉弄眼；挤弄眼眼睛以向对方示意：他朝你这儿～眼儿，像是找你有事。‖1928年《胶澳志》："挤打，眼上下活动，挤眉弄眼之谓，亦云～。"

【挤束】jǐ shu ①紧凑；紧密：叫你把这儿收拾得真～。②使紧凑：你稍微～～，场儿就够使的。

【挤窝儿】jī wer 有破损但未流出蛋液的鸡蛋：那些～都便宜卖。

jia

【夹】jiā 忽略；遗漏：夜来浇花儿把这一盆～了｜咱光抬大件儿去了，就～了那些小包儿｜《聊斋俚曲集·姑妇曲》第三段："臧姑说：'咱也不要说破，把这～了的留下，别的还送给他。'"

【夹袄】jiǎ āo 中间不加棉花，只用表里两层布做成的上衣：这么冷的天了，孩子光穿着个～｜《醒世姻缘传》第十四回："只见珍哥猱着头，上穿一件油绿绫机小～，一件酱色潞绸小绵坎肩；下面岔着绿绸夹裤，一双天青劈丝女靴；坐着一把学士方椅，椅上一个拱线边青段心蒲绒垫子。"｜《醒世姻缘传》第二十二回："麦其心故意往袖里摸了一摸，说道：'方才害热，脱下了～，忘在那～袖内了。'"｜《醒世姻缘传》第三十六回："不料到了庄上，天气暴热起来，又没带得～，只得脱了棉衣，光穿着两个绵绸衫子，感冒了风寒，着实病将起来。"

【夹道】（～儿）jià dào ＝〖夹古道儿〗jiā gu dàor 两道墙壁之间的狭长空间：他把麻袋拿来家就撂待～儿放着没管｜《红楼梦》第一回："一时小童进来，雨村打听得前面留饭，不可久待，遂从～中自便出门去了。"｜《醒世姻缘传》第三十五回："过了几年，说那墙后面还有他的基址，要垒一条～，领了一阵秀才徒弟，等县公下学行香，拿了一呈子跪将过去，说侯小槐侵他的地基。"

【夹底】jiǎ dī 橱底部的夹层。

【夹哈儿】jiā hàr 不易被发现的角落；旮旯：你放这么个～里谁也找不着｜他自己也淡得跑了个～去不肯出来。‖1928年《胶澳志》："墙角隐僻之处谓之～。"

【夹拉】jiā la ①遗漏：仔细点儿，别～了。②偶尔；零星：他恢复得挺好，～也能干点儿活儿。

【夹生】jiā sheng 食物没熟透；半生不熟：吃了些～饭。

【夹着嘴】jiā zhi zuī 闭上嘴（不说话）：你还嫌事不大，快夹着你那个嘴！｜△没有孩子八个嘴，有了孩子～｜△没有爹娘夸孝顺，有爹娘的～。

【佳鲹鱼】jiǎ ji yù 学名真鲷，有红、黑两个品种，红颜色的称为"火佳鲹"，黑颜色的称为"板佳鲹"，是一种味道鲜美的海产鱼类：△佳鲹头鲅鱼尾，鳞荡肚皮鲟鳇嘴｜蒲松龄《日用俗字·鳞介章》："佳鲹来时卖河鲹，青鱼去后见鳞鲥。"亦作"加吉鱼"。

【家不去】jiǎ bu qù 进不去家；回不了家：他没拿钥匙，～了。

【家门子】jiǎ měn zi ①家里或离家不远的周围：上人家的～上找事儿，还能占着什么便宜？②家族；门第：他那个～出读书人。

【家庙】jiǎ miào 宗祠，同族的人祭祀祖先的祠堂：《醒世姻缘传》第二回："因年节近了，在家打点浇腊烛，煠果子，杀猪，央人写对联，买门神纸马，请香，送年礼，看着人榨酒，打扫～，树天灯杆，彩画桃符，谢杨古月。"｜《醒世姻缘传》第三回："一面梳洗完备，更了衣，天地灶前烧了纸，～里磕了头，天也就东方发亮了。"｜《醒世姻缘传》第二十一回："晁夫人也早早梳洗完备，在天地上烧了纸，又到～里祭祀，春莺也跟在后面磕头，方才一家大小人口都与晁夫人道了喜。"

【家去】jiǎ qi 回家：你在这玩着，我有事先～了｜元杂剧《杀狗劝夫》第二折："我也怕不的打，我则背俺哥哥～。"｜元杂剧《救孝子》

第四折："亲家母来问俺母亲告假，要他的女孩儿～。"｜《真本金瓶梅》第五十五回："苗员外还道西门庆在京，差伴当来翟家问，才晓得西门庆～了。"｜《儿女英雄传》第三十五回："张姑娘说：'一定～了。'"｜《醒世姻缘传》第三十八回："各人都写了喜信～，又将写出的文字寄与连春元看。"｜《醒世姻缘传》第四十八回："狄大娘定个日子，好叫姐姐～，这活络话怎么住的安稳？"｜《醒世姻缘传》第六十六回："狄员外见留他不住，只得许他次早～。"｜《醒世姻缘传》第九十二回："你往后把那～的话高高的收起，再别要提。你住的这三间房，就是你的叶落归根的去处。"｜《聊斋俚曲集·磨难曲》第九回："小相公听说就哭了娘，咱几时～呢？"｜《红楼梦》第十回："况且贾珍尤氏又待的很好，反转怒为喜，又说了一会子话儿，方～了。"｜《红楼梦》第三十二回："后来我们太太没了，我～住了一程子，怎么就把你派了跟二哥哥，我来了，你就不象先待我了。"｜《红楼梦》第八十一回："还记得咱们初结'海棠社'的时候，大家吟诗做东道，那时候何等热闹。如今宝姐姐～了，连香菱也不能过来，二姐姐又出了门子了。"

【架不住】jià bu zhù 招架不了；抵挡不住：～他老婆天天下晚儿吹枕边风｜△好汉～一群狼。

【假饶】jiā yáo 假如：他～能改了这个毛病，真就算好孩子数了｜吴渊《满江红》词："欢意思，须寻觅。人间世、～百岁苦无多日。"｜柳永《木兰花》词："～花落未消愁，煮酒杯盘催结子。"｜元杂剧《王粲登楼》第三折："～不得风雷信，千古无人识卧龙。"｜元杂剧《单刀会》："～鲁肃千条计，怎胜关公这口刀！赴单刀会走一遭去也。"｜元杂剧《黄粱梦》第一折："～你手段欺韩信，舌辩赛苏秦，到底个功名由命不由人，也未必能拿准。"｜元杂剧《来生债》第一折："世间人喜是钱亲，成功立业显家门。～囊底无钱使，满腹文章不济贫。"｜《醒世恒言》第四卷："就是别人家园上，他心爱着那一种花儿，宁可终日看玩，～那花主人要取一枝一朵来赠他，他连称罪过，决然不要。"

jiai

【街里】jiǎi lǐ ①市区（相对"农村"而言）：他说了个～媳妇。②以前特指青岛市区最繁华的地带：△一二一，上～，买书包，买铅笔，上学校，考第一。

【街面儿上】jiǎi miànr shang ①附近街巷；街市：～还真找不出这么个人来。②比喻公众舆论：他家做那些事儿也不怕～说。

【界墙】jiài qiang 分界的墙：东边儿就是两家子的～|《醒世姻缘传》第三十五回："这后墙是小人自己的～。"

jian（jian）

【肩膀不齐】jiǎn bāng bù qì 家境、地位等相差较大：他们两家子～，到底没佮成亲家|《醒世姻缘传》第一回："谁知晁大舍道这班人～了，虽然也还勉强接待，相见时，大模大样，冷冷落落，全不是向日洽洽的模样。"

【肩膀齐】jiǎn bang qì 地位相当；门当户对：△～是亲戚，肩膀不齐两分离|《聊斋俚曲集·禳妒咒》第五回："但只是他人家大，我仰攀不起；我只找穷汉人家～的。"

【俭啬】jiǎn shei 过于节俭：看他那个～，花分钱就要疼死了|《史记·货殖列传》："鲁人俗～，而曹邴氏尤甚，以铁冶起，富至巨万。"|《太平广记》第一百六十五卷："汉世有人，年老无子，家富，性～。"|《初刻拍案惊奇》第二十四卷："原来徽州人心性～，却肯好胜喜名，又崇信佛事。"|刘祁《归潜志》第九卷："崔翰林伯善性～，家居止蔬食为常。"|刘大櫆《茧斋先生传》："先生以家之中落，治以～，而与人交，财利未尝有纤介之苟。"|《南史·曹武传》："武性～，无所饷遗。"|《二十年目睹之怪现状》第七十四回："处于这应酬纷繁之地，势难仍是寒儒本色，不免要随俗附和，穿两件干净点的衣服，就是家常日用，也不便过这于～。"|《二十年目睹之怪现状》第八十三回："这个自然不能过于～，你自己斟酌就是了。"

【简直】jiǎn zhī 表示事物或状态达到的程度非常高，相当于"很""十分"，也可以单用：他那个人儿~了，没法叨叨｜这个西瓜甜得~了，快吃块儿试试。

【剪绺】（~儿）jiǎn rōur 扒窃。"绺"是用丝缕编成的线或带子，古人外出所携带的财物多用线、带系住，小偷只有剪断丝带才能窃取财物，故称：《醒世姻缘传》第九十三回："原来这人是剃头的待诏，又兼~为生，专在渡船上乘着人众拥挤之间，在人那腰间袖内遍行摸索，使那半边铜钱磨成极快的利刃，不拘棉袄夹衣，将那钱刀夹在手指缝内，凭有几层衣服，一割直透，那被盗的人茫无所知。"｜《警世通言》第十七卷："那老者赶早出门，不知在哪里遇着~的剪去了。"‖《说文解字》："纬十缕为绺。"

【剪绺的】jiǎn rōur di 扒手；小偷。属于老派的说法，现在已很少用：赶集注意点儿，那里儿有不少~的｜元杂剧《铁拐李》第一折："（张千云）这老子倒乖，哄的我低头自取，你却叫有~，倒着你的道儿。"｜《警世通言》第十七卷："仔细看时，袖底有一小孔，那老者赶早出门，不知在那里遇着~剪去了。"｜《聊斋俚曲集·磨难曲》第八回："驴夫又看了看，说：'呀！相公，你被~剪了！'鸿渐回头一看，被套割破了，哎呀！不好了！待俺下驴。"

【剪头】jiàn tòu 理发：头发都长成二毛子了，快剪剪头去。

【贱】jiàn ①价格低：△~卖不赊｜△~钱没好货。②卑鄙；下贱：~人｜~骨头。③委屈；苦难；坎坷：受~｜遭~｜△苗儿怕胎里旱，人怕老来~。④糟蹋；刁难；诋毁：踩~｜糟~。⑤对做出过份的行为动作的讥称：手~｜嘴~｜腿~。

【贱才】jiàn cɑi 下贱的人；没自尊或不知好歹的人：儿媳妇看不起她，她还一个劲儿往人家跑，真是个~｜《警世通言》第七卷："老~！老无知！好不识廉耻！自家女儿偷了和尚，官司也问结了，却说恁般鬼话来图赖人！"｜汤显祖《牡丹亭》第十一出："你这~，引逗小姐后花园去，倘有疏虞，怎生是了。"

jiang（jiang）

【礓磜】jiǎng ca =〖礓磜石〗jiǎng ca shì 台阶。属于老派的说法，现在已很少用：～上撒了些什么东西滑人滑的？｜《醒世姻缘传》第四十一回："娘就没看见么？他在～子上，朝东站着，那下边请纸马的情管是他汉子，穿着穰青布衫，罗帽子，草镶鞋。"

【匠】jiàng ①有某一手艺并以此为业的人：瓦～｜木～｜皮～｜铁～。②合适；巧妙：独具～心｜那个盖子真～，按上不大不小正合适。

【将】jiǎng ①娶：△山鸦雀，尾巴长，～了媳妇忘了娘，老娘撂待山口里，媳妇放待炕头上。②特指骑在人的肩膀上：孩子叫大人～～他｜《聊斋俚曲集·禳妒咒》第三回："子正说：'过来，我背着你走罢。'江城笑说：'～～着罢。'子正说：'就依着你。'江城又说：'俺在这肩膀上站着罢。'"③出产或出售的某种东西特别多：夜来市场上卖柿子的～了｜今年～鲅鱼了。

【将媳妇】(～儿) jiǎng xī fùr 男子娶亲；结婚：孩子们都出去看～的去了｜△早～早生气，早养儿子早得济｜△割大锯，拉大板，～，望好天。搬他姑，搬他姨，搬他红眼二舅母。

【虹】jiǎng 雨后天空中出现的彩色圆弧：△东～雾露西～雨，南～发河水，北～剡萝贝。亦作"霁"：《聊斋俚曲集·蓬莱宴》第六回："且说王母娘娘在蓬莱山庆贺，众仙饮酒，这个时节才上了八碗莱，忽然见半空中一条白霁直插到座前……原来那霁就是那剑光。"

jiao（jiao）

【叫街】jiào jiǎi 乞讨；在街上大声喊叫乞食：动静儿小点儿，别和～似的｜元杂剧《合汗衫》第三折："（卜儿云）你着谁～？（正末云）我着你～。（卜儿云）你着我～，倒不识羞。我好歹也是财主人家女儿，着我如今～。我也曾吃好的，穿好的。我也曾车儿上来，轿儿上去。谁不知我是金狮子张员外的浑家。如今可着我～，我不叫。"｜《醒世恒言》第二十七卷："小贱人，你可见那～的丫头么？"

【叫驴】jiào lǘ =〚叫驴子〛jiào lǘ zi 公驴:《聊斋俚曲集·墙头记》第三回:"两个齐往两下里挣,好像挣着个老~,叫我可往那里去?"|《聊斋俚曲集·慈悲曲》第三段:"赵大姑说:'我着俺小三子,备上那大~,送了你去罢。'"|《聊斋俚曲集·磨难曲》第七回:"熬的他出汗病全无,倒赔上一个大~。"

【教劝】jiào quàn 教育劝导:△光有爹娘生养,没有爹娘~|陶宗仪《南村辍耕录》:"如良吉者,自当旌异,为世~,而有司曾莫能省。"|《魏书·列传》第六十五:"谦之妻中山张氏,明识妇人也,~诸子,从师受业,常诫之曰:'自我为汝家妇,未见汝父一日不读书。'"|《西游记》第八十七回:"果依你言,不肯传旨。适间天师送我,~那厮归善,即福原也。"

【搅裹】(~儿) jiào guor 开支;花费。属于老派的说法,现在已很少用:两口子每月开这几个钱儿,光待孩子身上都~不过来|《醒世姻缘传》第六十八回:"叫我找入十两银子,一切~都使不尽,还有五两银子分哩,要不骑雇的驴,还坐八钱银子给咱。"亦作"浇裹""搅过":《三侠五义》第二十七回:"将来老奴要来不及了,那可怎么样呢?——哎哟!又添了浇裹了。又是跟人,又是两匹马,要买去也得一百五六十两银子。"|《二十年目睹之怪现状》第九十四回:"一个人往来的浇裹轻,要是一家子同去,有那浇裹,就可以过几个月的日子了,何苦呢!"|《官场现形记》第二十二回:"我也不想赖到这里,在这里多住一天,多一天浇裹。"|《孽海花》第三十一回:"三儿是把名震世界的美人据为己有,新近又搭上了夏氏兄弟的班,每月包银也够了旅居的浇裹,不用说也是快活。"|《儿女英雄传》第三十三回:"山上的干树枝子,地下的干草、芦苇叶子、高粱岔子,那不是烧的?不过亲家你们这大户人家没这么作惯,再说也浇裹不了这些东西。"|《红楼梦》第五十九回:"好容易我进来了,况且我是寡妇,家里没人,正好一心无挂的在里头伏侍姑娘们。姑娘们也便宜,我家里也省些搅过。"

【搅混汤儿】jiào hùn tāngr ①使事情变得混乱:他不来正好,都叫他～了。②搞不清楚；弄不明白：你越急我我越就～了。

【交节】jiǎo jiē 进入某个节气：等交了节再干也不耽误|《红楼梦》第十一回："到～的那几日，贾母、王夫人、凤姐儿日日差人去看秦氏，回来的人都说：'这几日也没见添病，也不见甚好。'"|《聊斋俚曲集·禳妒咒》第七回："大利原该正九月，年除日～大吉昌，年除日～大吉昌。"|《清史稿·时宪志一》："由～时刻之早晚，考知太阳行度有进退不齐之分……推得日行交节时刻，似与实测之数较近。"

【绞别】jiāo bie ①因紧张、劳累等原因口舌或肢体痉挛扭曲不听使唤的样子：他嘴都～得说不出话来了|《聊斋俚曲集·禳妒咒》第八回："众笑喝说这个物件醉了，攒他去罢！先生忙说我～了嘴了。"亦作"交别"：《聊斋俚曲集·增补幸云曲》第十九回："王龙待说我占一个苍蝇，还没说出来，交别口说：'我占一个蚂螂。'"②变形扭曲或歪斜的样子：挂的帘子都待那～着，他也不整理整理。

【绞料】jiǎo liao =〖绞筋〗jiǎo jin 执拗难缠；不好对付：他真是～，怎么也不听商量。

【铰】jiāo 用剪刀剪：他几剪子就～好了一个窗花儿|《红楼梦》第十七回："（林黛玉）说毕，生气回房，将前日宝玉嘱咐他没做完的香袋儿，拿起剪子来就～。"又："宝玉道：'你也不用～，我知你是懒怠给我东西。我连这荷包奉还，何如？'说着掷向他怀中而去。黛玉越发气的哭了，拿起荷包又～。"|《红楼梦》第三十二回："不知怎么又惹恼了林姑娘，～了两段。回来他还叫赶着做去，我才说了是你作的，他后悔的什么似的。"又："前儿我听见把我做的扇套子拿着和人家比，赌气又～了。"|《聊斋俚曲集·禳妒咒》第二十六回："江城放下鞭子，找了把剪子来云：'我～下一块肉来，安在你那亲汉子身上。'"

jie

【褯子】jiè zi =〖尿褯子〗niǎo jiè zi 尿布：蒲松龄《日用俗字·裁缝章》："～搌开大事毕，不用裁缝动剪刀。"

【蠽蟟】jiě liu 蝉：孩子们又上山粘～去了。‖《俚语证古》第
十三卷："蝉谓之蠽留。"

【蠽蟟虎儿】jiě liu hūr =〖蠽蟟猴儿〗jiě liu hòur =〖蠽蟟魁
儿〗jiě liu guīr 蝉蜕：～能当药使。‖《俚语证古》第十三卷："蝉在壳
未蜕者，谓之蠽留龟。留为蟟之双声音转。龟字当作魁。"

jin（jin）

【金贵】jǐn guì ①珍贵：旱天的水比什么都～｜《红楼梦》第
三十四回："袭人笑道：'好～东西！这么个小瓶子，能有多少？'"②珍
视：他拿着这个孙子就要～死了。

【近便】jǐn bian ①距离近：你从这里走～。②亲属关系近；亲近：
他两家子关系挺～的，还没出五服。

【筋力】jǐn lì ①体力：别看他个子不高，～头那可真不小｜《礼
记·曲礼上》："贫者不以货财为礼，老者不以～为礼。"｜《后汉书·独
行传·刘茂》："少孤，独侍母居。家贫，以～致养，孝行着于乡里。"
②体健有力：别看他七十来岁了，还很～。

【筋疲力尽】jǐn pì lǐ jìn 极度疲乏的样子：还没等跑下两圈儿来，
他就累得～的｜《官场现形记》第一回："赵家一门大小，日夜忙碌，早
已弄得～，人仰马翻。"

【紧】jīn ①密切合拢（与"松"相对）：扎～｜绑～｜捆～。②靠
得极近：～靠｜～邻｜～挨。③使紧：～两道儿弦｜～上两口丝。④紧
要；重要：抓～｜上～儿。⑤迫切；紧急：～等｜～巴望。⑥jǐn 很快；
马上：你要是叫他知道了，他～就来了。⑦jǐn 轻而易举：这么块大石
头，他～就搬起来了。

【紧揪】jǐn jiù 衣服或五官紧缩的样子：他成天～着个鼻子，没有
看中的人。

【尽】jīn（用在方位词前）最；极：他家住在这条路的～东头｜《聊
斋俚曲集·禳妒咒》第二十回："春香说那～西边那插屏遮着的那一席，

才见王家那管家在那里摆菜碟儿，必然就是了。"又："我乏了，就在～东边这一席上，坐下歇歇。"

【尽够】jīn gòu 足够：你拿这几个就～了，多了没用｜《红楼梦》第四十九回："五个不算外，咱们里头二丫头病了不算，四丫头告了假也不算，你们四分子送了来，我包总五六两银子也～了。"｜《聊斋俚曲集·俊夜叉》："我一时爆燀性，你也骂的～了，从今受了娘子教。"

【尽中】jīn zhěng 蛮可以；很好：你办到这个份数就～，大家伙儿都很知足。

jing（jing）

【景儿】jīngr ①环境；风光：那个场儿～真好！②事情；情况：怎么个～，才坐下就待走？｜△骑驴骑脖梗儿——要的这个摩登～。③好的苗头；满意的状况：我看这个事有～。

【耕】jǐng 用犁把土地翻松：△荒地无人～，～起来有人争｜△拖拉机上炕——～（惊）人。

【净】jìng ①清洁：干～｜△眼不见为～。②空；什么也没有：罄干溜～｜盘子都～出来了。③单纯的；纯粹的：～利｜～价儿｜～重。④副词，全是；都是；没有别的：板凳上～土｜～你的好事儿｜他这些脾气～惯的｜△拣来的麦子打烧饼——没本～利｜△赶集走的晚——家里～事｜△做梦啃猪头——～想好事。

【精】jǐng ①精明；机灵：他～得和鳖样的。②妖精；妖怪：狐狸～｜貔子～。③很；十分；非常，用在某些含消极意义的形容词前（有时该形容词可以重复的形式出现）：～湿｜～浑｜～简单｜～矮矮｜～瘦瘦｜～窄窄｜～细细｜～浅浅。

【精神】jǐng shèn ①有生气：他穿上这身衣裳真～｜范成大《再题瓶中梅花》诗："风袂挽香虽淡薄，月窗横影已～。"｜《红楼梦》第四十九回："十数枝红梅，如胭脂一般，映着雪色，分外显得～，好不有趣。"②聪明；精明：他打眼一看就是个～人｜《续资治通鉴·宋仁宗皇佑五年》："臣观方今之人，趋进者多，廉退者少，以善求事为～，以能讦人为风采。"

jiu（jiu）

【九日儿】jiū rir 孩子出生的第九天，一般在该日举行喜庆活动。

【舅子】jiǔ zi 对妻子的兄长或弟弟的背称：《醒世姻缘传》第二十九回："他吃酒不上三钟，就要起席。丈人～再三的留他不住，定要起身。"

【酒彪子】jiū biào zi 嗜酒如命、纵酒失态的人：他爸爸是当地里有名的～。

【酒漏】jiù lòu 指喝酒后能迅速通过排尿、出汗等方式排出酒精，不容易醉酒的体质：他～，想叫他喝醉了没门儿。

【酒窝窝儿】jiū wè wer 酒窝儿。

【就】jiù ①就像；如同：他勾勾待那里，～个干干虾。②只；仅仅：他整天～个嘴，光说不练。③根据；依照：这个事不急，～你的空儿。④吃饭时配着吃某种食物：～着菜吃，别光吃馒头｜《红楼梦》第四十九回："宝玉却等不得，只拿茶泡了一碗饭，～着野鸡瓜齑忙忙的咽完了。"

【揪手儿】jiǔ shour ①抓手；器物上方便人执握操纵的把手。②能掌握和控制事物的关键办法或途径：这么个大事儿总得有个～。

ju

【距远】jǔ yuān 远近的程度；远：从这儿上恁家有多么～？｜这块路看起来近便，走起来没是～。亦作"拘远"：《聊斋俚曲集·慈悲曲》第三段："李氏说：'休去了，咱家去吃的罢，多拘远哩。'"｜《聊斋俚曲集·慈悲曲》第六段："又见两匹马尖指就来这，老拘远里下马，缨帽儿皮靴，少年英耀步乱踅，来到跟前叫了一声爹爹。"｜《聊斋俚曲集·墙头记》第三回："张二说：'咱去罢，多拘远哩。'"

【粔粔】jǔ　ju ①本指长条形的面食，旧时常在烧火做饭时，用灶内的草木灰焙烤制成：面~｜给孩子烧个~吃。②细长条形的东西：灰~。

【挶】jū（jǔ）紧紧攀附或吸着在物体表面：一家去孩子就~他身上非不下来。亦作"拘"：《聊斋俚曲集·墙头记》第二回："你总是个死狗，你好歹的拘巴着些。"

【跔跔寒冷】jǔ　ju　hǎn　lēng ①因寒冷手脚瑟缩的样子：今日出去多穿点儿，省着冻得~的。②发烧时畏冷的样子：我可能感冒了，觉着身上~的。‖《说文解字》："跔，天寒足跔也。"

juan

【卷扇】juān　shàn 学名半滑舌鳎，南方称龙利鱼，山东半岛部分地区称鳎米鱼。

【饯子】juān　zi ①用刀将粗条形面团切成段后蒸制的馒头，亦作"卷子"：《醒世姻缘传》第十九回："他却与晁住、李成名的娘子结了义姊妹，打做了一团，只等晁大舍略略转得眼时，溜到厨房里面，帮他们捍薄饼、涝水饭、蒸馍馍、切卷子，说说笑笑，狂个不了。这晁住与李成名的娘子，将大卷的饼、馍馍、卷子，与几十个与他。"②将揉好的面团擀成圆饼，抹上油卷起来做成一定形状蒸制的食品。

【踡】juān 用脚踢：想想他办的这些彪事，~他两脚也不解恨｜△拿着财帛使脚~｜《聊斋俚曲集·磨难曲》第十五回："张春就着~了顿脚，抹了一块石头来好打。"｜《聊斋俚曲集·翻魇殃》第八回："你枉长了这么大！妹夫比你强十倍，给他提鞋~了牙！看你说的甚么话！"亦作"卷"：《聊斋俚曲集·寒森曲》第一回："打了顿捶来卷顿脚，又使拳头捣那腮，鞭子多又把头打坏。"‖1928年《胶澳志》："足踢曰~。"

jue（jue）

【觉摸】juē　me ＜贬＞感觉；认为：他父母还~着自己这个孩子好的了不得。

【脚】juē ①人或动物的腿的下端，接触地面支持身体的部分：～掌子｜大手大～｜△山高高不过～底板。②物体的最下部：墙～。③指跟体力搬运或运输相关的：拉～儿｜捎个～儿｜△骑驴的不知赶～的苦。

【脚脖子】juè bě zi 脚腕：下楼梯没果睬，把～崴了。

【脚不沾地】juē bu zhǎn dì 形容非常忙的样子：今日他忙得～。

【脚蹀脚蹍】juē chāi juě niān =〖脚跐脚蹍〗juē cī juě niān 形容非常多：如今大学生～的，一点儿不稀罕了。

【脚前脚后】juē qiǎn juè hòur 差不多同时；时间相距很近：恁两个是～来的。

【脚腰】juè yǎo 脚底的中间部位：你的～真高。

【脚踷儿】juè zhǎr =〖脚蹬子〗juè děng zi 自行车的踏板。

【脚踷车】juě zhà chě 自行车。

【撅撅】juě jue ①翘起、突起的样子：～着腚｜～着嘴｜～着肚子。②走路时忿忿的样子：人家一句话没顺着他的意，他～地就走了。

【噘】juè 骂：他张口～人这个毛病待改改。亦作“决”“掘”：元杂剧《墙头马上》第三折：“本是好人家女艳冶，便待要兴词讼，发文牒，送到官府遭痛决。”｜元杂剧《剪发征宾》第二折：“妾身韩夫人，自从陶侃当下这个信拿钱到家中，被他母亲痛决了一场。”｜《聊斋俚曲集·姑妇曲》第三段：“这个恶人好不谬，惹着尽自勾人受；汉子惹着他也掘，婆婆惹着他也咒。”｜《醒世姻缘传》第六十四回：“我就只说了这两句，没说完，他就秃淫秃捶的掘了我一顿好的。”｜《聊斋俚曲集·寒森曲》第五回：“从来鬼怕恶人，二相公没来时，动不动打骂；着二相公掘了一场，撅着嘴也没敢做声。”｜《聊斋俚曲集·慈悲曲》第四段：“四更尽五更初，炳之听他骂赵姑，达合妈掘了个无其数。”｜《聊斋俚曲集·禳妒咒》第一回：“发恨想着掘他娘，到了近前没了胆。”｜《聊斋俚曲集·禳妒咒》第十回：“他若再掘你，一样就照着，他有甚么降人药？”｜《聊斋俚曲集·磨难曲》第十三回：“你去后拿我去当堂审问，我可就掘他妈不辨官民，他气极就送我牢里监禁。”

【嚗街】juè jiǎi 骂街；不指明对象当众谩骂：他哈了酒就出去～。

【嚗人】juě yìn 骂人：有事儿说事儿，～就不对了｜△两岁～娘欢气，四岁～伤天理。

【抉】juě 挑出；挖出：你把那块儿石头～出来｜《史记·伍子胥列传》："～吾眼县吴东门之上，以观越寇之人灭吴也。"｜陆游《书愤》诗："剖心莫写孤臣愤，～眼终看北虏平。"

【爵敇儿】juè chir 官阶；官位：他待部队干什么～?

【k】

ka

【坷垃】kā la 小土块；块状物：把那些大块儿的～敲碎了。亦作"垎剌""喀喇"：1928 年《胶澳志》："土干曰垎剌，上音搭，下音拉。"《俚语证古》第二卷："土块谓之喀喇。"

【搕】kā 将器物倒置往地上或硬物上磕碰，使附着物震落：桶底上还沾着不少，再～～。

【磕打】kā da ①磕碰：这筐苹果都～得不像样了。②吃苦；遭罪；受折磨：孩子从小没有妈，他能不受～?｜《醒世姻缘传》第十四回："把那个囚妇开了匣，仍放他回房去罢。标致妇人不禁～，一时～坏了，上司要人不便。"｜《醒世姻缘传》第七十六回："狄员外虽因狄希陈已回，病觉略有转头，毕竟有了年纪的人，不禁～，几场气，病势入了腠理，不过挨日子而已。"

【磕磕打打】kā ka dǎ da 道路不平、行走不便的样子：天都这么黑了，外边儿～的少出去。

【磕倒】kā dao 摔倒；跌倒：哪里～哪里爬起来。

【扃】kā 关闭（门、窗等）：起风了，你快去把门～上｜～上窗。‖《集韵》："～，闭户也。"

kai

【开户】kǎi hù ①在银行开设账户。②做生意的人当天卖出第一份货：夜来他一直到傍晌天才～。

【开圹】kǎi kuàng 掘造坟墓：老人走得时候正是腊月，～的都冻得伸不开手。‖《说文解字》："圹，堑穴也。一曰：大也。从土，广声，苦谤切。"段玉裁注："谓堑地为穴也，墓穴也。"｜刘敬叔《异苑》："始皇既坑儒焚典。乃发孔子墓。欲取诸经传。圹既启，于是悉如谣者之言。"｜《宋书·卷四十一》列传第一："且汉世帝后陵皆异处，今可于茔域之内，别为一圹。"｜汤显祖《牡丹亭》第四十出："（丑）一游游到小姐坟儿上。拾得一轴春容，朝思暮想，做出事来。（净）怎的来？（丑）秀才家为真当假，动坟偷圹。"｜李贺《感讽五首·其三》："月午树无影，一山唯白晓。漆炬迎新人，幽圹萤扰扰。"｜《阅微草堂笔记》第十一卷："后葬母卜圹，适当其地，祭而祝之，果率其族类千百，蜿蜒去。"｜《二刻拍案惊奇》第十三卷："既掩圹，刘秀才邀请送葬来的亲朋在坟庵饮酒。"

【开脸】kǎi liǎn 旧时习俗，女子出嫁时用线绞去脸上的汗毛：她结婚的时候什么都凑付，也没找人～｜《红楼梦》第十六回："正是呢，方才我见姨妈去，不防和一个年轻的小媳妇子撞了个对面……竟与薛大傻子作了房里人，开了脸，越发出挑的标致了。"｜《聊斋俚曲集·禳妒咒》第二十八回："还得看个好日子，给他～才上头，咱还得把衣服做。"亦作"绞脸"：《聊斋俚曲集·琴瑟乐》："忙把头梳，忙把头梳，开眉绞脸用功夫，戴上新鬏髻圆，解了闺女路。"

【开瓢】kǎi piào ①剖开葫芦做成瓢。②喻指打破人的头部：那伙计还没等着上就叫人家一砖头～了。

【开旗儿】kǎi qìr 衣服下摆两旁或后中央处的装饰性开口：单～｜他穿的是双～的西服。

【开沙】kài shǎ 西瓜、梨等水果的食用部分水分大并呈细颗粒状，这批西瓜个顶个的～，真好吃。

【开席】kǎi xì 在红白喜事或较为正式的宴席场合开始上菜喝酒：长辈没上桌还不能～。

kan

【看】kǎn ①使视线接触人或物：△灯影里～媳妇——外加三分貌才｜△王八～绿豆——对眼了。②观察并加以判断：～不透｜△痴人～高秤儿。③易于出现某种不利或消极的情况：晒的被早点儿收起来，这个天儿～下雨｜《聊斋俚曲集·墙头记》第一回："李老说：'苦到不妨，再加蜜～人笑话。'"｜《聊斋俚曲集·翻魇殃》第二回："说你合我妹妹好，吃杯茶去也心安，你去了～他来家怨。"｜《聊斋俚曲集·增补幸云曲》第二十五回："万岁说：'胡秀才，那王龙有钱财，你若不去～他怪。'"｜《聊斋俚曲集·磨难曲》第十七回："依你说不然，～他把脸翻，倒不如从此掐了线。"｜《聊斋俚曲集·磨难曲》第十八回："张相公，你弄到这半夜里，俺睡着了，～你跑了，咱还得绑绑。"｜《醒世姻缘传》第二十八回："窄鳖鳖的去处，～咱哥合嫂子听见，悄悄的睡罢！"｜《醒世姻缘传》第六十九回："新出锅滚热的果子，纯香油炸的，又香又脆，请到里边用一个儿。这到店里还有老大一日里，～饿着了身子。"④以免；省得；提防；小心：《醒世姻缘传》第三十二回："你两个吃的也够了，也该略退一步儿，让别人也呵点汤，～撑出薄屎涝来，没人替您浆裤子！"｜《醒世姻缘传》第六十八回："相于廷道：'狄大哥，你拿了袖子罢，看着路好牵驴子走，带着袖子，～抢了脸。'"｜《醒世姻缘传》第七十五回："你悄悄的罢，紧仔爹不得命哩！～爹听见生气。"｜《醒世姻缘传》第八十三回："不要替人生气，～气坏了身子，瞎了钱，没人赔你。"｜《聊斋俚曲集·慈悲曲》第三段："李氏说：'休做呀，我等不的，～那孩子醒了哭。'"｜《聊斋俚曲集·姑妇曲》第二段："不说于氏受气而去，且说珊瑚听的吵闹，索性藏了，只等于氏家去了才出来，便说：'不可为我又着大娘生气。～生出事来了，我去罢。'"｜《聊斋俚曲集·墙头记》第三回："～咱爹爹肚里饥，快打鸡子用油煎，吃点儿且把心窝站。"｜《聊斋俚曲集·翻魇殃》第九回："你走罢，～你娘家里挂心。"｜《聊斋俚曲集·翻魇殃》第十一回："慧娘说：'你这潮孩子！～着人家知道，成了故事。'"｜《聊斋俚曲集·寒森曲》第三回："大相公说：'二弟，你背着妹子，先合族人走了罢。我且在此听听，～他还醒过来赖咱。'"｜《聊斋俚曲集·快曲》第二联："丞相快换衣帽，～人认的！"｜《聊斋俚曲集·增补幸云曲》第二十一回："大姐说：'～人家裂破你那嘴了！'"｜《聊斋俚曲集·增补幸云曲》第二十二回："你说吃饭罢，休说用膳，～走漏了消息，被王龙知道了。"｜《聊斋俚曲集·磨难曲》第十五回："老李婆子，你省着好罢，～使着呀。"｜《聊斋俚曲集·磨难曲》第二十二回："我嘱咐您，到家把这信全然休要提起，～太太担心。"｜《聊斋俚曲集·磨难曲》第二十九回："快拿兵器来，咱以棍当刀罢，～刀伤了性命。"｜《红楼梦》第十一回："秦氏见了，就要站起来，凤姐儿说：'快别起来，～起猛了头晕。'"｜《红楼梦》第八十三回："你们别告诉宝二爷说我不好，～耽搁了他的工夫，又叫老爷生气。"

【看日子】kǎn yì zi 选择吉日：结婚这样的大事，还是找人看个日子好｜《聊斋俚曲集·富贵神仙》第二回："我有伯母前年老，至今灵柩还在堂，不久要～葬。"｜《聊斋俚曲集·禳妒咒》第二十八回："还得看个好日子，给他开脸才上头，咱还得把衣服做。"｜明杂剧《雌木兰替父从军》第二出："王姑夫且慢拜，我才子看了日子了，你两口儿似生铜铸赖象，也铁大了。今日成就了亲吧。"

【看喜】kǎn xī 亲朋好友有结婚、生子、新房落成等喜事时送钱物贺喜。

【看走眼】kǎn zōu yān 错误地观察或作出判断：他这么个明白人也有～的时候。

kang

【抗浪头儿】kǎng lǎng tour ①抵抗力强：人上了年纪不～了。②吃得消；经受得住：这点家底干这行能～？｜△屁气蜋过河——不～。

【康健】kǎng jiàn 健康：他爷爷八十多岁的人了，身子真～｜元杂剧《张协状元》第二出："愿得身～，待明年那时，喝道状元归。"｜《喻世明言》第四十卷："老年嫂处适才已打听个消息，在云州～无恙。"｜《红楼梦》第二十九回："托老太太万福万寿，小道也还～。别的倒罢，只记挂着哥儿，一向身上好？"｜《聊斋俚曲集·寒森曲》第八回："此时太老爷八十六岁，还极～。"｜《二十年目睹之怪现状》第五十二回："买办便代他传说道：'船主说，谢夫人的赏赐！他祝夫人身体～！'"

【嗛】kàng ①（动物用口）叼、咬：昨天晚上叫黄鼠狼把小鸡～去了｜△老鼠～着黄裱纸——死充帐先生。②用口含住：他说话呜噜唔噜的，就和口里～着个蘑菇蛋儿似的。

【㿦】kǎng 久存的植物块茎或果实因呼吸作用造成有机物分解而出现空心：这些萝贝都～了。‖《字汇》："～，空也。"

kao

【靠后】kǎo hòu ①躲开；避开：不该你的事都～昂｜元杂剧《赵氏孤儿》第一折："小校～，唤你便来，不唤你休来。"②放在一边，指事情不重要或不必着急处理：别的事都～，这个事可等不得｜《水浒传》第三十五回："老叔自说得是，家中官事且～。只有一个老父殁了，如何不烦恼。"｜《红楼梦》第五回："如今且说林黛玉自在荣府以来，贾母万般怜爱，寝食起居，一如宝玉，迎春、探春、惜春三个亲孙女倒且～，便是宝玉和黛玉二人之亲密友爱处，亦自较别个不同，日则同行同坐，夜则同息同止，真是言和意顺，略无参商。"

【靠前】kǎo qiàn ①往前；靠近：～看才能看清楚了。②出头；担当：他家里出事了，那帮儿朋友没有个～的。

【靠搔】kào sao 偎依；靠近：孩子耍一会儿就～他妈身上去了。

【熇】kào ①通过加热久炼使肉里的油析出：～猪肉｜～大油｜～脂渣。②长时间加热使水蒸发或耗干：添水少了，把汤都～上了。③身体很少摄入有营养或可口的东西：没人给他做饭，他成天～得和瘦猴似的。

keng

【空劳劳】kěng lào lao ①饥饿的样子：孩子放了学回来肚子～的，待赶紧吃东西。②器物里面没有东西或东西很少的样子：△见了小草不弯腰，看看篓子～。

kou

【口条】kòu tiào 用作食品的猪、牛、羊的舌头。

【口头语儿】kòu tou yūr 口头禅：这些带骂字的～真是得改改｜《醒世姻缘传》第六十四回："爷哟！这是我的～，没的也是罪过么？"

【抠哧】kǒu chi 用手指挠挖东西：你不好好看书在那里～什么？

【抠搜】kǒu sou ①用手挖挠或持器物掏取：那件衣裳快叫你～破了。②过于俭省；吝啬：他从来就是这么个～样儿。③一点一点地攒取：老人的退休金都叫他～去了。

【眍䁖】kǒu lou 眼睛深陷的样子：他的眼～着，就像个外国人｜《红楼梦》第五十二回："你只管睡罢，再熬上半夜，明儿把眼睛～了，怎么处！"亦作"扣娄"：《俚语证古》第三卷："深目谓之扣娄眼。"

ku

【哭天抹泪】kū tiǎn mè lèi 哭哭啼啼的样子：他碰上点儿事就～的没有招儿了｜《红楼梦》第三十二回："前日不知为什么撵出去，在家里～的。"

kua

【剐】kuā 用器物刮：他待厨房～地蛋儿｜元无名氏《醉太平·讥贪小利者》："鹌鹑嗉里寻豌豆，鹭鸶腿上劈精肉。蚊子腹内～脂油，亏老先生下手。"

【挎查】kuā cha ①用指甲或工具去掉物体表面的东西：好容易才把锅底的糊嘎渣～下来。②搜刮；揩油：他整天就知道～他爸爸妈的钱。

kuai

【块】kuài ①疙瘩状或成团的东西：泥～儿。②身材；个头：看他这个大～儿｜～头。③（～儿）kuàir 量词，文艺作品的首；曲；场；段；部：唱～儿歌｜一～儿电影｜看～儿戏｜演～儿剧｜看～儿电视。④量词，用于硬币或纸币，相当于"圆"：两～钱。⑤量词，个；段：这～路挺颠悠。⑥量词，用于块状或某些片状的东西：一～儿地｜那～场儿｜两～糖。⑦＜贬＞量词，（用于人）个：看他那～儿熊样我就够了｜他是～儿什么东西！

【快】kuǎi ①表建议，不如；那就：～上俺家吧｜～不去吧｜～走这条路吧。②任由：咱没做不是，～叫他说去。

【快当】kuài dang 时间短；迅速：你这么～就送去了？｜这么近的路，去一趟儿还不～？｜元杂剧《张协状元》第十一出："（净）来，来！我去讨米和酒并豆腐，断送你去。（丑）我得老婆便去。（末）且是～！"｜《醒世恒言》第二十卷："到镇江有便船在此，又～，又安稳！"｜《喻世明言》第二十四卷："便折十来两，也说不得，只要～，轻松了身子，好走路。"｜《醒世恒言》第七卷："合得我意，一言两决，可不～！"｜《醒世姻缘传》第八十回："寄姐那副好脸当时不知收在何处，那一副急性狠心取出来甚是～。"｜《醒世姻缘传》第八十一回："吕祥主作，调羹助忙，所以做的甚是～。"

kun

【困】kùn ①犯困：我太～了，先睡了。②睡：前天晚上他一共才～了四五个钟头｜《聊斋俚曲集·富贵神仙》第十三回："娟娟去后掩房门，他两个跟我就在乜床头～。"｜《聊斋俚曲集·增补幸云曲》第十五回："小二姐气狠狠，叫姐夫你好村，你在那鸽子窝里～？"

【困觉】kùn jiǎo（kǔn jiào）睡觉：这么晚了，人家都好～了｜《官场现形记》第二回："他又呆了半天，才说了一声：'天也不早了，钱老伯也好～了。'"｜《真本金瓶梅》第四十回："你说昨日在那里使牛耕地来，今日乏闲的这样的，大白日～；昨日叫五妈只顾等着你，你怎大胆，不来与五娘磕头！"

kuo

【壳罗】kuō luo ①物体的外壳；空壳：鸡蛋～儿｜鞋～儿。②骨架大而没肉的；非常瘦的：△半大小子～猪（形容能吃）。

【L】

la

【拉拔】lā ba 扶助；提携：单位里好几个人都是他爸爸～起来的。

【拉耷】lǎ da 绵软而下垂：炕上的褥子都～地下了，快往上挣挣。亦作"剌搭"：曾瑞《哨遍》曲："我如今剌搭着两个蔫耳朵，滴溜着一条粗硬腿。"

【拉倒】lǎ dāo ①失败：他开的小店儿也～了。②作罢；算完：快～吧，你说的那些儿早过时了｜△千好万好，一时不好拉了倒。③没用；没出息：他这么个大高个子拿不动这点儿东西，真～。

【拉哞儿】là mǔr 火车轮船等鸣笛：火车～。

【拉偏仗】là piǎn zhàng 在劝架、拉架时偏袒一方：孩子们一打仗，他妈老是～，向着小的。

【拉其儿】là qìr 助词，用在名词后表示与列举事物相同或相类似的其它东西：买盒儿点心～的｜去看看有没有干果儿～的买点儿吃。

【拉撒】lā sa 抚养；拉扯：两口子～着三个孩子挺吃累的。

【拉飒】lǎ sa 脏污；杂乱：家里那么～，他也不知道收拾收拾｜《晋书·五行志》："太元末，京口谣云："黄雌鸡，莫作雄父啼。一旦去毛衣，衣被～栖。"‖《苏氏演义》上卷："～者，与龙钟、褴缕之义略同。"翟灏《通俗编·状貌》："～，言秽杂也。"

【拉谈】lā tan＝〖拉扯〗lā che 交谈；聊天：你找他～～想法。

【剌】là 割开；划开：绳子放了石头角子上多～两下就～开了。‖《说文解字》："～，戾也。从束从刀。刀者，剌之也。"

lai

【来】lài 助词，一般用在句末。①表示行为动作曾经发生、已经发生或动作的完成对现在的影响，相当于"来着""了"：你上哪儿～？｜这个礼拜天全家都出去耍～｜《元杂剧《鲁斋郎》楔子："（李四云）你便是我亲姐姐、姐夫。有人欺负我～，你与我做主！（正末云）谁欺负你～，我便着人拿去，谁不知我张珪的名儿！"｜《玉壶清话》第八卷："我尝见措大门爱掉书袋，我亦掉一两句也，要官家知道我读书～。"｜《墨客挥犀》第五卷："献臣曰：'不问孙待制，官人餐～未？'"｜元杂剧《潇湘雨》第四折："不知是甚么人，惊觉着我这梦～。"｜元杂剧《黄粱梦》第四折："你临行前，老院公可曾劝你～？"｜元杂剧《陈州粜米》第一折："（小憨古做拴头科，云）父亲精细者！我说甚么～？我着你休言语，你吃了这一金锤。"｜元杂剧《望江亭》第三折："二嫂，你有福也！相公说～：'大夫人不许你，许你做第二个夫人……'（正旦见衙内科，云）相公，恰才李稍说的那话，可真个是相公说～？（衙内云）是小官说～。"｜元杂剧《救孝子》第二折："（杨谢祖云）哥哥每，你曾见个妇人～么？（牧童云）我见～。"｜元杂剧《秋胡戏妻》第二折："我这村里有一个老的，唤做罗大户，他原是个财主有钱～，如今他穷了，问我借了些粮食，至今不曾还我。又："我也做过财主～，如何今日听人叫。"｜《聊斋俚曲集·墙头记》第三回："精狗屁圈子！你早饭做甚么～？今早晨没去么？"②表示追问或反问：家里人都这么忙，你帮着搭把手儿～？｜元杂剧《酷寒亭》楔子："若不是我呵，那得你性命～？"｜元杂剧《看钱奴》第四折："端的是怎生～？老人家请息怒。"｜元杂剧《李逵负荆》第一折："你道是贼汉，是我夺了你女孩儿～？"｜元杂剧《救孝子》第四折：（谢祖云）小的每西军庄人氏……（令史打揿云）西军庄人氏，哥哥杨兴祖，兄弟杨谢祖，哥哥当军去了，他调戏他嫂嫂不肯，他杀了他嫂嫂也。（王脩然云）谁问你～！兀那小厮，你说。"｜元杂剧《杀狗劝夫》第一折："（孙大云）谁骂我～？（柳、胡云）是孙二骂你～。"｜《太平广记》第二百四十四卷："君卿指贼面骂曰：'老贼，吃虎胆～，敢偷我物！'"｜《醒世姻缘传》第六十二回："智姐道：'谁睡觉～？上面又漏，下边流进满地的水来，娘只得支了一合糜案，上边打了一把雨伞，蹲踞了半夜，谁再合眼～？'"③表示祈使或意愿：你过来～，看我怎么收拾你！｜王铚《默记·卷下》："曼卿曳其腰带后曰：'刘十，我做得通判过否？扯了衣裳，吃酒去～！'"｜《西游记》第四十九回："行者笑道：'去～！去～，必定是与我们送行，好留师父会合。'"④用于假设，有左右为难，犹豫不决的意思：当时想说～，怕他心事又没说。⑤用于估量、比况，略同"样""般"：这么～粗的棍子谁能一下子砍断｜元杂剧《西厢记》二本第三折："昏邓邓黑海～深，白茫茫陆地～厚，碧悠悠青天～阔。"⑥用在十、百、千、万等数词或数量词后面表示大约的数量：一百～米｜十～斤。⑦方位词。用于名词或名词性短语后，表处所、时间、范围等，相当于"里"：孩子还待家～等着你回来｜他爸爸当时在这个单位～当厂长｜你待哪～？怎么找不着你。

【来合】（～儿）lǎi huòr 在某一数量上下、左右：这根绳子能有十米～｜《聊斋俚曲集·慈悲曲》第四段："李氏生的那个儿子，名唤张诚，也送在学里读书，十年～张讷也没见一面。"

【来往】lǎi wāng ①交际往来；交往的关系：就发上把儿争竞，他们两家子们再没～。②（数量上）左右：看他的年龄也就四十～｜《红楼梦》第三回："若问那赦公，也有二子，长名贾琏，今已二十～了，亲上作亲，娶的就是政老爹夫人王氏之内侄女，今已娶了二年。"

【赖戴】lǎi dai ①肮脏；不洁：他那个～样儿还能说上媳妇？‖1928年《胶澳志》："～，污秽之谓。"②使脏污、恶心或厌烦：你别待这里～人好不好？｜△癞蛤蟆爬脚背子上——不咬人它～人。

【赖汉】lǎi han ＝〖赖汉子〗lǎi han zi ①平凡的人；底层的人：

△好汉不知～饥｜△好汉子不希干，赖汉子干不了。②无能之辈；无赖之徒：△宁给好汉牵驴掌灯，不给～当祖宗｜△好汉子管村管疃，赖汉子管筷子管碗。

【赖乎乎】 lǎi hù hǔ ①耍赖的样子：以前还不了解，他这个人还～的。②勉勉强强：找上人给说了个话儿，反正也～地给办上了。

【赖唧唧】 lǎi jì jǐ 说话时带着不高兴、埋怨等情绪的样子；唧唧歪歪的样子：有话儿好好说，别老是拿出个～的动静来。

【攋】 lāi 撕裂：～开｜～破｜蒲松龄《日用俗字·裁缝章》："褯子～开大事毕，不用裁缝动剪刀。"‖《集韵》："～，毁裂也。"

lan

【拦挡】 lǎn dang 制止；阻拦：年轻人想干的事咱也别一弄就～｜《乐府万象新·闹五更银纽丝》："奴家不应，闪了灯光，低簌罗帏，强把他～。"亦作"拦当"：《元典章·刑部十九》："又有佃客男女婚姻，主户常行拦当，需求钞贯布帛礼数，方许成亲。"｜元杂剧《五侯宴》第四折："老阿者，您孩儿要说，阿妈两次三番则是拦当。"

【烂熟】 lǎn shù ①指肉、菜等煮得极熟或果实熟透：煮上这么大的时候，地瓜早就～了，好开锅了｜苏轼《寄题刁景纯藏春坞》诗："杨柳长齐低户暗，樱桃～滴阶红。"｜忽思慧《饮膳正要》第二卷："野猪臛：煮令～，入五味，空心食之。"②极其熟悉或熟练：他对那个场儿～，让他领着恁就行了。

【烂窝济】 lǎn wè ji 因久置、磕碰而变形或腐烂的样子：剩下的那几把儿菜也都～的，不能买。

【漤】 lān ①用热水或石灰水泡柿子以转化糖分变甜，同时除掉涩味：这种柿子不用～也挺甜。亦作"揽"：《醒世姻缘传》第二十一回："你可是喜的往上跳，碰的头肿得象没揽的柿子一般，疼得叫我替你揉搓，可就没的来，又扯上那一遭有客哩！"②水质苦涩：那儿的水太～了。

【漤水】 lān shui 水质苦涩的水；矿物质含量过高的水。

【懒犍】lān jian ①懒牛：△好牛不拉犁——是个~|《聊斋俚曲集·寒森曲》第七回："犁上摘来耙上使，脊受棍子腔受鞭，肉被烹煮皮缝罐。牵过来人人乱看，这行子是个~。"②偷懒耍滑的人：他这个~，你打发他去了也不能给你干。

【懒老婆】lān lào pe ①懒惰的女人。②陀螺：打~。

lang

【郎当】lǎng dang =〖当郎〗dǎng lang ①吊；悬；垂挂：墙上结了两个瓜都~下来了|陈师道《后山诗话》："杨大年《傀儡》诗云：'鲍老当筵笑郭郎，笑他舞袖太~。若教鲍老当筵舞，转更~舞袖长。'"②（~儿）lǎng dangr（dǎng rangr）悬挂着的东西（含细小意）：你衣裳后面怎么有个~儿？③暂时；凑合：你先待这个单位~干着，等那面定下来了再走也不晚。④疲乏无力的样子：他这两天冒肚子，浑身都~了|冯梦龙《挂枝儿·裹脚》："裹脚儿，自幼被你缠上……一步儿何曾松放！为你身子儿消瘦了，为你行步好~。"⑤板起（脸）：他老板成天~着个脸，就和谁该他二百钱似的|《聊斋俚曲集·磨难曲》第一回："百姓跟着号啕痛，摇吷怒喝脸~；一溜飞颠扬长去，骂声空在耳边厢。"亦作"瑯珰"：《醒世姻缘传》第六十七回："再搭上一个回回婆瑯珰着个东瓜青白脸，翻撅着个赤剥紫红唇，高着个羊鼻梁，凸着两个狗颧骨，三声紧，两声慢，数说个无了无休，着极的人激出一段火性，把那柜上使手尽力一拍。"⑥游手好闲；不务正业：这个年纪不找个正经事干，整天就~踢蹬了|你交往些什么人，净是赌钱鬼子~神！|《水浒传》第一百零二回："（王庆老婆）便把王庆脸上打了一掌道：'~怪物！却终日在外面，不顾家里。'"

【浪摆】làng bai ①炫耀；显摆：她没有正心上班，成天就知道出去瞎~。②轻佻；风骚：那个小嫚从小就~。

【浪头】lǎng tou 海浪：小船儿叫~泼上海沿儿来了。

lao

【老鼻子】 lǎo bǐ zi 形容非常多：快上这面来挖蛤蜊，这里~了。

【老长儿】 lāo chàngr 非常长：剩下的路还~，还待走一个钟头。

【老大嫚儿】 lǎo dà mǎnr 年龄大还未出嫁的女子：再不找对象，她就成了~了。

【老雕】 lào diǎo 鹰鹫的泛称：△~~你打场，挣个饽饽乞恁娘，老娘不吃给老黑，老黑吃了好打滚儿｜△~吃鸡毛——什么也充肠子。‖《俚语证古》第十一卷："鹞鸢谓之~。"

【老海儿】 lǎo hāir 海洛因：他那几年吃~扎吗啡，把家都破落了。

【老几】 lǎo jī ①排行第几：你待家里是~？②表示在某一范围内数不上、不够格（多用于自嘲或轻视别人）：咱算~，还能有咱的事｜△一个人拜把子——你算~？

【老来少】 lào lǎi shào ①年龄虽大但身心健康、心态年轻：△父不慈子不孝，父慈子孝~｜《聊斋俚曲集·富贵神仙》第一回："夫妇才到七十外，又见曾孙中状元；吃了仙酒~，模样只像三十前。"②一芸豆品种，看起来挺老，吃起来依然脆嫩。

【老了】 lāo ler ①非常多：这两天儿上栈桥耍的人~。②特指上年纪的人去世：老妈妈头年冬~。‖参"老"：《聊斋俚曲集·富贵神仙》第二回："我有伯母前年老，至今灵柩还在堂，不久要看日子葬。"

【老婆舌头】 lāo pe shě tou 指爱议论别人家务事、传播小道消息或能言善辩：喳拉~｜元杂剧《气英布》第一折："那厮是能言巧辩之士，口里含着一堆的~，咱是个粗卤武将，到得那里？"｜《醒世姻缘传》第七十八回："既然打伙子合起气来，这些管家们的令正，谁是不知道的，七嘴八舌，动起~。"

【老婆指甲】 lāo pe zhī jia 学名瓦松，因叶尖有刺，故称。

【老起了】 lāo qi ler 非常多：叫风刮下来的桃儿都~。

【老亲】 lāo qǐn 旧时的亲戚；关系较远的亲戚：元杂剧《合汗衫》第三折："孩儿你休问他，他家和咱是~。"

【老生子】lāo shèng zi 父母晚年所生的孩子：他是个～，从小叫父母惯得不像个样儿｜《聊斋俚曲集·增补幸云曲》第七回："我没有名字，家父养活了俺兄弟六个，我是个～，排行叫六哥。"

【老师儿】lào shǐr ①对人的尊称，义同"师傅"：～，能不能帮个忙。②对领头的或技术高的手艺人的尊称：那是几个小工，他是～。

【老远】lào yuān 很远：两家隔着～，骑车去吧｜我～就看像你来了。‖《俚语证古》第二卷："极远谓之～。"

【老早】lǎo zāo 非常早：～就起来给他打点东西｜咱不知道的时候，人家～就知道了。

【姥娘】lāo niang 外祖母：△扁珠子芽，红根根儿，～教俺引针针儿。引不上，～打俺两拄棒，上南园，哭一场，回来还是俺亲～。亦称"老娘"：元杂剧《老生儿》楔子："那老爷老娘家亲眷每说道：'你那孩儿，则管在这里住怎么？东平府不有你的伯父？'"｜《聊斋俚曲集·翻魇殃》第九回："不曾在家，不曾在家，前日去住老娘家。"

【姥娘腹脐】lāo niang bǐ qi 一种扁形的海螺，学名香螺。‖"腹"古音读如"必"：《韵补》："腹，叶音必。"

【姥爷】lāo ye 外祖父：他～是当地有名的秀才。

【捞】lào（lǎo）①从水或液体中取东西：下水～鱼。②一种洗东西的方法，用笊篱等筛状物淘洗捞出：～麦子｜～黄菜。③窃取；侵占；通过不正当手段获取：厂里的好东西都叫他～去了。④得到；享受到；获得机会：那么多活儿等着，谁能～着出去耍？｜《聊斋俚曲集·翻魇殃》第六回："范公子祖辈官，他家里有个园，寻常无人～着见。"｜《聊斋俚曲集·寒森曲》第六回："玉皇爷爷隔着远，那里～着去叩阍？"｜《聊斋俚曲集·墙头记》第一回："闲来并不让他家坐，寻常连茶没有，待笑话那里～着？"｜《聊斋俚曲集·富贵神仙》第四回："想一想老严，想一想老严，门下官员万万千，小小的个方仲起，怎么能～着见？"｜《聊斋俚曲集·慈悲曲》第三段："他那媳妇子，又搭上他那邻舍家跑了一天井，都夺着那锨柄，才没～着他打。"

【捞不着】lǎo bu zhuò 得不到；享受不到；得不倒机会：干馋～｜《聊斋俚曲集·翻魇殃》第一回："况且是路途遥远，～上门告诵。"｜《聊斋俚曲集·快曲》第四联："都拍手说：'快哉，快哉，快哉！这样快事，俺偏～，便宜你！过日捞着司马懿，俺也这样。'"

【捞搔】lǎo sao 得到；享受到：这么长时间没～着海货吃了。

【捞梢】lào shǎo 找补损失；捞回本钱：还还想打几把儿往回捞捞梢｜《红楼梦》第七十三回："原来我们老奶奶老糊涂了，输了几个钱，没的～，所以借去，不想今日弄出事来。"

【捞手摸脚】lào shōu mě juē =〖急手掀脚〗jī shōu wǎ juē 烦躁或着急的样子：他待那里～的也不知干点儿什么好。

【鲹鲅鱼】lāo ban yù 孔鳐，一种海产鱼类，通常写作"老板鱼"。

【鲹竿】lǎo gan 个头细高：他～～的，走路都上晃｜蒲松龄《日用俗字·身体章》："～矬矮长短异，白净黑黕丑俊分。"

ler

【二二次次】lěr ler cǐ cì 模棱两可的样子：他还是～地不敢决定。

【二二乎乎】lěr ler hǔ hù ①勉勉强强的样子：这几个月跟着师傅还～地能学下来。②不确定或没把握的样子：听他的说法儿，这个事儿还～的。

【二乎】lěr hu ①没把握；不一定：这个事还～着，现当紧儿还不敢应你。②犹豫；迟疑：你再去问问他，夜来我看他还～着。

【二仪子】lěr yi zi<贬>两性人：这个男的说起话来娘娘的，就赶个～。

【耳】lēr 理睬：他背着个手和个真情况似的，其实没有个～他的。

【耳窦】lēr dou =〖耳朵〗lēr duo 耳朵：他的～和元宝似的。

【耳窦眼儿】lēr dou yānr =〖耳朵眼儿〗lēr duo yānr ①耳孔。②为戴耳环等饰品在耳垂上扎的孔。

【耳窦坠儿】lēr dou zhuìr 耳垂：他～真大，带着个福相。

【耳朵底子】lèr duo dī zi 中耳炎：这两天儿生～太难受了。

【耳根子】lēr gèn zi ①耳朵；耳朵后部。②耳光：他挨了老板两个～｜《聊斋俚曲集·富贵神仙》第九回："旁里有张家两个侄子，一边一个，打了顿～。"③指替人刺探消息的人：那几个人都是他安排的～。

【耳性】lěr xing 记性；记忆力，一般用于反问或否定句式，意为记不住别人的提醒和劝诫：他就是没～，跟他说了多少遍也和没说一样｜《醒世姻缘传》第六十六回："小素姐的家法，只是狄希陈没有～，好了创口，忘了疼的，那小玉兰是领熟了他大教的，敢在他手里支吾么？"｜《红楼梦》第二十八回："薛蟠连忙自己打了一个嘴巴子，说道：'没有～，再不许说了！'"

【耳壅】lěr yīng =〖耳朵壅〗lèr duo yīng 耳屎；耳垢。

lei

【累】lèi ①劳累；辛苦：没等干完这个月，他就～草鸡了。②生活拮据、艰难：那几年他家的日子太～了。

【肋膪骨】lèi chǎ gū =〖肋齿骨〗lèi chi gū =〖肋巴骨〗lèi ba gū =〖肋巴条子〗lèi ba tiǎo zi 肋骨：△拿着～当算盘子（比喻不舍得吃喝）。‖参"肋膪"：《聊斋俚曲集·富贵神仙》第九回："别人都打了，惟有赵鬼子那肋膪里中了一枪，还血淋淋的，就没打他。"

【勒掯】（～儿）lèi kenr ①刁难；勒索：这个事不是不能办，其实是他特为～人家｜元杂剧《鲁斋郎》第一折："休想肯与人方便，衡一片害人心，～了些养家缘。"｜《水浒传》第二十四回："今年觉道身体好生不济，又撞着如今闰月，趁这两日要做，又被那裁缝～，只推生活忙，不肯来做。"｜元杂剧《铁拐李》第二折："旧官行～些东西，新官行过度些钱。"｜《红楼梦》第十回："你不许～他，不许招他生气，叫他静静儿的养几天就好了。"｜《儿女英雄传》第二十三回："倒不是送礼，我今日是～你娘儿们来了。"｜《醒世姻缘传》第六十七回："你要钱可也自家来；你一边治着一边要不迟。这是甚么事？你且高枝儿上站着～哩！"
②被绳子等勒紧留下的痕迹：这是捆箱子留上的～儿？

leng

【冷清】lēng qing 寒冷：多拿几件衣裳，过几天就～了。‖《说文解字》："清，冷寒也。七定切。"

【聋汉】lěng han 失去听觉的人；耳背较重的人：叫多少遍了还没听见，都是些～？

【愣头青】lěng tòu qǐng 鲁莽蛮横的人：他是个～，和他讲不进理去。

li

【立等】lǐ dēng = 〖立立等〗lǐ li dēng 着急地等待：快点儿送去，他家里～着使｜《红楼梦》第四十回："话说宝玉听了，忙进来看时，只见琥珀站在屏风跟前说：'快去吧，～你说话呢。'"

【立时】lǐ shì 立刻；马上：他吃了药～就不痛了｜《二刻拍案惊奇》第二十卷："～准状，金牌来拿陈定到官。"｜元杂剧《陈州粜米》第三折："不忧君怨和民怨，只爱花钱共酒钱。今日个家破人亡～见，我将你这害民的贼鹰鹯。"

【里操外噱】lǐ cǎo wài xuě 挑拨是非；胡说八道：他在中间～，把事挑唆大了｜△圈腮胡子吃炒面——～。

【里鼓】lǐ gu 内讧：伙伙的那几个人都～了，买卖也没法做了。

【里外里】lǐ wǎi lǐ 从（正反）两方面计算；不论怎样计算或考虑：这个买卖算下来～叫人家挣钱去了。

【礼道】（～儿）lǐ daor 礼节；礼数；修养：他家那孩子真有～｜△虾皮子锅腰～多｜《刘知远诸宫调》："愚浊匹夫！直恁折敢无～。"

【沥生】lǐ sheng ①夹生；半生不熟：地瓜都煮～了。②事情进退两难的状态：这个事待盯紧了，再不紧不慢的话就办～了。

【犂】lì 用刀划开：使刀子～上一趟口子。

【犂心】lì xin 因胃酸过多导致的胃部烧灼感：他一吃地瓜就～。

【离榼儿】lí hùr 成熟的桃、杏等水果的果肉与果核结合不紧密，能轻易剥离：这个品种的杏儿是～的，好剥。

lia

【俩眼肆直】liǎ yān sǐ zhì ＝〖两眼肆直〗liāng yān sǐ zhì ①眼神呆滞的样子：这个孩子是不是有什么毛病，怎么～？ ②因生气或受打击而束手无策的样子：他整天叫这个孩子气得是～。

lian

【连襟】liǎn jinr 姐姐的丈夫和妹妹的丈夫之间的亲戚关系：那个人就是他～。亦作“连衿”：《醒世姻缘传》第五十七回：“小琏哥已是将死的时候，晁思才两口子还撺他在门外街上看着摊晒烧酒的酵子，恰好晁梁往他大舅子的连衿家吊孝回来，骑着马，跟着晁奉山两三个人。”

【连阴】liǎn yin 阴雨天气持续多日：△有钱难买五月旱，六月～吃好饭。

【连阴天】liǎn yin tiǎn 连续多日的阴雨天气：碰上这个～，家里的东西容易长毛儿。

liang

【两膀擎儿】liǎng bang qìngr 男性穿的背心。

【两差头】liàng chǎ tòu 完全不同的方向；分歧：恁两个说～上去了。

【两耽】liàng dàn 两方面都耽误或没有做好：他们不早跟咱说，弄得把事都～了。亦作“两耽”：《真本金瓶梅》第四十三回：“头里因大妗子女儿两个来，乱着就忘记了，我只说你收了出去，谁知你也没收，就两耽了，才寻起来，唬的他们都走了。”

【两道手】liàng dao shōu 两个环节；额外增加环节：△脱了裤子放屁——～。

【两个】liāng ge =〖俩〗lia ①数量词：～人｜～事儿。②与"和"连用，相当于"之间"：我和他～说不进去。③与"和"连用，相当于"一起"：我一个人搬不动，你和我～吧。

【两合水】liàng huǒ shuī ①海水和淡水交混的水或水域：这种鱼是～的。②混血：他的孩子是个～。

【两说】liǎng shuō ①不一定；不确定：能不能成，还～着。②另说；不能混为一谈：他提的那些事都待～了。

【两下】liāng xià =〖两下里〗liāng xiǎ ler ①双方；两方面：他这么处理的话，～都满意｜《聊斋俚曲集·磨难曲》第六回："要作别泪纷纷，生察察的～分，愁你家里无投奔。"｜明杂剧《雌木兰替父从军》第二出："不想王郎又中上贤良、文学那两等科名，如今见以校书郎省亲在家。木兰又去了十来年，两下里都男长女大得不是耍。"｜冯梦龙《挂枝儿·欢部》二卷："泥人儿，好一似咱两个。捻一个你，塑一个我，看两下里如何。"｜《挂枝儿·想部》三卷："单相思背地里想，双相思两下里挨。"｜元杂剧《玉壶春》第一折："他那里眼送眉传，我这里腹热心煎，两下里都思惹情牵。"②两个地方：老婆汉子待～住也不是个事儿｜《聊斋俚曲集·墙头记》第三回："两个齐往两下里挣，好像挣着个老叫驴，叫我可往那里去？"｜《醒世姻缘传》第三十二回："晁奶奶那边极没有人手，又要祟谷，又要煮粥，两下里照管不来，也没有这许多米粮。"｜《醒世姻缘传》第七十四回："拣近着些的吉日，娶过那边去，或过三日，或过对月，再看或是一处住，或是两下里，叫他别要费那没要紧的事。"

【两姨】liàng yì 姐妹生的孩子之间的关系：～姊妹｜这是俺的个～兄｜《红楼梦》第十九回："（宝玉）一面见众人不在房中，乃笑问袭人道：'今儿那个穿红的是你什么人？'袭人道：'那是我～妹子。'"

【两姨弟兄】liàng yi dǐ xing 特指姐妹生的男孩子之间的关系。

【两姨姊妹】（～儿）liàng yi zī mèir 泛指姐妹生的孩子之间的

关系:《红楼梦》第二十回:"你这么个明白人,难道连'亲不间疏,先不僭后'也不知道?我虽糊涂,却明白这两句话。头一件,咱们是姑舅姊妹,宝姐姐是～,论亲戚,他比你疏。"

【两疑】liàng yì 互相猜疑;彼此误会:其实他们两个是～了。

【凉森】liǎng shen 稍冷;微寒:石头墩坐上还挺～的,别受凉。

【凉森森】liǎng shèn shěn 凉嗖嗖或冷丝丝的样子:现在是朝凉午热的时候,早上还～的,穿不住短袖。

【凉着】liǎng zhi 受凉:再穿件衣裳,别～|《红楼梦》第九十回:"姐姐替我谢大奶奶罢。天气寒,看～。再者,自己叔嫂,也不必拘这些个礼。"

【晾】liàng ①放在阳光下或通风处使干:～衣裳。②置之不理;冷处理:店主把来买东西的～那里老半天也不搭理。

【量】liàng 估计;料想:～他不敢再胡作了|谁也没～着他能来。

liao

【撂话儿】liǎo huàr 留下话:他走的时候也撂了个话儿,说有什么难处可以去找他。

【撂手】liǎo shōu 放弃;结束;罢休:当时他都想～不干了。亦作"了手":《聊斋俚曲集·禳妒咒》第一回:"天地之间,蚕们可以老了,挵树可以倒了,饥困可以饱了,昂脏可以扫了,惟独这着骨的疔疮,几时是个了手呢?"|《聊斋俚曲集·增补幸云曲》第十回:"俺老的老,小的小,每日挣给你吃,几时是个了手?"|《聊斋俚曲集·俊夜叉》:"起初时小小解闷,赌热了火上浇油;田产不尽不肯休,净腚光才是个了手。"

【撂挑子】liào tiǎo zi 比喻丢下应负的工作,甩手不干:把他说急了眼～不干,找谁给你顶起来?

【燎浆】liǎo jiang =〚燎浆泡〛liǎo jiang pào 皮肤被火、热水或蒸气灼伤而起的水泡:开锅的时候叫气泄起一个大～来|元杂剧《张生煮海》第三折:"烧的来焰腾腾滚波翻浪……但着一点儿就是一个～。"|

《水浒传》第八回："林冲看时，脚上满面都是燎浆泡。"亦作"料浆泡"：元杂剧《生金阁》第三折："酾这么滚汤般热酒来烫我，把我的嘴唇都烫起料浆泡来。"

【燎泡】liǎo pào 皮肤被灼伤而起的水泡：这种药治～真管用｜《红楼梦》第二十五回："只见宝玉左边脸上烫了一溜～出来，幸而眼睛竟没动。"｜《聊斋俚曲集·快曲》第一联："奸似贼，不出我胸中料，纵然能逃，连头带腰，也起个大～！"｜《聊斋俚曲集·快曲》第二联："不惟说是衣服烧，身上～无其数。"

【廖亮】liáo liàng ①开阔敞亮：才盖的这个房子真好真～。②心情舒畅：听他这么一说，我心里也～｜支道林《咏怀诗》其一："苟简为我养，逍遥使我闲。～心神莹，含虚映自然。"亦作"辽亮"：江淹《殷东阳仲文兴瞩》："晨游任所萃，悠悠蕴真趣。云天亦辽亮，时与赏心遇。"

【敹】liáo 缝缀；粗略地缝：稍微～上几针，被面儿就不乱跑了。‖《尚书·周书·费誓》："善～乃甲胄。"郑玄注："～，谓穿彻之。"

lie

【咧咧】liě liè ①胡说；唠唠叨叨地说：咱不知道他～了些什么。②大声地（哭）：一进门就听着他待那～着哭。

【烈决】liè jué 强烈；激烈；厉害：他嘅起人来真～。

【裂】liē ①撕开；裁剪：～布｜～纸｜《左传·召公元年》："召使者，～裳帛而与之。"｜《清史稿·列传四十五》："康熙十二年，吴三桂反，京师闻变，有杨起隆者，诈称朱三太子，私改元广德，号其徒为'中兴官兵'，～布裹首以白，披身以赤，谋作乱。"｜《聊斋俚曲集·墙头记》第三回："张大大怒，你当面来形容我，咱只～了！张老才待穿，被他一把夺过去～了。张二说，我也～了你的，把老张顿了一跌，剥下来就～，张大来夺，张二把他推倒，按住就打。"｜《聊斋俚曲集·禳妒咒》第五回："城南李知府看见那高家小相公聪明俊秀，要给他做个丈人，托我做媒，许下给我～半尺布的裹脚。待俺去走走，设或说成了，挣他这一宗布来，～了裹脚，只怕还剩下一对鞋里也是有的。"｜《聊斋俚曲集·慈悲曲》第四段："大家～了一块布衫子来，缠了缠，又着一个人取了一扇门来，才把张讷接了来家。"｜《聊斋俚曲集·翻魇殃》第四回："老郑越发怒了，叫他内司跑出来了七八个，先把衣服～了。"｜《聊斋俚曲集·增补幸云曲》第二十一回："大姐说：'看人家～破你那嘴了！'"｜《阅微草堂笔记》第四卷："次日，仙游陈题桥访之，话及是事，承尘上有声如～帛，后不再见。"②破开；分开：～口｜分～｜～纹。

【裂布】 liě bù 将布撕开：那间传来的动静，就和～样的｜刘肃《大唐心语》第十一卷："仁轨曰：'乞方便。'乃于房中～，将头自缢。"｜陆游《山寺》诗："宿林野鹘惊复起，争栗山童呼不应。溪南闻道更幽绝，明日～缝行滕。"

lin

【临�肩】 lín qìn jiǎn 头向前倾且肩膀下垂：他是个～。‖1935年《临朐续志》："讥人肩垂曰～。"又："临�，《广韵》头向前也，今音转如'临勤'。"

ling

【岭】 līng ①山丘；土丘。②堆：他们把货卸得这一堆那一～的。

【领】 līng ①衣领：衬衣～子｜假～。②带领：△先生～路，自己用心｜△千人行路，一人～头儿。③领取：～书｜～钱｜～工资。④特指握着对方的手带领：～手儿｜快～着恁弟弟，车太多了。⑤量词，用于铺的席子：过年换～席｜《醒世姻缘传》第二十回："一座大北房，当中是一张凉床，床上铺着一床红毡，毡上铺一床天青花缎褥子，褥上一～藤席，一床月白胡罗单被合一个藤枕都吊在地下。"｜《醒世姻缘传》第二十六回："（麻从吾）开进房去一看，连炕上的一～芦席都不知从几时揭得去了。"｜《醒世姻缘传》第八十回："但这们个大丫头死了，使～席卷着，从咱这门里抬出去，街坊上看着也不好意思的。"

liu

【六月天】liù yue tiǎn 泛指农历六月份前后，是一年当中最热的一段时间：△～穿棉袄——不是时候｜△～，后娘脸，说变就变。

【六精八怪】liù jǐng bà guài<贬>过于精明的样子：他媳妇那个人～的，没法儿交往。

【溜】liū（ liǔ　liù）①在别人说、唱时进行机械地模仿：谁不会唱就跟着～行了。②附和别人说话的意思编话说：他怕漏了馅儿，快就跟着他往下～吧。③排；趟：那一大～房子都是才盖起来的。④偷偷地离开：～道儿。⑤指某一区域：那一～的人真实在｜他们那一～就这么个说话法儿。⑥分割成的条、片、块、段、瓣：两～西瓜｜你切一小～就够他吃的。⑦用作前缀，非常：～清｜～滑｜～圆｜～光｜～尖｜～软。

【溜道】liǔ dao①熟练；顺畅：他算账不如他弟弟～。②（机器等）运转顺畅：这个脚踏车子骑起来不大～。③（～儿）liǔ dàor 偷偷地离开；跑路：他怕恁来找他算账，他早就～儿了。

【溜清】liǔ qǐng 非常清楚：人家都看得～，就是不希说。

lou

【瞜睺】lǒu hou 探头探脑地看，有时表示不公开地观察或窥探：那是谁待窗外往里～？｜你过去～～他们待那干什么？

lu

【卢都】lǔ du ＝〖都卢〗dǔ lu①（嘴）向前突出；撅着（嘴唇）：他整天卢都着个嘴，没有句话儿｜元杂剧《救风尘》第二折："一个个眼张狂似漏了网的游鱼，一个个嘴卢都似跌了弹的斑鸠。"亦作"碌都"：元杂剧《陈母教子》第二折："无语低头，嘴碌都的恰便似跌了弹的斑鸠。"②（脸因生气或不高兴而）拉长：他～着个脸，就和人家欠他似的。‖《俚语证古》第三卷："面容低垂露呈不悦之色，谓之都卢脸。"

【卤】lū 用盐、酱油等腌渍：你把黄花鱼～～再做。

【卤水】lū shuǐ 制盐时剩下的黑色汁液，味苦有毒，常用来制作豆腐：△～点豆腐——一物降一物。

【卤子】lū zi 米饭、面条等食物的汤羹、浇头。

【鲁】lū 欺骗；耍弄：他买的这些鸡蛋叫人～了。

【鲁秤】lù chèng 短秤；缺斤少两：挣多少钱放后边，可不能～。

lü

【驴东狗西】lù děng gòu xǐ 东拉西扯；胡说八道：他那个嘴整天～的，没有句正经话。

【驴盛】lǔ sheng 公驴的外生殖器：△吃～不吃灌肠。

【将】lū ①（顺着一个方向）抚摸；按摩；梳拢：你给他把腿～两下他能好受点儿｜△老鼠给猫～胡子——豁上命了｜贾思勰《齐民要术·养羊》："～乳之时，须人斟酌，三分之中当留一分。"｜古乐府《陌上桑》："行者见罗敷，下担～髭须。"②沿着：～着河崖儿走就上海边了。③理顺；理清：把这些事儿好好～～。④luō 顺着一个方向撸取；顺着枝条采植物的花叶：～缨青｜俺才去～槐花来｜《诗经·周南·芣苢》："采采芣苢，薄言掇之。采采芣苢，薄言～之。"‖《说文解字》："～，取易也。"

【绿豆蝇】lù dou yǐng 一种个头较大、背呈青绿色的苍蝇。

【绿筝筝】lǔ zhèng zheng 有点绿色的；浅绿色的：你买的这块纱～的，还真配你的衣裳。‖《俚语证古》第十卷："草色之浅绿者，谓之～的，筝筝当作青青（古音读筝）。"

【碌轴】lù zhu 石制的圆柱形农具，表面刻有棱条，用来轧谷物或平场地：《醒世姻缘传》第七十九回："分付已完，这牛顺驯而去。那日正在打场，将他套上～，他也不似往时踢跳，跟了别的牛沿场行走。"‖1935年《莱阳县志》："轧场之石曰～。碌音如绿，轴音如柱。"

【敊】lū 用鞭子、棍子等长条形物击打：回去叫他爸爸把他好一个～。‖《集韵》："～，击也。"

luan

【乱营】luàn yìng 出现混乱的局面：这个话一传回来，工厂里的人都～了。

lun

【嫩】lùn ①初生而柔弱：～超｜～芽。②程度浅；余地少：你留的线头太～了，光扯开。③幼稚；不老练：毕竟年纪还小太～了。④食物烹调时间短，容易咀嚼：肉炒得～点儿了。

【嫩超】lǔn chao 鲜嫩：他买的这些韭菜挺好，～的。

【嫩超超】lǔn chào chao 非常鲜嫩的样子：这些菜一直没缺着水，都～的。‖《俚语证古》第十卷：“条支鲜盛貌，谓之～的。超超字当作夭夭（古音读超）。《诗·周南·桃夭》篇：‘桃之夭夭’，传云，夭夭，其少壮也。”

luo

【捋】luō 撕裂；撕扯：那个麻袋都叫狗～碎了｜元杂剧《杀狗劝夫》第二折：“将一条旧褡裤扯做了旗角，将一领破布衫～做了铺迟。”｜元杂剧《争报恩》第一折：“～下这窗户上纸来，做个纸捻儿点着。”

【M】

ma

【马蓬腰】mā peng yǎo（轻微的）驼背：年轻的时候他还有点儿～，现在腰板儿绷直。

【马扎儿】mà zhàr =〖马扎子〗mà zhǎ zi 一种可折叠的小型坐具：《老残游记》第十五回：“县官有马扎子，老残与人瑞仍坐长凳子上。”

【蚂尖】mā jian（dian）水蛭，又名蚂蟥：△洗完澡再数腿上的～。

【蚂蚱菜】mà zha cǎi ①指霞草，即山蚂蚱菜。②指马齿苋。

【犸虎】mǎ hu 狼的别称：△狗咬～两下怕｜△～逮着驴——弄着大的了｜《聊斋俚曲集·慈悲曲》第二段："那孩子只怕那～吃了，我还得去找他找。"｜《聊斋俚曲集·慈悲曲》第三段："就是～咬着老羊——就吃下他下半截，他也是不做声的。"｜《聊斋俚曲集·慈悲曲》第四段："今日跟到山里，万一撞见～着呢？"亦作"马虎"：《聊斋俚曲集·磨难曲》第二十三回："淌里洋来淌里洋撞，马虎好似狼，看见蹄儿是几个，道是一根尾巴长在屁股上。"‖《俚语证古》第十二卷："麻虎，獶虎也。狼谓之麻虎。麻虎为獶虎双声音转。《尔雅·释兽》：'貔獶似狸。'释文引《字林》云，獶，狼属。一云貔也。虎谓其如虎食人也。"1928年《胶澳志》："妈虎，谓狼为妈虎。"

【犸虎铃铛】mǎ hu líng dang 一种野草。

【码算】mā suan 粗略地计算：他～了一遍，感觉这个事可以干。

【睸】mā ①看；盯：你看着的时候晚了，人家早就～上了。②观察并加以判定：他们还～着你当孙。

【抹下脸来】mā xia liān lai 不高兴；翻脸：他老是不好意思的，抹不下脸来｜《聊斋俚曲集·增补幸云曲》第十回："老虔婆～说：'我没事就不来！人家那当姐儿的也是当姐儿，春里是春衣，夏里是夏衣，你也是个姐儿，我来问你要几两银子使使。'"

【麻瞪】mǎ deng 眨动（眼睛）：他待那～眼儿，看样儿是醒了｜《聊斋俚曲集·磨难曲》第一回："知县怕他实落报，送上厚礼哀哀央，他轿里底头～眼，合县报了几个庄。"｜《聊斋俚曲集·磨难曲》第一回："虽然说不成灾，却又自家看不上，坐在那轿里～着两眼，见一个庄里没有术稽，便说这庄子成的是灾。"

【麻爪儿】mǎ zhuār 手脚发麻，比喻因惊怕紧张而手足无措的样子：别看他现在这些本事，真遇见事儿就～了。

【麻溜】mǎ liu 麻利；利落：他闺女干活～，人长得也好。

【嘛】mǎ 用在表示大小、长短、高下等意义的形容词前，强调非常小、短、矮等消极意义：他哈了～点儿酒就醉了｜～长短｜～高下｜～矮矮｜～瘦瘦儿｜～点点儿。

【嘛粗细儿】mǎ cū xìr 没多粗；很细：他那个小胳膊～，没有什么劲儿。

【嘛点儿】mǎ diānr =〖嘛大点儿〗mǎ da diānr ①很小：他家的孩子才～。②很少：剩了～点水了，再去买桶回来。

【嘛高下儿】mǎ gāo xiàr 没多高；很矮：这个墙～，不用梯子就能爬过去。

【嘛厚薄儿】mǎ hou bèr =〖嘛枵薄儿〗mǎ xiao bèr 没多厚；很薄：别光看价钱，你摸摸那个料～。

【嘛距远儿】mǎ ju yuānr 没多远；距离很近：过去～，不用骑车子了。

【嘛宽窄儿】mǎ kuan zhēir 很窄：小桥～，走不开两个人。

【嘛老点儿】mǎ lāo diānr 极少一点儿：就高了～，看不大出来。

mai

【埋汰】mǎi tai ①脏；不干净：就这个～样儿，谁能用上他？②使人恶心、厌烦：他这是跑来～人的。

【买换】māi huan ①收买：～人心。②换取：这个人真是吃了千口不嫌腥，多少东西也～不出他的心来。

【买卖儿精】māir màir jǐng 精明的生意人：他哥哥从小就是个～｜△～，不贩韭菜葱。

【卖乖】mài guǎi 假装自己吃了亏或受了委屈：△耍了精神，卖了乖｜△得了便宜，卖了乖。

【卖缺儿】mǎi quēr 售卖市面上少见或缺货的东西：剩这么几个了，光～都不够卖的。

man

【满】mān ①达到容量的极点：△酒要～，茶要浅｜△一瓶不～，半瓶晃荡｜△一块坏肉臭～锅｜△母鸡不下蛋——脂～腔了｜△秋雨不遮天，遮天下～湾。②使满：把酒～上。③全：△耗子咬茶壶——～嘴的瓷（词）｜△猪肥～身是膘｜△～筐砍不出个杶子来。④达到一定期限：孩子～月儿了。⑤顶多；无非：这筐芋头也～五十斤｜他～多等个十分钟。⑥（眼睛、血管、肌肉、筋腱等）因用力而鼓胀的样子：～断血管｜攥拳～眼。

【满打满算】mān dā màn suàn 全部算在内：他那面儿～也就三四个人｜《儿女英雄传》第三十九回："孔夫子给子华他们老太太的米，那是行人情，自然给的是串过的细米，须得～。"

【满眼】① mān yan 大而外凸的眼珠：这个人长着那对大～没有眼皮挡着就掉出来了。② mǎn yān（因用力或气愤而）瞪大眼睛，引申为气愤、对抗或向人示威：那两个人都不是善茬，动不动就～。

【漫】① mān 满；遍：元杂剧《渔樵记》第三折："呆弟子孩儿，～坡里又无人。见鬼的也似自言自语，絮絮聒聒的！"｜元杂剧《玩江亭》第二折："师父，你既要请我，这～地里又无房舍。" ② mǎn 隔着；越过：△～着锅台上了炕｜《聊斋俚曲集·富贵神仙》第九回："张春说：'不必叫别人。'便～墙叫过他大儿张诚来，'给你大叔背着行李。'"｜《醒世姻缘传》第三十八回："你这不去，惹的大的们恼了，这才～墙撩胔膊，丢开手了。"亦作"瞒"：《聊斋俚曲集·墙头记》第二回："还不瞒墙着实叫，堪堪就死命难存，发脾寒冷的还成阵。"

【漫坡地】mān pe dì 山野田地：待个～里，也找不着人来帮忙。

【漫山漫岭】mān shǎng mǎn līng 漫山遍野：这些花儿待俺那儿～到处是。

【墁】màn 用泥土、石灰等物抹墙、涂墙：～墙｜和点儿灰把壁子～～｜《聊斋俚曲集·翻魔殃》第七回："问了问他那屋，嫌那屋没～。修理要给钱，修理要给钱，不是空口说空言。"

【镘】（～儿）mànr 铜钱没有字的那一面：桌子上放着的那个铜钱是～儿朝上｜元杂剧《燕青博鱼》第二折："（燕大云）你拿头钱来我看咱。（正末云）这个是头钱。（燕大云）这钱昏，字～不好。（正末云）哥也，这钱不昏，你则睁眼儿看者。" ‖ 古代用来泛指钱财：元杂剧《陈州粜米》第三折："俺这此处有上司差两个开仓粜米官人来，一个是杨金吾，一个是刘小衙内。他两个在俺家里使钱，我要一奉十，好生撒～。"

【嫚】（～儿）mǎnr ①处女；未婚嫁的女人：俊丑放后边，怎么说人家还是个～儿不是?｜△为一天～儿，当一天官儿。②女孩；姑娘：△～～你别馋，过了腊八就过年｜△小大～，好大脚，扑丫扑丫上了坡。拾麦子，蒸饽饽，看看大～吃多少。‖ 1928 年《胶澳志》："女童谓之～。"③旧时长辈对已过门的女性晚辈的称呼，一般前面加上姓氏：李～儿｜王～儿｜曲～儿。

mang
【忙急】mǎng ji 忙活；忙碌：你看俺来了把你给～的。

mao
【毛蛤蜊】mǎo ga la 魁蚶；毛蚶：～肉拌菠菜。

【毛窋】mǎo zhū =〖汗毛窋儿〗hàn mao zhūr 汗毛根部：出汗出得～就开了，别叫凉风吹感冒了。‖ 1936 年《寿光县志》："毛根曰～。"

【冒冒道道】mǎo mao dǎo dào 冒失忙乱的样子：他～地回来一趟，又不知道上哪去了｜别老是～的，往后学着仔细点儿。

【茅房】mǎo fang 厕所：△占着～不拉屎｜△人家上～他腚眼儿痒痒。

【摙】māo 用拳头打：他的眼也叫人～青了。‖《广韵》："～，打也。"《集韵》："～，击也。"

me

【末货儿】mè huor 虾蟆，一种很小的虾：～炒鸡蛋。

【末末儿】mèr mer 细粉末：把里边的那些～打扫打扫。

【末梢子】mè shao zi ①豆角、芸豆等作物结的最后一茬：这些豆角光剩一些～，不好吃。②家里排行最小的孩子：他一共姊妹六个，他是个～。

【沫沫儿】mèr mer 泡沫：这些猪肉放锅里使水一窜，窜出那么多～来。

【抹】mē ①涂：～粉｜△干屎～不了人身上｜△嘴上～石灰——白说。②揩；擦：哭鼻子～泪。③除去：把他的功劳都～去了。④用刀、剑等割（脖子、头等）：《聊斋俚曲集·磨难曲》第十七回："又横三竖四，把个头砍的稀烂，才踏着肩膀，～下头来了。"｜《醒世姻缘传》第二回："若又似前采打，我便趁势照他脑前戳他两刀，然后自己～了头，对了他的命。"｜《红楼梦》第六十七回："兴儿道：'他母亲和他妹子。昨儿他妹子各人～了脖子了。'"亦作"磨""劘"：《聊斋俚曲集·寒森曲》第六回："三官说：'我安心瞧个空，把他一刀子杀死，便自家磨了头。'"｜《聊斋俚曲集·慈悲曲》第四段："张讷叫了一声皇天，把头几乎劘下来！"⑤mà 触碰；动：要是他不去领着打扫卫生，没有愿意去～着笤帚的。⑥mà 擦；清除：拿块儿布儿～～上边的些灰。

【没病没灾】（～儿）mě bìng mè zǎir 平安健康的样子：只要家里人都～儿的，咱不求别的｜《聊斋俚曲集·寒森曲》第八回："又没病又没灾，忽然间眼不开，说三官已在旁门外。"

【没搭儿】mě dār 没办法：看样儿他是真～了，把你都请来了。

【没挡儿】mě dāngr 形容好到极点：吃蛤蜊喝啤酒，真～了。

【没法治】mě fa zhì 无计可施；无可奈何：△一问三不知，神仙～｜△人要脸，树要皮，没脸蛋子～｜△屋漏拉上席，家漏～｜《聊斋俚曲集·磨难曲》第二十一回："我如今懊悔无及，恨当初不说的实，这可是也～。"

【没将道】mě jiǎng dao 没有一定的规则、道理或要求：这一类的东西～，怎么弄怎么好。

【没老些】mě lào xiě 没多少；不多：～日子我还看见他回来了。

【没脸】mě liān ①没有颜面：做了这样的事他也～跟自己的父母说｜他认些孙来家，都跟着赚些～。②不要脸；不知羞耻：～没皮。③比喻遭到拒绝或斥责，落得没趣：他去一趟赚了～，回来就添油加醋地好一顿啵啜。

【没年纪】mě niǎn ji 年纪不大：他还～，就想当看门大爷了。

【没跑儿】mě pāor 没错；确定无疑：你按我说的那么去弄，保证～｜△吃豆子喝凉水儿——～（准会拉肚子）。

【没深没浅】mě shěn mě qiān 言语或行为掌握不住分寸的样子：他说话～的，别惹出什么事来。

【没头没脸】mě tou mě liān 不管身体什么部位：《真本金瓶梅》第五回："这妇人便去脚后扯过两床被来，～只顾盖。"｜《醒世姻缘传》第七十六回："（素姐）一手将狄希陈踩翻在地，拾起一个小板凳来，～的就打。"

【没头没脑】mè tou mě nāo ①不留情面；狠狠：他去了～地一顿嗷嘲。②无缘无故；糊里糊涂：他～地问了这么一句，大家伙都弄不明白｜《二刻拍案惊奇》第十六卷："夏主簿遭此无妄之灾，～的被贪赃州官收在监里。"③不管身体什么部位：一家去就叫他爸爸～地好一个打。

【没腰没胯】mě yǎo mě kuā 因过胖或过瘦身材曲线不分明的样子：他胖得～的，都不好买衣裳。

【没治了】mě zhì ler ①形容好到极点：他做鱼好吃得～。②情况无法挽救：△药王爷摆手——～。

【没咒儿念】mě zhòur niàn 没办法；无计可施：他光有钱没有用，没人去干还是～。

【没滋搭味】mě zǐ dà wèi ①味道寡淡的样子：上了盘包子也～的，没有什么吃头。②乏味；无趣：～地说那些话还不如不说。

【摸】mě ①用手轻触或抚摩：△一个锅里～勺子｜小猫就愿意叫人～～它。②用手探取、寻找：上河里～鱼｜△豆子开花，墒沟～虾｜△吃饭～大碗，干活白瞪眼。③偷窃：偷东～西｜偷鸡～狗。④了解：你不～潮水别去瞎噗嚓｜他到底是什么脾气咱也不～｜△大闺女的心思——极好个人～不准。

【摸脾气】mě pǐ qi 了解性格脾气：你和他交往时间短了，还不～｜《红楼梦》第八十一回："各人有各人的脾气，新来乍到，自然要有些扭别的。过几年大家摸着脾气儿，生儿长女以后，那就好了。"

【摸索】mě suo ①探摸；摸取：他待兜儿里～了半天，也没摸出分钱来｜《文明小史》第二十回："谁知魏榜贤忽然从身～了半天，又在地下找了半天，像是失落一件什么东西似的。"②抚摸：一～那个小狗儿，它就舒梭得一动也不动。

【磨鼓】mě gu ①突起的圆状物：那双鞋的鞋底是带～儿的。②特指身体上的突起：他一抬头叫桌子碰起个大～来。③<贬>指人：那也不是个好～，别指望他。

【磨洋工】mě yang gěng 磨蹭着干活：那几个人光待那里～，真赶人家说的：拉屎尿尿半点钟，提起裤子来正相应。

【磨鼓蛋儿】mě gu dànr 圆形的小石头或圆形物：他说句话就赶着口里含着个～，听不清说些什么。

【摩弄】mě leng 抚慰；顺着某人的心意说话办事：他把老板真是～住了，什么事都交给他办｜元杂剧《张生煮海》第一折："甜话儿将人将人～，笑脸儿把咱把咱陪奉。"｜元杂剧《西厢记》三本第三折："他是个好孩儿家，你索将性儿温存，话儿～，意儿谦洽，休猜做败柳残花。"｜《聊斋俚曲集·蓬莱宴》第六回："西王母欢喜下坐，伸玉手～一遭。"｜《醒世姻缘传》第三十六回："晁夫人～着他，哄他吃饭，又给他果子吃，黑夜叫他在炕脚头睡，叫他起来溺尿。"亦作"磨弄"：冯梦龙《挂枝儿·卷八·咏部·金针》："我常时来挑逗你，你心肠是铁打的。倘一线的相通也，不枉了磨弄你。"｜冯梦龙《挂枝儿·卷八·咏部·镜

（之二）》："镜子儿，亏你每日看人面，欢喜你，磨弄你，放你在跟前，烦恼你，昏迷了，就不容你见。"

mei

【煤】mèi ①可以燃烧的煤。②向火炉内添加用水搅拌过的煤粉，让炉火极缓慢地燃烧：困觉的时候别忘了把炉子~着。③煤烟中毒：前年冬天他们两口子差一点儿叫煤烟~着了。

【煤大罗儿】mèi da ruòr 一种比普通水桶略小，上粗下细的桶，是德国占领青岛期间的外来语音译。

【煤核儿】měi hùr 燃烧后的煤渣中没有完全燃尽的部分。

men

【门楼】měn lou =〖门楼子〗měn lou zi 院子大门上方带造型的建筑物：看这个~就知道当时住的是一家富户｜△会嫁的嫁个好对头，不会嫁的嫁个高~｜元杂剧《谢金吾》第一折："先把那~上的砖瓦乱摔下来……上紧的拆！"｜《警世通言》第十四卷："只那门前一个~儿，里面没什么屋宇。"｜《醒世恒言》第十五卷："大卿径望东首行去，见一座雕花~，双扉紧闭。"｜《聊斋俚曲集·磨难曲》第十八回："眼望见有个庄儿，待俺走将进去，找个~底下，且歪倒睡睡，也解解连夜的困乏。"

【门子】měn zi ①方面；种类：不知道他这发的哪~疯｜《红楼梦》第二十七回："怨不得你不懂，这是四五~的话呢。"②门路；关系：你不能和人家攀，人家有~。③门扇；门：栅栏~｜△扳着猪圈~亲嘴——不知香臭。④房屋；家：要紧上心把~看好了。

mi

【米达尺】mì dǎ chī 钢卷尺，"米达"为英语 meter（米）的音译。

【迷瞪】mǐ deng ①迷糊；不清醒：一直上了车，他还~着。②瞌睡；打盹：我正想~~，就听见他们打起来了。

【迷迷眻眻】mǐ mi yǎng yang 迷迷糊糊：晚上没困着，早上起来还～的。亦作"迷迷眏眏"：《聊斋俚曲集·翻魇殃》第二回："到了清晨，姜娘子才说：'你没了魂了么？从夜来迷迷眏眏的！'"

【迷眻】mǐ yang 迷糊；小睡：你再～一个钟头也不耽误。

【迷臊】mǐ sao ①民间认为狐狸等动物可迷惑人或附在人身上使其言行变得怪异：人家都说那是叫黄鼠狼子～着了。②多情放荡的人对异性造成的痴迷：他叫那个女的～着了，这时候去劝也听不进去。

【迷手】mǐ shou 做事糊涂的人：打发这个～去，能办成事才怪。

【眯缝】mǐ feng 眼皮微微张开：他～着个小眼儿，和没困醒似的。

【眯睎】mǐ xi 眼睛轻微微合上；微睡：太盹了我，先去～～眼儿。‖本义指眼睛眯起的样子：明杂剧《牡丹亭》第十二出："是这等荒凉地面，没多半亭台靠边，好是咱～色眼寻难见。"亦作"迷奚""眯膝"：沈端节《西江月》词："幸自心肠稳审，怎禁眼脑迷奚。招愁买恨带人疑，一味笑吟吟地。"│杨无咎《瑞鹤仙》词："渐娇慵不语，迷奚带笑，柳柔花弱。"│董解元《西厢记诸宫调》第一卷："道着睬也不睬，焦也不焦，眼眯膝地伴呆着，一夜葫芦提闹到晓。"

【泥蛤蜊】mǐ ga la ①在泥质海滩生长的蛤蜊。②特指贝壳内含泥沙的蛤蜊。

【泥溜】mǐ liu 用手或口微抚使平整或顺滑：打胶三分靠～│拉屎拉不上个尖儿，～上个尖儿。

【觅汉】mì han 雇佣的长工：二月二，～上犁│《聊斋俚曲集·慈悲曲》第四段："好似～上工，才做了文书，还未知主人打骂轻重如何。"│《聊斋俚曲集·墙头记》第三回："休说是件破衣，七长八短不整齐，穿上就是有些～气。"│《聊斋俚曲集·翻魇殃》第十一回："大相公买了四个骡，雇了两个～，又买的小妮子，一概完备。"又："喜坏了妇人合小厮，慌了管家合～，太太喜外人不得见。"│《聊斋俚曲集·翻魇殃》第十二回："去时～没一个，来家管家摆成行，丫头小厮一大捧。"│《聊斋俚曲集·富贵神仙》第九回："不免把门敲了敲，

有～金三，出来问是谁。"｜《聊斋俚曲集·磨难曲》第二十三回："你看
那短工子～，血汗暴流，吃了三顿粗饭，不过挣四五十文钱。"｜《醒世
姻缘传》第十八回："（晁大舍）央他同晁书媳妇合两个媒婆，备了四个
头口，跟了两个～，晁书也骑了一个骡子，跟了同去。"｜《醒世姻缘传》
第八十九回："你们众人又不是他家的家人～，你们怎么知得这等真？"

【弥】mì 煮面条、水饺或粥饭时，水沸腾后泡沫上浮或溢出：快敞
开锅盖儿，汤儿都～出来了。

【密压压】mǐ yà ya 十分密集的样子：前面的人～的，挤不过去。

【幂】mǐ 遮盖；沾满：锁眼儿都叫灰～死了｜才开的花儿都叫虫
子～死了。‖"幂"古又作"冖"：《说文解字·冖部》："冖，覆也。"
段玉裁注："覆者，盖也。"

【幂虫子】mǐ cheng zi 蚜虫：大头菜都招～了。

mian

【面兜兜】miǎn dòu dou 形容食物吃起来感觉细软有面的样子：
苹果放的时候太长了，吃起来都～的了。

【面剂子】miǎn jì zi =〖瓜儿〗guǎr 做馒头、饺子等面食时切分
的小面块。‖《俚语证古》第五卷："和面蒸饼之面块，谓之面饻子。"

【靦䩄】miān pian 腼腆；羞缩：别这么～，学着大方点儿。‖1928
年《胶澳志》："～，羞缩之谓，读如面骗。"

【棉祅儿】miǎn hòur 一种连有棉帽子的棉大衣。

mie

【乜斜】miě xie 斜着眼看：他听见咱这说话往这～了两眼｜元杂剧
《望江亭》第三折："那廝也忒懵懂，玉山低趄，着鬼祟醉眼～。"

min

【鳘鱼】mīn yu 鮸鱼，一种海鱼。《正字通》："鳘，与鮸同。"

ming

【明大明】 mìng da mìng 公开；不掩饰：那个人就这么～地要钱。

【明铺夜盖】 mìng pǔ yě gài 公开进行通奸的样子：人家两个～的也不管人家说什么｜《醒世姻缘传》第四十三回："合那刑房张瑞风～的皮缠，敢是那刑房不进去，就合那禁子们鬼混，通身不成道理！"

mu

【木哧】 mǔ chi = 〖木搐〗mǔ chu 说话迟钝、口舌笨拙的样子：问了他好几遍，还是～着不做声儿｜那个孩子整天～着个嘴没有话儿。

【木花儿】 mù huar 刨木料时形成的薄片，多呈卷花状，故名。

【木锨】 mù xian 用来铲粮食的锨状木制用具：△小老鼠扛～——大头儿待后边儿。

【木硬】 mù ying ①干硬不松软：这些梨吃起来有点儿～。②迟钝呆滞：人家都忙成什么样儿了，他还待那儿～着不伸手儿。

【木胀】 mù zhang 木材因受潮而膨胀或变形：每年到了夏天这个门就～得关不上了。

【没是】 mù shi 用在大、高、长等表示积极意义的形容词前，大小、高下等词语前或大大小、高高下等首字重叠的词语前，相当于"非常、极、很"，以进一步强调其积极意义：～大｜～高｜～长｜～远｜～宽｜～大小｜～高下｜～长短｜～深浅｜～宽下｜～大大小｜～高高下｜～长长短。

【唔】 mǔ 口里含着：把糖～口里慢慢吃，别一下咽下去。

【拇量】 mū liang 约摸；思量；考虑：我～着他今日能来｜《醒世姻缘传》第四回："他适才也送了咱那四样人事，你～着，也得甚么礼酬他？"｜《醒世姻缘传》第十回："大爷也～那老婆不是个善茬儿，故此叫相公替他上了谷价。"｜《醒世姻缘传》第十六回："却也该自己想度一想度，这个担子，你～担得起担不起？"｜《醒世姻缘传》第五十五回："这却我不得晓的，狄爷你自己～着，要是狄奶奶难说话，快着别要做，好叫狄奶奶骂我么？"

【N】

na

【哪门子】 nā měn zi 哪方面；没有来由的，一般用于否定或反问句式：咱也不知道这算～亲戚。

【拿把儿】 nǎ bār 摆架子；刁难；要挟：你～也得看看自己到底有没有什么拿手｜我看这样儿就行，别～拿撸了。

【拿嘎】 nǎ ga 拿捏；故作姿态以要挟或为难：这个事差不多就行，你再～撸了就没人管了。

【拿拿嘎嘎】 nǎ na gǎ ga 故作姿态以要挟或为难别人的样子：看他～的个样儿，真不愿意卖给他。

【衲】 nà 用密度很高的麻绳缝鞋底：～鞋底。

nai

【奶】 ① nāi 乳汁：生他的时候他妈没有～，光喝奶粉。② nǎi 喂乳汁：孩子饿得直哭，快给他～～去。

【耐】 nài 抗；经得住：～黵｜～脏。

【耐冬】 nǎi deng 山茶花。

【耐黵】 nǎi zhān 耐脏；不容易脏：这个颜色的地面儿真～。

nan

【难为】 nàn wei ①不容易做好；不容易做到：△一人帮十个人～，十个人帮一个人好帮｜△不受苦中苦，～人上人。②感到为难；对不易解决的事感到苦恼：快别去找他了，他也挺～的。③使感到为难：少去～人家。

nang

【攮】 nāng ①（用尖锐的东西）刺：爬山的时候，他手上～进一根刺去｜《聊斋俚曲集·姑妇曲》第一段："还没问出来，只见他抽出那剪

子来，嗤的声照脖子一～，就倒在地下。"|《聊斋俚曲集·慈悲曲》第三段："一刀把他心～破，孩子几乎见阎罗。"|《聊斋俚曲集·快曲》第三联："大礮一声排成阵，军土满山去放火，张郃被俺～断筋。"|《聊斋俚曲集·快曲》第四联："许褚安心要弄鬼，一矛～去透心亮。"|《聊斋俚曲集·富贵神仙》第九回："上墙头，上墙头，揽着株桑树往下溜。才溜到半腰里，一枪儿～着肉。"|《聊斋俚曲集·磨难曲》第十九回："金三吆喝一声：'有贼！'一枪～去。"|《聊斋俚曲集·磨难曲》第二十九回："凭着俺一杆枪，生铁～透；一骑马跑将去，直取人头。"②头朝下跌倒；头向前栽倒：一头～待地下|《聊斋俚曲集·慈悲曲》第三段："那腿上去了一块皮，走着还瘸呀瘸呀的，瘸的进了房门，也没管孩子哭，一头～在床上，回脸子朝里。"‖《集韵》："～，匿讲切。撞也；刺也。"

【瀼】nǎng 稀软：你和的苞米儿面子有点儿～，炸不住饼子。

【瀼沽儿】nǎng gur（内含水分多或因糖化等原因）非常软：这些桃儿都叫你颠打～了|这些地瓜晒到时候了，真甜真～。

【瀼沽沽儿】nǎng gù gur 水分多而软的样子：把地瓜晒了再煮，吃起来～的。

【瀼沽济】nǎng gù ji 水分多而软的样子，含不喜爱义：这些桃儿都～的了，不能买。

【齉鼻子】nàng bi zi 因鼻塞而发音不清（的人）：他是个～，说话都听不清楚。

　　nao

【恼】nāo 不悦；生气：就开个玩笑把他就弄～了|△亲是亲，财是财，～了亲戚只为财|△小人多，君子少，借时欢气，还时～。

【恼亲戚】nāo qǐn qin 亲戚之间闹翻：两家就为了一句话～了。

【闹玩儿】nǎo wànr 开玩笑；玩耍：他那是和你～，快别生气了|水火无情，耍火这可不是～的。

【臑乎】nāo hu 暖和：这么大的风，快进屋～|△～～上炕儿了。

nen

【恁】nēn ①你；你们：～看好了就便宜卖｜说来说去还～是一家人｜元杂剧《汉宫秋》第二折："我养军千日，用军一时。空有满朝文武，那一个与我退的番兵！都是些畏刀避箭的，～不去出力，怎生教娘娘和番？"｜《聊斋俚曲集·禳妒咒》第七回："徐氏说：'我儿，从今以往～家里去了，等我嘱咐你几句。'"②你的；你们的：这是～三叔。③ nen 用在句尾，相当于"呢""嘞"：人家就听不进去～｜吃了饭咱出去耍耍儿吧？好～。

neng

【齈鼻子】nèng bi zi 鼻涕多或嗅觉不灵的人：是不感冒了，怎么成了个～了？｜元杂剧《气英布》第三折："怎么只将两只臭脚去薰他？他是个～，一些香臭也不懂的。"

nian

【年除日】niǎn chǔ yi 农历腊月最后一天；除夕日：他一直忙到～才家去｜《聊斋俚曲集·禳妒咒》第七回："大利原该正九月，～交节大吉昌，～交节大吉昌。"

【年幼】niǎn yòu 年轻：外人都看着他哥哥看着比他弟弟～｜元杂剧《救孝子》第一折："母亲寻思波，嫂嫂～，哥哥又不在家，谢祖又年纪小，倘若有那知礼者，见亲嫂嫂亲叔叔，怕做甚么？"｜《聊斋俚曲集·磨难曲》第二十一回："一来没有盘费，二来你忒也～。你明年会了试，会与不会，你可去看看。"‖参"年纪幼"：《挂枝儿·卷五·隙部·赎罪（之一）》："俏冤家进门来，把闲言斗，说得我低着头，满面娇羞，千不是，万不是，我的年纪幼。若有姊妹情，把前言一笔勾。"

【念央儿】niàn yǎngr 委婉地恳求；用碎言低语的方式表达意图：跟她爸爸没要出来，就跑他妈那去～。

【粘竿】niǎn gan 一端附着粘性东西的竹竿，用来沾住树上的蝉、鸟雀等：大人给他做了根～，出去抓蝲蛄去了｜元杂剧《鲁斋郎》楔子："小官嫌官小不做，嫌马瘦不骑，但行处引的是花腿闲汉，弹弓～，鹞儿小鹞，每日飞鹰走犬，街市闲行。"

【黏】niàn ①像胶或糨糊的性质：～呱嗒的｜～苞米。②反应和行为迟缓：他人挺好的，就是这个～能急死个人。

【黏缠】niǎn chan 不厌其烦地央求；软磨硬泡：他都来～一头晌了，撵也撵不走。

【黏弛】niǎn chi 行动迟缓：他怎么这么～，都几点了还不走。

【黏脚】niǎn jue 老式手推车的车闸，泛指车闸：刹不住～。‖《俚语证古》第八卷："～，钶车也。止车行之两屈木谓之～。"

【黏粥】niǎn zhu 粥饭：到如今他还想着老家做的苞米～那个香味儿｜《庄农日用杂字》："～小豆腐，煎饼随时摊。"｜《醒世姻缘传》第二十四回："那溪中甜水做的小米～，黄暖暖地拿到面前，一阵喷鼻的香，雪白的连浆小豆腐，饱饱的吃了。"｜《醒世姻缘传》第五十四回："他自己学那毛遂，又学那伊尹要汤，说合的人遂把他荐到那胡春元门下，试了试手段，煎豆腐也有滋味，撑薄饼也能圆汎，做水饭，插～，烙火烧，都也通路。"亦作"粘粥"：《聊斋俚曲集·墙头记》第一回："你大号红粘粥，你名突你姓胡，原来你是高粱做。"‖《俚语证古》第五卷："米粥谓之黏诸。黏诸为餰鬻（古音读周）之音转。"

【撵】niān ①追赶；赶上：就他这个学习法儿，脱了鞋也～不上人家。②驱逐：把他们～出去｜《醒世姻缘传》第八回："计氏道：'依您这们说起来，凭着人使棍往外～，没的赖着人家罢？'养娘道：'自然没人敢～。'"｜《聊斋俚曲集·姑妇曲》第二段："忽然间打了顿鞭子，您外甥立刻就把奴来～。"

【撵车】niàn chě 赶车；为了不耽误登车而加紧时间：为了～早上五点就起来了。

【撵活儿】niàn huòr 为按时完工而加快干活：孩子为了～，好几天加班没回来了。

niu

【拗】niù 执拗；倔强：那的性儿太～了。

【菈】niū =〖菈子〗niū zi 新长出来的瓜果雏形：黄瓜～｜番瓜～｜蒲松龄《日用俗字·菜蔬章》："茖苈连秋叶生发，黄瓜鲜～价高腾。"‖1937年《增修胶志》："瓜初结曰菈子。"

nuo

【糯米牙】nuǒ mi yà 洁白而整齐的牙齿：他那口～真好看｜《聊斋俚曲集·禳妒咒》第一回："口里一口～，头上一头好头发，脸儿好象芙芙子苗，金莲不够半揸大。"｜《真本金瓶梅》第三十四回："西门庆见他吃了酒，脸上透出红白来，红馥馥唇儿，露着一口～儿，如何不爱?"

nü

【女婿】nü xu ①女儿的丈夫：这是老王头的～给他买的｜《史记·李斯列传》："赵高教其～咸阳令阎乐劝不知何人贼杀人移上林。"｜杜甫《李监宅》诗："门阑多喜气，～近乘龙。"｜元杂剧《西厢记》四本第三折："你与俺崔相国做～，妻荣夫贵，但得一个并头莲，煞强如状元及第。"②丈夫：△番瓜花儿，葫芦花儿，守着～不想家；番瓜瓢儿，葫芦瓢儿，守着～不想娘｜元杂剧《窦娥冤》第一折："婆婆，你要招你自招，我并然不要～。"

【O】

ou

【沤】①ǒu 长时间地浸泡：～麻｜～条子。②òu 因长时间浸泡而发臭变质：那些衣裳泡盆里都～了。

【呕吼】òu hou 大声喊叫：半宿大夜的，你～什么!

【怄】òu 燃料未充分燃烧，火小烟大的状态：木头都潮了，光～烟不肯着｜《聊斋俚曲集·快曲》第一联："您几个去北夷陵道旁，～着数堆烟火，休要断绝。"又："既要他这里来，又～着火几堆。"｜《醒世姻缘传》第四十八回："走到前边，只见窗前门前都竖着秫秸，点着火待着不着的～，知是素姐因狄婆子打了他，又恨打的狄希陈不曾快畅，所以放火烧害。"亦作"偶"：元杂剧《博望烧屯》第三折："将这折枪、破鞍子、蒿草偶起烟来了也。"

【P】

pa

【爬查】pǎ cha ①缓慢爬行：他写的字儿和蟹子～似的｜《聊斋俚曲集·姑妇曲》第三段："拿着文书来到也么家，见了娘亲泪如麻，又搭答，说他方才是任华，怎么倒在地，怎么又～，从头细说他父亲的话。"②从躺卧的姿势变成坐或站起的姿势：吓得他～起来就跑｜《聊斋俚曲集·磨难曲》第十八回："口里还呀呀喝喝，三个五个～起来说咱不吃罢。"③起床：等他睡醒了～起来都八点了。④职务或地位提升：这几年儿他～得不善。亦作"扒抠""爬察"：元杂剧《延安府》第二折："俺八府宰相正饮酒哩，不知你从那里扒抠将来。"《俚语证古》第三卷："爬察，匍匐也。"

【怕惧】（～儿）pǎ jùr =〖怕头儿〗pà tour 畏惧之心：那个孩子对大人一点儿～也没有｜元杂剧《对玉梳》第三折："转过这山额角，生惨惨，见一簇恶林郎，黑模糊，不由我心儿里猛然添～。"｜《红楼梦》第三十回："他们是惯皮惯了的，早已恨的人牙痒痒，他们也没个～儿。"｜《红楼梦》第六十七回："我不看你刚才还有点～儿，不敢撒谎，我把你的腿不给你砸折了呢。"｜《官场现形记》第五十六回："今天考试虽非乡、会可比，然究系奉旨之事，既然拿到了枪手，兄弟今天定要惩一儆百，让众人当面看看，好叫他们有个～。"｜《醒世姻缘传》第二十八回：
"谁知那些蠢物闻见了严列星两口子这等的报应，一些也没有～！"｜《醒
世姻缘传》第五十七回："休惯了他，投信打己他两个巴掌，叫他有～。"
又："寻着他老实打他几下，也叫他知有～。"｜《醒世姻缘传》第五十九
回："素姐到了这个地位，方才略略有些～。"｜《醒世姻缘传》第六十五
回："这顾绣衣裳，你要是没曾与人，还在那里放着，你就该流水的取了
来与我；你要是与了婊子去了，你是个有～的，你就该钻头觅缝的另寻一
套与我。"｜《醒世姻缘传》第九十七回："那税课大使东不管军，西不管
民，匠人夫役在他手下的，都没有甚么～。"

pai

【排】pāi 用脚踹；踢：他一脚就把树枝子～断了｜《聊斋俚曲集·慈
悲曲》第四段："他也不做声，脚～手扳，使的那汗顺着脸往下淌。"
又："口中不言，口中不言，两脚～柴手又扳，一霎时手起泡，鞋也稀糊
烂。"‖桂馥《札朴》："足拨曰～。"

【排场】pài chang ①铺张奢侈的形式或场面：你不能攀人家，也
去讲那些～。②庄重；大方：他上哪儿都这么～。

【派赖】pài lai 脏污；丑恶：他那个家～得都进不去个人｜△土地
爷爷吃鸡屎——是个～神。‖参"泼赖"：宋《云间志》："方言……谓
丑恶曰泼赖。泼音如派。"

pan

【盘炕】pàn kǎng 垒炕：△五月不～，～没人上。

【盘腿】pǎn tēi 指双腿交叉地坐：那里的人都不大习惯～。

【攀】pǎn 攀比：咱自己什么条件儿，哪能和那些富家孩子们～？｜
《聊斋俚曲集·翻魇殃》第五回："休要惹的再告状，众人必定把我～，
那才算是没体面。"

【攀伴儿】pǎn bànr 攀比：你给他的这么多，旁人都跟着～。

pang

【嘭】pāng 自吹；吹牛：他守着些生人，又～起来了。

【踤】pāng 踹；蹬；用脚撞击：一脚～待他身上｜叫他老婆一脚～炕旮旯儿去了。‖1928年《胶澳志》："足蹬曰～，旁声。"

pao

【刨抄】pǎo chao ①（鸡狗等动物）抓刨：小鸡儿们把食～得地上到处都是。②辛苦劳动：他一年到头儿没有大钱挣，成天～着吃。

【跑道儿】pào（pāo）dàor 偷偷地跑走；跑路：还不早～，别等他来收拾你。

【跑浮儿】pào fùr（pāo fùr）指顾客未付钱而带走商品的情况：人多了要紧好好看着，别跑了浮儿。

【跑偏】pào piǎn 未按照直线或设定线路运行：这个车子老是～。

【跑腿】pǎo tēi ①为人奔走做杂事：跟着人家～，也能学着不少东西。②奔忙；奔波：△当官的动动嘴，下面儿跑断腿儿。

【跑外】pào wài 为某种业务经常到外地奔忙：他那时候待厂里～，基本不着家。

【跑味儿】pào wèir 味道挥发散失：才刷了墙，多开窗～｜把口扎紧了，别跑了味儿。

【跑人】pāo yìn ①（人）跑掉；溜掉：你快别去撵了，他早就～了。②人行走、跑动或出入：把这个口子堵死，要不老是往里～。

【炮燥】pǎo zao ①急躁：光～不解决事儿｜《红楼梦》第二十回："宝玉笑道：'何尝不穿着，见你一恼，我一～就脱了。'"②燥热：给孩子捂巴上这么厚的衣裳他能不～? 亦作"刨燥"：《聊斋俚曲集·寒森曲》第七回："（老王）忽一日说：'二郎爷爷叫我审理去哩。'刨燥子噪子，就呜呼尚飨了。"｜《聊斋俚曲集·富贵神仙》第三回："吃下药去，刨燥了一宿。"

pe

【婆婆家】pě pe ji①已婚妇女的公婆家: 到了～就不能这么舒梭了。
②指结婚对象: 她愿意从恁那里找个～|《聊斋俚曲集·翻魇殃》第六回:
"原来公子有个女儿, 年方二八, 才貌双全, 到了十六岁, 还没有～。"|
《醒世姻缘传》第五十四回:"狄员外道:'好位齐整姑娘! 有了～不曾? '"

【破】pè①完整的东西受损变得不完整: △早上雾露, 晒～葫芦。
②使分裂; 劈开或分开: 把绳子～成三股|△一根头发～八瓣——细到家
了。③受过损伤的; 破烂的:～屋狼舍|△依着～鞋扎着脚|△庄户人三
件宝, 丑妻薄地～棉袄。④突破; 破除(规定、习惯等):～了规矩。
⑤花费:～费。⑥讥讽东西或人不好(含厌恶意): 那个～场谁愿意去!
⑦将整的换成零的: 我这没零钱了, 你帮我～一百块钱使吧。⑧打算;
计划: 这么晚还不回来, 你～着做什么? |你这把儿出去～着去几天? |
《醒世姻缘传》第六十七回:"既是你这娘娘子说, 我就依着, ～着不赎,
算了我的工食, 我穿着放牛看坡, 也是值他的。"

【破口儿】pè kour①有缺口的碗碟等容器: 这个碗是个～, 不能
使了。②乱说话的嘴(人): 他顶着个～, 就知道乱传话儿。③兔唇。

【破谜】(～儿)pě mènr 猜谜: 和孩子一块儿破一个谜儿|《聊
斋俚曲集·增补幸云曲》第二十四回:"我行一个令儿, 要破一个谜, 猜
不方的罚。"

pei

【陪送】pěi seng 嫁妆: 她娘家是个富户, 光～就好几车|《真本
金瓶梅》第九十七回:"又说应伯爵第二个女儿, 年二十二岁, 春梅又嫌
应伯爵死了, 在大爷手内聘嫁, 没甚～, 也不成, 都回出婚帖儿来。"亦
作"赔送": 胡祖德《沪谚外编·石榴花》:"石榴花开头对头, 小姐出
嫁闹稠稠。阿爷赔送一匹牛, 阿娘赔送一匹绸。"|《红楼梦》第六十九
回:"凤姐一面使人暗暗调唆张华, 只叫他要原妻, 这里还有许多赔送外,
还给他银子安家过活。"

pi

【皮糟子】pǐ cao zi 皮肤：他那个～真扛糟作。

【皮老虎】pǐ lǎo hū 一种用泥做的老虎外形的儿童玩具，又名"泥老虎"，前后挤压时会发出"咕嘎咕嘎"的声音，故当地有"～，咕嘎咕嘎两毛五"的童谣。

【皮索】pǐ suo 调皮；嬉闹：那几个孩子～得大人都头疼。

【劈】pī ①用利器砍、削、割：他捞起铁锨就待～人家｜把萝贝一～四绺儿。②分开；分割：～份儿｜～钱｜△见一面儿，～一半儿｜他们两个早～伙了｜这个钱应该～成三份儿一起分。③被雷击：做这么伤天理的事儿，也不怕叫憨雷～了。

【劈半儿】pì bànr 分成两半；分得其中的一半：△见一面儿，劈一半儿。

【劈柴】pī chai 木柴；砍成段的木柴：砸点儿～好引火儿。

【劈份儿】pì fènr 分成若干部分；分得某一部分：老人留下的东西，孩子们都劈了份儿。

【劈拉】pī la ①叉开（腿）：他上哪儿一坐老是～着条腿，真不文明｜《醒世姻缘传》第七十二回："只叫他叫出那烂桃小科子来，剥了裤子，～开腿，叫列位看个分明，我才饶他！"②走路时腿部向两侧分叉的样子：这么大年纪了，他什么时候能～着走了去？｜《醒世姻缘传》第七十八回："一日，合一个小小厮司花夺喷壶，恼了，把个小司花打的鼻青眼肿，嚷到相主事跟前，追论前事，二罪并举，三十个板子，把腿打的～着待了好几日。"

【劈钱】pì qiàn 将某笔钱分成若干部分；分得某笔钱的一部分：平常什么也不用他去管，光到了年底去～行了。

【僻】pǐ 稀疏：那些树栽得挺～的。

【僻拉】pǐ la 稀疏：这些苞米儿种得太～了。

【啤酒肚儿】pǐ jiū dùr 因长期饮用啤酒而脂肪肥厚的腹部。

【貔子】pǐ zi 狐狸：△一窝儿～不嫌臊｜△梦见～说獾。‖郝懿行

《尔雅义疏·释兽》："登州人谓狐为～。"

【貔子精】pǐ zi jǐng 狐狸精；狐仙。民间认为狐狸能修炼得道，可化成人形：叫～迷臊着了。

【琵琶虾】pǐ ba xiǎ = 〖虾虎儿〗xiǎ hūr 学名虾蛄。

【岥】pǐ 竹、木等物体裂开而未断离：板凳腿～了｜手指甲～了。‖《輶轩使者绝代语释别国方言》第六："器破面未离谓之璺，南楚之间谓之～。"

pian

【偏路】piǎn lù = 〖偏道〗piǎn dào 绕路：你快从这根路走吧，那条路～。‖1928 年《胶澳志》："偏道，绕路之谓，不绕路即曰不偏道。"

【偏向】piǎn xiàn 偏袒；偏护：他埋怨老人分家的时候～别的姊妹｜元杂剧《陈母教子》第一折："不争着你个陈良佐先登了举场，着人道我将你个最小的儿～。"｜元杂剧《西厢记》一本第二折："平生正直无～，止留下四海一空囊。"｜元杂剧《救孝子》第三折："（令史云）你告呵，告着谁？（正旦唱）单告着你这开封府，令史每～，官长每模糊。"｜《醒世姻缘传》第十回："县尹道：'那高氏，你要实说！若还～，我这拶子是不容情的！'"｜《醒世姻缘传》第八十回："刘爷，你要～了狄爷，俺女儿在鬼门上也不饶你。你～了我，狄爷罢了，那狄奶奶不是好惹的。"

【谝弄】piān leng 炫耀；夸耀：他拿着新买的小玩意儿到处给同学～。‖《广韵》："谝，巧言。"｜《聊斋俚曲集·增补幸云曲》第十六回："二姐自思道：'这长官嘟头嘟脑的听什么琵琶，我有王三姐夫送我一条汗巾，我拿出来谝谝，他贪看汗巾，就忘了弹琵琶了。'"

【骗】piàn ①欺蒙；诈取：～人｜～子｜诈～。②一条腿抬起跨上去或跳过去：栏杆一点儿也不高，稍微一～腿就过去了｜张鷟《朝野佥载》第四卷："长弓短度箭，蜀马临阶～。去贼七百里，隈墙独自战。"

pie

【潎】piē 在液体表面舀：～脂油。亦作"撇"：贾岛《送僧归太百山》诗："夜禅临虎穴，寒潎撇龙泉。"

【撇】piē ①遗落：他把钥匙～待车上。②扔；丢弃：叫师傅把他的耍物儿～待门外。③丢失：坐公交车回来的路上把包儿～了。④（生硬或让人生厌地）用某种语言或腔调说话：～腔跩文｜元无名氏《粉蝶儿》曲："一个演习那渐间言语呼郎婿，一个～着些都下乡音唤丈夫。"

【撇家舍业】piē jiǎ shè yè 在外奔波而照顾不上家庭的样子：他～地待这好几年了，还是把老婆孩子接过来是个正着。

【撇腔跩文】piē qiǎng zhuài wèn 说话爱用书面语或腔调十分做作的样子：人家真有学问的还爱说个庄户话儿，就这些一瓶不满半瓶逛荡的人就会～。

【撇约】piě yue 歪扭、不周正的样子：我看他累得走路都～了。

ping

【平打平】pìng dā pìng 双方较量结果相等：他们两个的能力～｜《聊斋俚曲集·翻魇殃》第一回："止有女婿人一个，或者他俩～，谁打过谁来谁得胜。"

【平房】① pǐng fang 平顶的房屋：盖～｜～屋。②（～儿）pìng fàngr 单层的房屋（区别与楼房）：俺住的是～儿，不是楼房。

【平和】pǐng huo ①平坦；平滑：前面马路重新铺了，现在真～。②（味道）平淡：这种烟吃起来挺～的。

【平拉平儿】pìng lā pìngr 收支基本相当；不赔不赚：买卖儿不好做，这几年就是个～。

【平铺塌】pǐng pù tǎ（pìng pu tǎ）①很平的样子：他的鼻梁长得～的。②一般；没有特点：这块儿电影～的，能把人家看困了。

【平上】pìng shàng 毫不示弱地对着干：他和他哥哥～，一点儿没个大小｜《真本金瓶梅》第二十六回："看不出他旺官娘子，原来也是个辣菜根子，和他大爹白搽白折的～，谁家媳妇儿有这个道理！"

【评脉】pìng　měi 诊脉；切脉：夜来去找了个中医评了评脉｜元杂剧《老生儿》第一折："唤的个稳婆～，他道老儿欢喜，是个厮儿胎。"｜《聊斋俚曲集·富贵神仙》第三回："那医官来时问了一也么声，就着床头把脉评。"

pu

【扑棱】pǔ　leng ①（人或动物）肢体胡乱地动：小鸟待盒子里憋得乱～。②糟蹋；折腾：他跑去把小摊儿都～了，东西也没法卖了｜老人的家底叫这个败家子儿～得差不多了。③＜贬＞做；搞：他～的摊子太大了，根本就顾不过来。

【笸箩儿】pǔ　ruor ①用藤条制作的容器，可用于罗面、喂牲口等：面～｜牲口～。②用纸或布糊的容器，可用来盛放针线等：针线～。

【铺衬】pǔ　chèn ①零碎或破旧的布头；用来做补钉或打袼褙的碎布或旧布：《聊斋俚曲集·墙头记》第二回："上下一堆破～，西北风好难禁，牙巴骨打的浑身困。"｜《聊斋俚曲集·墙头记》第三回："你外头袍子虽囵图，边上漏着破～，旧衣裳穿上还不趁。"｜《聊斋俚曲集·翻魇殃》第十一回："旧绣鞋破～，娘子夹进旧房门，可才又把言来进：当初剩下两口屋，一家挤着去安身，忽然拆了我心困。"②尿布：这些旧衣裳撕撕给孩子当～｜《聊斋俚曲集·增补幸云曲》第七回："万岁下马进去，他没见那好姐儿，都是些苍颜白发，有纺棉花的，有纳鞋底的，有补补丁的，拿虱子的，洗～的。"‖古时亦作"铺持""铺迟"：元杂剧《任风子》第三折："这的中做布碾，好做铺持。"｜元杂剧《调风月》第二折："剪了做靴檐，染了做鞋面，捋了做铺持。一万分好待你，好觑你！如今刀子根底，我敢割得来粉零麻碎！"｜元杂剧《杀狗劝夫》第二折："将一条旧褡裤扯做了旗角，将一领破布衫捋做了铺迟。"

【匍撒】pū　sa＝〖扑撒〗pū　sa ①用手顺着一定方向抚摸，使舒展：你把被～平了它｜《聊斋俚曲集·快曲》第二联"给我把衣服拧一拧，扑撒扑撒前后襟。"②按摩：这个腰板得难受，～了几下就舒棱了｜元杂剧《扬州梦》第二折："顺毛儿扑撒上翠鸾丹凤，恣情的受用足玉暖香融。"｜乔吉《水仙子·嘲楚仪》曲："顺毛儿扑撒翠鸾雏，暖水儿温存比目鱼。"｜《金瓶梅词话》第七十五回："你睡下，等我替你心口内扑撒扑撒，管情就好了，你不知道我专一会揣骨捏病。"｜《醒世姻缘传》第六十四回："素姐叫那白姑子顺着毛一顿扑撒，渐渐回嗔作喜。"‖《说文解字》："匍，手行也。从勹，甫声。"段玉裁注："手行也，今人以手摸索，其语薄乎切，当作此字。"《说文通训定声》第九卷："今苏俗以手抚摩曰匍，音如蒲。"

【葡脑儿】pǔ naor ①表皮极薄的水泡状东西：你看我手上长了个～，是个什么东西? ②没有完全成熟的花生果实含水量大，如同水泡，故称：这块儿地的花生净些～。

【蒲扇】pǔ shan 用蒲葵叶子制作的卵圆形扇子，是最常用的夏季纳凉用品：大象耳朵就赶着个大～。

【蒲袜】pǔ wa 旧时一种用蒲草制作的冬天穿的厚草鞋。

【Q】

qi（qi ）

【乞】qī ①给；交付；送与：他都说好～人家了，没几天又去要回来｜△老雕老雕你打场，挣个饽饽～恁娘，老娘不吃给老黑，老黑吃了好打滚儿｜王禹偁《清明》诗："无花无酒过清明，兴味萧然似野僧。昨日邻家～新火，晓窗分与读书灯。"｜皮日休《夏初访鲁望》诗："野客病时分竹米，邻翁斋日～藤花。"｜庾信《道士步虚词·第五》："移梨付苑吏，种杏～山人。自此逢何世，从今复几春。"｜张元干《浣溪沙》词："～与病夫僧帐座，不妨公子醉茵眠。"｜苏轼《定风波·南海归赠王定国侍人寓娘》："常羡人间琢玉郎，天应～与点酥娘。"｜苏轼《僧

清顺新作垂云亭》："天怜诗人穷，～与供诗本。我诗久不作，荒涩旋锄
垦。"｜《苏轼《红梅三首》："抱丛暗蕊初含子，落盏秾香已透肌。～与
徐熙新画样，竹间璀璨出斜枝。"｜晏殊《渔家傲》："一掬蕊黄沾雨
润。天人～与金英嫩。试折乱条醒酒困。应有恨。芳心拗尽丝无尽。"｜
王安石《杨德逢送米与法云二老作此诗》："卢全不出憎流俗，我卜郊居
避俗憎。全有邻僧来乞米，我今送米～邻僧。"｜杨朴《七夕》："未会
牵牛意若何，须邀织女弄金梭。年年～与人间巧，不道人间巧几多。"｜
张先《百媚娘（双调）》："百媚算应天～与，净饰艳妆俱美。"②把动
作或态度加到对方：他～了她个不果睐，谁能有防备？③换做：这个事要
是～他，早就解决好了。

　　【气棒】qǐ bàng 打气筒：跑了好几趟才借着个～给车子打上气儿。

　　【气不忿】（～儿）qǐ bu fènr ①不服气；看不惯；嫉妒：他一见
了看不惯的事就～，真能生些闲气｜《红楼梦》第三十一回："你们～，
我明日偏抬举他。"｜《红楼梦》第六十一回："……没的赵姨奶奶听了
又～，又说太便宜了我，隔不了十天，也打发个小丫头子来寻这样寻那
样，我倒好笑起来。"②对看不惯的事爱发表意见、爱生气的人：他这个
人是个～儿，到那里光得罪人。

　　【气肠子】qì chang zi =〖气心子〗qì xin zi 嫉妒心强的人：叫
那个～知道的话，他能气得困不着觉｜那都是些～，见不得人好。

　　【气蛋子】qì dan zi 疝气。

　　【气顶子】qǐ dīng zi 最生气、最愤怒的时候：他正待个～上，你
这个当口儿去找他说理，净是找噘挨。

　　【气嗓】qì sang =〖气嗓子〗qì sang zi 气管儿；食道和气管的
混称：那个鸡没割断～，还一个劲儿地扑棱｜《聊斋俚曲集・姑妇曲》第
一段："看了看，幸得刚搭着那～头边儿。"｜《聊斋俚曲集・翻魇殃》
第四回："使力一穿，使力一穿，插在喉咙～间，一群媳妇子，齐来把他
按。"｜《醒世姻缘传》第九十二回："剪刀不当不正，刚刚的戳在～之
中，流了一床鲜血，四肢挺在床中。"

【气头子】qǐ tǒu zi =〖气头儿〗qǐ tòur 生气发怒的时候：他待个~上，现在去找光等着挨呲行了 |《醒世姻缘传》第八十九回："你~上楼两棒槌，万一楼上了，你与他偿命，我与他偿命？"

【气性】qǐ xing 脾气；火气：咱也都上年纪了，~别这么大 |《红楼梦》第三十二回："原是前儿他把我一件东西弄坏了，我一时生气，打了他几下，撵了他下去。我只说气他两天，还叫他上来，谁知他这么~大，就投井死了。" | 元杂剧《鸳鸯被》第三折："他使弊幸，使~，见无钱，踏着陌儿行，推我在这陷人坑。" |《醒世姻缘传》第四十八回："这也怪不的孩子！他姓龙的长，姓龙的短，难说叫那孩子没点~？"

【气呀】qì ya 故意让对方生气：快上学去，别待这里~人。

【起】qī ①由坐卧爬伏而站立或由躺而坐：叫他好几把儿了还就是不~。②兴建；建造：~屋 | ~脊 |《汉书·郊祀志》："~步寿宫。" | 郦道元《水经注·济水》："大~殿舍，连楼累阁。" |《醒世姻缘传》第三十四回："若说常有人家~楼盖屋，穿井打墙，成窖的掘出金银钱钞，这其实又无失主，不知何年何月何代何朝迷留到此，这倒可以取用无妨，不叫是伤廉犯义。" |《红楼梦》第十六回："凡堆山凿池，~楼竖阁，种竹栽花，一应点景之事，又有山子野制度。" ③量词，楼房的层：那座楼盖到六~了 |《醒世姻缘传》第六十一回："恰好庄间狄员外大兴土木，创起两座三~高楼，狄希陈托了管理为名，陪伴父亲在庄居住，依了邓蒲风的指教，七日一回看望。" ④颜色、样式等搭配协调，使更出效果：那双鞋不~你这套衣裳。⑤用在形容词后面表示比较的对象：他的个子一点儿不矮~你 | △六月韭，臭~狗 | △洗脸不洗脖子，丑~骡子 |《聊斋俚曲集·增补幸云曲》第十四回："怎么说王龙家小厮强~我？虽是背里话，也不该亵渎至尊。" |《聊斋俚曲集·襄妒咒》第二十六回："骂一声强人胆就大~天！时时对我摔你那春香。" |《聊斋俚曲集·琴瑟乐》："埋怨老天不凑趣，一日长~十来日，捱过今朝又明朝，怎么教人不生气。"

【起头】①（~儿）qì tòur 起初；开头；事物发展进程中的第一步：~儿大家都往好处想，挺有干劲儿的 |《朱子语类辑略》第八卷："如

此等文字，方其说～时，自未知后面说甚么在。"｜贯云石《寿阳曲》：
"人乍别，顺长江水流残月。悠悠画船东去也，这思量～儿一夜。"｜《醒
世姻缘传》第三十三回："～且先与他做贺序，做祭文，做四六启；渐渐
的与他贺节令，庆生辰。"②qī tou 苗头；事情刚开始出现的征兆：看
这个～，他们早有准备。‖《俚语证古》第十四卷："开始谓之～。"

【骑锅驾灶】qì guǒ jià zào 讽刺男人去管本该女人管的事：弄了
个毛孩子待家里～的，一点儿规矩没有。‖ 参"骑锅压灶"：《聊斋俚曲
集·姑妇曲》第一段："如今现有个珊瑚在，你既然骑锅压灶，可就才只
是发揣。"

【饻馏】qǐ liu 用地瓜干碴和豆末做的窝窝头：△天河俩叉吃地瓜，
天河弯弯吃干饭，天河直溜吃～。

【缕绺】qǐ li 碎布条或旧布条：筐子里全是些破～｜蒲松龄《日
用俗字·裁缝章》："～一绺作铺衬，零剪几块褓荷包。"‖ 亦作"褵
裂"：1935 年《临朐续志》："褵裂，《集韵》：'衣敝也，俗谓碎布条
曰褵裂'，读如妻立。"

qia

【掐】qiā（qiǎ）①用手的虎口部位用力扣住：～脖子。②用指甲
按、捏或截断：～花儿｜～点油菜。③量词，拇指和另一手指尖儿相对
握着的数量：她那个小腰而就一～儿。④（将粮食）用石碾研磨或用石碾
碾压后制作：～碾｜～地瓜干儿｜～豆包｜《聊斋俚曲集·翻魇殃》第三
回："姜娘子做了饭，打发他婆婆吃了，才掐了升麦子碾上，～了～。"
⑤切断；停止（供应）：～水｜～电｜～奶｜叫大队把他的待遇～了。
⑥截断并去除；删除：那块儿电影～了不少镜头去。⑦熄灭（香烟）：吃
烟的都嘎急把烟～死。⑧计算并控制（时间）：恁要紧把时间～准了。

【掐根儿】qià gēnr ＝**〖去根儿〗**qù gěnr ①从根部截断。②从根
本上解决；根治：这个病不好～。

【掐奶】qiǎ nāi 断奶；终止给婴儿哺乳：孩子一直到三岁才～。

【掐算】qiā suan ①算命的人用拇指尖对着别的指头不同的部位来计算、推算。②计算；打算（尤用于经验丰富的人）：每个步数儿叫他～得一点儿不差。③猜想；推测：我～着他今日能来家。

qian（qian）

【欠】qiàn ①缺；少：吃饭～着口吃，对身体好｜地瓜吃起来还～着口火儿，再蒸蒸。②该；赊：年底一算账还～着人家的钱。③（将身体）略微抬起或偏侧：你稍微～～身子｜《聊斋俚曲集·姑妇曲》第二段："只等了二三日，于氏看着不是长法，便到他那屋里，臧姑坐着也没～身。"

【扦】qiǎn ①用针线轻轻地缝：～裤脚儿｜～裸儿。②用细条状工具把空隙用物料填实：～缝儿。

【前窝】（～儿）qiǎn wer =〖前窝子〗qiǎn wè zi 对前夫或前妻所生的子女的背称：《聊斋俚曲集·慈悲曲》第一段："譬如有一个～儿，若是打骂起来，人就说是折蹬；若是任凭他做贼当忘八，置之不管，人又说是他亲娘着，他那有不关情的：谓之左右为难。"｜《聊斋俚曲集·慈悲曲》第三段："后娘只知有～，分出后窝就不公，就不通，更不通，一般也知道那脸儿红。"

【钱上紧】qiǎn shang jīn 把金钱看得很重：他那个人就是～，别想借出分钱来｜△锅腰子上山——～｜元杂剧《范张鸡黍》第一折："章好立身，我道今人都为名利引，怪不着赤紧的翰林院那伙老子每～。"｜元杂剧《来生债》第一折："不思量有限的光阴有限身，委实他～。"

qiang（qiang）

【强】qiàng ①好，用于比较：他们家的日子过的那个～｜《聊斋俚曲集·墙头记》第一回："他头一年还算～，零碎使了七石粮，虽不丰富还无账。"｜《聊斋俚曲集·禳妒咒》第二十六回："却是春香，却是春香，你运气～不～？若是～，赢几钱来买梳妆。"｜《聊斋俚曲集·磨难曲》第二十三回："我王丙命不～，破了财守空房，这日子像个下番的样。"｜《醒世姻缘传》第四十回："你修的比那辈子已是～了十倍，今辈子你为人又好，转辈子就转男身，长享富贵哩。"②好；融洽：他们俩个俗伙得不～。‖《俚语证古》第十四卷："善美谓之～。"

【强梁】qiǎng liang 争强好胜；不好惹：他们弟兄都很～｜《醒世姻缘传》第四回："晁大舍只因自己富贵了，便渐渐～厌薄起来。"｜《醒世姻缘传》第十九回："这样一个女人，怎在山中住得？亏不尽汉子～，所以没有欺侮。"｜《醒世姻缘传》第二十四回："且单说那明水村的居民，淳庞质朴，赤心不漓，闷闷淳淳；富贵的不晓得欺那贫贱，～的不肯暴那孤寒，却都象些无用的愚民一般。"

【强起】qiǎng qi ①相比更好；相比更强：他家的人太傲了，就寻思没有人能～他们｜△逢着是个官儿，就～卖水烟儿｜△吃饭先喝汤儿，～开药方儿｜《醒世姻缘传》第四十八回："姓龙的怎么？～你妈十万八倍子！你妈只好拿着几个臭钱降人罢了！"｜《醒世姻缘传》第八十三回："寄姐道："罢！人见来还好哩，还～你连见也没见！"亦作"强其"：《聊斋俚曲集·禳妒咒》第七回："休愁那亲事难成，情管找一个极俊的媳妇，还强其江城，还强其江城。"｜《聊斋俚曲集·磨难曲》第二十六回："儿登科，儿登科，就是他爹待怎么？虽不如中一双，还强其没一个。"②好；健康；融洽，一般用于反问或否定句式：有一阵儿他们两家关系弄得不大～｜看他脸色黄干干的，体格不大～。

【抢】qiāng ①夺；硬拿：～劫｜～钱。②赶快；赶紧；争先：他们几个很团结，有活儿都～着干。③用饭铲、铁铲等平着或侧着铲：拿张锨把地下的那些水泥渣儿～起来｜△蒸的饼子——不用～。④撞击、触碰地面；身体向前摔倒或摔伤：他走得急了，一头～待地下｜地下个橛子绊了一下，把他一面子脸都～了｜《战国策·魏策》："布衣之怒，亦免冠徒跣以头～地尔。"｜《醒世姻缘传》第六十四回："狄希陈不及防备，被素姐飕的一个漏风巴掌，兜定一脚，踢了一个嘴～地。"｜《醒世姻缘传》第六十八回："相于廷道：'狄大哥，你拿了袖子罢，看着路好牵驴子走，带着袖子，看～了脸。'"｜《醒世姻缘传》第九十一回："吴推官跪得两腿麻木，猛然起来，心里又急待着要出去，只是怎么站立得起来！往前一～，几乎不跌一交。"｜《醒世姻缘传》第九十八回："你可安详些儿，着忙的人，不觉作下揖去，往前一～，把个鼻子跌了一块油皮。"亦作"枪"：司马迁《报任安书》："见狱吏则头枪地。"

【抢倒】qiāng dao 向前摔倒：他～那一下，把波罗盖儿磕破了。

【抢破头】qiāng pe tòu 竞相获取或购买的样子：要是这个价钱卖，来买的保证～。

【抢子】qiāng zi 做饭菜用的锅铲：这种锅配上把木头～好使。

【戗】qiǎng ①逆；方向相对：～茬｜～着风走路。②违背；违逆：～犯｜～促｜他是个顺毛驴，什么事～着他就惹下天来了。亦作"抢"：《醒世姻缘传》第十九回："你只休抢着他的性了，一会家乔起来，也下老实难服事的。"

【戗茬儿】qiǎng char ①逆着木头等物体的纹理。②逆着事物的情理或趋势：这么弄的话是个～，最后是自找苦吃。

【戗犯】qiǎng fan 用话语冒犯；顶撞：他脾气大，没有敢～他的。

【戗戗】qiǎng qiang 逆向的样子：事多了累得他头发都～了。

qiao（qiao）

【乔】qiào 不好；坏；歹；恶劣：～脾气｜～毛病｜马致远《青杏子·悟迷》曲："唱道尘虑俱绝，兴来诗吟罢酒醒时茶，兀的不快活煞，～公事心头再不望。"｜姚守中《粉蝶儿·牛诉冤》曲："有一等贪哺啜的～人物，就本店随机儿索唤，买归家取意儿庖厨。"｜元杂剧《秋胡戏妻》第三折："当也波初，则道是峨冠士大夫，原来是个不晓事的～男女。"｜《聊斋俚曲集·姑妇曲》第二段："才叫二成来替替，臧姑来～声怪气的叫了去了。"

【诮嗤】qiāo chi 讥诮；嗤笑：他那个傲气，见了谁也待～几句。

【䘾】qiāo（qiǎo）缝：你帮我把裤脚～～。‖1928年《胶澳志》："缝衣曰～，峭平声。"

【趫】qiào 行动敏捷：他才～来，爬墙和猴似的｜张衡《西京赋》："非都卢之轻～，孰能超而究升？"｜《后汉书·朱儁传》："贼帅常山人张燕轻勇～捷，故军中号曰飞燕。"

【趫欻】qiào chua 敏捷：他爬起树来那个～。

qie（qie）

【攲】qiě 躺；卧：他三拳两脚把就那几个人砸得～地下爬不起来了｜《聊斋俚曲集·慈悲曲》第六段："一日往南昌公干，起的身早，见张诚～在路旁，看了看，是个书生模样，试了试还有气，就下轿来，守了一霎，还魂过来。"｜《聊斋俚曲集·翻魇殃》第九回："却说那仇福到了家，他娘～在床上，忽然看见仇福进来，跪在床前。"｜《聊斋俚曲集·快曲》第四联："两个翻身都落马，～在地下狗哇黄。脚楂脖子枭首级，那鼻眼略动口还张。"｜《聊斋俚曲集·寒森曲》第四回："二相公至三官灵前～下，才合煞眼，忽见三官进来，相公便拉着哭。"｜《聊斋俚曲集·磨难曲》第十五回："张春大怒，批脸带腮只一捶，打了个倒栽葱。老李婆子～在地下说：'张春杀子人哩！'"｜《聊斋俚曲集·磨难曲》第二十八回："张春回来，看着两个还～着哇哼。"

【攲下】qiě xi ①躺下：你打俺俺就～不行？｜《聊斋俚曲集·慈悲曲》第二段："婆子放倒头睡沉沉，汉子～下暗沉吟。"②（躺下）睡觉：人家都～了，明日再说吧｜《聊斋俚曲集·翻魇殃》第二回："仇福也不答应，～睡了。"｜《聊斋俚曲集·磨难曲》第二十六回："亏了那两个丫头，一闹一个三更尽，才～骨碌嗓子，打了一个盹。"‖1928年《胶澳志》："～，读如且下，睡倒之谓。"

【茄花色】（～儿）qiě hua shēir 如同茄子花一般的淡紫色：那天她穿着一身～儿外套儿｜《醒世姻缘传》第四十一回："夜来北极庙上那个穿～的婆娘，情管也是个会管教汉子的魔王。"

【切字语】qiè zi yū 暗语：有话儿就光明正大地说，别打些～。

qin（qin）

【吢】qìn 语气词，表蔑视；不赞同：～，谁稀罕他那点东西。

【钦敬】qǐn jìng 敬佩；尊敬：人家说得那话，确实叫人～|《容斋随笔》第十二卷："卞夫人与袁夫人书云：'贤郎有盖世文才，阃门～。'"|元杂剧《九世同居》第一折："老夫自来仗义疏财，为乡里～，尊称曰长者相呼。"|元杂剧《小孙屠》第九出："忽然见弟兄持刀刃，连叫两三声。莫不是嫂嫂不～？"|元杂剧《气英布》第二折："随何也咱是你绾角儿弟兄，怎生来汉王不把咱～。"|《喻世明言》第三卷："（吴山）从此改过前非，再不在金奴家去。亲邻有知道的，无不～。"|《喻世明言》第五卷："常何见马周一表非俗，好生～。"|《水浒传》第一百零八回："萧嘉穗答拜不迭道：'此非萧某之能，皆众军民之力也！'宋江听了这句，愈加～。"|《孽海花》第三十五回："我因～他的为人，已答应他亲身护送；又约了几个弟兄，替他押运行李。"|《三国演义》第三回："肃曰：'贤弟有擎天驾海之才，四海孰不～？'"|《梼杌闲评》第二十七回："众人见了，才各各心服～，回营称谢。"|《儿女英雄传》第八回："我心里先暗暗的～，便不肯动手。"|《聊斋俚曲集·寒森曲》第七回："端过那圣水瓶，倒一盏还有零，救善人听说极～。"|《聊斋俚曲集·富贵神仙》第十二回："听说太原人，听说太原人，合菴～又钦尊，烦年兄寄个平安信。"|《醒世姻缘传》第八回："却说梁生、胡旦因有势要亲眷，晁家父子通以贵客介宾相待，万分～。"

【亲兄奶弟】qǐn xǐng nài dì 亲兄弟：恁是～，不团结还不叫人笑话？

【亲姊热妹】qǐn zī yě mèi 亲姐妹；亲兄弟姐妹：到了八步赶蝉的时候还是～管用。

【顉】qìn 低头：△青头萝贝紫皮蒜，仰脸老婆～头汉。‖《说文解字》："～，低头也。"亦作"寝"：《俚语证古》第三卷："首低垂者谓之寝寝头。"

qing（qing）

【轻】qǐng ①重量小；比重小（与"沉""重"相对）：△远路无～担｜△拿起扫帚当掸子——掭不出个～重｜△心中有杆秤，能称～和重。②数量少；程度浅：～来～去｜年～气盛。③用力小；用力不狠：～点关门｜～拿～放｜～手～脚儿｜他这个坏脾气就是揍得～了。④副词，多用于斥责性的句子中，别；少：你～拿大话吓唬人｜～来这一套。

【轻喋咧】qǐng diè lie =〖轻撇咧〗qǐng piè lie 轻飘；单薄；不结实：这个车一看就～的，不值什么钱。

【轻快】qǐng kuai ①份量轻：这么～的箱子，我一个人就拿动了。②轻松：他找的那个活儿很～｜他给我匍撒完了，身上真～。

【轻来大去】qǐng lai dà qù =〖轻来轻去〗qǐng lai qǐng qù 数量少或程度浅的样子：孩子伤得～的，你就别计较了。

【轻妙】qǐng miào（物体结构、用料等）单薄；细小：这个车子这么～，装不多么点儿东西｜《聊斋俚曲集·寒森曲》第四回："前日商礼把尸背，看着～似麻秸，忽然就有千斤赛。"‖1928年《胶澳志》："～，细小之谓，对粗言。"

【轻省】qǐng sheng ①分量轻：他做的这些工具使起来真～。②轻松；轻便：这么个大事你倒说得～｜元杂剧《生金阁》第二折："我如今年纪老，鬓发苍，我做不的重难的生活，只管几件～的勾当。"｜《红楼梦》第四回："原来这门子本是葫芦庙里一个小沙弥，因被火之后，无处安身，想这件生意倒还～热闹，耐不得寺院凄凉，遂趁年纪轻蓄了发，充当门子。"｜《红楼梦》第二十回："至次日清晨起来，袭人已是夜间发了汗，觉得～了些，只吃些米汤静养。"｜《醒世姻缘传》第三十二回："晁夫人一个女流之辈，罄囊拿出一万四五千谷赈济那乡里饥民，这只怕那慷慨的男子也还做不出的事，他却～做了，却不知道也受了多少的闲气。"

【穷家富路】qìng jiǎ fù lù 居家时手头拮据无妨，外出时应多带盘缠，以备不时之需：都说是"～"，路上多带点钱好｜《三侠五义》第二十三回："银子虽多，贤弟只管拿去。俗语说得好，'～'。"

【穷劈了】qìng pǐ ler（骂人的话）贫穷到了极点：他这是～，老人的养老钱儿也想花｜这人真是～，连这点东西都看在眼里。

【苘杆】qīng gan 苘麻的茎，常用来比喻比较纤细或脆弱的东西：他那个小细胳膊和～似的｜△铜头铁背～腿（形容狼）。参"苘杆子"：《聊斋俚曲集·翻魇殃》第八回："身软弱，瘦可怜，穿上绵衣只似单，胳膊好似苘杆子样，怎么口外去受风寒？"

【擎】qìng（qǐng）①支撑；承载：这么个小车子，哪能～住这么大的分量。②托举；高举：你把竹竿～得高点儿｜李渔《亲情偶寄·种植部》："及花之既谢，乃复蒂下生蓬，蓬中结实，亭亭独立，犹似未开之花，与翠叶并～，不至白露为霜，而能事不已。"

【罄干溜净】qìng gǎn liǔ jìng 器具全空的样子：家里的饭叫他吃得～｜你没待家，孩子们把盒子里的糖吃得～。‖《说文解字》："罄，器中空也。"《诗经·小雅·蓼莪》："缾之罄矣，维罍之耻。"

【青杆子味儿】qǐng gàn zi wèir ＝〖青杆子气〗qǐng gàn zi qì 类似于植物秸秆的气味：这种菜待捎嫩吃，稍微老点儿吃起来就有～。

【青头榔子】qǐng tou lǎng zi ①＝〖青头榔〗qǐng tòu làng 生长时因露出土而变成绿色的芋头，其食用起来口味变差：这些芋头～太多了。②＝〖愣头青〗lěng tòu qǐng 行为莽撞、愣头楞脑的人：怎么碰上这么个～？

【清光当】qǐng guàng dang 汤类食物很稀薄的样子：熬的稀饭也～的，没有点儿米儿。亦作"青光当"：《醒世姻缘传》第四十九回："晁夫人……教他各人都挤出奶来，用茶钟盛着，使重汤顿过，嗅得那个白净老婆的奶有些膻气，又青光当的。"

【清浩浩】qǐng hào hao 空荡冷清的样子：房子闲着不大住人，一进屋里～的。

【清口】qǐng kōu 清爽可口；爽口：他拌的小凉菜儿真～。

【清气】qǐng qi ①清洁；整洁：打扫完了房子，再进去就～多了。②清新：上树林子里喘口气都～。

【请年】qìng nián 农历除夕日，到已故先人茔地举行仪式，将其神灵请回家过年。

【婧吃坐穿】qìng chī zuò chuǎn 吃穿生活坐享现成的样子：她上了这样的家庭光～行了。‖《集韵》："婧，慈盈切，音晴。受赐也。"

【婧等】qìng dēng 放心地等着：就～着人家来给你送上门行了。

【婧好儿】qìng hāor 完全放心：他干活儿，你就～吧。

【婧管】qìng guān 只管；保证；管保：你说的事儿～放心，都已经安排好了。亦作"情管"：《醒世姻缘传》第十八回："晁爷你不信，只叫大官人替唐老爷做上女婿，情管待不的两日就是个知州。"｜《醒世姻缘传》第六十五回："我猜你这衣裳情管是放在张茂实家，我若要的不大上紧，你一定就与了别人。"｜《聊斋俚曲集·墙头记》第二回："你既饱了，且找个避风去处，且慢慢归家。情管我着他两个争着事奉你。"又："情管那令郎欢喜，都争着把你养活。"｜《聊斋俚曲集·禳妒咒》第七回："休愁那亲事难成，情管找一个极俊的媳妇，还强其江城，还强其江城。"｜《聊斋俚曲集·富贵神仙》第五回："把大杯，满满斟，微微带笑叫官人：吃着叫他唱一个，唱一个，情管投着你的心，你的心。"

【婧受】qǐng shou 坐享；承受；继承：老人的家业都叫自己的孩子们～。亦作"情受"：元杂剧《马陵道》第二折："我恨不的并吞了六国诸侯，这江山和宇宙，士女共军州，都待着俺邦情受。"｜元杂剧《窦娥冤》第一折："想着俺公公置就，怎忍教张驴儿情受？"｜元杂剧《单刀会》第四折："俺皇亲合情受汉朝家业，则您那吴天子是俺刘家甚枝叶？"｜《真本金瓶梅》第六十二回："伯爵喝采不已，说道：'原说是姻缘板，大抵一物必有一主，嫂子嫁哥一场，今日情受这副材板，勾了。'"｜《聊斋俚曲集·墙头记》第一回："不因着情受他那地土，俺只说俺是他达。"｜《聊斋俚曲集·姑妇曲》第一段："我没造化情受你这个好媳妇，休去了也罢了！"

【婧着】qǐng zhi ①等着：孩子们都大了，你光～享福行了。亦作"情着"：《聊斋俚曲集·姑妇曲》第二段："大成便说没奈何，低着头儿且情着，母亲呀，咱不幸遭着这不贤的货。"②尽情：《聊斋俚曲集·姑妇曲》第一段："既然出了门，我情着往前撞。"｜《聊斋俚曲集·墙头记》第一回："老头子日日闲，情着吃情着穿，着您媳妇常忙乱。"

qiu（qiu）

【求处】qiǔ chu 可资帮助的价值：他当官的时候有～，找他的人多得是。

【求告】qiǔ gao 请求；央求：里里外外～多少人这才算办成了事。

【尳】qiù ①责备：为挖家雀的事俺爸爸把我好一个～。②说话不和善：这个人真～。

【糗】qiǔ 弄脏；污损：那件儿衣裳叫灰～死了。

【糗搓】qiǔ cuo ①弄脏；污损：才买的件儿衣裳叫他～得没法儿穿了。②经受艰苦；遭受折磨：把两个小孩子撂家里，～得不像个样了。

qu（qu）

【曲曲芽】qū qu yà =〖曲曲菜〗qū qu cǎi 苣荬菜，茎叶嫩时可吃，略带苦味：《蒲松龄集·附录·学究自嘲》："馆谷渐渐衰，馆谷渐渐衰，早饭东南晌午歪，粗面饼卷着～。"｜蒲松龄《日用俗字·菜蔬章》："莴苣味如～，驴驹嘴似婆婆丁。"

【曲蟮】qū shan 蚯蚓：△～号歌歌，六十天吃饽饽。‖崔豹《古今注·鱼虫》："蚯蚓，一名蜿蟮，一名～。善长吟于地中，江东谓之歌女，或谓之鸣彻。"章太炎《新方言》第十卷："今通谓蚓为～。"亦作"蛐蟮"：《聊斋俚曲集·富贵神仙》第十二回："卷子开包，卷子开包，磨墨声闻百里遥，个个都吟哦，好似蛐蟮叫。"｜《聊斋俚曲集·磨难曲》第二十五回："卷子展开色，卷子展开色，磨墨声闻百步遥，个个都吟哦，好似蛐蟮叫。"

【去皮】qù pì ①破皮；褪皮：她对象把她打的身上都～了。②将果实的外壳或表皮去除。③遭罪；不堪其苦：谁倘上这样儿的事也真～了。

④算重量时扣除容器的份量：看这一大筐东西，去了皮也没老些份量。

【趄】qū 用脚尖平着踢：才买的双鞋没几天就让孩子都～破了｜△卖鞋的过河脚～沙。‖《俚语证古》第三卷："以足扱物谓之～答。～为蹴之双声音转。"

【瘴瘴】qǔ qu 身体瑟缩的样子：待医院里看见他～的都脱相了。

quan（quan）

【权当】quān dang ①姑且当作：中午就吃了一点儿点心，也～吃晌饭了｜《醒世姻缘传》第九十五回："老寡妇要替媳妇招赘一个丈夫，～自己儿子，掌管家财，承受产业。"②只当：给他说了好几遍，他～没听见｜《红楼梦》第十九回："（袭人）若果然还艰难，把我赎出来，再多掏澄几个钱，也还罢了，其实又不难了。这会子又赎我作什么？～我死了，再不必起赎我的念头！"

【劝化】quàn hua 劝导：咱都回去～～他，估计他能听进去｜元杂剧《窦娥冤》第一折："待我慢慢的～俺媳妇儿，待他有个回心转意，再作区处。"｜元杂剧《生金阁》第二折："如今着他去～，不怕不听。"

【圈腮胡子】quàn sǎi hǔ zi 络腮胡：△～吃炒面——里嘈外喙。

【全美】quàn mei ①身体没有缺陷：生男生女都一样，孩子～就好。②特指父母双全：结婚铺床找个～的人来干。③周到全面：这个事儿办得很～了，得知足｜元杂剧《破窑记》第一折："我如今要与女孩儿寻一门亲事，恐怕不得～，想姻缘是天之所定。"

que（que）

【㧼】quē 折；反复对折：这根树枝子太硬了，怎么～也～不断。‖《集韵》："㧼，忽郭切，音霍。手反覆也。与擭同。"

【雀子】quē zi =〖棕子〗zěng zi 雀斑：以前没注意她脸上有～｜《聊斋俚曲集·禳妒咒》第五回："夫人说：'怎么不好？'公子说：'那脸上一些黑～。'"

【皵】quē 特指生面团被风吹后变得粗糙或开裂：把面使盆盖上，要不叫风吹～了。‖"皵"古代指树皮粗糙或坼裂：《尔雅·释木》："槐：小叶曰榎；大而～，楸；小而～，榎。"李咸用《览友生古风》诗："皵～老松根，晃朗骊龙窟。"李时珍《本草纲目·木部·梧桐》："梧桐处处有之，树似桐而皮青不～。"

qun（qun）

【裙】qùn ①裙子：长～子｜连衣～儿。②像裙子的东西：墙～子｜炕～子｜△瓮穿～，大雨淋。

【𪗇】qǔn 用鞭子等长条状的东西抽打：他一鞭子～待他腿上。

【皴】qǔn 皮肤因被冻或因风吹而变得粗糙或开裂：把脸擦干了再出去，省着～了脸。

【皴手】qǔn shōu 手因被冻或因风吹而变得粗糙或开裂：《俚语证古》第三卷："手背冻裂谓之～。"

【逡】qǔn 清楚；明白：这就～了，就是他干的。

【逡亮】qǔn liang 清楚：没戴眼镜我一点儿看不～。

【R】

reng

【绒绒儿】rèngr rengr ①小绒毛：上面那些～摸起来滑溜溜的。②表面有绒毛的：穿了件儿～衣裳。

ruo

【摞儿压摞儿】ruòr ya ruòr 层层叠叠的样子：库里的东西堆得～的，没法找东西。‖参"罗压罗"：《聊斋俚曲集·翻魇殃》第十二回："贼死的罗压罗，满街上血成河，没死的还有三十个。"

【S】

sa

【仨瓜俩枣】（～儿）sǎ guǎ liǎ zāor 比喻价值或数量很少；微不足道的财物：人家给个～的也不解决问题。

【靸】sā 把鞋后帮踩在脚后跟下：听见叫门，他～着鞋就出来了｜《聊斋俚曲集·墙头记》第三回："那一日～着鞋，跑出去把门开，王银匠已在门儿外。"｜《红楼梦》第二十一回："次日天明时，便披衣～鞋往黛玉房中来，不见紫鹃、翠缕二人，只见他姊妹两个尚卧在衾内。"

【靸嗒】①sā da 把鞋后帮踩在脚后跟下；穿（拖鞋）：他～着双拖鞋上这来，也太随便了。②（～儿）sǎ dar =〖呱嗒儿〗guǎ dar 拖鞋：△日本～——提不起来。

【撒气】sà qì ①（使）漏气：他的车子不知道叫谁～了。②泄劲；放弃：没有人支持这个事，他也就～了。

【撒口】sǎ kōu =〖松口〗sěng kōu ①松开（咬着的）嘴：那个狗咬上就不～。②（～儿）sǎ kōur（sěng kōur）从不同意转而同意；放弃或降低原来的要求或主张：找了很多人去说，他就是不～儿。

【撒手无招】sà shōu wù zhǎo 对人或事失去把控：这时候不严管着，到时候～，找谁也没有办法。

【瞴䁝】sǎ ma 四处看：不知道那几个人待那～什么。

san

【三秋】sàn qiǔ 秋收、秋耕、秋种的统称：几更等他送东西来，早就晚～了｜《聊斋俚曲集·富贵神仙》第四回："晚了～，晚了～！早若如此，我也不记仇；既是到如今，望和平不能勾。"｜《聊斋俚曲集·磨难曲》第十一回："今要平和不能够！谁知冤仇莫结，惜乎他晚了～。"

【三说二卖】sǎn shuō lěr mài 反复劝说的样子；花言巧语的样子：架不住他～，老人们就信了。

【三天两头】（～儿）sǎn tiǎn liàng tòur 隔一天或几乎每天；经常：他～地往这跑。参"三日两头"：《醒世姻缘传》第十四回："晁大舍自从与典史相知了，三日两头，自己到监里去看望珍哥，或清早进去，晌午出来，或晌午进去，傍晚出来。"

【三灾八难】sǎn zǎi bà nàn 泛指各种疾病或不幸遭遇：要是有个～的，有谁能真靠前？|《红楼梦》第三十二回："我想你林妹妹那个孩子素日是个有心的，况且他也～的，既说了给他过生日，这会子又给人妆裹去，岂不忌讳。"

sao

【搔子】sào zi 物体表面刮擦的较轻痕迹。

【臊】sào 使沾染臊腥的气味，比喻带来让人厌烦的事情：△提溜着尿罐要饭——～门子。

【臊嘎】sào ga 骚扰；烦扰：你少沾着他，别叫他～着。

【臊主意】sǎo zhǔ yi 坏主意；愚笨的主意：这都是他出的～。

【厮儿】sāor＝〖小厮儿〗xiǎo sāor＝〖小厮〗xiāo si 男孩。老派的说法，现在已很少用：他家有三个孩子，两个闺女一个～|元杂剧《鲁斋郎》楔子："嫡亲的四口儿：浑家张氏，一双儿女。～叫做喜童，女儿叫做娇儿。"|元杂剧《老生儿》第一折："唤的个稳婆评脉，他道老儿欢喜，是个～胎。"|元杂剧《老生儿》楔子："不想小梅这妮子年二十岁，婆婆为他精细，着他近身扶持老夫，如今腹怀有孕，未知是个女儿小厮儿。"|元杂剧《赵氏孤儿》第一折："公主因在府中，添了个小厮儿，唤作赵氏孤儿哩。"|元杂剧《赵氏孤儿》第四折："我若死后，你添的个小厮儿呵，可名赵氏孤儿，与俺三百口报仇。"|明杂剧《中山狼》第二折："俺闻的古人说：'大道以多岐亡羊'，想起来，羊乃至驯之畜。一个小厮儿，便可制伏，尚且途路多岐，走的来没寻处。"|《真本金瓶梅》第四十回："前年陈郎中娘子，也是中年无子，常时小产了几胎，白不存，也是吃了薛师父符药，如今生子，好不一个满抱的小厮儿，一家

儿欢喜的要不得。"|《聊斋俚曲集·禳妒咒》第三十二回："况且江城我那个俏心肝，变成了一个贤人了，给他买妓收婢，不多大时节，就生了个白胖小厮。"|《聊斋俚曲集·慈悲曲》第一段："亏了这一日，那李氏又娩卧了，虽然生了个小厮，张炳之也不甚喜欢。"|《真本金瓶梅》第三十一回："玉箫道：'你小厮家带不的这银红的，只好我带。'"|《醒世姻缘传》第二十回："打哩天爷可怜见，那肚子里的是个小厮，也不可知，怎么料得我就是绝户！"|《醒世姻缘传》第二十八回："那娘子正在那里碰头打滚，他倒了一些温水，把那药送了下去，即时肚里响了两声，开了产门，易易的生下一个白胖的小厮，左手里握了他那一丸药。"|《醒世姻缘传》第八十回："却说寄姐害了这个活病，只喜吃嘴，再出不得门，足足的到了十个月，生了一个白胖的小厮，方才病能脱体。"‖1928年《胶澳志》："小厮，童子之谓，对人称己之子曰小厮。"

seng

【松散】sěng suàn ①松；不紧：系鞋带的时候～点儿，省着勒脚。②（身体）轻松；舒坦：你给我揉完了，身上试着真～。③闲散：组长分给他的活儿还算挺～的。

【送日子】sěng yì zi 男方选好结婚日期后，到女方家正式通知。

【送人心】sěng yìn xǐn（说话）合情入理、温暖人心：这个闺女说话真是～。

sha

【杀】shā ①使人或动植物失去生命：～人｜～鸡｜～树。②勒紧；捆结实：～车子｜～紧裤腰带儿｜这么远的路，要紧把筐～紧了｜《醒世姻缘传》第六十七回："（狄周）到下处，叫人挑着纱灯，把皮袄叠了一叠，～在骡上，骑着家来，见了狄员外，把那艾回子可恶的腔款学说了一遍。"|《聊斋俚曲集·磨难曲》第二十八回："单三绳往肉里～，堪堪手脚坠下来，就放了也把骨坏。"③把盐加在生的食物上使渗水：这些菜

水分大，没使多少盐就～出这么多水来。④皮肤或伤口因受外部刺激而疼痛：一出汗～得伤口痛｜你喷了些什么东西，这么～眼｜药水往伤口上一撒，～得他直咧嘴。

【杀才】shà cai 骂人的话，该杀的：拿着自己的亲娘这么狠心，真是个～！｜《水浒传》第二十九回："那妇人大怒，使骂道：'～！该死的贼！'"｜《水浒传》三十八回："黑～，今番来和你见个输赢！"｜元杂剧《金线池》第二折："抵多少南浦你离后，爱你个～没去就。"｜《聊斋俚曲集·姑妇曲》第二段："真么一个媳妇，是模样不好呀，是脚手不好呢？是不孝顺这～是待死呀？"又："他二姨这～，就真么无道数样的替你做……只怕你点着灯还没处去找。"｜《聊斋俚曲集·慈悲曲》第二段："我合你打下赌，定要去找那～。"｜《醒世恒言》第八卷："我的儿，这也不干你事，都是那老虔婆设这没天理的诡计，将那～乔妆嫁来。"又："老～，今日为甚赶上门来欺我？"｜《醒世恒言》第二十卷："母亲，莫不妹子与小～背地里做下些蹊跷勾当，故此这般牵挂？"｜《醒世恒言》第二十五卷："这些～，劫掠良家妇女，在此歌曲，还有许多嫌好道歉！"

【杀肉儿】shà ròur 杀了畜禽兽等吃肉：他三不六九偷人家的狗～吃。

【杀食】shà shì 消化食：吃块儿萝贝杀杀食。

【刹风】shà feng 风停：等～了再干也不晚。

【刹堆儿】shà zuǐr（人）凑在一起：那党子人都上他家～了。

【沙骨豆儿】shǎ gū dòur 如同豆子一般大小的沙粒：鞋里掉进去个～，直硌我脚｜△～榨不出油来。

【沙蛤蜊】shǎ gà la ①在沙质海滩生长的蛤蜊。②含有沙子的蛤蜊。

【厦子】shà zi 临正屋或墙体搭建的单坡面小屋：从墙根儿搭了一个～放工具。参"披厦""厦"：《黄侃论学杂著·蕲春语》："吾乡谓于正室旁依墙作屋，斜而下，其外更无壁者，曰披厦。"｜《醒世姻缘传》第三十五回："以东房之地隰也，私将侯小槐之西壁以为后墙，上盖东厦三间，以成四合之象。"又："又是他许多徒弟再四央求，方才仍旧罚了五万砖，又加了三万，方才叫人押了拆那墙西盖的厦屋，还了侯小槐的原墙。"

【煞气】shà qì 出气；发泄不满：他在外边儿惹了一肚子火儿，回来拿着老婆孩子~｜《真本金瓶梅》第十八回："信那没廉耻的歪淫妇，浪着嫁了汉子，来家拿人~！"又："姐姐，不是这等说，他不知那里因着什么头由儿，只拿我~。"

【煞头】shā tou 茶、酒等饮品对舌头的刺激程度：这种茶叶~大。

【煞威儿】shà weir 权威；震慑力：当父母的没有~，这么小的个孩子都管不听｜他挺有个~的，一说什么下面的人溜溜的。

shai

【晒】shài ①放在阳光下使干燥；在阳光下吸收光热：~被｜~阳阳儿。②将人撂在一边，不加理睬：把客人~那儿半天没人管。

【晒烟儿】shài yǎnr （被）置之不理；（被）慢待：他们上屋里喝水去了，叫人家待那~｜说好的上车站去接他们，结果把人家晒了烟儿。

shan（shan）

【铲】shàn 砍；劈；割：他这么作也不怕叫人家给他~头去｜葛洪《抱朴子·外篇·博喻》："犹~禾以讨蝗虫。"｜元杂剧《三战吕布》第三折："元帅将刀刃斜~，他将那戟尖戟尖来便刺。"｜元杂剧《襄阳会》第三折："则你大杆刀带肩~，则你这宣花斧着他天灵碎。"｜元杂剧《西厢记》二本楔子："远的破开步将铁棒彪，近的顺着手把戒刀~。"

【姗姗】shān shan 骄傲：穿着这件从外国捎回来的衣裳试着很~。

【闪】shān ①天空的闪电：打~。②突然显现：他来~了一下，再没见着影儿。③侧转体躲避：~开。④因用力过猛拉伤肌肉：~了腰。⑤剩下；撇下：还~下两个包子没吃｜元杂剧《青衫泪》第二折："你好下得，白解元，~下我，女少年。"｜元杂剧《范张鸡黍》第二折："~的这老亲无子，幼子无爷。"｜元杂剧《赵氏孤儿》第二折："我精神比往日难同，～下这小孩童怎见功？"⑥甩下不管；未打招呼而把人独自留在某处或单独抛下：人家都走了，～他一个人在那里。⑦身体因受风、受凉出现不适：半宿起来没披衣裳～着了。⑧留出；空出：茄子栽得不～缝儿，它哪能长？⑨突然分离引起的心理失落：孩子上外地上学去了，老两口在家有点儿～得上｜元杂剧《梧桐雨》第三折："妃子，～杀寡人也呵！"｜《聊斋俚曲集·磨难曲》第十三回："趁如今就合你别了罢，省的你后日要把奴来～。"｜《聊斋俚曲集·富贵神仙》第七回："多情人送到我黄郊路，回了回头那俏影儿全无，～杀人那泪点儿留不住。"｜《乐府玉树英·新增杂调北腔歌》："俏冤家，口应心不应，想当初说话儿水里点灯，到如今～得个干干净。"｜冯梦龙《挂枝儿·怕闪》："我被人～怕了，～人的再莫来。你若要来时也，将～人的法儿改。"｜《海浮山堂词稿·集贤宾·顶真叙情》："冤家狠心将俺～，～的人叫苦连天。"｜《醒世姻缘传》第十九回："你可是不会～人的？咱浓济着住几日，早进城去是本等。"

【闪风】shān fěng 受凉；受风：夜来晚上穿得少，孩子～了｜《红楼梦》第五十二回："晴雯方才又闪了风，着了气，反觉更不好了，翻腾至掌灯，刚安静了些。"

【闪晃】shān huang ①闪动：电压看来有点儿问题，灯泡老是～。②突然显现：我看他从那面儿～了一下就走了。

【闪舌头】shān shě tou 对说大话的讥称：吹那个大牛他也不怕闪了舌头。

【闪下】shān xi 剩下；丢下；遗弃：好的都叫人家拿走了，光～些不济的。‖1928年《胶澳志》："～，遗弃之谓。"

【扇打】shǎn da 用扇子扇：这边蚊子多，出去拿把扇子好～着。

【搧】shǎn 用手掌掴：他反正耳子～了两巴掌｜《醒世姻缘传》第二十三回："看见是那掌柜的拾了不还，把那掌柜的一顶细缨子帽扯得粉碎，一部极长的胡须大绺采将下来，大巴掌～到脸上。"｜《醒世姻缘传》

第九十一回："一个男子汉的脸弹，做了他搁巴掌的架子，些微小事，就是两三巴掌～将过去。"‖《集韵》："～，批也。"

【善】shàn ①仁爱；友好：～良｜～心｜～人。②轻；不厉害：偷了这么多东西去，抓着就不能～打发他｜《聊斋俚曲集·俊夜叉》："长长骂着还踢蹬，给你句好气就上了天，我还嫌我骂的～。"｜《醒世姻缘传》第八十五回："谁没说呀？京里说的～么，奶奶，你待不走哩么？"

【善茬】（～儿）shàn chár 善良的人；好对付的人，一般用于反问或否定句式：听听他说那些话儿，哪还是个～儿？｜《醒世姻缘传》第七回："有如此等事！咱那媳妇不是～儿，容他做这个？"｜《醒世姻缘传》第十回："大爷也拇量那老婆不是个～儿，故此叫相公替他上了谷价！"｜《醒世姻缘传》第九十五回："咱两个也算得起丁对丁，铁对铁的。张飞、胡敬德剃了胡子，都也不是～儿，你省的了？"｜《醒世姻缘传》第九十六回："虽是也要待好，也不可太于柔软。那人不是～儿，'人不中敬，屎不中弄'，只怕踹惯你的性儿，倒回来欺侮你。"亦作"善查""善岔"：《聊斋俚曲集·磨难曲》第六回："这方二相公也不是个善查，只怕进了门，他就给个作道。"｜《聊斋俚曲集·富贵神仙》第二回："原来这方相公也不是个善查，那差人不敢进去。"｜《醒世姻缘传》第三十九回："他也不免有些鬼怕恶人，席上有他内侄连赵完在内，那个主子一团性气，料得也不是个善查。"‖1928年《胶澳志》："善岔，循良之谓，不是善岔与京语不是好惹的语同。"

【善的】shǎn di 善良的人；好对付的人，一般用于反问或否定句式：他的那个妹妹更不是个～｜《醒世姻缘传》第九十六回："这就是你的二房呀？眉眼上也不是个～，你合他处的下来呀？"

shang
【上奠仪】shàng diǎn yi 向逝者的家属送上香火钱表示慰问：老人走了，他们都来上的奠仪。
【上冻】shǎng dèng 结冰；冻结：地里都～了，镢头都刨不动。

【上赶】shǎng gān 讨好；示好；迎合：他那个大架子，老是想叫人家～着他。

【上赶子】shǎng gān zi（对方没有意愿）单方面主动的样子：人家态度不冷不热的，你～也没有用。

【上紧】shǎng jīn 抓紧；上心：快考试了，我看你怎么一点儿不～？｜元杂剧《东堂老》第一折："（柳隆卿云）赵小哥，～着干，迟便不济也。"｜元杂剧《谢金吾》第一折："夫役们，先把那门楼上的砖瓦乱摔下来……～的拆！"｜《醒世恒言》第十七卷："写一纸忤逆状子，告在县里。却得闲汉们替过迁衙门上下使费，也不～拿人。"｜《真本金瓶梅》第十六回："我的哥哥，你～些，奴情愿等着到那时候也罢。"｜《真本金瓶梅》第八十七回："妇人道：'既要娶奴家，叔叔～些。'武松便道：'明日就来兑银子，晚夕请嫂嫂过去。'"｜《醒世姻缘传》第六十五回："我猜你这衣裳情管是放在张茂实家，我若要的不大～，你一定就与了别人。"｜《醒世姻缘传》第七十四回："你放着眼皮子底下一门好亲戚，他不消打听我，我不消相看他，你们不上点紧儿，可遥地里瞎跑。"｜《醒世姻缘传》第八十四回："童奶奶叫人把那饭从新热了热，让他两个吃完，嘱付两个～寻人。"

【上来】shǎng lai ①用在动词后，表示从低处到高处或由远处到近处：人家从后边撵～了｜河水都涨～了。②用在动词后，表示由农村到城市；由低层级到高层级：等割完麦子就领着孩子～耍｜他～干了不少实事。③开始；起头：他～就说盖房子的事｜一～的时候还不大习惯。④用在动词后，表示成功（说、唱、背等）：想～｜那几个人他都能说～。

【上脸】shǎng liān ①（喝酒）脸红：他喝酒～。②不识抬举；得寸进尺：△趿着鼻子～｜给你口好气就～了｜《红楼梦》第四十回："下作黄子！没干没净的胡闹。倒叫你进来瞧瞧，就～了！"

【上哪】shǎng nā =〖上哪去〗shǎng nā qi ①到哪个地方，常用作问候语：大叔你这是要～？②到任何地方：揣着这门技术，～也饿不着。③表示不赞同对方的观点或说的话：～能有那么多。④谦语，表示没有如对方肯定或赞美的那样：～，快别这么夸了好不好。

【上戗】shǎng qiang 冒犯；进攻：下一次谁要是敢～，就揍回来。

【上人】shǎng yìn 陆续有人来：等到了七点这里就～了。

【上神】shǎng shèn 发呆：快过来，他一句话不说，光待那儿～。

【上手】shǎng shōu（shǎng shou）①出手；动手：那么多人站那里，没有敢～的。②开始熟练某种技艺：学了三个月，他基本上～了。③到手；达到某种目的：《水浒传》第一百零五回："那将士费了本钱，弄得权柄～，恣意克剥军粮，杀良冒功。"④位置较尊的一侧：～那个场儿应该留给长辈坐｜《水浒传》第一百零九回："那麻扎刀林中，立着两个行刑刽子，～是铁臂膊蔡福，下手是一枝花蔡庆。"｜《警世通言》第二卷："见一所林子里走出两个人来，～的是陈干娘，下手的是王婆。"⑤打扑克等游戏中顺序的上一位：～没说不要，你还不能出牌。

【上数儿】shǎng shūr 数得着，排名比较靠前，一般用于反问或否定句式：他那个技术待厂里还不～。

【上算】shǎng suàn 合算；便宜：你好好想想，这么弄的话上不上算。

【上心】shàng xǐn 尽心；用心；放在心上：你说的那个事一定～去办｜孔平仲《代小子广孙寄翁翁》诗："爹爹与妳妳，无日不思尔。每到时节佳，或对饮食美，一一俱～，归期当屈指。"｜《红楼梦》第十回："气的是他兄弟不学好，不～念书，以致如此学里吵闹。"｜《真本金瓶梅》第十八回："姐姐，你是个当家的人，你不～，谁～？"

【上眼药】shǎng yān yue 比喻借机说坏话整人：他心里很明白，又是那个人给他～。

【上褶儿】shǎng zhēr 产生褶皱：这种布儿真肯～。

【尚】shǎng 和；与：他～你两个看起来特别客气。

【晌饭】shǎng fan 中午饭：不用急，吃了～再走｜《醒世姻缘传》第八回："郭师傅，你光着呼子头，我们赤白大晌午没得晒哩，快进家去吃了～，下下凉走。"｜《醒世姻缘传》第三十回："晁夫人道：'日子忒久了，家里不便，就着在寺里罢。'留计巴拉吃了～，辞了晁夫人去了。"｜《醒世姻缘传》第三十二回："我合你三婶说了，叫照着数儿换给我哩！快些倒下换上，家里还等着碾了吃～哩！"｜《醒世姻缘传》第五十八回："狄员外叫他到园内葡萄架下看着叫人收拾；又叫调羹做鱼炒蟹，理料～；又着人去请相栋宇。"｜《聊斋俚曲集·慈悲曲》第三段："你不必找他，他待中来家吃～哩。"‖《俚语证古》第五卷："午饭谓之～。"

【晌觉】shāng jiao 午觉：不歇个～到了下午就发困｜《红楼梦》第九十四回："那两个女人因贾母正睡～，就与鸳鸯说了一声儿回去了。"｜《醒世姻缘传》第三十三回："一日夏天，先生白日睡了～，约摸先生睡浓的时候，他把那染指甲的凤仙花敲了一块，加了些白矾，恐那敲湿的凤仙花冷，惊醒了，却又在日色里晒温了，轻轻的放在先生鼻尖上面，又慢慢的按得结实。"

【伤爹害娘】shàng diě hài niàng 咒骂对方的父母亲人：她一进门就～地嘞起来了。

【伤天理】shàng tiǎn li 损害天道伦理：浪费粮食～｜《聊斋俚曲集·禳妒咒》第十回："高公说：'那里伤了天理，遭着这样事情！可怜可怜！'"｜《聊斋俚曲集·禳妒咒》第十三回："我又不曾～，怎么把你禽兽生？终来为你送了命！"｜《聊斋俚曲集·墙头记》第一回："哎！我不知前世伤了多少天理，才生下这样儿郎。"｜《聊斋俚曲集·富贵神仙》第二回："莫费心思做状呈，宁将冷落恼亲朋；不惟用意～，尤恐将来祸患生。"

shao（shao）

【捎】shǎo ①顺便带、拿：～带｜～信。②趁着；利用（时间、机会）：～明亮儿早点儿走｜～热乎快点儿吃。③ shào 击打（日常一般指特指用筷子敲击手部）：他一使左手拿筷子，老人就拿筷子～他｜《红楼梦》第二十六回："这脸上是前日打围，在铁网山教兔鹘～了一翅膀。"

【捎带】shǎo dai ①顺便拿或运：顺路就帮我～过来了。②顺便；在主要的之外附带：送孩子的时候～着说了说这个事｜来回上班的时候他～着卖点儿老家的山鸡蛋。③牵连：他过来一叨叨，把你也～上了。

【捎道儿】shǎo dàor 近路；便路：轧～。

【筲】shǎo ＝〖水筲〗shuì shǎo 上边沿有提系的水桶。老派的说法，现在已很少用：他今早上挑了两～水回来｜《聊斋俚曲集·禳妒咒》第二十一回："天色明了，奔走慌忙，担～打水，才把磨棍放。"｜《聊斋俚曲集·增补幸云曲》第四回："仙女说：'有水，只是无什么奉客，下马来，就这～里吃些罢。'"

【潲】shào ①雨斜着落下：快关窗，别～进雨来。‖1928年《胶澳志》："雨侵曰～。"在一些古代作品中亦作"哨"，指雨斜着落下或风掠过：马致远《集贤宾·思情》曲："听夜雨无情，～纱窗紧慢有三千解。"｜邓玉宾《一枝花》曲："更把这谈玄口缄，甚么细雨斜风～得着俺！"②（受阳光照射或风雨侵蚀）颜色减褪：帽子戴得都～色儿了。

【潲色儿】shào shēir 物体受阳光照射或风雨侵蚀而褪色：衣裳后脊梁都～了，换件儿吧。

【少到家】shāo dao jiǎ 至少；最少：这一大箱～也有二百斤。

【少来大去】shāo lai dà qù 极少；微乎其微：再剩个～的就不值当去跑一趟了。

【少末末儿】shào měr mer 稍微；少量：这些料加多了反而不好，～加点儿就行了。

【烧】shǎo ①点燃；燃烧：～劈柴｜～煤｜～草｜～火。②（有了钱或地位）忘乎所以；挥霍无度：他这纯是叫钱～出来的些毛病。

【烧包】shǎo bao （有了钱或地位）忘乎所以；挥霍无度：他从挣了点儿钱就～得不知道姓什么了。

【烧炕】shǎo kàng 乔迁新居时，亲朋好友带着贺礼来到新居聚餐表达恭贺之意：什么时候搬家？好给你去～。‖古称"暖屋"或"暖房"：陶宗仪《南村辍耕录·暖屋》："今之入宅与迁居者，邻里酿金治具，过主人饮，谓之曰暖屋，或曰暖房。"王建《宫词》：'太仪前日暖房来。'则暖屋之礼，其来尚矣。"《梦粱录·民俗》："或有新搬移来居止之人，则邻人争借动事，遗献汤茶，指引买卖之类，则见睦邻之义，又率钱物，安排酒食，以为之贺，谓之暖房。"

【烧心】shǎo xin 因胃酸过多造成胃部有烧灼感。

she

【舍气】shè qì 罢休；罢手，一般用于反问或否定句式：你想他吃了这么个亏哪能～？｜家去寻思寻思他还不～，又嘬了一顿。

【蛇带】shě dài 带状疱疹，又称"缠腰龙"。

shen（shen）

【瘆】shèn 使人感到恐惧：他一走到这个山洞门口，就试着～得上。亦作"渗"：元杂剧《盆儿鬼》第二折："来，来，来，先着这冷飕飕渗人风过。"｜元杂剧《博望烧屯》第一折："这将军内藏着君子气，外显出渗人威。"

【瘆人毛】shèn yin mào 传说有人身上长的一种使人见了害怕的体毛：△话是拦路虎，衣裳是～。亦作"森人毛"：《聊斋俚曲集·禳妒咒》第一回："浑身打战似筛糠，不知这是那里的病？老婆说有森人毛，这话是真不是空。"｜《聊斋俚曲集·增补幸云曲》第十八回："这长官有森人毛，未曾请他来，我这心里战兢兢的。"

【身量】shěn liang 身材；个头：你就照着他这个～买就行了｜《聊斋俚曲集·翻魇殃》第四回："姜秀才并不曾放在他的眼眶，说我曾见来，～不大长。"｜《聊斋俚曲集·翻魇殃》第九回："大姐～大些，一把拉着，脚不沾地，到了他那屋里说：'大兄弟，快来跪着。'"｜《醒世姻缘传》第四十一回："这在家里可这们一个大～的汉子，叫他唬的只筛糠抖战。"｜《醒世姻缘传》第五十六回："他的～又大，气力又强，清晨后晌，轻轻的就似抱孩子一般。"

【神道】shěn dɑo ①思维不正常；神经兮兮：时间长了才发现他还挺～。②思维不正常地说话做事：别听他～了，嘎急老老实实地干活吧。

【神神道道】shěn shen dɑo dɑo 思维不正常或神经兮兮的样子：他成天～的，把个孩子也拐带踢蹬了。

【神作】shèn zuō 过分调皮；闯祸：孩子这两天大胆了，和那几个同学成天～。

sheng（sheng）

【生就】shěng jiù 生来就有；天生：△～的骨头长就的肉｜《二十年目睹之怪现状》第三十二回："我头一次到这等地方，不觉暗暗称奇，只得将就坐下。便有两个女子上来招呼，一般的都是～一张黄面。"

【生噱】shěng juè 不管不顾地骂：要是把他惹毛了，他不管什么人～。

【生人】① shěng yin 陌生人：要是～来了就跟我说说。② shěng yìn（在某地）出生；（在某时）出生：他是秋天～｜他媳妇是南方～。

【生痧子】shèng shǎ zi 出麻疹：这不是别的毛病，不用害怕，就是～。

【鉎鏉】shěng shu ①金属生锈或被腐蚀：你再不把那台机器拿出来使，就～踢蹬了。②铁锈；金属氧化腐蚀的锈迹：铁门上的～把衣裳沾沾脏了｜薛逢《灵台家兄古镜歌》："金膏洗拭鉎涩尽，黑云吐出新蟾蜍。"｜苏辙《磨剑池》："神仙铸剑本无硼，岸石斑斑尚铁鉎。"‖《玉篇》："鉎，鏉也。"《集韵》："鉎，铁衣也。"又："鏉，铁锈，铁上衣。"朱骏声《说文通训定声》："鉎俗曰铁锈。"桂馥《札朴·乡里旧闻·附乡言正字》："铁生锈曰～。"

【剩饭】① shèng fan 名词，吃完饭后剩下的饭：晚上把～煴煴凑附吃。② shěng fàn 动宾短语，做好的饭没吃完而剩下：△家有白米万担，也怕剩汤～。

shi（shī）

【使】shī ①用；使用：～锨铲｜～起来很得劲｜干什么活就待～什么家什｜△一等人～眼教，二等人～口教，三等人～巴棍溜秋教｜《醒世姻缘传》第三十五回："宗昭原是寒素之家，中了举，百务齐作的时候，去了这四十两银，弄得手里掣襟露肘，没钱～，极得眼里插柴一般。"②派遣；支使：～唤｜把人家当儿～。③劳累；疲乏：～人｜《金瓶梅词话》第一回："一顿拳脚打的动不得了，～的这汉子，口里儿自气喘不息。"｜《聊斋俚曲集·磨难曲》第十五回："（张春）到了跟前说：'老李婆子，你省着好罢，看～着呀。'"｜《聊斋俚曲集·磨难曲》第二十九回："金总兵～的汗流气喘，被赵胜送了个仰面朝天。"｜《聊斋俚曲集·姑妇曲》第一段："大成巴数了一阵，墙上挂着一支鞭子，拿下来把珊瑚打了几下子，于氏那气才略消了。又怕～着他娘，才吩咐散了。"｜《聊斋俚曲集·慈悲曲》第二段："～的慌不必喘粗气，不是你那亲汉子，你还要降的起。"｜《聊斋俚曲集·翻魇殃》第十一回："我这二日～的身上乏了，二弟家那屋，等他捎了钱来，雇人整理罢。"｜《聊斋俚曲集·快曲》第四联："砍瓜切菜不住手，～的我，大汗淋淋透甲袍。"｜《聊斋俚曲集·富贵神仙》第三回："官人还不壮实，走了一日多路，～着了，所以又病起来了。"｜《聊斋俚曲集·墙头记》第二回："张大轮打着说：'好恨人！～的我喘吁吁的，他倒嗤嗤起来。'"｜《醒世姻缘传》第二十七回："你看这小厮，倒好叫你做证见！他养活咱甚么来？你爹教那学，～得那口角子上焦黄的屎沫子，他顾赡咱一点儿来！"｜《醒世姻缘传》第三十三回："我～的慌了，你且拿下去想想，待我还惺还惺再教！"｜《醒世姻缘传》第五十三回："你有话再陆续说罢，看～着你。你说的话，我牢牢的记着，要违背了一点儿，只叫碗口大的冰雹打破脑袋！"｜《醒世姻缘传》第五十四回："有活我情愿自己做，～的慌，不～的慌，你别要管我。"｜《醒世姻缘传》第六十回："贼小私窠子！你说我是不打了么？我是胳膊～酸了，抬不起来。"

【使费】（～儿）shǐ feir 各方面的费用：做这么个营生～真不少｜

《醒世恒言》第十六卷："因他生得风流俊俏，多情知趣，又有钱钞～，小娘们多有爱他的，奉得神魂颠倒，连家里也不思想。"｜《聊斋俚曲集·墙头记》第一回："他说我年太高，不宜量把心操，八石粮不用开口要，又不封粮不纳草，吃穿～都勾了。"｜《醒世姻缘传》第一回："那时去国初不远，秀才出贡，作兴旗扁之类，比如今所得的多，往京师～，比如今所用的少，因此手头也渐从容。"｜《醒世姻缘传》第九十回："晁冠带了得用的家人，赍了许多银子，送了撰文的礼币与写诰轴中书的常礼，打点一应该用的～，等至九月里，用了宝，连夜赶回，要在十月初一日趁晁夫人寿旦迎接诰命。"

【使唤】shī huan ①指使；差遣：他～人家和～佣人似的｜《东京梦华录》第六卷："更有猴呈百戏，鱼跳刀门，～蜂蝶，追呼蝼蚁。"｜元杂剧《黄花峪》第二折："哥哥你～着我，怎敢不依随。"②支配身体部位或使用牲口、工具等：往回走的路上冻得他手脚都不听～了。

【使数】（～儿）shǐ shur 供差遣使唤的人；奴婢。属于老派的说法，现在已很少使用：他又不是他们家的～，凭什么这么使唤人｜元杂剧《来生债》第二折："咱家中奴仆～的，每人与他一纸儿从良文书，再与他二十两银子，着他各自还家。"｜元杂剧《拜月亭》第二折："可又别无～，难请街坊，则我独自一个婆娘，与他无明夜过药煎汤。"｜元杂剧《生金阁》第一折："便好道未见其人，先观～。我这两个小的，是我心腹人，一个叫做张龙，一个叫做赵虎。"｜元杂剧《张生煮海》第四折："看了这海中～，无过是赤须虾、银脚蟹、锦鳞鱼。"｜元杂剧《墙头马上》第四折："自从裴少俊将我休弃了，回到洛阳，父母双亡，遗下几个～和那宅舍庄田，依还的享用富贵不尽。"｜元杂剧《张天师》第一折："则俺三个在这月明之下，又无甚跟随的～，怎生是好。"｜元杂剧《金童玉女》第一折："你看那梅香小玉，丫鬟～，相随相从。"｜元杂剧《玉镜台》第三折："到这里论甚～，问甚官媒？"｜元杂剧《黄花峪》第一折："（正末云）官人，我是个过路的，这个人是你的伴当？那侵你～的？你为何吊着他打？拐带了你多少银两？你若说的是呵，我与你行究。"｜元杂剧《风花雪月》第一折："则俺三个在这月明之下，又无甚跟随的～，怎生是好。"｜《初刻拍案惊奇》第五卷："那些～养娘们见夫人说罢，大家笑道：'这老妈妈惯扯大谎，这番不准了。'"

【使死】 shī shi ①比喻累到极点：小孩子干这么重的活儿，那待～他。②劳累致死：他爷爷那真是生生～的。

【使性】（～儿）shì xìngr（sèngr）使性子；发脾气；赌气：就说了他两句，今天就～儿不来了｜晚上他～儿没吃饭｜《五代史平话·周史》上卷："咱父亲累代积善，不喜您恃勇～打人。"｜元杂剧《对玉梳》第一折："俺家使过他数十锭花银，俺娘见他没东西了，日日拈他去，他一口气成病，～儿出去了。"｜元杂剧《窦娥冤》第一折："这歪刺骨便是黄花女儿，刚刚扯的一把，也不消这等～。"｜元杂剧《金线池》第一折："俺想那韩秀才是个气高的人，他见俺有些闲言闲语，必然～出门去。"｜《水浒传》第五十四回："李逵惧怕罗真人法术，十分小心扶侍公孙胜，那里敢～。"｜《醒世姻缘传》第四十四回："翁婆有甚言语，务要顺受，不可当面～，背后国哝，这都是极罪过的事。"

【使性傍气】 shī xìng bàng qì 赌气或使性子的样子：没借着钱，他～地走了｜《醒世姻缘传》第三十三回："连这等一个刚毅不屈的仲由老官尚且努唇胀嘴，～。"｜《醒世姻缘传》第六十七回："常功～，一边脱那皮袄，一边喃喃的说道：'……我的本事降了来的，干员外甚么事？'"亦作"使性谤气""使性棒气"：《醒世姻缘传》第三十三回："狄希陈使性谤气，一顿穿上袄裤，系上袜子。"｜《醒世姻缘传》第九十一回："他一时喜快，你慢了些，他说你已而不当慢条思理的；他一时喜慢，他又说你使性棒气没好没歹的。"‖1928年《胶澳志》："使性磅气的，没好气之谓。"

【使人】 shì yìn ①使唤人；用人：单位真会～，叫他去最合适了。②累人：这个活儿太～了。

【屎孩子】 shī hài zi 不懂事的小孩子：你这么个大人，叫个～扎固成这么个样儿？

【试脉】shǐ mèir 切脉；脉诊：找大夫试试脉儿，别自己乱吃药。

【试验】shì yan 为查验事物的性状而从事的活动：把买的几样药都～了一遍，还是你买的这一种管用｜陈天祥《论卢世荣奸邪状》："今乃损相位～贤愚，亦犹舍美锦校量工拙，脱致瑕坏，悔将何追？"

【十月一】shì yue yi 农历十月初一，亦称"寒衣节"，多于此日到茔地祭奠逝者。

【石条】shǐ tiào 条形的石头：△剃大分，不带帽儿。镶金牙，自来笑。穿皮鞋，走～。带手表，挽两道儿。

【食牙】shǐ ya 臼齿：他的那几个～都掉净了。

【失枕】shǐ zhēn 落枕，指因睡觉姿势的原因造成的颈部不适。

【实诚】shǐ cheng 实在；不虚假：他挺～的个人，不会跟你要谎。

【实落】shǐ luo ①踏实；安稳：听不着他的信儿，家人心里老是不～｜你这么一说，大家的心也都就～了。②稳固；结实：把货装得很～，就放心跑行了。

【实心子】shǐ xin zi 实在的人；实在但不灵活的人：恁哥哥这个～，人家说什么他就听什么。

【拾】shì ①捡取：△窗台上～镜子——真些巧｜《聊斋俚曲集·磨难曲》第二十四回："叫花子～了一个大元宝；死罪逢恩诏；儿子久别家，忽然敲门到；老头子得了个儿初落草。"②收养（弃婴）：他那个孩子是～的｜《聊斋俚曲集·慈悲曲》第一段："娶后婆，前边撇下了个小哥哥，你说是咱的儿，他拿着当～来的货。"③重新开始曾经搁置下的事情或关系：毕业这么多年了，学的东西都～不起来了｜这几年他又～起老本行来了。④恢复恋爱关系：后来他们两个又～起来了。

【拾掇】shǐ duo ①收拾；整理：今天我待家里～家，哪儿也没去｜《金瓶梅词话》第二十三回："你别要管他，丢着罢，亦发等他每来～，歪蹄泼脚的，没的展污嫂子的手。"｜《聊斋俚曲集·翻魇殃》第四回："姜娘子听说，辞拜了婆婆，～了～出来。"②打扮：你那个头发太长了，快去～～。③教训；惩治：他没得着便宜，还叫人家好一个～。

shou（shou）

【瘦岩岩】shǒu yàn yan 身体干瘦无力的样子：他这几天～的｜元曲《寨儿令·收心》："面皮儿黄绀绀，身子儿～。"｜欧阳修《燕归梁》词："髻云漫弹残花淡，各娇媚，～。离情更被宿醒兼。"｜元杂剧《汉宫秋》第一折："和他也弄着精神射绛纱，卿家，你觑咱，则他那～影儿可喜杀。"｜元杂剧《梧桐雨》第四折："～不避群臣笑，玉仪儿将画轴高挑。"｜元杂剧《张天师》第二折："现如今你～病怎支？他虚飘飘占不归，知甚日重会？"｜元杂剧《梧桐叶》第一折："我如今～腰减罗裙褪，他那里急煎煎人远天涯近。"亦作"瘦厌厌""瘦恹恹"：马致远《寿阳曲》："金莲肯分迭半折，瘦厌厌柳腰一捻。"｜吕渭老《小重山》词："雨洗檐花湿画帘。知他因甚地，瘦厌厌。玉人风味似冰蟾。愁不见，烟雾晓来添。"｜元杂剧《连环计》第二折："我则道他瘦恹恹苦病缠，却元来悄促促耽闺怨，方信道色胆从来大似天。"

【手巾】shōu jin 毛巾：那根～好洗洗了｜《醒世姻缘传》第二十一回："那日晁夫人自己安在盆内的二两一个锞子，三钱一只金耳挖，枣栗葱蒜；临后又是五两谢礼，两匹丝绸，一连首帕，四条～。"｜《醒世姻缘传》第二十五回："薛教授兑足了五百两买布的本钱，又五十两买首帕、汗巾、暑袜、麻布、～、零碎等货，差了薛三槐、薛三省两个同去，往后好叫他轮替着走。"｜《醒世姻缘传》第三十七回："两个斗着嘴，那闺女也梳完了头，盆里洗了手，使～擦了，走到狄希陈跟前，把狄希陈搂到怀里问道：'你说不说？'"｜《聊斋俚曲集·慈悲曲》第四段："当初来家，那安眠稳睡，俺原自己就不图；只伺候下条～，黑夜里好拭那泪珠，黑夜里好拭那泪珠。"｜《聊斋俚曲集·增补幸云曲》第七回："净面汤一铜盆，献过来花～，细软肥皂多清润。"

【手掐把攥】shōu qiǎ bā zuàn ＝〖手掐把拿〗shōu qiǎ bā nà 非常有把握的样子：这个事儿对他来说那是～的，放心吧。

【守着】shōu zhi 当着某人的面；面对：你～亲家怎么好这么说话！｜△番瓜花儿，葫芦花儿，～女婿不想家；番瓜瓢儿，葫芦瓢儿，～女婿不想娘｜《醒世姻缘传》第三十三回："刚才昨日上了学，今日就妆病，～你两个舅子，又是妹夫，学给你丈人，叫丈人丈母恼不死么！"｜《醒世姻缘传》第三十六回："我六七十的人了，能待几年～孩子？这们的大物业，你受用的日子长着哩。"｜《醒世姻缘传》第四十四回："他～他娘吃了两个馒头、一碗大米水饭。"｜《醒世姻缘传》第五十九回："怪孩子多着哩！这两三日饭也不吃，头也没梳，只是哭，恐怕他去了，没人～我，又怕我受他嫂子的气。叫我说：'你～我待一辈子罢？你～我，你嫂子就没的怕我，不叫我受气了？'"｜《醒世姻缘传》第九十三回："爹娘坟上，你那庐墓的去处，扩充个所在，建个小庵，你每日在内焚修，～爹娘，修了自己，岂不两成其便？"

【收刹】（～儿）shǒu shar 对运行物体的控制：这个车子扳着闸也一点～儿没有。亦作"收煞"：《七侠五义》第一百零三回："那人往前一扑，可巧跑得脚急，收煞不住，'噗咚'嘴吃屎爬在尘埃。"

【受】shòu（shǒu）①适合：～吃｜～看｜～穿。②经得起：～打听｜不～鼓弄｜～表扬。③遭受：～苦｜～贱｜～罪。

【受吃】shǒu chī 好吃；吃起来有味道：他做的菜真～。

【受穿】shòu chuǎn 穿起来舒服；耐穿：她做的衣裳挺～的。

【受看】shòu kǎn 好看；耐看：这家店做的蛋糕光～不受吃。

【受使】shǒu shī 好用；管用：才买的这把钳子真～。

【寿器】shǒu qi 棺材：～板子｜《聊斋俚曲集·寒森曲》第一回："施～舍衣裳，到处里说贤良，家虽不富有名望。"｜《醒世姻缘传》第九十回："（晁夫人）也没等晁梁料理，叫人将打就的杉木～抬到手边，用水布擦洗干净。"‖《俚语证古》第八卷："～，梼器也。棺材谓之～。寿为梼之初文。《广雅》：'梼，棺也。'"

【寿限】shǒu xian 寿命：△养儿不怕晚，就怕～短｜《聊斋俚曲集·磨难曲》第二回："你若是命该终，放了你也活不成功；～亦是前生定。"｜《醒世姻缘传》第九十三回："原只该六十岁的，～每每增添，活了一百五岁。"

shu（shu）

【数量】shū liang ①计数；计算：我点的是五十棵樱桃树，你再~~。②数落；指责：一进门就听见父母在家~他｜《聊斋俚曲集·墙头记》第一回："李氏跑出来说：'怎么着？待要地？黑夜里睡不着，那里寻思不到呢！'怒冲冲的指着~起来了。"｜《聊斋俚曲集·翻魇殃》第三回："仇福也不做声，听着姜娘子~着哭，一日没吃饭，就暗宿了。"｜《聊斋俚曲集·磨难曲》第十五回："张春就着踮了顿脚，抹了一块石头来好打。一行打着，照样的~。"

【数算】shǔ suan 计算：他花的那些冤枉钱都~不过来｜《醒世姻缘传》第十六回："从头一一~，各匠俱到，只有那学匠不曾来助忙。"

【叔伯】shū bei 放在某些亲属关系前，指同宗而非嫡亲的亲属：~弟兄｜~姊妹｜《聊斋俚曲集·翻魇殃》第三回："着人找了他~哥来，立了文书，写了两个阄，叫仇福来拾。"｜《聊斋俚曲集·富贵神仙》第七回："有张鸿渐的个堂~哥是张春，打靛的把子吊了柄——是没把的个石头。"｜《聊斋俚曲集·富贵神仙》第九回："只走的隔着自己的庄，还有十数里路，便寻思个~哥哥，是张子明，在这邻庄居住，暂且往他家里住下，夜间深了着，再走不迟。"｜《醒世姻缘传》第五十七回："放着晁无逸不是他亲~大爷么？他就该照管哩，怎么不照管？"又："你是他~大爷，不养活他，叫我养活哩！"

【舒】shǔ（身体或物体的一部分）伸；伸展：~手｜~头｜~腿仰胳膊｜他整天~着个嘴就知道吃｜《元典章·刑部三》："~舌头于本妇口内，欲要通奸。"｜元杂剧《李逵负荆》第三折："堪笑山儿忒慕古，无事空将头共赌。早早回来山寨中，~出脖子受板斧。"｜元杂剧《生金阁》第三折："他见我与相公捶背，他看着我揎拳捋袖，~着拳头要打我。"｜元杂剧《渔樵记》第二折："我~与你个脸，你打，你打。"｜元杂剧《豫让吞炭》第四折："我怎肯躬身叉手降麾下，我宁可睁眼~头伏剑锋，枉了你闲唵哝。"｜元杂剧《荐福碑》第一折："一个撮着那布裙踏竹马，一个~着那臁肕跳灰驴。"｜元杂剧《绯衣梦》第三折："那厮

可便～着腿脡，扠着门棍，精唇口毁骂不住声。"｜元杂剧《魔合罗》第
一折："也是我穷对付，扯将这蒲包上绺麻且系住。淋的我头怎抬，走的
我脚怎～，好着我眼巴巴无是处。"｜元杂剧《曲江池》第四折："想你
来迎新送旧多胡做，到今日穷身泼命怎收科？～着那手掌儿道乞化钱一
个。"｜《醒世恒言》第三卷："进了门，却不敢直入，～着头，往里面
张望。"｜《聊斋俚曲集·墙头记》第三回："半夜转了腿肚子，脚头冰
凉～不开，土炕上铺着席一块。"｜《聊斋俚曲集·禳妒咒》第二十六回：
"妙哉，妙哉，我是人牌，春香～出胳膊来罢。"｜《聊斋俚曲集·俊夜
叉》："他的娘子叫张三姐，为人极有本领，管的他那汉子回了头，从新
成了人，这几年来，成了那木锨～在那酱盆里——就大匙起来了。"｜《聊
斋俚曲集·磨难曲》第十九回："到如今那被窝里，细细的个人儿，想也
是～不开你那金莲。"

　　【舒手】shǔ shōu ①伸手：外面冻得都舒不出手来。②参与；掺
合：这样的事儿咱可不能～。

　　【舒梭】shǔ suo 舒服：叫他这么一捋巴，身上真～｜《聊斋俚曲
集·磨难曲》第十四回："衙役说我官声好，找法给我弄钱财，话儿都是
极相爱。每日叫耳根～，到不想脖项成灾！"

　　【舒嘴獠牙】shǔ zuī liǎo yà 嘴部突出、牙齿外露，形容相貌丑
陋的样子：看他那～的样儿，别吓着孩子。

　　【毆】shù 用手打，一般指用手掌打：再不做声，他妈非～他。‖
《集韵》："～，击也，殊玉切。"

shua

　　【耍】shuā ①玩耍；消闲：有空常上家来～｜南戏《琵琶记》第一
出："（丑）还是做什么～好？（净）踢气球～……空使绣襦汗湿，谩罗
袜生尘。"②游览：～崂山｜～北京｜元杂剧《西厢记》一本第一折：
"游了洞房，登了宝塔，将回廊绕遍。数了罗汉，参了菩萨，拜了圣贤。
（莺莺引红娘捻花枝上，云）红娘，俺去佛殿上～去来。"③不工作；闲

着：这么个大青年成天待家～也不是那么回事儿。④戏谑；捉弄：他就知道～人家的大头。⑤卖弄：～嘴皮子｜他又带上那个镯子上哪里～展扬去了。⑥使用道具表演：～狮子｜～大刀。

【耍鬼儿】 shuǎ guīr 玩弄心计；施展诡诈手段：谁也不能待背地后耍什么鬼儿。

【耍孩子】 shuā hài zi 贪玩的小孩子，有时特指小孩子：他上大学了，弟弟还是个～。

【耍花儿】 shuà huǎr 耍花招：他～还当人家还看不出来。

【耍精神】 shuà jǐng shen 耍小聪明：△耍了精神卖了乖。

【耍酒疯儿】 shuǎ jiū fěngr 喝酒过量后失态发狂：一喝上点酒就～，他这个毛病真不好。

【耍弄】 shuā leng 愚弄；戏弄：～人家到最后就是～自己。

【耍贫嘴】 shuà pǐn zuī 油嘴滑舌：他～一个赶两个，说正经的就秕虱子了。

【耍诮】 shuǎ qiao 讥笑；丑化；耍弄：就算他～人也不能说那么出格儿的话。

shuai

【甩手掌柜】 shuǎi shōu zhàng guì 只挂名而不愿负责也不做事的人：你还想跟恁大爷攀，也想当～的?

shui

【摔木碗儿】 shuī mù wanr 摔掉手中干活的用具；撂挑子不干：他发过年往这摔了好几把儿木碗儿了。

shun

【顺茬儿】 shǔn char ①顺着木头等物体的纹理。②顺着事物的情理、趋势：你这么办的话是个～，应该能行。

【顺杆子溜】shùn gān zi liū 按照别人的话语或态度继续往下说话或编造：他也不知道怎么说好，快跟着人家～算了。

【顺杆子爬】shùn gān zi pá 按照别人的话语或态度而附和：当官儿的说什么他就跟着～。

【顺拐】shǔn guāi 走路时同一侧的胳膊和腿同时向前运动：他一紧张走正步就～。

【顺口】shǔn kōur ①（～儿）好吃；好喝；食用或饮用起来很受用：这个酒喝起来真～。②说起来顺畅：读起来不～，老试着哪里别扭。③说的次数多了形成习惯：他嘬～了就成口头语儿了。④ shùn kōur 随口：当时一急就～说出来。

【顺溜】shǔn liu ①顺畅；顺势：△顺着潮水儿打虾子——使它这个～劲儿。②适应：才开始还不得劲儿，没几天就～过来了。

【顺色儿】shǔn shēir 颜色雷同：你快换件儿衣裳吧，这件和裤子都～了｜△黄鼠狼子拖油条——～了。

【顺手】shǔn shōu ①得劲儿：你才买的这把锤使起来还挺～的。②对某一动作或行为形成习惯：他拿人家的东西拿～就不好改了。③ shùn shōu 随手；顺便：～就干了的事，别到最后攒成一块儿。

shuo

【说】shuō ①说话；用话表达：△千年文约会～话｜△唱戏的腿，～书的嘴。②介绍（婚姻）：～媳妇｜～婆婆家｜△大姑娘当媒人——放着自己～别人。③嫁或娶：她～在浮山所｜他家里没处房子儿，都～不上个媳妇。④责备：你不怕恁爸爸～你？⑤谈论；议论：△谁人背后无人～，哪个人前不～人。

【说方便】shuò fǎng biàn 说情：他们都在旁边帮着～，他也不好再追究了｜元杂剧《潇湘雨》第四折："任凭你心能机变口能言，到俺老相公行～！"｜元杂剧《刘弘嫁婢》第一折："姑娘，你说一声方便，我也好在家里存活。"

【说开】shuò kǎi 说明白；说清楚：找他把话～，自然也就理解你了｜元杂剧《冻苏秦》第四折："如今趁他衣锦还乡，在洛阳驿亭中安下，我特地探望他一遭去，～此事，多少是好。"｜元杂剧《渔樵记》第四折："哦！有这等事。若不是哥哥～就里，你兄弟怎知道。"

【说媒】shuò mèi 做媒人；给人介绍结婚对象：给恁说成这合媒，俺也好挣个猪头吃｜△馋人～，痴人作保｜《金屋梦》第三十八回："你来～，可不知是甚么人家，女婿年纪多少？"｜《醒世姻缘传》第七十二回："他前边的那位娘子，是俺娘家嫂子说的媒。"又："媒婆道：'你看发韶么？我来～，可说这话，可是没寻思，失了言。'"

【说媳妇】shuǒ xī fu ①为男子介绍结婚对象：你不是待给小李说个媳妇？②娶妻：他也三十多岁的人了，还没说上媳妇。

【说下】shuō xi 约定好；讲明；声明：咱先～，省着过后争竞｜《聊斋俚曲集·禳妒咒》第一回："这一日吃着那酒，～若一个有难，大家一齐上前。"｜《红楼梦》第四十五回："先～，我是没有贺礼的，也不知道放赏，吃完了一走，可别笑话。"

【说嘴】①shuǒ zuī 耍嘴皮；说好听的话：他～那真是把好手｜元杂剧《降桑椹》第二折："你还～哩！你平常派赖，冬寒天道，着我在这里久等，险些儿冻的我腿转筋。"｜《真本金瓶梅》第七十八回："贼囚根子们，别要～，打伙儿替你爹做牵头，勾引上了道儿，你每好图躐狗尾儿，说的是也不是？"②shuō zui<贬>能说会道的人：这个孩子就是个～，你听他的就耽误事儿了。

si

【四楞锏】sì lěng jiān =〖四楞锏子〗sì lěng jiān zi 一种有四条棱的鞭类兵器：他切的面条和～似的，哪能好吃了｜元杂剧《单刀会》第三折："一刀刀，两刃剑，齐排雁翅；三股叉，～，耀日争光。"

【四邻】sǐ lìn 周围的邻居：他不像脾气，和～打得都不上门儿｜《聊斋俚曲集·翻魇殃》第八回："二相公同着～去央他，安心给他一百银子，打发他去。"又："累～，累～，一口许他百两银。"｜《醒世姻缘传》第九十一回："吴推官合南瓜睡觉，这荷叶是不消提起，照例施行。镇日争锋打闹，搅乱得家宅不安，～叫苦。"

【四邻八壁】sǐ lìn bǎ bī 泛指周围的邻居：叫他老婆一宣扬，～都谈论这个事。‖参"四邻八舍"：元杂剧《窦娥冤》第二折："（张驴儿云）四邻八舍听着：窦娥药杀我家老子哩！"

【四溜八瓣】（～儿）sǐ liǔ bà bànr 器物破碎的样子：他一把没接住，把个盘跌得～儿的。

【四平】sǐ pìng 非常平整：他半天就把地面整得～～的。

【四下】sǐ xià 四周；周围：～都是他们的人｜《聊斋俚曲集·翻魇殃》第十回："那屋壁破墙垣，～透黑浪烟，一行倒蹬一行叹。"｜《全明散曲》第四卷："迷魂阵～安排，陷人坑苦把人埋。"｜《醒世姻缘传》第三十五回："凡值科岁两考，成百金家收那谢礼，人再不说他邪运好，财神旺相，～传扬开去，都说他是第一个有教法的明师，倍了旧日的先生，都来趁他的好运。"｜《醒世姻缘传》第八十八回："龙氏家中求神问卜，抽签打卦。薛如卞弟兄两个，又不肯～出招子找寻。"

【四下里】sǐ xiǎ ler 四周；周围；到处：等他醒过来一看，～黑洞洞的，什么也看不见｜元杂剧《博望烧屯》第二折："你与我先点着粮车，后烧着窝铺，你～火箭一齐去。"｜元杂剧《马陵道》第三折："～安营，八下里扎寨。"｜李开先《一笑散·山坡羊》："顺风船儿撑不过相思黑海，千万里马儿也撞不出～牢笼扣。"｜《水浒传》第四十回："立在车子上，当当地敲得两三声，～一齐动手。"

【四至】sǐ zhì 建筑物或土地东西南北四面的界线或范围：那块地的～很清楚｜《续资治通鉴长编》第二百六十五卷："元是定夺文字称'东至买马城，南至鸿和尔大山脚为界，西至焦家寨，北至当界张家庄'，～内因甚只北至独有'当界'二字？"｜《宋会要辑稿》食货二："每庄摽拨定田土，从本县依地段彩画图册，开具～。"｜《聊斋俚曲集·寒森曲》第八回："时值价银三千两，～分明详细开，一面全管无罣碍。"

【丝酱】sǐ jiǎng 一种用发酵方式加工黄豆的工艺，发酵制作后的黄豆产生长丝，即"纳豆"。

【私孩子】sǐ hài zi 私生子，常用作骂人的话：那个～今日跑来做什么？｜《真本金瓶梅》第八十五回："奴婢两番三次，告大娘说，不信，娘不在，两个在家，明睡到夜，夜睡到明，偷出～来，与春梅两个，都打成一家。"｜《聊斋俚曲集·增补幸云曲》第二十四回："这个我可猜方了，这是他那肚里那～。"

【死逼】sī bì ①强迫；逼迫：当初他也是不愿意学，都是～着学出来的。②被迫；不得不：别的路都堵死了，～着从这里走。

【死充】sì chěng 逞能；假装：△腰里别了俩死耗子——～个打围的｜△癞蛤蟆扳着个尿罐沿儿——～个哈茶的。

【死顶】sī dǐng 意见极度不合；凡事对着干：他们两个老是～，什么事儿也干不成。

【死犟】sī jiàng 极度执拗倔强；固执己见：证据都清清楚楚地摆在眼前，他还非得～。

【死手】sī shou ①死板：出去学着机灵点儿，别那么～。②吝啬：人太～了佮伙不着朋友。③狠手；狠招：他这把儿真是下了～了，办不成不算完。

【死眼皮】sī yan pì 没眼力；不灵活：都跑进去了好几个人了，他这个～都没看见。

【肆】sǐ 极；非常：～平｜～直。‖ 章炳麟《新方言·释词》："《小尔雅》：'～，极也。'"

【撕巴】sǐ ba ①斯打：他们两个没说几句话儿就～起来了。②撕碎；撕扯：才买的本书就叫他～了。

【撕破脸】sǐ pe liǎn 比喻双方关系破裂，矛盾公开化：到时候万一～就不大好了。

【撕窝】sǐ we 因撕扯、磕碰等而失去原来的性状：盖在上面的篷布叫大风都刮～了。

【嘶馏】sǐ nao 食物腐败变质：那些稀饭都～了，快倒了啵。‖1928年《胶澳志》："饭臭曰～。"亦作"嘶殠"：蒲松龄《日用俗字·饮食章》："嘶殠豆腐不上桌，涒殌鸡子臭难堪。"

su

【素淡】sù dan ①味道清淡，不肥腻：你做饭真～。②颜色浅淡；朴素：还是～的颜色长远。

【嗉子】sù zi 禽类动物的食管后段暂时贮存食物的嗉囊，位于下颈部。‖参"嗉"：元无名氏《醉太平·讥贪小利者》："鹌鹑嗉里寻豌豆，鹭鸶腿上劈精肉。蚊子腹内刳脂油，亏老先生下手。"

的膨大部分

suan

【蒜臼子】suǎn jiù zi 捣蒜泥用的容器，石制或陶瓷制，外壁较厚：△土地爷爷戴～——头沉。

sui

【随】suì（suǐ）（与长辈在某一方面）相像：他那个眼长得真～他爸爸｜△养闺女～娘，栽的葫芦爬墙｜△白菜疙瘩～他妈妈，白菜心儿～他爷爷那根根儿。‖《俚语证古》第三卷："～，肖也。状貌与父母相似，谓之～。"

【随达】suǐ da<贬>（与长辈某一方面）相像：他老爹是个乜古人，几个孩子也～着。

【随大流】suǐ dǎ liu 大部分人怎么做就跟着做：△蟹子过河～。

suo

【襒褴】①（～儿）suǒ ruor 附着在物体上的絮状杂物：你这是上哪儿钻来，衣裳上沾这么多～儿？②suǒ luo 衣服过长：你的裤子都～着地了。‖1936年《寿光县志》："衣长曰～。"

【T】

ta

【塌飒】tā sa 脏乱不堪的人；困顿潦倒之人：他穿着那个熊样儿，就赶着个～。‖"塌飒"原义为"困顿潦倒"：范成大《阊门初泛二十四韵》诗："生涯都～，心曲漫峥嵘。"

【溻】tā ①（汗）浸；泡：衣裳叫汗都～透了。②使受寒：他的关节炎是～下的毛病。‖《玉篇》："～，他盍切，湿也。"

tai

【台布】tài bǔ 铺在桌面上的针织品：你割的这块儿～真清气。

【抬杠铺儿】tài gǎng pùr 喻指争论、抬杠的场面：恁待这嚷嚷什么，和上了～样的?

【抬头纹】tài tou wèn 额头上的横向皱纹。

tan

【坍鼻子】tǎn bì zi 塌鼻梁；很矮的鼻子：他长那个～太难看了。

【摊巴】tǎn ba 铺开；摆开：你把垫子都～开。

【瘫瘑】tǎn gu 腿不能走动的人：△～打围——瞎嘘喝｜他大娘是个～，下不来炕儿。

【弹巴】tǎn ba =〖弹弄〗tǎn leng ①用手拨弄或整理：他把毛线～成了个蛋儿。②理清；理顺；搞清楚：他家那些杂乱事儿，谁也～不清楚。

tang

【糖瓜儿】tàng guǎr 用麦芽糖制作的糖块，形如擀制饺子皮的面剂：△灶王爷吃～——稳拿儿。

【糖角儿】tǎng jiār 用红糖或白糖作馅包成的三角形发面包子。

【糖精嘴】tàng jǐng zuī 甜言蜜语、能说会道之人：他顶着个～，就要会说死了。

【糖球】tǎng qiù 冰糖葫芦。

【糖球会】tǎng qiù huì 每年农历正月十六日在海云庵举办的以糖球为特色的民俗节庆活动。

tao

【掏搔】tǎo sao 掏取：他寻思了半天才～出那个钱包来。

【套弄】tào leng 通过计谋或圈套获取：他是待～我的话｜《聊斋俚曲集·墙头记》第三回："张二说：'老头子这般欢喜，等我～他～。'"

te

【他好】tē hao 表建议或客气，意为不合适或不应该：～不打招呼就走了？

【特为】tè wèi 故意：他不是不小心，是～这么干｜他这不是～叫老人生气？

tei

【退前擦后】těi qiàn cā hòu 后退、畏缩的样子：打发叫他去，他～地一个月了还没动儿｜《聊斋俚曲集·磨难曲》第三回："众人说：'大家一齐上前，休要～。'……大家一齐往前做，若有～，定教他地灭天诛！"｜《聊斋俚曲集·磨难曲》第二十九回："谁忍烦，弄机关，～？杀人如切菜，半个不存留。"亦作"褪前擦后"：明杂剧《僧尼共犯》第三折："及至归来已二更，怕的是严城夜禁天街净，响当当喝号提铃。諕的我褪前擦后不敢行，因此上探望俺骨肉亲情。"

【腿骭子】tēi gàn zi =〖骭腿〗gǎn tei =〖骭腿子〗gǎn tèi zi 小腿；胫面骨：看他那个大长～，保险能长大个子。‖《说文解字》："骭，骹也。从骨，干声。古案切。"

【腿曲盘】těi qū pan =〖曲盘〗qū pan 腘窝，膝关节后方的弯曲凹陷部位：给我把～这儿匍撒两下｜蒲松龄《日用俗字·身体章》："曲盘里弯跠骼盖，两臁腿肚打磨筋。"

【推磨】těi mè ①推动石磨研磨粮食：△光腚～——转着圈丢人。②用机器研磨粮食：没电了，推不了磨了。③推诿扯皮；故意磨蹭延误：那几个办事的都待那～儿，谁也不想管。

teng

【疼热】tèng yè 关心体贴：要是对象对她有一点儿～，她也不至于这么寒心｜元杂剧《救孝子》第一折："我想这大的个小厮，必然是你乞养过房螟蛉之子，不着～。"｜元无名氏《新水令·思情》曲："怎肯辜负了有～的惜花心，生疏了没褒弹画眉手。"｜元无名氏《一枝花·盼望》曲："谎恩情如炭火上消冰，虚～似滚汤中化雪。"

【铜盆】těng pen 洗脸盆，因以前多为铜制，故名：这还是结婚分家时候的个～｜《醒世姻缘传》第八十一回："端着个～，豁朗的一声撩在地下，一个孩子正吃着奶，唬的半日哭不出来。"｜《聊斋俚曲集·磨难曲》第十九回："若有人爬后墙，敲～为信号。"｜《聊斋俚曲集·增补幸云曲》第七回："净面汤一～，献过来花手巾，细软肥皂多清润。"

【熥】těng 蒸；馏：关上火吧，饭早就～透了｜△嫚儿嫚儿你别愁，上了青岛住洋楼，大白菜炖猪肉，锅里～着小馒头儿。‖《集韵》："～，以火暖物。"

ti

【体己】tǐ jī 亲近；贴心：到了关键的时候，还是自己的亲戚们～｜《孽海花》第三十回："彩云道：'说的是，我正为难哩！我是个孤拐儿，自己又没有见识，心口自商量，谁给我出主意呢？'三儿涎着脸道：'难道我不是你的～人吗？'"亦作"梯己"：《元典章·吏部六》："所在官司设立书状人，多是各官梯己人等于内勾当，或计会行求充应。"

【体己话】tǐ jī hua 贴心的话：你来了也好有人说个～儿。

【提】tì 量词，用于可提着的东西：你去买两～酒｜元杂剧《伍员吹箫》第一折："再赐你上马一～金，下马一～银。"

【提名道姓】（～儿）tì mìng dǎo xìngr 指名道姓：这么多人这里，别～儿的。亦作"题名道姓"：《真本金瓶梅》第九十一回："当原先俺死的那个娘，也没曾失口叫我声玉簪儿，你进门几日，就题名道姓叫我，我是你手里使的人也怎的？"｜元杂剧《忍字记》第一折："这个穷弟子孩儿，要钱则要钱，题名道姓怎的？"

【踢蹬】tī deng ①损坏；损毁：车走到半路～了。②变质；变得不好或有害：馒头都～了，不能吃了。③糟蹋；毁弃：这么个好人叫这个坏种～了｜《聊斋俚曲集·姑妇曲》第三段："谢臧姑最可怜，他爷娘甚不贤，一句好话没人劝，～的儿亡女又死，才知道头上有青天。"‖参"替蹬"：1928年《胶澳志》："替蹬，毁弃之谓又有卖却之义。"

【踢溜扑弄】tǐ liu pǔ leng ①混乱的声响：他屋里～的是怎么回事儿？②做事忙乱的样子：你看他～的把厨房弄得乱糟糟的。③做事利落的样子：这些活儿他～一阵儿就干完了。

【踢溜趟郎】tǐ liu tǎng lang 络绎不绝的样子：大清早上就～来了不少人。

【剔留秃鲁】tǐ liu tǔ lu 说话快或说话快而不清楚的样子：他～说得那么快，咱都也没弄明白说了些什么｜元无名氏《柳营曲·题章宗出猎》曲："～说体例，亦溜兀剌笑微微，呀剌剌齐和凯歌回。"

tian

【天井】tiǎn jing 屋宅的院子：孩子们都待～里耍｜《聊斋俚曲集·慈悲曲》第三段："他那媳妇子，又搭上他那邻舍家跑了一～，都夺着那锨柄，才没捞着他打。"｜《聊斋俚曲集·磨难曲》第十九回："李家、张家闹嚷嚷，站了一～。"｜《聊斋俚曲集·磨难曲》第二十四回："候之良久，身子微觉乏困，起的身来，去那～里看了一看太阳，已向午

转了，申时将尽，并没有个先兆。"|《醒世姻缘传》第八回："那些丫头媳妇子们正在～晒衣裳，谁是没见的？"|《醒世姻缘传》第四十五回："这深更半夜，你爹在那房里守着近近的，你不进屋里去，在这～里跳挞甚么？"|《醒世姻缘传》第四十五回："又是独院落，关上～的门，黑夜可凭着你摆划，可也没人替的他。"|《醒世姻缘传》第五十七回："晁凤跑到那里，正见晁思才手拿着一根条子，喝神断鬼的看着小琏哥拔那～里的草。"|《醒世姻缘传》第五十八回："恰好园里又再无别人经过，自己～门口门尚未开，要且往爹娘房去，撞见调羹出来，又见狄周媳妇走过，二人拍手大笑。"|《醒世姻缘传》第六十四回："只得就在咱家设坛才好，或在前边厅房里边，或就在这～里搭棚也可，却早起后晌吃斋吃茶，添香点烛的多也方便。"|《醒世姻缘传》第七十三回："薛如卞方出到～，薛如兼见他哥已出来，也便跨出门槛。"

【甜离槑儿】 tiàn lǐ hùr 一种桃子品种，成熟后果肉与果核基本分离，能轻易剥离，味道甜美，故称。

【甜沫】 tiǎn mer 一种用玉米面做的粥，加有菠菜、盐等：这家饭店做的～太好哈了。

【添】 tiǎn ①添加；增加：他们都～言～不得钱。②生育；（孩子）出生：今年老刘家又～了一个孙子|元杂剧《赵氏孤儿》第四折："其时公主腹怀有孕，赵朔遗言：'我若死后，你～的个小厮儿呵，可名赵氏孤儿，与俺三百口报仇。'"|《醒世姻缘传》第二十一回："我那日听见说了声～了侄儿，把俺两口子喜的就象风了的一般。"|《醒世姻缘传》第二十五回："果然五十六上得了个儿子，五十八上又～了一个次子。"

【舔】 tiān ①用舌头接触或取东西：～指头。②阿谀奉承；拍马巴结：厂里的人说他提拔这么快就是会～。‖《俚语证古》第四卷："曲言媚人谓之忝。忝字当作餂（古音读忝）。"

【舔抹】 tiǎn me 阿谀奉承；拍马巴结：他光想着～当官儿的。

【腆脸】 tiǎn liān 板着脸：快别说了，他都～了|元杂剧《秋胡戏妻》第三折："这厮睁着眼，觑我骂那死尸；腆着脸，着我咒他上祖。"

tiao

【挑白】tiǎo bèi 非常白：她把衣裳洗得～～的。

【挑唆】tiāo suo 挑拨；教唆：他是看热闹不怕事大，又～得人家两口子打起仗来了｜△劝事两有益，～将无功｜《醒世姻缘传》第二十一回："这事瞒不过嫂子，这实吃了晁无晏那贼天杀的亏，今日鼓弄，明日～，把俺那老斫头的～转了，叫他象哨狗的一般望着狂咬！"｜《醒世姻缘传》第八十五回："怎么我往京里去寻你爷儿们，你爷儿们躲出我来，及至我回来寻你，你又躲了我进去，合我掉龙尾儿似的，～你相大哥送在我软监里，监起我两三个月？"亦作"调唆"：《聊斋俚曲集·墙头记》第四回："家里一个老头子，饥饱与他嗄相干？他调唆着不吃家常饭。"｜《聊斋俚曲集·翻魇殃》第三回："姜娘子说：'你这样胡说，是谁调唆的？你听我道来。'"又："哥哥还把兄弟教，娶媳妇合费钱合钞。不知你听谁调唆，极精细却是极潮。"又："想是您媳妇调唆你，不待自家受苦辛，老婆汉子不长进！"

【跳房儿】tiǎo fàngr 一种儿童游戏，在地上画方格，按规则跳跃。

【调口子】tiǎo kōu zi 制造或寻找适当的机会或办法：等慢慢调个口子，放他出去。

【调羹】（～儿）tiǎo gēngr 汤匙。‖《俚语证古》第八卷："羹匙谓之～。"

【筶帚】tiǎo zhu 用高粱或黍子穗制作的扫炕或扫地用具。亦作："苕帚"：《聊斋俚曲集·禳妒咒》第一回："本等是真说不的假，南瓜皮子一大筐，炊帚苕帚三五把。"‖《俚语证古》第八卷："扫器谓之条诸。"

tie

【贴己】tiě jī 贴心；可靠：她身边也没有个～的人说说话儿｜《红楼梦》第七十四回："只见王夫人气色更变，只带一个～的小丫头走来，一语不发，走至里间坐下。"｜《儿女英雄传》第四十回："何小姐还道珍姑娘没个～的人照应，那知他不知甚么空儿早认了戴嬷嬷作干妈了。"

【贴心贴意】tiē xǐn tiè yì 体贴用心；真心实意：这个儿媳妇对他公公婆婆真是～的。

【铁腥味儿】tiē xing wèir 铁器、铁锈所散发出来的气味：锅刷不净光有～。

ting

【听风是雨】tǐng fěng shǐ yū 大惊小怪、一惊一乍的样子：弄明白再说话，别跟着人家～的。

【听说】tǐng shuō ①听别人说；有人说：他也就是～，也没真看见。②听话；乖巧：～的孩子才叫人亲|《聊斋俚曲集·姑妇曲》第一段："骂贱人，骂贱人，指望你来孝娘亲，你全然不～，光合咱娘撒懒。"|《聊斋俚曲集·慈悲曲》第二段："你在这里得安康，您姑就是您亲娘，我儿呀，你～，学成一个人模样。"|《醒世姻缘传》第四十四回："你要～，咱娘明日早来替你送饭，要姐姐不～，明日咱娘也不来了，三日可也不来接你。"|《醒世姻缘传》第四十五回："娘只去，我没等的娘张口，我就跟着娘来了，还等怎么才是～哩？"|《醒世姻缘传》第七十四回："也是个不～的孩子；他见不的我么，只传言送语的？"

【听说听道】tǐng shuō tǐng dào 听话、顺从的样子：他家那几个孩子们都～的|《醒世姻缘传》第三十六回："你若～，我常来看你，如你不肯争气，我也只当舍你一般。"

【莛杆】tǐng gan 高粱秸秆最末梢的一段：还是早了的～盖垫好使。‖1928年《胶澳志》："秫稍曰～，莛音廷。"

tou

【头沉】tǒu chen ①头部昏沉不适：他这几天老是觉着～不得劲。②某项花销超出自己的承受能力：一下拿出这么些钱去，叫谁也～|△土地爷爷戴蒜臼子——～。

【头大】tòu dà 头脑发胀；犯愁：我一听他那个癞鸭子动静就～了。

【头拱地】tòu gèng dì 比喻使出浑身的力量、尽最大的努力：他说的事咱就是～也帮他办。

【头皮】tǒu pì ①头皮屑：好几天没洗头了，净是～。②头顶及头发下的皮肤，常喻指福分或运气：什么事儿都和人家攀，你有人家那个～？|《聊斋俚曲集·富贵神仙》第一回："我却要漫荒拉草，受用那下半世的风光，或是佛来或是仙，摸摸这～不能担。"|《聊斋俚曲集·增补幸云曲》第五回："他是天上的神仙女，汤他一汤就造化多，～薄敢说将他摸？"|《红楼梦》第六十回："我们的～儿薄，比不得你们。"

【头胎】tòu tǎi 生育的第一胎：他～是个小嫚儿|《儒林外史》第十三回："鲁小姐～生的个小儿子，已有四岁了。"

【头囟子】tǒu xǐn zi 囟门，婴儿头顶骨未合缝的地方，在头顶的前部中央。

【头旋儿】tǒu xuànr 头发旋儿。

【头一遭】（～儿）tǒu yi zǎor 第一次：△大姑娘上轿——～|《聊斋俚曲集·磨难曲》第十四回："众叩头哀告说：'宽了生员罢！这才是～。'"

【投】tòu（tǒu）①把揉洗完的衣服用清水涮洗：裤子我洗完了，你～两遍就晾起来吧。②用细长的东西疏通：～古力|拿炉子钩～炉子。③（tōu）把包着的东西倒出来：把这几袋子沙都～这了吧。‖《俚语证古》第十四卷："倒出谓之～。"

【酘】tòu 醉酒后于次日再小饮以求舒适：夜来喝大了，今晚上再喝点儿～～|元杂剧《杀狗劝夫》第二折："昨日上坟处多吃了几钟酒，不自在。两个兄弟，咱今日往谢家楼上，再置酒席，与我～一～去来。"|元杂剧《朱砂担》第一折："前面有一个小酒务儿，再买几碗～他一～……大碗里酾的酒来，将些干盐来，我吃两碗，～过我那昨日的酒来。"亦作"投"：《醒世姻缘传》第四回："萧北川道：'这样，也等不到天明梳头，你快些热两壶酒来，我投他一投，起去与他进城看病。'婆子道：

'人家有病人等你，象辰勾盼月的一般，你却又要投酒。你吃开了头，还有止的时候哩？你依我说，也不要梳头，坎上巾，赶天不明，快到晁家看了脉，攒了药，你却在他家投他几壶。' 萧北川道：'你说得也是。只是我不投一投，这一头宿酒，怎么当得？'"

【透油】tòu　yòu 肉类或含油的食品久置而冒油变味：这些点心放得都～了。

【透腔儿】tòu　qiǎngr 穿透整个躯干或物体的主体部分：那棵大槐树都快烂～了。

【敨】tōu（衣物或织品）因开线而脱落：系上个疙瘩儿，省着～了。

【敨露】tǒu　lou（衣物或织品）因开线而脱落：毛衣从袖口那儿～了。

tu

【土包子】tù　bào　zi 对农民的蔑称；土气没见过世面的人：你真是个～，这是今年最行宜的样式。

【土鳖】tū　bie ①又称地鳖，呈扁平卵形，一种生活于地下或沙土间的昆虫。②怯懦的人：该他说话的时候就装起～来了。③吝啬或不露富的人：～财主｜他真是个～，听见待花钱又跑一边去了。

【土虺蛇】tū　hui　shè 一种蝮蛇，简称"土虺"：△深山虎狼少，就怕土虺咬｜他发先那个本事不知道上哪去了，现在又装起～来了。‖《汉书·田儋传》："蝮蠚手则斩手，蠚足则斩足。何者？为害於身也。" 唐颜师古注："虺若土色，所在有之，俗呼～。"｜《尔雅·释鱼》："蝮虺：搏三寸，首大如擘。" 宋邢昺疏："舍人曰：'蝮，一名虺，江淮以南曰蝮，江淮以北曰虺。'" 郝懿行义疏："《尔雅》所释，乃是～，今山中人多有见者。福山、栖霞谓之土脚蛇，江淮间谓之土骨蛇。长一尺许，头尾相等，状类土色。人误践之，跃起中人。"｜章炳麟《新方言·释动物》："《说文》：'虫，一名蝮。'《尔雅》作虺。今自淮汉以南称～，亦云土骨蛇。"

【土坷垃】tū kà la 土块：△～成不了金刚钻。

【土平】tū ping 踏平；夷为平地：才长起来的麦子，不知道叫谁都～了｜元杂剧《渑池会》第二折："则为这秦昭公使计兴邦，为玉璧惹起刀枪；领大兵齐临秦地，～了京兆咸阳。"｜元杂剧《周公摄政》第三折："他老将会兵机，敢～了三四国。"｜元杂剧《智勇定齐》楔子："他时统领齐兵将，马践偏邦如～。"

【土信】tū xin 砒霜，因产于信州（今江西省上饶县一带）而得名。

【吐噜】tū lu ①燀；把宰杀的猪、鸡等去毛：～鸡。②对洗澡的戏称：这么些日子没捞着洗澡了，待好好～～。③受折磨；遭罪：他儿惹了这个大乱子，真把他～皮去了。

【秃舌子】tū shè zi ①说话口齿不清：他说话～。②说话口齿不清的人：他是个～。

【突突】tǔ tu ①快速地说：没旁人说的，光听着他待那～。②心跳加快的样子：听他这么一说，他心里～地难受｜《红楼梦》第六回："那刘姥姥先听见告艰难，只当是没有，心里便～的，后来听见给他二十两，喜的又浑身发痒起来。"③连发射击的声音，也指用枪射击：游击队把他们几个都～了。

【图希】tū xi 为了；贪图：到这里上班主要是～近便。‖参"希图"：冯梦龙《挂枝儿·卷五·隙部·不稀罕》："你要走也由得你，你若不要走，就今日起你便莫来缠。似雨落在江心也，那希图你这一点。"｜《醒世姻缘传》第一回："向日那些旧朋友都还道是昔日的晃大舍，苦绷苦拽，或当借了银钱，或损折了器服，买了礼，都来与晃大舍接风，希图沾他些资补。"｜《醒世姻缘传》第三十四回："那年水不冲我的，就是龙天看顾，还希图这个做甚？"

tuan

【团脐】tuǎn qi 母蟹，因母蟹腹甲呈圆形（公蟹腹甲尖形），故称：△三个大钱买个蟹子，要肥要胖还得要个～｜冯梦龙《山歌·卷一·私情四句·瞒夫（之一）》："急水滩头下断帘，又张蟹了又张鳗。有福个情哥弗知吃子阿奴个多少～蟹，我个亲夫弗知吃子小阿奴奴多少鳗。"｜《红楼梦》第三十九回："湘云道：'有，多着呢。'忙令人拿了十个极大的。平儿道：'多拿几个～的。'"

【团鱼】tuǎn yu 鳖：《闲窗括异志》："近有食鳖之人，心既好食，又招宾友聚会而食，号～会。"｜《水浒传》第四回："智深裸袖道：'～洒家也吃……～大腹，又肥甜了，好吃。'"

tuo

【坨子】tuǒ zi 成块、成堆的东西：豆腐～｜盐～。

【驮篓】tuǒ lou =〖驮篓头子〗tuǒ lou tǒu zi 上口相连的两个篓子，放在牲口脊背两侧用于驮运。

【拖罗】tuǒ luo ①拖动；拽：这条裤子太长了，都～着地。②拿（很多东西）：他每次回来都～一大些东西给老人。③团；簇；群；一连串：他在前面，后面跟着一大～人｜《醒世姻缘传》第九回："只见计氏就穿着这做的衣裳，脖子缠着一～红带子，走到跟前，说道：'爹，我来了，你只是别要饶那淫妇。'"④牵涉：他一出事不要紧，～出不少的人来。

【拖索】tuǒ suo ①拖动：你这～着些什么，这么沉？②偷；偷偷地拿：剩的那几块板子，都叫那个人～家去了｜顶名儿是来看门的，东西叫他～回去不少。

【拖腿拉腰】tuǒ tēi là yǎo 走路时腿脚不便的样子：他今日来也是～来的。

【脱环儿】tuō huànr 关节脱臼：医院检查说就是～了，没事儿。

【脱相】tuō xiàng（人）完全失去原来的模样：她再减肥就瘦～了。

【唾泌】tuò mi 唾沫：△～星子淹死人。

【庹】tuō 两臂分别向同侧平伸，左右手指尖之间的距离。

【W】

wa

【瓦碴】（～儿）wā char 破碎的瓦片、陶片等：盆里的石头～太多了，花儿都扎不下根。亦作"瓦查"：元杂剧《盆儿鬼》第四折："俺只待提起来望这街直下，摔碎你做几片零星瓦查。"‖《俚语证古》第八卷："碎瓦谓之瓦叉。"

【挖屈】wǎ qu 委屈：你看孩子哭得～的，快去哄哄他。

【挖扎】wǎ zha ①摆弄；操作：孩子才～鱼来，快给他洗洗手｜咱从来没～过这样的机器，不懂门。②接触；从事：他不让孩子干～钱的工作。

【㝫眄】wā hou 轻蔑或生气地看：他又翻着那个白果眼待那～人。‖《集韵》："眄，駒去声，怒目视貌。"1936年《牟平县志》："怒视曰～（音洼候）。"亦作"挖眄"：1928年《胶澳志》："挖眄，瞪目视之，即睢眦之义，读如瓦候。"

【搲】wā ①抓：～破脸。②用手或工具盛取颗粒状物：～面｜～点儿水泥｜元杂剧《陈州粜米》第一折："我量与你米，打个鸡窝，再～了些……（二斗子云）这米还尖，再～了些者。（小憨古云）父亲，他又～了些去了。"｜《聊斋俚曲集·翻魇殃》第三回："姜娘子做了饭，打发他婆婆吃了，才～了升麦子碾上，捎了捎。"

【搲破脸】wā pe liān ①抓破脸部的皮肤。②闹翻；矛盾公开化：有什么事就说什么，～就不好了。

【搲痒痒儿】wǎ rāngr rangr 挠痒：老人就愿意叫人给他～。

【踠】wā 身体向前跌倒：一到家他就～待床上困了。

wai

【外后日】wāi hòu yi 大后天：预报说是～下大雨｜陆游《老学庵笔记》第十卷："今人谓后三日为～，意其俗语耳。偶读《唐逸史·裴老传》乃有此语。裴,大历中人也,则此语亦久矣。"｜《金瓶梅词话》第三回:"明日是破日,后日也不好,直到～方是裁衣日期。"｜《儒林外史》第四十七回:"～是方六房里请我吃中饭,要扰过他才得下去。"

【外快】wǎi kuāi 正常收入以外的收入:他那个活儿～多。

【外路子】wǎi lu zi 外地人:他叫了些～来,说话咱都听不懂。‖参"外路":《红楼梦》第七十二回:"上年老太太生日,曾有一个外路和尚来孝敬一个蜡油冻的佛手,因老太太爱,就即刻拿过来摆着了。"

【歪脖子胡黍】wǎi bè zi hǔ shu 喻指言行怪异的人:△～——各一路种儿。

【歪瓜裂枣】(～儿)wǎi guǎ liě zāor 泛指品相很差的东西;相貌丑陋或身体有缺陷的人:那净是些～儿,找不出个俊人儿来。

【歪快】wāi kuai 斜着依靠(在某物上);斜躺:他～着困了。

【歪歪】wǎi wai ①不正的样子:墙都～着。②言行出格;做坏事:以后他再也不敢～了。③坏;不良(行为习惯):～脾气｜～习惯。

wan

【弯弯】wǎn wan ①弯曲:△～种不～收｜△没有那个～肚子别吃那个～镰｜△天河两支吃地瓜,天河～吃干饭,天河直溜吃饽饽。②变弯曲:木头板晒得都～了。③不正的;坏的:他～心眼儿真不少。

【捥】wān 用手拔取或用工具挖取:～野菜｜△～到篓子里才是菜。

【捥菜】wàn cǎi 挖野菜;采野菜:她上山～,下地干活儿,男孩子不换｜元杂剧《薛仁贵》第四折:"执荠～,缝衣补衲,多亏你这柳氏浑家。"

【挽划】wān hua 比划;比试:看他那个架势还想～几下儿。

【蔓瓜】wǎn gua =〖秋地瓜〗qiǔ dì guǎ 收割麦子以后,剪取地瓜的蔓茎而栽种的地瓜。‖1928年《胶澳志》:"折蔓而种植甘薯,谓之～。"

wang

【汪唧】wǎng ji =〖昂唧〗ǎng ji 狗叫：人一从那走，狗就～。

【忘魂失道】wàng hun shǐ dào 精神恍惚、丢三落四的样子：他这两天儿不知道是怎么了，老是～的。

【望】wàng ①看：家里来人了，我先回去～～｜△孩子眼儿，～不远儿。②看护：还得给人家～着孩子。③对；朝；向：你怎么～他那么大的意见？｜《聊斋俚曲集·磨难曲》第十四回："那衙役你～着亲，那百姓也是你的民，为衙役到把民杀尽？"｜《聊斋俚曲集·俊夜叉·穷汉词》："你也试试俺的心肠，志志俺的性情，看俺～着你珍重不珍重，希罕不希罕？"｜《聊斋俚曲集·禳妒咒》第二十六回："江城云：'你～他亲吗？'"｜张读《宣室志》第一卷："二人俱入洞中，昏晦不可辨，见一门在数十步外，遂～门而去。"｜《敦煌变文集·卷一·捉季布传文》："忽然起立～门问，阶下干（敢）当是鬼神？"

【望风把门】wàng fěng bà mèn 在外围留心观察动向：他们都待屋里边，安排老刘待外边～。

【望四日儿】wǎng sì rir 新婚妻子在婚后的第四天携丈夫回娘家探望父母家人：今天他闺女～。

we

【我道】wē dao 我说，表示明白了原因，对发生的某种事情就不觉得奇怪：～他来了什么也不说｜～他怎么不回信儿，原来是这么回事。

【窝搓】wě cuo 团揉弄皱：裤子叫他～得没法儿穿了。

【搂】wě ①用力使弯曲：～上个边儿。②折：～断。③管教；纠正（性格、习惯）：他这个脾气不给他～～长大了更没法改。

【蹊】wě（手、足、关节等）扭伤：～手脖子｜他～脚了｜焦延寿《易林·蒙之随》："猿堕高木，不～手足。"｜韩愈《祭马仆射文》："颠而不～，乃得其地。"

【恶影】wè ying 恶心：我今日不大舒梭，还有点儿～。‖参"恶影影"：《醒世姻缘传》第九十六回："狄希陈说：'我心里还恶影影里的，但怕见吃饭。'"

wei

【为】wěi ①用自己的付出积累下人情、人脉：那边的事儿办得这么顺，都是老人早给他～下的。②因为：～你请客不叫他，他又不高兴了｜元杂剧《望江亭》第二折："（白士中云）谁想杨衙内～我娶了谭记儿，挟着仇恨，朦胧奏过圣人，要标取我的首级。"｜元杂剧《救孝子》第四折："自从被这贼汉拐将我来，～我不随顺他，朝打暮骂，着我打水浇畦。"｜《醒世姻缘传》第二十回："这样无耻，还该去衣打三十板才是！～你自己说了实话，姑免打。"｜《醒世姻缘传》第四十回："狄婆子说：'你别笑！我刚才不～你也是个孩子，我连你还打哩！'"｜《醒世姻缘传》第七十三回："薛如兼道：'为甚么休回来？可也有个因由。'龙氏道：'就是～他上庙。｜《醒世姻缘传》第七十七回："素姐～不叫他往皇姑寺去，从此敦葫芦挣马杓发作道：'您么是为做官图名图利，吃着牢食，坐着软监就罢了……把这点命儿交付与你，我那屈死鬼魂可也在北京城里游荡游荡。'"｜《醒世姻缘传》第八十九回："你薛三哥是～他自己多说，拿上去打了枷号的。"③充当某种职位或身份；做官～宦｜那是她～嬷嬷儿的时候买的｜他两口子一个会～公公一个会～婆婆｜～儿的不急，～儿媳妇的更不急｜△～一天嬷儿，当一天官儿。

【为臭人】wèi chǒu yìn 充当让人厌恶的人：恁这么说话净是去～，好人都让人家当了。

【为贵】wèi guǐ 享受宠爱；享受尊贵：上了婆婆家就不能待娘家一样～了｜柳宗元《掩役夫张进骸》："生死悠悠尔，一气聚散之。偶来纷喜怒，奄忽已复辞。为役孰贱辱，～非神奇。"

【为好人儿】wěi hào rènr 冒充好人：出力的时候看不见你，现在出来～？

【未见】wěi jiàn 不一定；未必：这个时候去找的话，他～能答应。

【围脖】（～儿）wěi ber 围在脖子上防寒的围巾：刘若愚《酌中志·内臣佩服纪略》："凡二十四衙门内官内使人等，则止许戴绒纻～，似风领而紧小焉。"｜《金瓶梅词话》第七十七回："爱月儿道：'我要问爹，有貂鼠买个儿与我，我要做了～儿戴。'"｜《真本金瓶梅》第七十七回："不打紧，昨日云伙计打辽东来，送了我几个好貂鼠，你娘们都没～儿，到明日一总做了，送一个来与你。"

wen

【稳】 wēn 安放；搁置：我把你的包～待桌子上。‖ 1928 年《胶澳志》："～，安置物件之谓。"

wu

【兀秃】 wǔ tu （水）没有烧开的；（酒水等）半凉不热的：～水哈了肚子难受｜～茶｜《醒世姻缘传》第六十九回："半生半熟的咸面馍馍，不干不净的～素菜。"｜《醒世姻缘传》第九十九回："武将文臣，彼此看了几眼，不着卵窍的乱话说了几句，不冷不热的～茶呷了两钟，大家走散。"

【兀兀秃秃】 wǔ wu tǔ tu 水、酒等半凉不热的样子：喝了些茶水～的，肚子直难受｜元杂剧《生金阁》第三折："我如今可酾些不冷不热，～的酒与他吃。"

【兀嘚嘚】 wǔ dèi děi ＝〖兀兀嘚嘚〗wǔ wu děi děi 自以为是、自鸣得意的样子：师傅表扬了他几句，这两天儿他就有点儿～的了。

【杌子】 wù zi 四条木腿呈梯台形的方木凳：踮着根～还牢固｜《水浒传》第二十四回：那妇人也掇条～近火边坐了。"｜《红楼梦》第五十四回："一时歇了戏，便有婆子带了两个门下常走的女先生儿进来，放两张～在那一边命他坐了，将弦子琵琶递过去。"｜《聊斋俚曲集·禳妒咒》第二十一回："江城跑上云：'春香背着～，外边锣响，咱去看看。'跑出说：'放下～，待我上去。'"｜《醒世姻缘传》第三十回：

"那些时扶着个～还动的，如今连床也下不来了。"│《醒世姻缘传》第七十一回："（童奶奶）又朝上与太太磕头告坐，在那暖皮～上坐下，又说：'刚遇着才到的佛手柑，不大好，要了两个儿进与太太合老公尝新。'"亦称"兀子"：《西湖老人繁胜录》："驾过太一宫拈香毕方回，沿路前后奏乐，驾头用朱红圆兀子一只，以绣袱盖，门捧于马上，二边各有从人扶策。"│王铚《默记》："王荆公在蒋山……与（李）茂直坐于路次，荆公以兀子，而茂直坐胡床也。"│《醒世恒言》第九卷："柳氏另掇个兀子傍着女儿坐了。"│《梦粱录》第十三卷："家生动事如桌、凳、凉床、交椅、兀子……马子、桶架。"│陆游《老学庵笔记》第四："徐敦立言：'往时士大夫家妇女坐椅子、兀子，则人皆讥笑其无法度。'"

【无滥】 wù（wǔ）lan 无赖；混子：那都是～干的事儿。

【无其代数】 wū qi dǎi shù 极多；无数：要是求着他办点儿事，他这事那事的真是～│《聊斋俚曲集·增补幸云曲》第十四回："这姐儿们听说，一个家开门的，上楼的，扒墙头的，纷纷嚷嚷，～。"│《聊斋俚曲集·增补幸云曲》第十八回："鬼使走上去，按着头的，拧着腿的，轮了个跟头，如鸡啄碎米，点了个～。"亦作"无其大数"：《聊斋俚曲集·慈悲曲》第一段："我想普天下做后娘的，可也无其大数，其间不好的固多，好的可也不少。"

【无是无非】 wù shi wù fěi ①没原因；没因由：没做错什么，谁能～说你？│人家不可能～就找上门来。②没有麻烦或意外：孩子们～就好│元曲《一枝花·辞官》："闲时节笑咱，醉时节睡咱，今日里～快活杀。"│贾凫西《木皮词》第二十五页："若是～，保住了这个混沌，直到于今也没有争，也没有让，也没有传贤的落得干净，也没有传子的后来吃亏，岂不和和气气大家图一个受用。"

【五黄六月】 wū huang liù yue 指一年之中天气最炎热的一段时间：△～不出工，十冬腊月哈北风│△～穿皮袄——扰乱春秋│《西游记》第二十七回："只为～，无人使唤，父母又年老，所以亲身来送。"│《醒世姻缘传》第六十七回："你害汗病发作发疟子来？～里穿了皮袄往外走，他夺了你的！"亦作"五荒六月"：《醒世姻缘传》第三十四回："既是无所不为、蝇营狗苟，这五荒六月，断然就有纱牵、纱裤、纱服、纱裙、纱鞋、纱袜的穿了，何消还着了羊皮打柴受苦哩？"

【唔噜】wǔ lu 含混不清地说：他半天也没～出个子曰来。

【悟良】wǔ liang 听话；温顺；乖：恁这个孩子真～。

【捂】wū ①用手掌盖住：～着肚子｜△手大～不过天来。②遮盖住或封闭起来：～上床被发发汗。③因不透气而变质损坏：茶叶～了｜～暴子味。④将不成熟的果实通过搁置一段时间使其变熟：这些柿子～几天就熟了。⑤通过放置而变熟的（果实）：这是些～柿子，不好吃。

【捂暴子味儿】wū bào zi wèir =〖捂毛子味儿〗wū mào zi wèir 因空气流通不畅或封闭时间较长而散发出的异味：这些面都有～了，看样儿是搁不少日子了。

【捂憋】wū bie ①密封使不透气：房子这么小真～人。②待在房子里不出门：他成天把自己～家里。

【捂蹙】wū cu ①盖住使不透气：把好好的东西就这么～踢蹬了。②拖沓、遮遮掩掩的样子：都几点了，你还待那里～什么？③不舍得拿出来的样子：这个年纪该吃点喝点了，你成天～着那两个钱儿待干什么。

【乌穖】wǔ mèi 小麦、高粱、玉米等禾本科植物患的黑穗病，受害部位产生黑色粉末。‖《广韵》："穖，禾伤雨则生黑斑也。"

【乌眼儿青】wǔ yanr qǐng 眼部被打起的淤青。

【乌蛘子】wǔ yàng zi 夏天在室外常见的一种小飞虫。

【恶人】wǔ yìn 让人烦；让人讨厌：他说话太～了，咱少沾着他。

【舞划】wū hua ①挥舞耍弄；比划：你也是练过武的，给俺～两下看看。②动手打：你和他～纯是找打挨。

【舞弄】wū leng ①摆弄：他一阵儿就把架子～起来了｜《二刻拍案惊奇》第十三卷："欲用力拆开，又恐怕折坏了些肢体，心中不忍。～了多时，再不得计较。"②做；搞：△眼经不如手经，手经不如常～｜他待老家～了一阵儿饭店。

【舞扎】wū zha ①操作；摆弄：他把机器拆开倒是快当，想装起来的时候就～不起来了。②打；对付：就他的体格，两三个人～不了他。

【舞舞扎扎】wū wu zhǎ zha 自以为有本事而不太安分的样子：你看他整天～和个真事似的。

【屋笆】wù bǎ 坡形房顶的底层，一般用高粱秆或苇箔铺设。

【雾露】wǔ lou 雾：早上起来外边儿～就有点儿大｜△东打～西打雨｜△早上～，晒破葫芦｜△早上～天，晌晚晒死獾。

【X】

xi（x̣i）

【希】xì=〖希当〗xì dang=〖希得〗xì di 愿意；屑于，一般用于反问或否定句式：人家不～和他叨叨，他还来劲了｜咱不～和他去抢｜掉地下也没有～去捡的。

【稀松】xì sěng ①少量：他一年使的那点货很～。②无关紧要；起不了大作用：雨水冲下来的那点儿土就很～了。

【稀松寥寥】xì sěng liǎo liāo 数量很少或程度很轻的样子：他卖机器那几个钱儿～。

【稀松平常】xì sěng pǐng chàng 轻松不费力；不足为奇：对他来说，背着这么沉的东西爬山～｜《聊斋俚曲集·增补幸云曲》第二十二回："万岁道：'乜个投箭法～，拿起只箭来撩到里头，人人都会，有什么奇处？'"

【喜】xī ①快乐；高兴：你来了把老人～的｜他两个人～得眉开眼笑的｜《红楼梦》第四十一回："当下刘姥姥听见这般音乐，且又有了酒，越发～的手舞足蹈起来。"｜《聊斋俚曲集·磨难曲》第二十六回："太太一听着说可足了心了！～的那手战战，身子也没处安放。"②喜事：有～｜报～。③爱好；嗜好：她穿衣裳～红｜他爷爷就～那壶酒。④喜欢；喜爱：他见了那个孩子一点儿也不～｜《聊斋俚曲集·翻魇殃》第一回："惟有大姐十二岁，性子极不好，他老子因他泼，所以不大～他。"｜《醒世姻缘传》第五回："因王振得了时势，这两人就致了仕，投充王振门下，做了长随，后又兼了太师，教习梨园子弟，王振甚是～他；后来也都到了锦衣卫都指挥的官衔，家中那金银宝物也就如粪土一般的多了。"｜《醒世姻缘传》第六回："晁大舍～他伶俐，凡百托他，一向叫伎者、定戏子、出入银钱、掌管礼物，都是他一人支管。"｜《醒世姻缘传》第二十一回："～的晁夫人狠命的夹着腿，恐怕～出屁来！"｜《醒世姻缘传》第四十九回："晁梁～的那嘴裂的再合不上来。"⑤适于：萝贝～油水｜茼蒿～腥｜大枣～雨水。

【喜蛛】xī zhu ＝〖喜蛛蛛儿〗xī zhùr zhur 蟏蛸，一种体形小而细长的蜘蛛，民间以其出现为喜兆，有"早报喜，晚报财，不响不夜有客来"的说法：《乐府万象新·新增京省倒挂真儿》："灯花不住连连爆，～儿吊了十数遭，眼睛禁不住频频跳。"｜刘庭信《双调·折桂令》："孤雁儿无情，～儿不准，灵鹊儿干噎。"｜《西厢记》五本第二折："疑怪这噪花枝灵鹊儿，垂帘幕～儿，正应着短檠上夜来灯爆时。"｜元杂剧《玉壶春》第一折："直惹的狂蝶觑，野蜂闹，～忙。"｜元杂剧《三夺槊》第二折："怪早来～儿的溜溜在檐外垂，灵鹊儿咋咋地头直上噪，昨夜个银台上剥地灯花爆。他两个是九重天上皇太子，来探俺这半残不病旧臣僚。"｜元杂剧《倩女离魂》第三折："则兀那龟儿卦无定准，枉央及；～儿难凭信，灵鹊儿不诚实，灯花儿何太喜。"｜元杂剧《薛仁贵》第四折："～儿在檐前挂，魂梦儿撇不下。"‖参"蟢"：曹植《令禽恶鸟论》："得蟢者莫不训而放之，为其利人也。"

【嬉痒】xì yang 搔人使痒；痒痒难耐：你别动着我的脖子，太～了。

【西施舌】xǐ shi shè 一种较为名贵的贝类，别名车蛤：张岱《夜航船》："～似车螯而扁，生海泥中，常吐肉寸余，类舌。俗甘其味，因名'西施'。"｜《南越笔记》："马甲柱，惠州美其名曰～。"

【细】xì①条形物横剖面小：～粉｜～铁丝。②颗粒小：～沙｜～渣渣儿｜～灰。③精细：～活儿。④仔细；详细：看～了再动手。⑤（货物卖得）缓慢：这个市场人少，货卖得就～。

【细了䠱】xǐ liào tiào 身材细长：闺女长得～的大高个儿｜《醒世姻缘传》第二十五回："紫棠色的面皮，人物也还在下等。～的身段，身材到可居上中。"‖《广韵》："䠱，身长貌。"

【细甜】xǐ tiàn 很甜：快试试这些樱桃儿～。

【媳妇】（～儿）xī fur ①儿子的妻子：他真找着个好～｜《元史·后妃传二》："后性孝谨，善事中宫，世祖每称之为贤德～。"②妻子：他非得把闺女说给这个青年当～｜元杂剧《伍员吹箫》第三折："刚一味胡支对，则向你～根前受制。"｜《红楼梦》第十九回："等我明儿说了给你作～，好不好？"③已婚的年轻妇女：大嫚儿小～都爱看这出戏｜《红楼梦》第六十九回："正值贾母和园中姊妹们说笑解闷，忽见凤姐带了一个标致小～进来。"

xia

【下把儿】xiǎ bar ①下一次；第二次：这遭儿忘了不要紧，～可别忘了。②以后：这也是个教训，～要紧注意。③ xiǎ bār 从一开始；最初；本来：人家～就讲好了，过后不争竞。

【下搭眼儿】xià da yānr ①忍心：你真～的，你待这里吃，叫孩子边下看。②愿意；屑于：看看筷子碗那个脏样，咱真不～吃。

【下颏】（～儿）xiǎ hair 下巴：重～儿｜《聊斋俚曲集·禳妒咒》第七回："夫人拉过江城的手来，撮了撮～，捏了捏耳环，便说：'你看看江城出产的这样的风流，这样的标致！'"｜《聊斋俚曲集·富贵神仙》第十一回："人都说他大风里刮了～，连嘴也是难赶。"

【下狠】xiǎ hēn 狠；狠心：你怎么这么～，看把恁弟弟掀的｜《醒世姻缘传》第十一回："他若～己你一下子，咱什么银钱是按的下来，什么分上是说的下来？就象包丞相似的待善哩！"｜《醒世姻缘传》

第五十七回："多大的孩子，这们～的打他！"｜《醒世姻缘传》第六十回："龙氏知道相栋宇的婆子把素姐～的打了一顿棒椎，且不去哭那薛教授。"｜《醒世姻缘传》第七十二回："孙氏起初泼骂，后只叫：'魏爷，有话你讲就是。你～打我，成得甚事？'"｜《醒世姻缘传》第七十四回："一个男子汉，养女吊妇也是常事，就该这们～的凌逼么？"｜《醒世姻缘传》第八十回："狄奶奶～的打时，他二位还着实的劝哩。"｜《醒世姻缘传》第八十七回："我再下下狠，把银匠的老婆，银匠的丫头子，都拿到衙门来，拶的尿屎一齐屙！"

【下里】xiǎ ler 方面；处：提前把货分成两～，到时候还好拿｜姚述尧《洞仙歌·七夕》词："念岁岁年年，今夕之前，两～，千山万水。"｜元杂剧《哭存孝》第三折："今日九牛力，当不的五辆车，五～把身躯拽。"｜高安道《哨遍·嗓淡行院》套："四壁厢土掺，八～砖甋。"｜《聊斋俚曲集·慈悲曲》第六段："一～叫爷，两～叫娘，不合他一个锅轮勺，像这等还有什么话讲？"

【下力】xià lǐ ①勤劳：他那几个孩子一个比一个～。②出力；卖力气：他不肯～还光想吃好的穿好的。

【下三烂】xiǎ san làn ①卑贱无能；下流恶劣：再别弄这些～事来溢癞人！②卑贱无能的人；下流恶劣的人：你越是不去和他计较，他越是拿着你当～。

【下死把儿】xiǎ sī bar 下了决心并使出全部的办法：他吃了以前的亏，这次真是～了。

【下死手】xiǎ sī shou 拼尽全身力气；使出全部的办法：看他这么个弄法儿，真是～了。

【下晚】(～儿)xiǎ wānr 晚上；傍晚：他到了～儿才家去｜《红楼梦》第八十二回："到了～，黛玉道：'宝玉，有一章书你来讲讲。'"

【下眼看】xiǎ yān kàn ①瞧不起；轻视：日子过得不好，人家都～｜《聊斋俚曲集·墙头记》第四回："灰毛乌嘴不成事，人就把咱～，待还钱也把卦儿变。"｜《聊斋俚曲集·翻魇殃》第九回："我被掳在东山，卖旗下十余年，京游子不敢～。"②屑于看；愿意看，多用于反问或否定句式：就他那个熊样儿，我都不～。

【下作】xiǎ zuo 贪吃；贪婪：他吃起饭来真～|《红楼梦》第三十六回："糊涂油蒙了心，烂了舌头，不得好死的～东西，别作娘的春梦！明儿一裹脑子扣的日子还有呢。"|《红楼梦》第四十五回："凤姐若生于寒门，还不知怎么～贪嘴恶舌的。"

【瞎】xiā ①丧失视觉；失明：△瘸的精神～的怪|△买卖不懂行，～驴碰南墙。②没有光亮；黑暗：黑灯～火。③没有根据地；胡乱地：没看见就别～猜|△干河撒网——～张罗。④没出息；堕落：这孩子光知道讲吃讲喝，真学～了。⑤无用：花～钱|出～力|～精神|△不吃不喝，死了白～。⑥丢失；遗失：回来的路上他把皮包～了|《聊斋俚曲集·姑妇曲》第三段："有刀枪，有刀枪，你使的发了才遭殃，不止说～了钱，还着你捱来榜。"|《醒世姻缘传》第十七回："曹铭道：'兵来将挡，水来土掩！百姓们把银子收得去了，依旧又不替我们弭缝，不过说起初原是私派，见后来事犯，才把银子散与我们。这不成了'糟鼻子不吃酒'，何济于事？可惜～了许多银子！'"|《醒世姻缘传》第四十九回："不是你自己见了周奶奶，这股财帛不～了？"|《醒世姻缘传》第五十三回："最放不下的七爷，七八十了，待得几时老头子伸了腿，他那家事，十停得的八停子给我，我要没了，这股财帛是～了的。"|《醒世姻缘传》第八十三回："不要替人生气，看气坏了身子，～了钱，没人赔你。"

【瞎汉】xiā han 盲人：△～踩屎——没果睬|△～磨刀——快了|元杂剧《曲江池》第一折："（外旦云）姐姐，我～跳渠，则是看前面便了。"

【瞎红毛】xià hěng mào 牛虻，吸食牛、马等畜类血液。

xiai

【鞋靸儿】xiǎi sār 拖鞋。

xian（x̌ian）

【现当紧儿】 xiàn dang jīnr 目前；眼下：△溜沟子～，迎财神是慢工｜～凑不起这么多人来。

【现蒸热卖】 xiàn zhěng yě mài 现时蒸好的馒头现时卖，比喻抓住最好的时机，也比喻刚学会某一技艺就马上施展：这是老师才教会我的，那我～大家别笑话。

【嫌后】 xiǎn hou ①嫌弃：这都是自己地里种的菜，别～。②责怪：我得早点儿家去，晚了俺妈好～俺了。

【咸盐】 xiǎn yàn 食盐：△老太太吃～——齁齁（候候）吧。

【先来后到】 xiǎn lài hǒu dào 排队或做事按先后顺序进行：起码待讲个～，不能乱插号儿。

xiang（x̌iang）

【向】 xiàng 偏向；偏袒：△是亲三分～｜他妈什么事都是～着家里老小｜元杂剧《老生儿》楔子："我那伯娘眼里见不的我，见了我不是打便是骂，则～他女婿张郎。"｜《聊斋俚曲集·墙头记》第三回："张二说：'老头子，你说他不该打么？原是为你，你还～他。'"｜《聊斋俚曲集·禳妒咒》第二十三回："江城转身说：'你看公婆还是～他儿子。'"｜《聊斋俚曲集·禳妒咒》第二十四回："因着公婆不～我，他就拿我不当人，如今想来真可恨！"

【响干】 xiāng gān 非常干：今日这个好日头，衣裳一阵儿晒得～。

【响焦】 xiāng jiǎo 焦脆；非常干燥：苞米秸子都晒得～了，快垛起来吧。

【相应】 xiàng yǐng ①合适：剩的布给他做个帽子正～｜《醒世恒言》第一卷："当晚回家，与外甥赵二商议，有这～的亲事，要与他完婚。"｜《醒世恒言》第三卷："卖了他一个，就讨得五六个。若凑巧撞得着～的，十来个也讨得的。"｜元杂剧《诸宫调风月紫云亭》第一折："俺这屋里三句话不～，便见世间泗州大圣，交五岳动天兵。"｜《聊斋

俚曲集·姑妇曲》第二段："汉子家知道那饭怎么做？做的甚不～。"｜
《醒世姻缘传》第六十八回："四月十八顶上奶奶的圣诞，比这白衣奶奶
的圣诞更自齐整，这是哄动二十合属的人烟，天下的货物都来赶会，卖
的衣服、首饰、玛瑙、珍珠，甚么是没有的？奶奶们都到庙上，自己拣
着～的买。"｜《醒世姻缘传》第七十四回："过了两日，二位媒人又有一
家～的，去到狄希陈下处商议。"｜《醒世姻缘传》第八十四回："周嫂儿
两个道：'这好，俺有～的，往那头说去；说停当了，俺自己还不来哩，
只叫舅爷家使人来说。'"又："周嫂儿说了个灶上的，倒也～，请过姑
奶奶去商议哩。"②上算；合算：《西游记》第三十三回："一件换两件，
其实甚～。"｜《初刻拍案惊奇》第十一卷："他就要买我白绢，我见价
钱～，即时卖了。"｜《初刻拍案惊奇》第四十卷："不是借用，说得事成
时，竟要了他这一千贯钱也还算是～的。"｜《二刻拍案惊奇》第三十三
卷："那买的接过手量着，定是三丈四丈长的，价钱且是～。"｜《三刻拍
案惊奇》第十一回："巫婆道：'……匡得一个银子，他娘有私房，他自有
私房，倒有两个银子赔嫁，极好极～。'"｜《醒世姻缘传》第二十五回：
"这里如今也同不得往年，尽有了卖房子合地土的。我明日与经纪说，遇
着甚么～的房产，叫他来说。"

【想破头】xiāng pe tòu ①非常想得到的样子：他叫个男孩子～。
②挖空心思地想、考虑：他～也不能寻思你又回来了。

【想头儿】xiǎng tour ①想法；企图：△一口吞个星星——～不
低。②念想：留着个～。

【鲞鱼】xiāng yu 白鳞鲚鱼。

xiao（xiao）

【孝帽子】xiǎo mǎo zi 为死去的长辈在守灵期间戴的白帽子：△
抢～戴。

【孝子】xiǎo zī ①对父母十分孝顺的人：△久病无～｜△家贫
显～，国乱识忠臣｜△雷打真～，财发狠心人。②父母死后居丧的人。

【枵薄儿】xiǎo ber 极薄：～的衣裳｜篷布～，一戳就破了。

【小豆腐】xiǎo dǒu fu 把泡过的黄豆磨成糊状或用做豆腐剩的豆腐渣，同切碎的菜叶一起煮熟的食品：海鲜～｜《醒世姻缘传》第二十四回："那溪中甜水做的小米黏粥，黄暖暖地拿到面前，一阵喷鼻的香，雪白的连浆～，饱饱的吃了。"｜《醒世姻缘传》第六十七回："（回回婆）走到后面，把一个做饭的小锅，一个插～的大锅，打的粉碎；又待打那盆罐碗盏缸瓮瓶坛，艾回子只得跪了拉他。"

【小锅饭儿】xiāo guo fànr 单独做的饭食，比喻特殊的待遇：老师老是给他吃～，叫办公室去单独给他讲题。

【小尽】xiāo jin 指农历只有二十九天的月份：朱敦儒《～行》："藤州三月作～，梧州三月作大尽。"｜《聊斋俚曲集·墙头记》第一回："这月里是个～，到明日送给他二叔家，尽他合他怎么嗐去。"｜《聊斋俚曲集·墙头记》第二回："一年不知几个～，都着家兄占了，今日想必又送来。"又："正寻思咱大哥，他占的便宜多，～到有六七个。"

【小里小气】xiāo li xiāo qi 吝啬、不大方的样子：他那个～的样儿，拿出这些来已经很不容易了。

【小嫚儿】xiào mǎnr 女孩；小姑娘：那群～都上公园耍去了。

【小年】①（～儿）xiào niànr 农历节日，指农历腊月二十三日或二十四日这一天。②xiāo nian 歉收之年：要是遇上个～，家里的粮食都不够吃的。

【小人儿】①xiāo rènr 小孩子：这都是些～耍的营生。②xiào rènr 特指小男孩：你看错了，这是个～，不是个小嫚儿。

【小性儿】xiǎo sèngr（xiǎo xìngr）气量小；容易使性子：这个孩子～的，没怎么说他就哭了｜《红楼梦》第三十回："皆因姑娘～，常要歪派他，才这么样。"

【小小不然】xiǎo xiāo bù yàn 微不足道；无关紧要：这些～的事你别往心里去。

【小银子儿】xiǎo yǐn zir 硬币：他满兜里光剩几个～了。

xie（xie）

【解】xiē 打开：～门｜～开锅｜～开大衣厨｜锁都锈得～不开了。

【歇晌】（～儿）xiě shāngr 中午休息：咱歇个晌儿再干吧｜《红楼梦》第八十一回："宝玉来到贾母那边，贾母却已经～，只得回到怡红院。"

【蝎虎】（～儿）xiē hur 壁虎：少种爬墙梅儿什么的，看招～儿｜《醒世姻缘传》第十九回："小鸦儿点了香来，点着了灯，在床上再三寻照，那有个蝎子影儿，只拿了两个虼蚤。亏不尽一个～在墙上钉着。"｜《醒世姻缘传》第六十二回："蝎子是至毒的东西，那～在他身边周围走过一圈，那蝎子走到圈边，即忙退缩回去，登时就枯干得成了空壳。"

【颉】xiè 在颉颃作用下，高大强势的植物对对弱势植物在养分、阳光等方面的争夺：那棵树长大了，～得边下的小树长不起来。

【邪涎】xiě xian 口水；呕吐出来的液体：他又喝大了，那个嘴都拉拉～了｜《聊斋俚曲集·墙头记》第四回："这等说恼与不恼，还只得淌淌～。"

【斜睖】xiě leng 斜着眼看：他往这～了两眼就走了。

【斜眜】xiě me 斜着眼看：别～着看人，那不礼貌。

【𢾷】xiē 投掷石块或块状物击打：他把人家孩子～破头了。‖《集韵》："～，击也，或从手。"

xin

【心话儿】xǐn huar =【心道话儿】xǐn dao huàr 心里想；暗自道：我～这样的好事儿他怎么割舍让出来｜他～能早点儿走就好。

【心口窝】（～儿）xǐn kòu wěr 上腹部：那几天他～这里老是难受｜《聊斋俚曲集·寒森曲》第五回："大相公摸了摸说：'娘休哭了，我看着二弟不死，～里还热。'"

【心事】xǐn shi ①心中盘算、期许或忧心的事：这一期儿他～挺多的。②牵挂；担心：你到了单位就来个信儿，别让家里～。

【寻思】xǐn si ①考虑；打算：你也～～咱下一步应该怎么办｜《聊斋俚曲集·寒森曲》第五回："如今冤气没出处，～灌口找二郎，告一会看是怎么样。"②以为；认为：我还～今天能冷，没想到这么热。

xing（xing）

【兴宜】xǐng yi ①时兴；流行：如今都～穿休闲装。②沿袭某种习俗：他们那里过八月十五～吃梨。③习惯于：他家些人～吃饭的时候说孩子。

【兄弟】xǐng di ①弟弟和哥哥：他那几个堂～都挺团结的｜△十个闺女十门亲，十个～没场分。②特指弟弟：当～的待尊敬哥哥｜董解元《西厢记诸宫调》第二卷："思量了，～欢郎忒年纪小。"｜《二刻拍案惊奇》第二十一卷："王爵见了～病势，已到十分，涕泣道：'怎便狼狈至此？'"｜《聊斋俚曲集·翻魇殃》第十回："慧娘说道也不错，俺是～您是哥，若不然怎么叫做一堆过？"

【行】xìng ①量词，用于层积、重叠或很薄的东西，相当于层、张：站上两～砖｜去了一～皮｜曝上一～灰｜怕你冷，给你铺了两～褥子。亦作"桁"：《聊斋俚曲集·翻魇殃》第十一回："放了又除，除了一大堆。寻思着，田地都烧红了，我起出这一桁来上地也好。"②辈；代：那～人吃老苦了｜那～人都没捞着上什么学｜这～人长大了光过好日子。

【行事】xǐng shi 品行；教养：好～｜不像～（待人处事没有教养，不讲道理）｜范仲淹《与韩魏公》："然始以之翰知师鲁最深，又少与之游，尽见其～。"｜《红楼梦》第八回："宝玉先便回明贾母秦钟要上家塾之事，自己也有了个伴读的朋友，正好发奋，又着实的称赞秦钟的人品～，最使人怜爱。"｜《红楼梦》第六十六回："姐姐信他胡说，咱们也不是见一面两面的，～言谈吃喝，原有些女儿气，那是只在里头惯了的……兴儿笑道：'若论模样儿～为人，倒是一对好的。'"｜《红楼梦》第七十五回："邢德全虽系邢夫人之胞弟，却居心～大不相同。"｜《红楼梦》第一百零四回："众人道：'二老爷的人品～，我们都佩服的。'"｜

《醒世姻缘传》第二十一回："虽然才满月的孩子，怎便晓得后来养得大养不大？但只看了他母亲的～便料得定他儿子的收成。"｜《醒世姻缘传》第二十七回："若论麻从吾两口子的～，不当有子，岂得有家？"②家风：闺女找婆婆家就待找～好的｜《红楼梦》第四十回："别的罢了，我只爱你们家这～，怪道说'礼出大家'。"｜《红楼梦》第八十四回："论起那张家～，也难和咱们作亲，太啬克，没的玷辱了宝玉。"

【熊】xìng ①狗熊。②软弱的；无能的：△兵～～一个，将～～一窝儿。③训斥：孩子知道错了，就别～他了。④坏；不好；不讲情理：～孩子｜他个～脾气几时能改改？⑤诬赖：他撞了人还～了人家二百块钱。

【熊蛋】xǐng dàn ①无能而被人瞧不起的人：△黑瞎子拉油碾——出力赚～。②坏；不像话：这个事他办的真～。③劳累不堪：干了这两天活儿真把他使～了。

【熊话】xǐng huɑ 不讲情理的话：咱找他好好商量，他满口～。

【熊架儿】xìng jiàr 令人厌恶的姿态：他那块～也整天想当组长。

【熊人】xǐng yìn ①数落人；批评人：他熊起人来没头没脑的，真受不了。②赖人：张口儿就要这么多钱，这不是待这明着～？

【熊种】xìng zhēng 骂人的话：这个～又跑哪去了？

【性儿】xìngr（sèngr）脾气；性格：使～｜好～｜△一粒麦子一道缝儿，一个人一个～｜元杂剧《陈州粜米》第一折："老汉陈州人氏，姓张，人见我～不好，都唤我做张憋古。"

【腥哧哧】xǐng chì chǐ 有点腥味的样子；腥味难闻的样子：才使这个盆洗鱼来，～的没法儿闻。

【醒昏】xīng hun 从昏迷中清醒过来；明白过来：他～过来的时候，人已经上医院了。

【醒醒】xǐng xing ①心理膨胀；过于亢奋：这一期儿你又～得不善。②有精神；兴奋：这个孩子一要学习就蔫蔫了，一听说耍就～了。

【饧】xīng 做馒头等发面食品时，上锅蒸之前，需要将面团静置一段时间，使面发的更好：把面～～再装锅蒸。

xiu

【秀】xiù ①作物抽穗：地里的苞米还没～穗儿｜△六月六，看谷～。②（打篮球）投球入篮：这个球他～得漂亮。

【修磨】xiǔ　me 打磨整理；进行精细加工：边上还有点儿毛糙，再～～。

xu（xu）

【虚旋套】xù　xuǎn　tào ①虚情假意；花架子：你有什么说什么，别弄些～。②圈套：你不信看着，他这是弄了个～｜《聊斋俚曲集·增补幸云曲》第二十三回："斟上酒弯弯腰，谢了罪又告饶，弄了多少～。"

【絮】xù ①（在有空隙的地方）插或塞：他随手把钥匙～待褥子下边｜《真本金瓶梅》第十二回："桂姐一面叫桂卿陪着他吃酒，走到背地里，把妇人头发早～在鞋底下，每日踹踏。"②烦，因过多而厌烦：这几天待食堂吃饭都吃～了｜《红楼梦》第三十四回："（袭人道）因此我劝了半天才没吃，只拿那糖腌的玫瑰卤子和了吃，吃了半碗，又嫌吃～了，不香甜。"

【絮烦】xǔ　fan 唠叨：他老婆确实是～，一般人受不了｜元杂剧《来生债》第一折："先生不嫌～，听我在下试说一遍与你听者。"｜《红楼梦》第三十四回：前儿有人送了两瓶子香露来，原要给他点子的，我怕他胡糟踏了，就没给。既是他嫌那些玫瑰膏子～，把这个拿两瓶子去。"亦作"絮繁"：元杂剧《五侯宴》第二折："官人不嫌絮繁，听妾身口说一遍。"

【絮聒】xù　guo 唠叨；絮烦：好话说一遍行了，你别～了｜张鸣善《中吕·普天乐》散曲："先生道学生琢磨，学生道先生～，馆东道不识字由他。"｜《红楼梦》第六十二回："不知过生日给他些什么吃，只别忘了二奶奶，就不来～他了。"｜《聊斋俚曲集·墙头记》第一回："第二年全然不打拢，跟着腚上狗哐荒，他还说我～样。"

xuan（xuan）

【揎】xuàn 拿东西把物体中空的部分填满：～豆枕｜～棉花｜《聊斋俚曲集·寒森曲》第七回："权印官狠似狼，该剥皮～麦穰，叫狱神尽把冤魂放。"亦作"楦"：明杂剧《雌木兰替父从军》第一出："生脱下半折凌波袜一弯，好些难。几年价才收拾得凤头尖，急忙得改抹做航儿泛。怎生就凑得满帮儿楦。"

【餤】xuàn <贬> 吃；吃饱了再强吃：你吃多少了，还没～饱｜《聊斋俚曲集·墙头记》第一回："李氏说：'你看僭爹吃了多大点子，若是您达从来没见东西，不知待～多少哩。'"

【旋】xuàn（xuǎn）用刀子或专用工具旋转着削割：苹果上跌了个窝儿，你把它～了去。

【旋网】xuǎn wang 一种张开口呈圆形的渔网，由单人操作使用。

xue（xue）

【学】xuè ①诉说；把听到的话告诉别人：这些话儿他都～给父母听了｜元杂剧《魔合罗》第二折："咽喉被药把捉，难诉难～。"｜郑光祖《梧桐树·题情》："疼热话向谁～，机密事把谁托。"｜《聊斋俚曲集·禳妒咒》第十回："终日起来吵呵也么呵，骂的话儿口难～。"｜《聊斋俚曲集·慈悲曲》第一段："身上的饥寒自家知道，疼里痒里对着谁～？"｜《聊斋俚曲集·慈悲曲》第二段："对着人也是难～，也是难～。哎，白黑的，使碎了心肠谁知道？"｜《聊斋俚曲集·翻魇殃》第二回："托亲戚去一遭，徐氏话从头～，家长理短皆实告。"｜《聊斋俚曲集·寒森曲》第五回："全没人对我～，三妹妹名声高，满城传说才知道。"｜《醒世姻缘传》第三回："晁大舍走出中门外边，晁住将计氏的话一一对晁大舍～了。"②描述；把看到的事告诉别人：把经过跟恁大叔～～｜《真本金瓶梅》第八十六回："只怕他一时使将小厮来看见，到家～了，又是一场儿，倒没的弄的我也上不的门！"｜《醒世姻缘传》第二十七回："跟的人回去～了那个光景，许多人大眼看小眼的不了。"｜

《醒世姻缘传》第三十三回："刚才昨日上了学，今日就妆病，守着你两个舅子，又是妹夫，～给你丈人，叫丈人丈母恼不死么！"③效法；获得知识；读书：～生｜～徒｜～习。④传授知识的地方：～校｜上～。⑤掌握的知识：～问。

【学乖】xuè guǎi 学经验；长知识：跟着恁大爷出去好好～｜《红楼梦》第四十八回："倒是你说的是，花两个钱，叫他学些乖来，也值。"

【踅摸】xuě me 搜寻；寻找：你待那里整天跑，就～不着个合适的房子？

【眤】xuē 斜着眼看；偷偷地看：他爬窗上～了一眼就跳下来了。‖ 1928年《胶澳志》："偷视曰～。"

【Y】

ya

【压】yā ①从上面加力：～住｜～塌｜～马路。②用权势或武力制服：镇～｜～迫。③控制；使稳定；使平静：～服｜～事。④积压：那些货都～待仓库里卖不出去。⑤拖延：光待路上就～了三天。⑥旧时逢年过节亲朋之间把回赠礼品称为"压"：～篓儿｜～着包儿。⑦倒（水、酒等液体）：这把壶能～三碗水。‖ 1928年《胶澳志》："～，倾水之谓。"《俚语证古》第五卷："汲出谓之押。押为挹之双声音转。"

【压服】yā fu 平息；停妥：这个事儿过几天也就～下了｜《红楼梦》第四回："等我再斟酌斟酌，或可～口声。二人计议天色已晚，别无话说。"

【压沉】yǎ chèn 沉重；压秤：这些东西暄，一点儿不～｜这么个小箱子还真～｜《醒世姻缘传》第八十五回："说不上二千里地，半个月就到了，九月天往南首里走，那里放着就吵着要棉衣裳，你是待拿着～哩么？"

【牙巴骨】yà ba gū 下颌骨：冻得他～直打嗝嗝｜《醒世姻缘传》第五十二回："狄希陈唬的那脸蜡滓似的焦黄，战战的打～，回不上话来。"｜《聊斋俚曲集·墙头记》第二回："上下一堆破铺衬，西北风好难禁，～打的浑身困。"

【牙花子】yǎ huǎ zi 牙龈。参"牙花"：《真本金瓶梅》第三十二回："桂姐骂道：'怪攮刀子，好干净嘴儿，把人的牙花也磕了，爹，你还不打与他两下子哩，你看他怎发讪！'"

【牙犟】yǎ jiang 嘴上不服气；强辩：你别～，人家的技术就是好。

【牙啃】yà ken 对付或应付的办法，一般用于反问或否定句式：媳妇就待和你分家，你也没～。

【牙子】yǎ zi ①物体表面突起的边缘部分：马路～。②沿着衣物、器物边缘的装饰物：把衣裳下摆这里匝上一圈儿～｜《红楼梦》第四十回："好生着，别慌慌张张鬼赶来似的，仔细碰了～。"

【芽瓜】yǎ gua =〖春地瓜〗chǔn dì guǎ 用地瓜发的芽栽种长成的地瓜。因多为春天栽种，又称"春地瓜"。‖1928年《胶澳志》："取芽而种之甘薯谓之芽瓜。"

【鸦鹊】yā que 喜鹊。

【哑巴亏】yā ba kuǐ 无法言说的伤害或损失：他倘上这号事只能当吃个～。

yai

【唉哼】yǎi (ǎi) heng ①呻吟：就这么点小伤，别～了｜《醒世姻缘传》第九十回："从做梦日起，昼夜象那失奶的孩子一般，不住声～，饭也不吃，黑瘦的似鬼一般。"｜《醒世姻缘传》第九十五回："狄希陈～着说道：'我的不是！悔的迟了！'正说着，闭了眼，搭拉了头。寄姐问他是怎么。他～说：'恶心，眼黑。'"亦作"喂哼""挨哼""捱哼"：《聊斋俚曲集·寒森曲》第一回："员外不敢叫骂，可也不曾叫饶，只是喂哼而已。"｜《聊斋俚曲集·墙头记》第四回："那皂隶喊了一声，先打了汉子，后拶了老婆，官才去了。一家人叫苦连天，哽哼成块。"｜《醒世姻缘传》第七十三回："狄相公倒没打他八分死，狄相公被他咬的待死的火势哩！那桥栏干底下坐着挨哼的不是么？"｜《醒世姻缘传》第七十四回："次早，那侯张两个道婆打听得素姐见在娘家，老鼠般一溜溜到龙氏房里。龙氏尚梳洗未完；素姐尚睡觉未起，在床嗳哟嗳哟的捱哼。"

【挨噘】yǎi（ǎi）juè 遭到斥骂：回去光等着～就行了。

【挨剋儿】yǎi（ǎi）kèir 受批评；挨训：看他郎当着个脸，保证是～来。

【挨磨】yǎi（ǎi）me 拖延；耽搁：他非～着你来了才开始干活儿｜《醒世姻缘传》第六十七回："他倒～了今日四日，他爽利不来了。"｜《真本金瓶梅》第六十八回："我的马走得快，你步行，赤道～到多咱晚，不惹的爹说，你也上马，咱两个迭骑着罢。"｜《儿女英雄传》第十二回："又～了一会子，才讪不搭的说了三个字，说道是：'长的好。'"｜《风月锦囊》第一卷："～暂时，挑水到黄昏。叫天不应，叫地不灵，受尽了万般苦辛。"亦作"挨抹"：《醒世姻缘传》第四十九回："从此每日晚间挨抹到三四更才去，没等到五更就往晁夫人屋里来脚头一觉，成了旧规。"

【挨踡】yǎi（ǎi）juān 被踢，泛指挨打：把事儿办成这么个熊样儿，你回去不～才怪。

【挨熊】yǎi（ǎi）xìng 受责备；受批评：你把衣裳也弄破了，等着家去光～行了。

yan

【烟熏火燎】yǎn xǔn huǒ liāo 被烟熏染和被火烘烧的样子：我一进门里边～的，不知道烧什么东西了。

【眼眵】yàn chǐ 眼睑分泌出来的粘稠状物：他脸也没洗，眼上顶着～就来上班了。

【眼迟】yān chì 眼力迟钝：如今上年纪了～，端详看了半天才认出他来。

【眼毒】yān dù 眼光明锐；洞察力强：他～，一眼就认出那个小偷来了｜杨万里《晓过花桥入宣州界》诗："诗人～已先见，却旋赛云作翠帏。"｜元杂剧《黑旋风》楔子："你好～也，你怎么便认将出来？"｜元杂剧《燕青博鱼》第二折："兄弟，你好～也！你怎生便认的出来？"

【眼眶子】yàn kuàng zi＝〖眼眶儿〗yàn kuàngr ①眼睛周围的边缘。②＜贬＞眼光：她～这么高，什么时候能找上个女婿？

【眼色】（～儿）yān sheir ①视力：你真好～儿，这么小的字儿也能看清了｜如今上了年纪，～也不大好。②用眼神向人示意，常指劝告、命令、指挥或邀请：那个人站一边光给他使～｜《红楼梦》第三回："正要发签时，只见案边立的一个门子使～儿，不令他发签之意。"③眼力；察言观色的能力：《醒世恒言》第二十卷："倘一时没～，配着个不僧不俗，如醉如痴的蠢材，岂不反误了终身！"｜《红楼梦》第四回："如今舅舅正升了外省去，家里自然忙乱起身，咱们这工夫一窝一拖的奔了去，岂不没～。"

【眼生】①yān shěng 看起来觉得陌生：这么长时间行没看书了，乍一看见也试着～｜杨万里《探春》诗："五日才能一日来，～方觉有春回。向来日日频来探，只道园花不肯开。"｜梅尧臣《感二鸟》诗："回翔隔岁月，老木高童童。～众禽噪，虽近未由通。"②（～儿）yān shengr 眼睛：孩子那对大～真好看。

【眼熟】yàn shù 以前曾看见过；看起来很熟悉：那个人很～，好像是什么时候一块儿吃过饭。

【演当】yān dang ①做演示、模仿性动作：你～～，他当时是怎么装起来的？②比划；比量：你拿去～～看看合不合适，合适就留下｜不用拿过去～了，打眼儿一看就高出不少来。③安排；选择时机：最好～个不刮风的天儿扎架子｜你～着他送货的时候一块儿捎过来。④遇到；碰巧：多少年没有的事儿叫你～上了。

【演花儿】yàn huǎr 做蒙蔽人的举动：他像是～给咱看，多留心。

【延】yān ① =〖延上〗yān shang 遇上；碰到（事情、动作等）。后面不能跟着人，可以是某人做的事或出现的状态：～忙的时候，一天捞不着喝口水｜出门的时候正～下雪｜正～逢集，路上堵得走不动｜△十年延不上个闰腊月。②择取或等待时机：不用专门往这跑，～着我去的时候直接捎着。③偶尔；有时候：他～着也能帮着大人干点儿活儿。

【延巧儿】yǎn qiāor 碰巧：我才进门～他也来了。

【蔫蔫】yǎn yàn ①植物因水份丢失而萎缩：两天忘浇水，花儿就～了。②无精打采：看他～得一点儿精神没有。亦作"淹淹"：《醒世姻缘传》第七十一回："我怕几两银子极极的花费了，两个果子淹淹了，我说：'等不的你好，我自家送去罢。'待叫这孩子来，怕他年小不妥当。"‖《说文解字》："蔫，菸也。从艸，焉声。於乾切。"

【蔫蔫噜嘟】yǎn yàn lǔ du =〖蔫蔫嘟噜〗yǎn yàn dǔ lu ①花木、果蔬缺少水分而萎缩的样子：天旱得地里的菜都～的。②情绪低落、无精打采的样子：他放学回来～的，看样儿像是让老师批评了。

【蔫幽】yǎn yòu 植物因水份丢失而萎缩：小摊儿上摆的菜都晒～了。‖《俚语证古》第十卷："～，蔫菸也。枝叶萎败谓之～。～为蔫菸之双声音转。"

yang

【央及】yǎng ji 再三请求：你别～了，他们真不待这吃饭｜《西厢记》五本第三折："我今番到这里，姑夫孝已满了，特地～你去夫人行说知，拣一个吉日成合了这件事，好和小姐一答里下葬去。"｜元杂剧《虎头牌》第一折："～小姐和元帅说一声，将那素金牌与我带着，就守把夹山口子去呵，不强似与了别人？"｜元杂剧《墙头马上》第一折："梅香，我～你，要告老夫人呵，可怎了！"｜元杂剧《秋胡戏妻》第三折："小娘子，左右这里无人，我～你咱。"｜元杂剧《汉宫秋》第三折："今日～煞娘娘，怎做的男儿当自强！"｜元杂剧《生金阁》第一折："则他是庞衙内，我～你咱。"｜元杂剧《黄花峪》第一折："大嫂，我～你唱一个小曲儿。"｜元杂剧《铁拐李岳》第三折："看看的过百日，官事又萦羁，衣食又催逼，儿女又～。"｜《儿女英雄传》第三十二回："（霍士道）待要怎样，又不敢合他怎样，只有不住口的～讨饶。"｜《聊斋俚曲集·富贵神仙》第二回："张鸿渐是个义气人，如何禁的～？也就有意合他同去。"｜《醒世姻缘传》第七十二回："他是面试的主儿，你不流水～他，要经了官，孩子们禁的甚么刑法，没等的套上拶子，下头就拉拉尿，口里就招不迭的哩！"｜《红楼梦》第一百一十二回："昨儿老太太的殡才出去，那个什么庵里的尼姑死要到咱们这里来，我吆喝着不准他们进来，腰门上的老婆子倒骂我，死～叫放那姑子进去。"｜《红楼梦》第一百一十三回："我们紫鹃姐姐也就太狠心了，外头这么怪冷的，人家～了这半天，总连个活动气儿也没有。"

【让服】yàng fu 让步；谦让：平时～人小不了你。

【阳沟】yàng gou 顶部未覆盖的排水沟，泛指排水沟：他一把没拿好，把包儿掉～里了｜《醒世姻缘传》第二十六回："再不然，把与那穷人端了去，吃在人的肚里，也还是好；他却不肯，大盆的饭都倒在泔水瓮里！还有恐怕喂了猪，便宜了主人，都倒在～里面流了出去！"｜《醒世姻缘传》第四十一回："后来也还指了清～，沟水流上他门去，作践了几番。"又："着了忙的人，没看见脚底下一块石头，绊了个翻张跟斗，把只草镶鞋摔在～里。"‖丘光庭《兼明书》第五卷："凡沟有露见其明者，有以土填其上者。土填其上者谓之阴沟，露见其明者谓之～。"刘献廷《广阳杂记》第五卷："盖潜行地中者曰阴沟，则显行于地面者为～矣。"亦作"洋沟"：《真本金瓶梅》第十九回："不提防鲁华又是一拳，仰八又跌了一交，险不倒栽入洋沟里，将发散开，巾帻都污浊了。"

【样式】yǎng shì ＝〖式样〗shǐ yàng 样子；形式：那个～的都卖上了｜《初刻拍案惊奇》第八卷："不如且载回家，打过了捆，改了～，再去别处货卖吧！"｜《红楼梦》第八十五回："我前次见你那块玉倒有趣儿，回来说了个式样，叫他们也做了一块来。"

【洋洋不睬】yàng yàng bù cāi 毫不在乎、不予理会的样子：△大辫子一甩，～｜《聊斋俚曲集·增补幸云曲》第十八回："那万岁～，一步步花落水流。"

【养老女婿】yàng lǎo nǖ xù 入赘的女婿，女方招婿的主要目的是日后为女方父母养老，故称。

【漾奶】yàng nāi 婴儿因积压、不适等原因吐奶。

【勒勒】yǎng yang ①（出于礼节和尊重而）劝；邀请；请求：～喝酒｜～吃饭｜他非～～咱上他家吃饭。②出于礼节推却别人的好意：也不～～坐下就吃，真是碰上实在客了。‖《玉篇》："勒，劝也。"

【嚷嚷喳喳】yǎng yang chǎ cha 嘈杂的说话或吵嚷声：你出去看看外边儿～的是怎么回事儿。亦作"央央插插"：《醒世姻缘传》第十回："昨六月初六日，我在家里叉着裤子，手拐着几个茧，只听得街上央央插插的嚷。我问孩子们是怎么。孩子们说：'是对门晁相公娘子家里合了气，来大门上嚷哩。那央央插插的，是走路站着看的人。'"

yao

【咬】yāo ①上下牙对住用力；咀嚼：～牙｜△狗～狍虎——两下怕。②蚊虫等叮（人）：这一转眼儿的功夫叫蚊子～了好几口。③腐蚀；侵蚀：那件衣裳叫油漆～破了｜刘献廷《广阳杂记》第四卷："盖其人为漆所～，他医皆不识云。"④咬定；举报；指控：那人没几天就把他～出来了｜《醒世恒言》第三十三卷："那边王老员外与女儿并一干邻佑人等，口口声声～他二人。"

【咬舌子】yāo shè zi ①说话吐字不清；发音不准：他小时候有点儿～，如今好了。②说话咬字不清楚的人：他是个～｜《红楼梦》第二十回："黛玉笑道：'偏是～爱说话，连个"二"哥哥也叫不上来，只是"爱"哥哥"爱"哥哥的。'"

【咬牙】yào yà 不屈服；难对付：他那个弟弟真～。

【要紧】yǎo jīn ①重要：没有～的事，也不愿意来给怹添麻烦｜看你急冒窜火的，还寻思有什么～的事来。②严重：你磕着这一下不～吧？③一定；无论如何；不管怎样：快下雨了，～回去把晒的被收起来｜《红楼梦》第十二回："所以带他到世上，单与那些聪明杰俊，风雅王孙等看照。千万不可照正面，只照他的背面，～，～！"

【腰子】yǎo zi 人或动物的肾：猪～。

【靿】yào 袜、靴的筒子：高～鞋｜矮～袜子｜马缟《中华古今注·袜》："至请炀帝宫人，织成五色立凤朱锦袜～。"｜元杂剧《老生儿》第二折："靴～里有两锭钞，你自家取了去。"

ye

【页】①yě 张，用于片状的东西：一～玻璃｜两～饼干｜几～瓦｜《聊斋俚曲集·寒森曲》第五回："说了一声，一众鬼把二相公拉下去，用两～板夹起来，绑在桩上。"亦作"叶"：《醒世姻缘传》第五十七回："大家男男女女，都蜂拥一般赶去，将他家中的衣裳器皿，分抢一空，只剩了停他的一叶门板，一个六十多岁的老婆。"②（～儿）yèr 倍数：他花的钱是你的三～也不止。

【页颅盖】（～儿）yě lou gàir 额头：他的那点儿精神都写待～上。‖参"额颅盖""额髅盖"：《醒世姻缘传》第十九回："你怎么有这们些臭声！人家的那个都长在额颅盖上来！"｜《聊斋俚曲集·磨难曲》第一回："大家去告上台，他虽然把官差，那眼睛没长在额颅盖。"｜《聊斋俚曲集·寒森曲》第一回："赵恶虎骂奴才，怎么见我不下来，丁字眼没长在额髅盖。"

【夜来】yě lai 昨天：～他们几个人是一块儿出发的｜元杂剧《萧淑兰》第二折："～清明，满家上坟，惟淑兰托疾不往。"｜元杂剧《鲁斋郎》第二折："（鲁斋郎云）这等，也罢。你着那浑家近前来我看。（做看科，云）好女人也！比～增十分颜色。生受你，将酒来吃三杯。"｜元杂剧《西厢记》一本第二折："～有一秀才自西洛而来，特谒我师，不遇而返。"又："～老僧不在，有失迎迓，望先生恕罪。"｜元杂剧《秋

胡戏妻》第一折："我想～过门，今日当军去。"｜元杂剧《后庭花》第
二折："老婆子～晚间在狮子店里安下，只听的这秀才和我翠鸾孩儿说
话。"｜元杂剧《破窑记》第二折："～老僧赴斋，不知曾有人来望老僧
否？（唤聪问科）（聪云）～有一秀才自西洛而来，特谒我师，不遇而
返。"｜元杂剧《度柳翠》第二折："～八月十五日，你不出来，今日八
月十六日，你可出来？"｜元杂剧《救孝子》第三折："小官～劝农回家，
那一起人告状的，都与我拿将过来。"｜《醒世恒言》第三卷："美娘想
起～之事，恍恍惚惚，不甚记得真了，便道：'我～好醉！'"｜《水浒
传》第六十一回："我～算了一命，道我有百日血光之灾，只除非出去东
南上一千里之外躲避。"｜《聊斋俚曲集·墙头记》第三回："～时做饭
忙，到晚来趁灯光，才把绵裤裁停当。"｜《聊斋俚曲集·磨难曲》第一
回："～还有支使的，今日出来当奴才。"

　　【热】yě ①温度高；感觉温度高（与"冷"相对）：△冷在
三九，～在中伏｜△该～不～不收成，该冷不冷人有病｜△烧火的棍
子——一头～。②加热；使热：把饭～～。③生病引起的高体温：发～｜
退～。④有血脉关系或情意深厚：亲姊～妹｜～乎人。

　　【热疙瘩】yě ga da 痱子，夏天皮肤上起的红色或白色小疹：快
给孩子洗洗澡，看他起的这些～｜蒲松龄《日用俗字·疾病章》："挤出
脓来疖子好，～须澩几番。"

　　【热盆儿】yě pēnr 热衷于某一事物：看你不大～，他也没多劝。

　　【热汤热饭】yě tǎng yě fàn =〖热汤热水〗yě tǎng yě shuī
温热的饭菜，比喻在饮食方面及时、周到：媳妇整天～地伺候着你，还有
什么不知足？｜待家门子上干活还能～地吃着，上外地就捞不着了｜《聊
斋俚曲集·墙头记》第一回："起初甚好，两个儿早晚问候，两个媳妇热
汤热水常来服事，好不的那好。"

　　【野路子】yē lù zi ①技术未经正规学习的：别信这些～大夫的。
②野蛮粗俗的人：以后少和这些～小孩耍。

　　【惹弄】yē leng 招惹；触犯：他性儿很暴，少去～。

yi

【一表人物】（～儿）yǐ biāo yǐn wur 形容人相貌英俊，风度潇洒：就恁家孩子这～儿，还愁找对象？｜元杂剧《望江亭》第一折："夫人，放着你这～，怕没有中意的丈夫嫁一个去？"｜元杂剧《百花亭》第一折："（正末唱）他见人有些娇怯，忙将罗扇遮，（旦做意科，云）那生好～也。我折朵兰花儿咱。"｜元杂剧《倩女离魂》第一折："（梅香云）姐姐，那王秀才生的～，聪明浪子，论姐姐这个模样，正和王秀才是一对儿。"｜《喻世明言》第一卷："（陈商）年方二十四岁，且是生得～，虽胜不得宋玉、潘安，也不在两人之下。"｜《水浒传》第八十一回："官家看了燕青～，先自大喜。"｜《三侠五义》第五十八回："仁宗见白玉堂～，再想起他所作之事，真有人所不能的本领，人所不能的胆量，圣心欢喜非常，就依着包卿的密奏，立刻传旨：'……以为辅弼。'"｜《聊斋俚曲集·富贵神仙》第三回："有娘子这～，嘎女婿找不出来，不强似自家过么？"

【一憋气】yī biē qì 一口气：他～就能爬七楼上去。亦作"一瘪气""一别气"：《聊斋俚曲集·姑妇曲》第二段："安大成舍了那驴，一瘪气跑回来，也没敢做声。"｜《醒世姻缘传》第六十九回："这狄希陈一别气跑了二十七八里路，跑的筋软骨折。"

【一大些】yī dà xiě =〚大些〛dà xiě 很多；许多：你弄这么～瓜来，谁能吃了？｜《聊斋俚曲集·慈悲曲》第四段："张炳之也没吃不下饭去，临了剩～。李氏才说：'张讷子，你来捣些罢！'"｜《聊斋俚曲集·寒森曲》第七回："骂恶虎太淫邪，占妇女～，强把良女霸作妾。"｜《聊斋俚曲集·墙头记》第四回："两个就待动手，旁里～人拉着。"｜《聊斋俚曲集·禳妒咒》第一回："俺那小舅来这里耍，骑着骡子牵着马，驴驮担担～。"｜《聊斋俚曲集·磨难曲》第二十一回："小举人说观榜的那一日，才听的李大家～人进了宅子，我恐怕母亲惊慌，实时就起身来了。"｜《聊斋俚曲集·磨难曲》第二十二回："但只是姓张的～，你又不曾问问名号，怎么必然就是咱爹爹？"

【一肚子猴儿】yì dǔ zi hòur <贬> 形容心计多：你看他长得鬼精蛤蟆眼的，～。

【一顿】yì dùn (dèn) ①一次；一回，用于吃饭、打骂、说话等：咱～儿吃出来，别剩下｜△会打的打～儿，不会打的打一锤儿｜你去噘上这～有什么用？净惹了自己一肚子气｜《世说新语·任诞》："欲乞～食耳。"｜张鷟《朝野金载》第五卷："我欲笞汝～。"｜《儿女英雄传》第三回："被张进宝着实的骂了～。"②马上；很快：就他这个偷懒法儿，～就叫人家撵回来了｜恁这两个大青年～就干完了，快别愁｜《醒世姻缘传》第三十三回："狄希陈使性谤气，～穿上袄裤，系上袜子。"③停顿：说到这里的时候他～，感觉那里不大对｜这个喇叭不大好，声音～～的。

【一件】yì jiàn 一件（需要强调的）事情；一则（需要强调的）要求：你想跟着去干倒是可以，但有～，去了可不能说累｜他动不动就撂挑子，这～真叫人受不了｜元杂剧《秋胡戏妻》第二折："媳妇儿，可则～，虽然秋胡不在家，你是个年小的女娘家，你可梳一梳头，等那货郎儿过来，你买些胭脂粉搽搽脸，你也打扮打扮。"｜元杂剧《王粲登楼》楔子："孩儿，你去则去，只虑～。（正末云）母亲虑的是那～？（卜儿云）虑的是豚犬东行百步忧。"

【一虎口】yǐ hū kou 大拇指与食指伸直后指尖间的距离：兰楚芳《粉蝶儿·思情》套："天生下～凌波袜，堪与那俏子弟寒时暖手，村郎君饱后挑牙。"｜无名氏《阿纳忽》曲："双凤头金钗，～罗鞋。"｜《醒世姻缘传》第九十回："交过四月，打到人腰的麦苗，～长的麦穗。"

【一块】（～儿）yì kuàir ①一团；一段；一节；一部；一首等：～石头｜～电影｜～电线｜～歌儿。②一起；共同：我等着你，咱两个～儿去｜《醒世恒言》第七卷："看看天晓，那风越狂起来，刮得彤云密布，雪花飞舞。众人都起身看着天，做～儿商议。"｜《老残游记》第十九回："吴二浪子那个王八羔子，我们在牢里的时候，他同贾大妮子天天在～儿。"‖《俚语证古》第十四卷："偕同谓之～。"

【一溜崩星】yī liu bèng xǐng（高兴地）快跑的样子：一说买好吃的，他拿着钱～就去了｜《聊斋俚曲集·增补幸云曲》第二十回："大姐便说有法令，军家钱财看的见，赌场里合他显显能，务要赢的他掉了腔。腔沟里夹上称杆，管叫他～！"

【一卤鲜儿】yī lù xiānr 将新鲜海产品用少量的盐短时间腌制的加工工艺或产品：这些鲅鱼都是～的。

【一马平川】yì mā pìng chuǎn 平坦而宽阔的样子：东海滩那个场儿一没山，二没岭，全是～的草地。

【一霎】（～儿）yǐ shār 形容极短的时间：他坐了没～儿就走了｜《聊斋俚曲集·墙头记》第三回："张二说：'不过半里路，～到了。'"又："细想来好蹊跷，怎么术法这样高，忤逆儿～变成孝？"｜《聊斋俚曲集·寒森曲》第三回："那官司大起天，大爷到～完，这势力压倒了新泰县。"｜《聊斋俚曲集·寒森曲》第四回："一伙人雄赳赳的，十里多路～就到，不问好歹一直到灵前，穿上杠子就抬。"｜《聊斋俚曲集·寒森曲》第五回："～走了三十里，后边来了鬼一群，看看来的风头近，二相公回头观看，凶纠纠象是拿人。"｜《聊斋俚曲集·富贵神仙》第八回："十四犹然是婴孩，怎容～没人戒？"｜《聊斋俚曲集·磨难曲》第十八回："两个嗨嗨叫叫，猜枚化拳，～大醉。"｜《聊斋俚曲集·姑妇曲》第一段："这一回出来，安心把人找，昂藏气儿吃了一个饱，连骂又带诮，数瓜又数枣，扎的那横亏，～说不了。"

【一时半霎】yī shì bǎn shā 形容极短的时间：这个事儿～也办不完｜你这个车～还修不好｜杨无咎《眼儿媚》词："柳腰花貌天然好，聪慧更温柔。千娇百媚，～，不离心头。"｜元杂剧《金钱记》第一折："且休说共枕同衾觑当咱，若得来说几句儿多情话，则您那娇脸儿根前～，便死也甘心罢。"｜元杂剧《㑰梅香》第二折："此事成与不成，小生之命，则在～。"｜元杂剧《救孝子》第一折："（王脩然云）兀那婆子，老夫随处迁军，不曾停～。你请老夫下马来，到草堂上，两个小厮，随分拣一个去。"｜元杂剧《倩女离魂》第二折："悄悄冥冥，潇潇洒洒。

我这里踏岸沙，步月华；我觑着这万水千山，都只在～。"｜苏彦文《越调·斗鹌鹑·冬景地冷天》："这天晴不得～，寒凛冽走石飞沙，阴云黯淡闭日华，布四野，满长空，无涯。"｜元无名氏《双调·风入松·翠楼红袖倒》："傍枕衾，临床榻，暂合眼～。又听的疏雨洒窗纱，西风弄檐马。"｜杨立斋《哨遍》套："召将愁字儿眉尖上挂，得一笑处，笑～。"｜李开先《宝剑记》第二十八出："自庙中见了那女子，他生的千娇百媚，虽是～，引惹起我万想千思，害的我一丝两气，三好六恶，朝三暮四，五劳七伤，七颠八倒，十生九死。"｜《金瓶梅词话》第二十六回："到明日～想起来，你教我怎不心疼？"

【一时一霎】yī shì yǐ shā 形容极短的时间：这孩子就恋他妈，～也走不开｜《江天暮雪》戏文："～丧黄泉，便做鬼灵魂，少不得阴司地府也要重相见。"｜《聊斋俚曲集·慈悲曲》第二段："我如今没奈何，～可是难学，可是难学。"

【一遭】（～儿）yì zǎor ①一次：他那儿我去过～｜头年他回来～｜《聊斋俚曲集·寒森曲》第五回："你既自己改了口，暂且放你这～，差人送上阳关道。"②全部：剩下的那些树苗叫他～拿去了。③一起；同时：你要是出车，把这些工具也～捎去。

【一准】（～儿）yǐ zhūnr 一定；肯定：这时候还没来的话，那他～是出去耍去了｜元杂剧《陈州粜米》第三折："两眼梭梭跳，必定晦气到。若有清官来，～屋梁吊。"

【一堆】①yì zuǐ 数量词，用于成堆的物或成群的人：～人｜～土。②（～儿）yì zuǐr 一同；一起：你拿不动我和你～｜《聊斋俚曲集·墙头记》第一回："无鞋袜少衣裳，～吃饭嫌我脏，请陪客断断不敢望。"又："他达合俺达～站，俺达矮了勾一楂，叫他达教人不支架。"｜《聊斋俚曲集·墙头记》第三回："两个打成～张老拉不开，说：'反了反了！'"｜《聊斋俚曲集·翻魇殃》第二回："一个说是倾了家，定要娶你来～过。"｜《聊斋俚曲集·翻魇殃》第四回："仇福耄上圆帽子遮了头，上了赌博场，到了魏名家，李狠贼、秦幌幌子平日～赌的朋友，俱

在那里。"又："好几天不在～了，吃了酒，又吃了饭。"|《聊斋俚曲集·翻魇殃》第十回："谁敢望今辈子还在～，还在～？好蹊跷，这才是个难猜的谜。"又："慧娘说道也不错，俺是兄弟您是哥，若不然怎么叫做～过？"又："仇大姐泪滂沱，又待了半年多，天不叫咱～过！"又："望姐姐看着盖盖，咱还在～快活。"|《聊斋俚曲集·磨难曲》第一回："俺～捶打的，一霎死了两个，发浑的还有。"|《聊斋俚曲集·磨难曲》第二十六回："如今太爷合少爷，在京里在～哩。"|《聊斋俚曲集·磨难曲》第二十七回："今宵吃的个酩酊醉，妻子团圆在～，这时节人间快乐真无对。"|《聊斋俚曲集·磨难曲》第二十八回："拿绳子来，把他手脚背绑在～，从梁上抽将起去，着他肚皮朝地。"|《聊斋俚曲集·慈悲曲》第二段："虽在～，常常用那小心机，只为着一个儿，看做了多少势。"|《聊斋俚曲集·富贵神仙》第六回："把张鸿渐两根腿绑成～。张官人只是恨骂。"|《聊斋俚曲集·富贵神仙》第九回："运不高，运不高，一日远归万里遥，合冤家在～，自己还不知道。"|《聊斋俚曲集·富贵神仙》第十三回："父子在～，场中论论文。"|《醒世姻缘传》第三十三回："到其间，还有个妻侄，也是十一二了，叫他四个在～读书。"|《醒世姻缘传》第四十回："狄婆子说：'你叫我合谁吃？'狄周媳妇说：'合陈哥吃罢。这位师傅合这位大姐～儿吃罢。'"|《醒世姻缘传》第七十二回："孙氏虽然授与了女儿的方略，这夜晚也甚不放心，两个眼跳成一块，浑身的肉颤成～。"|《醒世姻缘传》第八十回："就是他主人家，俺从小儿在～，偏他说句话，我只是中听；见他个影儿，我喜他标致。"

【日头】yì tou 太阳：今日的这个～太晒人了|△阴天的～独瓣子蒜|董解元《西厢记诸宫调》第三卷："窗儿外弄影儿行，恨～儿不到正南时分。"|《元朝秘史》第二卷："泰亦赤兀惕每于斡难河岸上做筵会，～落时散了。"|《水浒传》第二十四回："我倒不曾见～在半天里便把着丧门关了！也须吃别人道我家怎地禁鬼！"|《真本金瓶梅》第二十一回："五娘这回～打西出来，从新又护起他来了！莫不爹不在路上骂他淫妇，小的敢骂他！"|《聊斋俚曲集·墙头记》第二回："叫一声张

大哥，～高还暖和，你这肚里又不饿。"│《聊斋俚曲集·富贵神仙》第十二回："～不高，～不高，果饼丁锤都挎着，披毡衣又带上安军帽。"│《醒世姻缘传》第四十九回："晃梁放倒头鼾鼾的睡到～大高的，姜家送来早饭，方才起来。"│《醒世姻缘传》第四十九回："头年里还看见～是红的，今年连～也看不见了，行动都着人领着。"‖《俚语证古》第一卷："日谓之～。头（古音读豆）为实（古音读只）之双声音转。"

【日头地】yì tou dì 太阳直射的地方；太阳底下：他们待那么个～站着，都要晒糊了│《红楼梦》第三十六回："龄官又叫站住，这会子大毒～下，你赌气子去请了来我也不瞧。"

【以里】yǐ li 在某一数量或范围之内：照着五千块钱～花│元杂剧《两世姻缘》第三折："想我当初与玉箫临别之言，期在三年～相见。"│《聊斋俚曲集·富贵神仙》第十三回："太爷说：'不然，这榜是从后放的，你那文章还在三十名～。'"│《聊斋俚曲集·磨难曲》第二十六回："这榜是从后放，你那文章还在五拾名～；我那文章，不中则已，若中，该在五名～。"

【怡和】yǐ huo 亲切；随和；有亲和力：他哥哥说起话来真～。‖《说文解字》："怡，和也。从心，台声。与之切。"《玉篇》："怡，悦也，乐也。"

【怡怡和和】yǐ yi huǒ huo 和睦、团结的样子：他姊妹儿们都～的，从来没红红脸儿。亦作"义义合合"：《醒世姻缘传》第二十二回："这乡里人家极会欺生，您是知道的。您打伙子义义合合的，他为您势众，还惧怕些儿，您再要窝子里反起来，还够不着外人掏把的哩。"

【依从】yǐ ceng 顺从；听从：你老是这样～孩子，就把他们惯瞎了│《警世通言》第二十四卷："父母明知公子本意牵挂玉堂春，中了举，只得～。"│《西游记》第十四回："太保道：'……长老莫怕，我们下山去看来。'三藏只得～，牵马下山。"

【蚁蚌】yī yang 蚂蚁：筐里的东西都招～了│《聊斋俚曲集·磨难曲》第十回："我想那严公子，待杀个州县官，只像碾杀个～，有何难哉！"‖桂馥《札朴·乡里旧闻》："鲁人呼蚁为马蚁，齐人呼为～。"亦作"蚁羊"：《醒世姻缘传》第五十六回："无千大万的丑老婆队里，突有一个妖娆佳丽的女娘在内，引惹的那人就似蚁羊一般。"

【溢赖】yì lai　使人恶心；让人厌恶：看他那个窝囊样儿真～人。

【溢滥】yì lan　①脏；恶心：他穿的那个脏样儿，真～人。②牵连；产生不良影响：一个坏鸡蛋～得满筐臭味。

【疑心】yǐ xin　①猜疑之心：看他们鬼鬼祟祟的，谁能没有～？｜《东周列国志》第九十七回："范雎曰：'齐王先曾遣使，欲留臣为客卿，臣峻拒之。臣以信义自矢，岂敢有私哉？'须贾～益甚。"｜《警世通言》第二十五卷："施氏知我赤贫来此，倘问这三百金从何而得，反生～。"②怀疑：她老是～她女婿｜《二刻拍案惊奇》第四卷："小可每还～，不敢轻信。"

yin

【人物】（～儿）yǐn wur　人的外貌长相和风度：看他～长得还行，一张口说话就差远了｜《北梦琐言》第五卷："卢（携）虽～甚陋，观其文章有首尾，斯人也，以是卜之，他日必为大用乎！"｜元杂剧《金线池》第二折："高如我三板儿的～也出不得手，强如我十倍儿的声名道着处有。"｜元杂剧《张生煮海》第一折："小生张伯腾，恰才遇着的那个女子，～非凡，因此寻踪觅迹，前来寻他，却不知何处去了。"｜《警世通言》第十九卷："浑家见玉娘～美丽，性格温存，心下欢喜。"｜《醒世姻缘传》第二回："这个小珍哥，～也不十分出众，只是唱得几折好戏文。"｜《醒世姻缘传》第二十五回："紫棠色的面皮，～也还在下等。细了䠂的体段，身材到可居上中。"又："这单豹是单于民的个独子，少年时～生得极是标致，身材不甚长大，白面长须，大有一段仙气。"｜《聊斋俚曲集·姑妇曲》第一段："有你这样～，还愁没主么？"｜《聊斋俚曲集·襁褓咒》第五回："资质聪明～好，做亲要择个好姻缘，后日也省的孩儿怨。"又："～不好不成对，没有根荃也脏囊，两班儿都要配的上。"

又："要不打听打听，若是～好看，合他就做了也罢了。"|《聊斋俚曲集·禳妒咒》第二十八回："～好也须打扮，常言说马在鞍装。"|《聊斋俚曲集·禳妒咒》第二十九回："面如花瓣，貌似雪霜，眼儿光，眉儿长。只你这模样，引杀情郎，哎哟！见了你这～，害杀情郎。"|《聊斋俚曲集·增补幸云曲》第十五回："万岁爷笑嘻嘻，你不该把人欺。～虽丑心里趣，琴棋六艺谁不晓？"|《聊斋俚曲集·磨难曲》第十八回："看年纪不过二十以上，看～是金马玉堂，文字我可不知怎么样。"|《金瓶梅词话》第一回："原来这金莲自嫁武大，见他一味老实．～猥琐，甚是憎嫌，常与他合气。"

【人仰马翻】yìn yǎng mà fǎn 人多喧闹、混乱无序的样子：大人没待家，孩子们弄得家里～的。

【认食儿】yǐn shìr 婴儿或其它初生的动物开始懂得找食物吃：发这个礼拜小狗开始～了。

【引子】yīn zi ①由头；借口：他说这件事儿就是他的个～。②成品的酵母；含有酵母菌的面团：做馒头的时候别忘了留出～来|《聊斋俚曲集·慈悲曲》第三段："赵大姑听说，那气就粗了，说：'耶耶！谁赖您那孩子来么？面盆里加～——你这不发起来了么？我不过因着他姓张，我还疼他点呢。'"

【饮】yǐn 给（牲畜、家禽）水喝水：～驴|～马|～骡子|～鸡|元杂剧《救孝子》第四折："小校，远远的是一眼井儿，就着妇人的水桶，与我～马者。"|《聊斋俚曲集·增补幸云曲》第二十七回："王龙叫丫头：'我买的那马，今日～了么？'丫头道：'还没～哩。'"|《醒世姻缘传》第二十八回："从远处驮两桶水，到值二钱银子；～一个头口，成五六分的要银子。"

【阴沟】yǐn gou 顶部覆土或有盖板的排水沟，泛指各种排水沟：～堵了，拿钢筋投投|《醒世姻缘传》第六十二回："一日，夜间大雨，清早开门，智姐的母亲在大门上，看了人疏通～。"‖徐光启《农政全书》第十七卷："～，行水暗渠也。"

ying

【茔】yìng 坟墓；坟地，通常指家族性墓地：上～｜老～｜那片～是刘家的｜《聊斋俚曲集·墙头记》第四回："今日来～前送送，作一个生死别离。"

【营生】yǐng sheng ①工作；职业；生意：他从来了青岛一直也没找着个正经～干｜元杂剧《陈州粜米》第三折："自家王粉莲的便是。在这南关里狗腿湾儿住。不会别的～买卖，全凭着卖笑求食。" ②活计；事情：做～｜往后这样～少来找我｜要是你手里头没什么～，过来帮个忙｜《红楼梦》第一回："你我不必通行，就此分手，各干～去罢。"｜《真本金瓶梅》第九十七回："那月桂亦发上头上脑说：'人好意叫你，你就大不正，倒做这个～。'"｜《醒世姻缘传》第十六回："这都是跟他来的曲九州、李成名这般人干的～。"｜《醒世姻缘传》第三十八回："咱来时，刘毛还在家里没起身，你合刘毛的魂灵说话来？你背着俺干的不知甚么～！"｜《醒世姻缘传》第五十八回："你哥污的两眼，神头鬼脑的打着两个髻。插着白纸旗，是你干的～，你还敢说哩？"｜元杂剧《杀狗劝夫》楔子："不做～则调嘴，拐骗东西若流水。除了孙大这糟头，再没第二个人家肯做美。"

【应承】yǐng cheng 答应；承诺：当时他～得好好的，怎么说变卦就变卦了｜《聊斋俚曲集·姑妇曲》第二段："大成见他娘气的着极，不敢劝他，满口～。"｜《红楼梦》第六回："那板儿才五六岁的孩子，一无所知，听见带他进城逛去，便喜的无不～。"｜《醒世恒言》第十六卷："他家的老子利害，家中并无一个杂人，止有嫡亲三口，寸步不离。况兼门户谨慎，早闭晏开，如何进得他家？这个老身不敢～。"｜《醒世姻缘传》第四十七回："小的实是穷的慌了，～了他。"｜《醒世姻缘传》第五十一回："过了半日，又有一个卖面的过来，程谟叫住，又与他讲过要赊。那卖面的满口～。"｜《醒世姻缘传》第八十回："我一个欢龙活虎花枝似的个女儿，生生的打杀了，给我几两银子罢，死过去也没脸见我的女儿！没志气的忘八！你就快别要～！"

【硬实】yìng shi ①物体结实：我试了试，架子扎得挺～的。②身体壮实：人家八十来岁了，身体还那么～｜恁这个孩子长得真～。③过硬：他们家的关系很～。

【硬说】yǐng shuō ①不管不顾地说或批评：他也不分场合～一个点儿。②顽固地坚持声称或认为：她～那是她家的东西。

【㧢】yǐng 推：他上来就把孩子～倒了。‖《说文解字》："～，推捣也。"桂馥《札朴·乡言正字·杂言》："推倒曰～倒。"亦作"㧢"：《梦溪笔谈》第九卷："（柳开）应举时，以文章投主司于帘前，凡千轴，载以独轮车，引试日，衣襕，自㧢车以入，欲以此骇众取名。"｜元杂剧《窦娥冤》第三折："则被这枷扭的我左侧右偏，人㧢的我前合后偃。"｜元杂剧《拜月亭》第三折："他便似烈焰飘风，劣心卒性，怎禁那后㧢前推，乱棒胡枷。"｜元杂剧《豫让吞炭》第四折："把我抢了脸向前推，㧢破头往后㧢。｜元杂剧《替杀妻》第四折："替人偿命……省可里后㧢前推，半霎儿午时三刻，弟兄子母别离。"｜元杂剧《蝴蝶梦》第二折："则见他前推后㧢厮揪摔，我与你扳住枷梢高叫屈。"｜元杂剧《魔合罗》第三折："见雄纠纠公人如虎狼，推㧢着个得罪的婆娘。"｜《红楼梦》第二回："说着，不容封肃多言，大家推㧢他去了。"

【嘤】yīng 声音大使人难受：困觉的时候，汽车动静把我～醒了。

【嘤人】yìng yìn 噪音刺耳：那个大动静太～了。

you

【有糙儿】yòu cǎor 错误；不好，一般用于反问或否定句式：他教出来的徒弟还能～？｜听他的就行了，不能～。

【有的是】yōu di shì 很多；有很多：他不买，～买的｜元杂剧《冤家债主》第二折："你哥哥那里～钱，俺帮着你到那里讨去来。"｜《聊斋俚曲集·禳妒咒》第六回："～好主好闺女，何必他呢？"

【有脸有腚】yōu liān yòu dìng 有脸面；好意思，一般用于反问或否定句式：你做的那些好事还～来说？

【由头】 yǒu tou ＝〖由子〗yǒu zi 借口；理由：他待找个～那太简单了｜你得找个合适的～去找他｜元杂剧《儿女团圆》楔子："从来这拙妇每他须巧舌头，他搜寻出这等分家私的～。"｜《喻世明言》第十五卷："王琇得了这一梦，肚里道：'可知符令公教我宽容他，果然好人识好人。'王琇思量半晌，只是未有个～出脱他。"

【油皮】 yǒu pi 皮肤的最外层；表皮：磕破点儿～没有事儿｜《红楼梦》第九回："秦钟的头早撞在金荣的板上，打起一层～。"｜《醒世姻缘传》第九十八回："你可安详些儿，着忙的人，不觉作下揖去，往前一抢，把个鼻子跌了一块～。"

【蚰蜒】 yǒu yan ①百足虫的一种类型，节肢动物，像蜈蚣而略小，体色黄褐：天旱得～都钻上边来了｜元杂剧《鲁斋郎》第一折："也是俺连年里时乖运蹇，可可的与那个恶那吒打个撞见。唬的我似没头鹅，热地上～。"｜元杂剧《玉壶春》第一折："他则管送春情不住相留恋，引的人意悬悬似热地～。"｜《聊斋俚曲集·翻魇殃》第六回："再休言，再休言，耳朵没教～钻。"｜《聊斋俚曲集·襄妒咒》第十三回："小哥哥，小哥哥，自寻～钻耳朵。既不听老人言，还怨的那一个？"②特指一种细小的蚯蚓。‖《俚语证古》第十三卷："蠕行之虫，细长而柔软者，谓之～。"

【肉】 yǒu（yòu）①人或动物体内接近皮的部分柔软的组织：肥～｜蛤蜊～｜△人心都是～长的｜△生就的骨头长就的～｜△包子有～不在褶儿上。②（～儿）果蔬中去除皮和核后可食用的部分：桂圆～。‖沈括《梦溪补笔谈·辨证二》："至今河朔人谓～为揉，谓赎为树。"

【肉胡儿】 yǒu hùr 精肉；瘦肉：你割的这块儿肉真好，净是块儿～｜《聊斋俚曲集·襄妒咒》第二十四回："俺可碹了一块～，转了一个鸡脯儿。"

【肉筋】 yòu jin 带筋腱的肉：烤～。

【肉讷讷】 yǒu nài nai 饱满肥厚的样子：孩子那两个腮～的。‖《说文解字》："讷，厚也。从言，乃声。"

yu

【玉成】yǔ cheng 促成；赞成：这样的事不～也罢｜《醒世恒言》第三卷："银子已曾办下，明日姨娘千万到我家来，～其事。"｜《醒世恒言》第七卷："故此要劳贤弟认了我的名色，同少梅一行，瞒过那高老，～这头亲事。"｜《喻世明言》第十七卷："司理有心要～其事，但惧怕太守严毅，做不得手脚。"｜《赛花铃》第六回："兄若～此事，后日媒礼当再找八十两。倘或不成，今日薄意，也不消挂齿了。"｜《水浒传》第三回："望长老收录，大慈大悲，看赵某薄面，披剃为僧。一应所用，弟子自当准备。万望长老～，幸甚！"｜《醒世姻缘传》第七十四回："狄希陈甚是喜欢，说姑奶奶～了这事，他永世千年也是忘不了的。"

【余外】yǔ wài ①额外；另外：这是～添出来的些活儿｜《醒世姻缘传》第九十九回："郭总兵果然便服方巾，跟了四名随从，连周相公也扮了家人在内，～又跟八个士卒同行。"②多余：事都解决了，再碰见人家不能说～的。

【揄】yǔ 用力使弯曲：把这块儿铁丝两头～上钩儿。

【豫气】yū qi 舒心；妥贴；如意：听他这么一说，我的心就～了。

【豫作】yù zuo =〖熨作〗yù zuo 舒服；平安：恁姥娘这些日子不大～，你去看看吧。‖《尔雅·释诂》："豫，安也。"《孟子·梁惠王下》："吾王不游，吾何以休。吾王不豫，吾何以助，一游一豫，为诸侯度。"《史记·鲁周公世家》："武王有疾，不豫，群臣惧。"

【鬻】yǔ 粥或汤在煮沸时从锅中溢出：快关上火，～锅了。

yuan

【软耳朵】yuān lèr duo 经不住劝说而轻易改变主意的人：他真是个～，人家一说他又不知道怎么办了。

【圆成】yuàn cheng 促成；规劝；调解：家里人都～他做这个事儿｜元杂剧《望江亭》第一折："（姑姑云）侄儿，这里有个女人，乃是谭记儿；大有颜色，逐朝每日在我这观里，与我攀话。等他来时，我～与你做个夫人，意下如何？"｜元杂剧《墙头马上》第二折："不是我敢为非敢作歹，他也有风情有手策；你也会～会分解，我也肯过从肯耽待。"｜《醒世姻缘传》第六回："他那一路上的人恐怕晁大舍使性子，又恐怕旁边人有不帮衬的，打破头屑，做张做智的～着，做了五十两银子，卖了。"｜《醒世姻缘传》第七十七回："你不要管他，你只替我在大舅合妗子面前尽力撺掇，相大叔面前替我～。"｜《醒世姻缘传》第八十一回："不瞒二位爷说，刘振自～着，他得了好几两银子去了。"｜《聊斋俚曲集·磨难曲》第三十三回："张老爷，你也该为这一方的百姓，怎么～着他去呢？"

【篼篼】yuàn dou 用去皮的柳条或藤条编的圆形或椭圆形的带提把的容器，一般用来盛粮食等：两～麦子｜△狗汪汪，驴叫唤，娘家哥哥来叫俺；也不想爹，也不想娘，就想俺娘家那个里间炕；小篓子，挂干粮；小～，盛冰糖，为嫚嫚儿就比作媳妇强。

yue

【约摸】yuē me ①大约：～一百来斤儿｜《醒世恒言》第二卷："～数月，忽然对二弟说道：'吾闻兄弟有析居之义。'"｜《醒世恒言》第十八卷："施复问道：'～有多少？'"②揣测；估量：你～着他回来的时候再做饭也不晚。

【抈】yuē 折断：～弯弯｜大风把树枝～断了｜扬雄《太玄·羡》："车轴折，其衡～。"‖《说文解字》："～，折也。从手，月声，鱼厥切。"王筠《释例》："吾乡谓两手执草木拗而折之曰～。恒言也。"

yun

【匀和】yǔn huo ①均匀：你这些树栽得挺～的。②使均匀：我这些有点儿多，咱再～～。

【匀溜】yǔn liu ①大小、粗细等平均、适中：这些苹果都是些～个儿。②使平均：就剩这么点儿酒了，咱俩～～就喝上了。

【Z】

za

【杂麻】zǎ ma ①质量差：仔细一看，这还真不是些～货。②人品差：他那个人挺～的，你还是待有点数儿。

【杂碎】zǎ sui 品质恶劣、道德败坏的人：那是个～，少和这样人打交道。

【砸】zà ①击捣：好几个人没把这块石头～破。②打：那天他又想熊人，叫人家好一个～。

【砸巴】zǎ ba 打；打碎：他两口子打仗把家里的电视都～了。

zai

【栽排】zǎi pài 安排；支使：老人～的事，他从来干得好好的｜元杂剧《任风子》第三折："每日价园内修持，猜着我师父的意，先交我～下久长活计。"｜元杂剧《窦娥冤》第四折："你本意待暗里～，要逼勒我和谐，倒把你亲爷毒害，怎教咱替你耽罪责？"｜元杂剧《金凤钗》第三折："我将凤头钗亲手自培埋，刨出来怀内忙揣。我想那戳包儿贼汉，～下不义之财。"｜元杂剧《哭存孝》第二折："用机谋仔细～，牧羊子死限催来。"｜元杂剧《渔樵记》第二折："（正末云）由你骂，由你骂，除了我这个穷字儿，（唱）你可便再有甚么将我来～？"｜元杂剧《梧桐雨》第三折："是兀那当时欢会～下，今日凄凉厮辏着，暗地量度。"｜元杂剧《调风月》第一折："见他语言儿～得淹润，怕不待言词硬，性格村，他怎比寻常世人？"｜元杂剧《调风月》第三折："这厮短命，没前程，做得个'轻人还自轻'，横死口里～定。"亦作"栽派"：《真本金瓶梅》第六十七回："你们只要栽派教我说，他要了死了的媳妇子，你每背地都做好人儿，只把我合在缸底下。"｜《醒世姻缘传》第十一回："你致死了我还没偿命，又使银子要栽派杀我的爹合我的哥。"｜《金瓶梅词话》第二十三回："五娘怎么就知我会烧猪头，巴巴的栽派与我替他烧。"

zao

【枣饽饽儿】zāo bè ber 在表面插上许多枣的半圆形馒头，一般在春节等重要节日时蒸制。

【枣榍儿】zào hùr 枣核。亦作"枣胡儿"：《金瓶梅词话》第二十五回："那个没个娘老子，就是石头骆刺儿里迸出来，也有个窝巢儿，枣胡儿生的也有个仁儿。"

【遭】zǎo 次；回：一～两～儿的不值当去计较，多了可不行｜《红楼梦》第二十三回："西廊下五嫂子的儿子芸儿来求了我两三～，要个事情管管。"｜《红楼梦》第二十六回："从那一～把仇都尉的儿子打伤了，我就记了再不恼气，如何又挥拳？"｜《聊斋俚曲集·富贵神仙》第七回："十四岁上进学，考了两～第一，下了两遍大场。"｜《醒世姻缘传》第二十五回："（薛教授与狄员外）真是'一～生，两～熟'，越发成了相知。"｜《醒世姻缘传》第四十二回："这魏氏一～生，两～熟，三～就会，四～也就成了惯家。"

【糟作】zǎo zuo ①损坏；糟蹋：才买的这个玩具，一阵儿就让他～了。②蹂躏；侮辱：把人～得不像样。

zeng

【椋子】zěng zi 雀斑：什么时候他脸上起了这么多黑～？

【豵猪】zěng zhu 公猪。

zha

【扎】zhā ①（锐器）刺；穿：我脊梁上是不～进根刺去？②锐利的：～锨。③zhǎ 使感觉很凉；冰冷袭人：～人｜～手｜～脚｜板凳面太凉了，都～腚｜《老残游记二编》第一回："傥用手摸摸看，上半多冻～手，下半截一点不凉，仿佛有点温温的似的，上古传下来是我们小庙里镇山之宝。"

【扎固】zhā gu ①治（病）：他多年的腿痛就待这家医院～好了。

②修理：他才去～车子来。③整治；折磨：等哪天非～～他。亦作"扎孤"：《奉天通志·礼俗四·方言》："俗谓治病为扎孤病，满语治也。"

【扎狂】zhǎ kuàng 狠毒；狂妄：他这几年变得很～｜他弟兄们几个待当地都很～。

【扎猛儿】zhǎ mēngr 头朝下钻到水里：△鸭子～——炫划腚眼。‖《俚语证古》第三卷："札猛，潜行也。泳也。沈于水底谓之札猛。"

【挓挲】zhǎ sha 亦作"觰沙""奓沙""吒沙""扎煞""诈煞""揸煞"：①（毛发等）竖起；张开：吓得他头发都～起来了｜韩愈《月蚀效玉川子作》诗："赤鸟司南方，尾秃翅觰沙。"｜元杂剧《博望烧屯》第一折："奓沙起黄髭髯，你显出那五霸诸侯气力。"｜陆龟蒙《吴俞儿歌·剑俞》诗："秋照海心同一色，蠡影吒沙干影直。"｜元杂剧《李逵负荆》第二折："鸦嗛肝肺扎煞尾，狗咽骷髅抖搜毛。"｜《醒世姻缘传》第五十一回："不料按院审到珍哥跟前，二目暴睁，双眉直竖，把几根黄须扎煞起来，用惊堂木在案上拍了两下，怪声叫道：'怎么天下有这等尤物！还要留他！'"②（手、胳膊等）伸开的样子：人家都干起活儿来了，他还待边下～着手｜《红楼梦》第六十二回："香菱复转身回来，叫住宝玉，宝玉不知有何话，扎煞着两只泥手，笑嘻嘻的转来。"｜《醒世姻缘传》第八十九回："素姐扎煞两只烂手，挠着个筐大的头，骑着左邻陈实的门大骂。"③束手无策的样子：你看他现在那些猴精神，真碰着事就～手了｜《红楼梦》第四十七回："你知道我一贫如洗，家里是没有积聚的，纵有几个钱来，随手就光的，不如趁空儿留下这一分，省得到了跟前扎煞手。"④张狂；高傲：看有人给他撑腰，他就～得不知道姓什么了｜《聊斋俚曲集·翻魇殃》第七回："二相公气嘻嘻，骂范梈太诈煞，不知让你是为嘎？"｜《聊斋俚曲集·禳妒咒》第九回："贼强人太揸煞，俺今日到您家，难说济你揉搓罢？"

【炸】zhà ①用油烹制：～萝贝丸子｜～鼓眼儿鱼。②爆炸；因急速受冷或受热破裂：那个玻璃杯子叫开水～破了。

【炸纹儿】zhà wenr 器皿上的细裂纹：你仔细看的话，瓶子里边儿还有几根～儿。

【炸营】zhà yìng 本指军队溃散、四处乱逃，引申为由于某种原因引起骚动，打破了平静：家里一听传回来的信儿，一下子都～了。

【痄腮】zhà sai 流行性腮腺炎：他小时候也生～来。

【渣厉】zhǎ lì 毒辣；苛刻：他这么样对他父母真是太～了。

【渣渣儿】zhǎr zhar ①粉末；细屑：馒头～｜饼干～掉得地上到处是｜把那些木头～扫扫。②骄傲；娇气；烧包：你看他如今～得单位要盛不下他了。

【渣子】①zhǎ zi 心坏狠毒的人：他是有名的～。②zhǎ zì 粉末；细屑：玻璃～｜馒头～。

【揸】（～儿）zhār ①手伸开后拇指尖与中指尖之间的长度：苞米儿长得都有一～儿高了｜《聊斋俚曲集·禳妒咒》第一回："口里一口糯米牙，头上一头好头发，脸儿好象芙芙子苗，金莲不够半～大。"②将建筑物的石头、砖等结合缝用建材填充平整：～缝儿。

【蹅】zhǎ 踩；踏：这也太高了，～根板凳才能够着｜△好鞋不～臭屎｜元杂剧《杀狗劝夫》第三折："难得贵人～贱地，到俺家里有甚事干？"｜元杂剧《调风月》第一折："大刚来妇女每常川有些没事咽，止不过人道村，至如那'村'字儿有甚辱家门？更怕我脚～虚地难安稳，心无实事自资隐。"｜《聊斋俚曲集·增补幸云曲》第十五回："那万岁穿的那绑腿靴鞋沉重，那楼板声音又响亮，故意扑咚扑咚的使那脚～。"亦作"楂"：《聊斋俚曲集·快曲》第四联："两个翻身都落马，歃在地下狗哇黄。脚楂脖子枭首级，那鼻眼略动口还张。"

【煠】zhà 焯；用沸水短时间地煮：～蛤蜊｜～虾虎｜～蟹子｜～海虹｜～扇贝｜徐光启《农政全书·卷四十六·荒政·救荒本草一》："萹蓄，亦名萹竹。生东莱山谷……苗叶～熟，水淘净，油盐调食。"｜《清嘉录·十月》："湖蟹乘潮上，簖渔者捕得之……有'九雌十雄'之目，谓九月团脐佳，十月尖脐佳也。汤～而食，故谓之'～蟹'。"

zhai

【桚子】zhǎi zi 木楔子：△满筐木头砍不出个～来。‖1928 年《胶澳志》："墙钉木橛曰桚，音债。"亦作"寨子"：《俚语证古》第八卷："木钉谓之寨子。"

zhan（zhan）

【晣眼】zhǎn yān 本义为眨眼，常用来比喻时间极短：日子真不顶混，孩子～长这么大了｜元杂剧《渔樵记》第二折："投到你做官，直等的日头不红，月明带黑，星宿～，北斗打呵欠！"｜《聊斋俚曲集·禳妒咒》第二十四回："这可才费的心思，眼也不敢去晣。"亦作"斩眼"：《西游记》第四十九回："但见那篮里亮灼灼一尾金鱼还斩眼动鳞。"｜元杂剧《金童玉女》第四折："人世光阴，如同斩眼。"｜《西湖二集》第十卷："那唆都元帅是杀人不斩眼的魔君，若是攻破了城池，便就屠戮城中人民，鸡犬不留。"｜《醒世姻缘传》第七十七回："童奶奶是甚么人呀，斩斩眼知道脚底板动的主儿，已是知道是狄希陈的大娘子，但心里想说：'从来知道素姐是个标致的人，却又怎么瞎着个眼，少着个鼻子？'"｜《醒世姻缘传》第九十三回："这无边恃着财多身壮，又结交了厂卫贵人，财势双全，贪那女色，就是个杀人不斩眼的魔君。"

【占理】zhǎn lǐ（在争论或纠纷中）处于有理的地位；有理：谁～咱就向着谁。

【沾亲带故】（～儿）zhǎn qǐn dǎi gùr 指存在或远或近的亲戚关系：说起来都～儿的，谁也不好意思说得那么丑。

【展扬】zhǎn yang ①荣耀；得意：外甥有出息俺也试着很～。亦作"展样"：《聊斋俚曲集·翻魇殃》第十一回："咱的人家原不大，从新盖了几间房，安上吻兽才展样。"又："反转星星人四个，按上一张镢头床，破矮桌安上也不～。"②炫耀：他又穿着新衣裳上外边～去了。

【搌】zhàn 用多孔吸水的东西吸除液体：桌子上洒水了，快拿抹布来～～。

【黵】zhān 弄脏；污染：才穿上的衣裳一天就弄～了。亦作"沾""展"：《红楼梦》第四十四回："可惜这新衣裳也沾了，这里有你花妹妹的衣裳，何不换了下来，拿些烧酒喷了熨一熨。把头也另梳一梳，洗洗脸。"|《聊斋俚曲集·增补幸云曲》第十三回："万岁接那盅子撒了半盅，把二姐衣服沾了一块。二姐心中不悦，说：'姐夫这么一条汉子，一个盅子也端不住，把人的衣服都沾了！'"|《聊斋俚曲集·姑妇曲》第一段："何大娘看了看，眼里流的都是血水，把裰子都沾了。"|元杂剧《望江亭》第一折："姑姑，你只待送下我高唐十二山，枉展污了你这七星坛。"|元杂剧《西厢记》五本第一折："你逐宵野店上宿，休将包袱做枕头，怕油脂腻展污了恐难酬。"|元杂剧《刘弘嫁婢》第一折："（唱）呀，这厮便写做甚么原展污了的旧衣服。"|元杂剧《衣锦还乡》第三折："（张仪云）则怕展污了你那锦绣衣服。"|元杂剧《调风月》第二折："老阿者使将来伏侍你，展污了咱身起。你养着别个的，看我如奴婢，燕燕那些儿亏负你？"

zhang

【丈母】zhǎng mu =〖丈母娘〗zhǎng mu niàng 对岳母的背称：屋里那个女的就是小张他～|△入了伏，挂了锄，新新女婿看～|△丈母娘看女婿——越看越欢气|《聊斋俚曲集·禳妒咒》第十一回："你～昨夜晚，做了个极好的梦。"|《醒世姻缘传》第二十九回："丈人舅子再三的留他不住，定要起身。进去别他的～，那～又自苦留。"|《醒世姻缘传》第四十五回："你～在屋里摆着饭等着你哩，你往屋里合你媳妇儿吃去。"

【丈人】zhǎng yin 对岳父的背称：正月初三走～家|他那个～也是个本事人儿|元杂剧《李逵负荆》第三折："你也等我一等波，听见到～家去，你好喜欢也。"|《聊斋俚曲集·禳妒咒》第十一回："那不是俺～那老狗头来了？待俺捎下路去罢。"又："等到过日来，再领～的教。"又："～、丈母一边一个按着说：'那有此理！筛着酒哩。'"|

《醒世姻缘传》第二十八回：“严列星心里明白，严列宿那里晓得这个原故，就是神仙也猜不着。请了～丈母来到都猜不着。”｜《醒世姻缘传》第四十回：“既是你～说该做的，你就收拾。等住会，我还见见你～去。”｜《醒世姻缘传》第六十二回：“张茂实的妻家与狄希陈是往来相厚的邻居，没有～，止有丈母。”

　　【长脸】zhǎng liān 有脸面；感到光荣：有这么个出息的妹妹俺也跟着～。

　　【张】zhǎng 跌倒；从高处往下歪倒：老人待院子里～倒了｜《聊斋俚曲集·磨难曲》第二十三回：“有一伙瞎瞎，在路上走路胡迷了，一骨碌～在崖里。”｜《聊斋俚曲集·墙头记》第二回：“使气力撮上墙，松了手往下～，真如死狗一般样。”｜《聊斋俚曲集·翻魇殃》第七回：“大姐说：‘您那有，有也待～的口屋哩。’慧娘说：‘咱修理修理不的么？’”｜《聊斋俚曲集·增补幸云曲》第二十八回：“丫头还没曾说完，那王龙从床上就～将下来了。”｜《聊斋俚曲集·磨难曲》第二十九回：“正赶之间，落坠陷坑一骨碌～下马来，一群偻儸将他绑缚起来。”

　　【胀饱】zhàng bao 吃得过饱或消化不良引起的肚子发胀：别空着肚子吃些萝贝，看～｜《醒世姻缘传》第四回：“只见珍哥的脸紫胀的说道：‘肚子～，又使被子蒙了头，被底下又气息，那砍头的又怪铺腾酒气，差一点儿就鳖杀我了！如今还不曾倒过气来哩！’”｜《醒世姻缘传》第五回：“到了初九日侵早，小珍哥头也不疼，身也不热，肚也不～，下边恶路也都通行，吃饭也不口苦，那标病已都去九分了。”

　　【胀颠】zhàng dian 自鸣得意；骄傲自大：就发他当了个什么主任，再就～得不知道姓什么了。

　　【章程】zhǎng cheng ①规定；共同的约定：咱先待一块儿定下个～儿，别稀里糊涂地干。②＜贬＞自以为是的打算或规定：活儿干得不怎么样，～倒是不少。

　　【障子】zhàng zi 篱笆；栅栏：他把小花院围上～了，省着人家进来摘花。

zhao（zhao）

【找秤儿】zhào chèngr 因购买的东西重量不足，找商家论理或要求补偿：差了一两半两的也不值当得回去～。

【找门子】zhào měn zi 上门评理；到对方家里讨说法：他孩子太爱打仗了，家里天天都有～的｜《聊斋俚曲集·姑妇曲》第一段："老于婆，你实是歪，找上人家门子来。"

【招】zhǎo ①扶：你～着恁爷爷上外边儿转转｜《聊斋俚曲集·寒森曲》第四回："那衙役瞧了瞧，抬的抬～的～，上了肩打了一声号。"｜《聊斋俚曲集·寒森曲》第五回："疾忙赶上，一手拉着员外，一手～住妹子，大哭起来了。"｜《聊斋俚曲集·禳妒咒》第二十一回："果然～着梯子去台上，高季爬过墙，放开门，一群人拥入。"｜《聊斋俚曲集·墙头记》第二回："张老说：'不好不好！放下我来罢'，张大又～下来，心焦说：'好恨人。'"②入赘：～养老女婿。③引来（不好的事物）：～虫子｜～苍蝇｜～蚊子｜～蛆｜～虫眼。

【招取】zhǎo qù 招惹；交往：那些不三不四的人少去～他们｜元杂剧《后庭花》第二折："想起来、想起来杀人可恕，将咱欺侮，并不糊涂，早则～，（云）丑弟子，你将去波？"｜元杂剧《调风月》第二折："并不是婆娘人把你抑勒，～那肯心儿自说来的神前誓。"

zhe

【折蹬】zhē deng ①翻腾；反复做：好东西也都让你～瞎了。②折磨；耍弄：好好的个媳妇叫他男的～的快成神经病了。③挥霍；糟蹋：他两口子的家底儿叫这个混蛋小儿快～净了。‖1928年《胶澳志》："～，耍弄人之谓。"亦作"折登"：《俚语证古》第三卷："蹂躏谓之折登。"

【折寿】zhè shòu 损阳寿：他这么坏也不怕～。

【耗】zhè（特指锅里的饭）黏糊在锅底：火太急了，都～锅底了。‖《集韵》："～，陟格切，音磔。屑米为饮。一曰粘也。"

【谪念】zhě nian 责备；抱怨：自己的事儿怎么好～人家？

【谪怨】zhě yuan 埋怨；抱怨：俺不去当那个好人，也不愿到最后赚些～｜事都这样了，～谁也没有用。

【褶褶儿】zhēr zher ①褶皱：他把才买的衣裳窝得全～。②皱纹：他这两年老得脸上净～。

【墌】zhè ①塌陷：屋基往下一～，墙也跟着裂缝了。②特指用水使松散的土地下沉：这块儿地原先窖白菜来，浇上些水叫它～～。‖《说文解字》："～，下入也。"《集韵》："～，田实也。"

zhei

【择】zhèi（zhěi）①把好的留下，把不好的剔除：～韭菜。②揪打；使极度难堪：那个老婆过来找门子，差一点把他～了｜《聊斋俚曲集·慈悲曲》第三段："若不是众人拉着，打他一顿好枕柄，把他那贼毛～了，从今日去去他那老婆顶！"③阉（家畜）：～牛｜～猪。‖《俚语证古》第十二卷："～猪，豮猪也。豕去势谓之～。"

【择把】zhěi ba ①将不好的东西去除，留下好的：这两把菜很快就～～了。②撇清；辩白：这个事要是追究起来，他们几个都～不干净。③斥责；打骂；使极度难堪：你还不赶紧跑，等他来了非～了你不治的。

【窄巴】zhēi ba 狭窄；空间狭小：三个人住这么间小屋是有点～。

zhen（zhen）

【砧】zhēn 鸡蛋或碗碟等器皿出现裂纹：把～了的个鸡蛋挑出来。

【镇唬】zhèn hu 通过威吓使屈服：孩子长大了，原来那老一套儿～不了他了｜《红楼梦》第二十回："待要赶了他们去，又怕他们得了意，以后越发来劝，若拿出做上的规矩来～，似乎无情太甚。"

【镇凉】zhěn liang 如冰镇一般凉：十冬腊月家里也没生炉子，被窝～。

【真事儿】zhěn shìr ①真实的事情：才跟你讲的都是厂里的～。②真的；真实的：他～来了，不哄弄你。

zheng（zheng）

【中】zhěng ①位置在四周、上下或两端的中间或中心：△～伏萝卜末伏菜｜取～｜～心。②性质或等级在两端之间的：～农｜～等。③里面；在一定范围内：△手～没有米，叫鸡鸡不来｜△不受苦～苦，难为人上人｜△身在福～不知福。④适于；合于：～看｜～听｜～用。⑤行；好；可以：～不～？｜～，就按你说的办｜《聊斋俚曲集·快曲》第四联："好了，不大臭了，可也～了。"｜《儿女英雄传》第十五回："我就回他说：'～与不～，各由天命。不走小道儿！'"⑥结束；完：吃～饭了。

【争竞】zhěng jing 争论；争吵；计较：为这么点儿事儿～起来，不怕叫人笑话？｜△先讲后不～｜《续资治通鉴长编》第二百六十五卷："旧日边上时有小～，只为河东地界，理会来三十余年也，至今未定叠，须至时有～。"｜《懒真子》第二卷："有～经时不能决者，自陈于前，先生逐一为分别之。"｜徐铉《奉和宫傅相公怀旧见寄四十韵》："尽日凝思殊怅望，一章追叙信精研。韶颜莫与年～，世虑须凭道节宣。"｜元稹《酬乐天喜邻郡》："湖翻白浪常看雪，火照红妆不待春。老大那能更～，任君投募醉乡人。"｜张籍《送邵州林使君》："山幽自足探微处，俗朴应无～人。"｜《说岳全传》第六十七回："若见了二哥，便同他到此地来，免我记念。一路须当小心！凡事忍耐，不可与人～。"｜元杂剧《敬德不伏老》第一折："老将军为头，次之是尉迟，除此外谁敢与咱相～？"｜元杂剧《昊天塔》第四折："俺这里便骂了人也谁敢应，俺这里便打了人也无～。"｜元杂剧《黄鹤楼》第四折："若有些个～，半米儿疏失，来来来，我和你做一个头敌。"｜元杂剧《救孝子》第一折："久以后便有些～，到于官府中，你道迁军的王脩然大人见来，这把刀子，久己后我与你做个大证见哩。"｜《三国演义》第二回："何后亦怒曰：'以好言相劝，何反怒耶？'董后曰：'汝家屠沽小辈，有何见识！'两宫互相～，张让等各劝归宫。"｜《三国演义》第六十八回："权曰：'带多少军去？'统曰：'三千人足矣。'甘宁曰：'只须百骑，便可破敌，何必三千！'

凌统大怒。两个就在孙权面前～起来。”|《三国演义》第八十一回：“朕自涿郡与卿等之父结异姓之交，亲如骨肉；今汝二人亦是昆仲之分，正当同心协力，共报父仇；奈何自相～，失其大义！”|《醒世恒言》第二卷：“度吾弟素敦爱敬，绝不～。”|《醒世恒言》第十四卷：“今日曹门里周大郎女儿死了，夫妻两个～道：‘女孩儿是爷气死了。’”|《西游记》第二回：“原来那猴王，已打破盘中之谜，暗暗在心，所以不与众人～，只是忍耐无言。”|《西游记》第二十六回：“你这先生好小家子样！若要树活，有甚疑难！早说这话，可不省了一场～？”|《醒世姻缘传》第八十八回：“许他一年给他一两二钱工食，吕祥也不敢～。”|《醒世姻缘传》第九十二回：“你们尽数取将出来，从公配成四分，或是议定，或是拈阄，岂不免了～？”|《醒世姻缘传》第九十四回：“薛三省媳妇再三的打把栏，说道：‘人有贵贱，疼儿的心都是一般……我宁只是死，叫他去不成！’合龙氏一反一正的～。”|《红楼梦》第十三回：“合同族中长幼，大家定了则例，日后按房掌管这一年的地亩，钱粮，祭祀，供给之事。如此周流，又无～，亦不有典卖诸弊。”|《聊斋俚曲集·禳妒咒》第二十六回：“我也爱打哈哈，这骨牌～多，不敢再做从前错。”又：“公子说：‘咱都一柱一个钱罢，看瓜子有～。’”|《聊斋俚曲集·磨难曲》第三十五回：“别后思量，他既降顺，大家俱是一途，何必～？”

【铮青】 zhěng qǐng 青绿色的程度很深：那些柿子还～不好吃。

【铮清】 zhěng qǐng（水等液体）非常清澈：靛缸湾的水～。

【正头香主】 zhěng tòu xiǎng zhū 主事的人：你把那个～叫过来，恁来了没用|《金瓶梅词话》第七回：“张四，你休胡言乱语！我虽不能不才，是杨家～。”|《醒世姻缘传》第七十二回：“这魏大哥是～，指望着娶过媳妇去侍奉婆婆，生儿种女，当家理纪，不知那等的指望。”

【正屋】 zhèng wu 堂屋：椅子就待～里放着，去搬把过来坐坐。

【证见】 zhěng jiàn ①证人：你给我当个～|元杂剧《杀狗劝夫》第四折：“我到窑中唤的孙二来，教他背将出去，埋在汴河堤上。怕相公不信，现放着王婆是个～。”|元杂剧《拜月亭》第三折：“我昼忘饮馔

夜无眠，则兀那瑞莲便是～；怕你不信后，没人处问一遍。"｜元杂剧《陈州粜米》第一折："（小憨古云）父亲要告他，指谁做～？（正末唱）只指着紫金锤专为照证。（小憨古云）父亲，～便有了，却往那里告他去？"｜明杂剧《十五贯》第十八出："私约汉子同走，有何～？"｜《真本金瓶梅》第二十一回："李大姐做～，你敢和我拍手么？"｜《聊斋俚曲集·磨难曲》第四回："众人说：'大宗师不信，那～叫来问他。军门说～都是你一路人，问他怎的！'……真合假，可以不用～证。"｜《聊斋俚曲集·磨难曲》第十八回："挺挺的绑一夜，店主人是～。"｜《聊斋俚曲集·寒森曲》第三回："想是因你没天理，被那神灵打一鞭，如何却把商臣怨？老父师亲眼看着，这不用再叫～。"｜《醒世姻缘传》第十回："晁监生被计都父子纠领了族人，打得伤重，至今不曾起床，且是那告的妇女多有诡名，～禹承先又往院里上班去了，所以耽搁了投文。"｜《醒世姻缘传》第十三回："小的告做～的海会是个连毛的道姑，郭姑子是尼姑，常在妹子家走动。"｜《醒世姻缘传》第二十七回："你看这小厮，倒好叫你做～！他养活咱甚么来？你爹教那学，使得那口角子上焦黄的屎沫子，他顾赡咱一点儿来！"｜《醒世姻缘传》第八十回："我脱不过是个～，料的没有大罪；我也有房屋地土，浑深走不了我……这皮缠了半日，各人也肚子饿了，我待让到家去，没有这理，谁家倒吃起～的来了。"｜《醒世姻缘传》第八十九回："讼师道：'这事别当顽耍，有实据才好。这要问出谎来，你不消说是诬告加三等，还要拿写状子的打哩！且问～是谁？'"②证据；证明：没有～不能乱说｜《喻世明言》第一卷："兴哥大怒，把书扯得粉碎，撇在河中；提起玉簪在船板上一掼，折做两段，一念想起道：'我好糊涂！何不留此做个～也好。'"｜《醒世恒言》第十六卷："母亲，这银子和鞋儿，留在这里。万一后日他们从别处弄出事来，连累你时，把他做个～。"｜元杂剧《魔合罗》第一折："你父亲来家呵，见了这魔合罗，我寄信不寄信，久后做个大～哩。"｜元杂剧《后庭花》第二折："小人并然不敢，若有～，小人便当罪。"｜元杂剧《救孝子》第一折："久以后便有些争竞，到于官府中，你道迁军的王脩然大人见来，这把刀子，久己后我与你做个大～哩。"又："且莫说尸首毁坏，难以检覆，现有衣服、刀子，就是～了也。"｜《水浒传》第二十六回："这骨殖酥黑，系是毒药身死的～。"｜《醒世姻缘传》第八回："我也顾不得的甚么体面不体面，同着列位高邻，同过往的乡里说个明白，我死了，好替俺那个穷老子穷哥做做～。"｜《醒世姻缘传》第四十六回："姜副使说：'有什么凭据哩？'他说：'徐老娘见在，与我的三两银子也原封没动，这都不是～么？'"｜《聊斋俚曲集·增补幸云曲》第二十回："不如问他要张文约，那怕他告御状上本章，咱放着～。"

zhi（zhi）

【止】zhī ①使停止或结束：先去把工给他们～了。②在庄重的场合或仪式上，代替停、熄等词语的吉利说法：～壶儿（结束喝酒）｜～蜡（熄灭蜡烛）。

【止壶】（～儿）zhì hùr（在庄重的场合或仪式上）结束喝酒：你年龄最大，你看什么时候～儿？

【止蜡】zhì lǎ 把蜡烛熄灭的吉利说法：你把蜡去止了吧。

【至契】zhǐ qǐ 非常知己；意气极相投合：他们两个～相好｜元杂剧《东堂老》第四折："铜斗儿家缘家计，恋花柳尽行消费；我劝你全然不采，则信他两个～。"｜《喻世明言》第三十卷："自入空门，心无挂碍，酒吞江海，诗泣鬼神。惟思玩水寻山，不厌粗衣藜食。交～之李源，游瞿塘之三峡。"｜《三国演义》第四十八回："昔日乔公与吾～，吾知其二女皆有国色。后不料为孙策、周瑜所娶。"｜《儿女英雄传》第二十三回："并非舍间的事，却是位～好友。"｜《醒世姻缘传》第八十五回："权奶奶也都回席，彼此来往。内里先自成了通家，外边何愁不成～？"｜《醒世姻缘传》第九十八回："知陆秀才是有主意的人，又是同窗中的～之友，特地与他商量。"

【志秤】zhǐ chèng 用衡器查验物品的重量：随便你上哪儿～，保证够秤儿了。

【志验】zhì yan 检验；验证：不信等你～～他，看看是不是这么个事儿。

【志志】zhǐ zhi 试探；检验：称够了份量，俺待去～秤儿｜《聊斋俚曲集·俊夜叉·穷汉词》："你也试试俺的心肠，～俺的性情，看俺望着你珍重不珍重，希罕不希罕？"

【支棱】zhǐ leng 竖起；翘起：人家说，他光～着耳朵听｜一听见吃他就～起眼来了。

【支生】zhǐ sheng ①（植物或蔬菜等）水灵：台子上的那些菜都晒得不～了。②变得兴奋、有精神：听说待出去耍，他立马～起来了。

【支生生儿】zhǐ shèng shengr ①（植物或蔬菜等）水分充足、水灵的样子：这些菜真顶干，到现在还～的。②兴奋、有精神的样子：他两个眼还～的，一点儿不困。

【支使】zhǐ shi ①差遣使唤：他爸爸也～不动他｜《红楼梦》第二十一回："横竖有人伏侍你，再别来～我，我仍旧还伏侍老太太去。"｜《聊斋俚曲集·墙头记》第一回："那一时还～着个小厮，白日给我做饭，黑夜给我看火，也还罢了。"②供差遣使唤；服侍：他这么大年纪了身边也没有个人～｜《聊斋俚曲集·翻魇殃》第三回："咱分开了，你去做你的丢罢，我外头叫个客家媳妇子来，给我～。"

【芝麻盐】zhǐ mà yàn 将炒熟的芝麻研碎，与盐拌成的调料：要是撒上点儿～，这道菜更好吃｜《醒世姻缘传》第二十一回："也有送盒面的，也有送盒～的，也有送十来个鸡子的，也有送一个猪肚两个猪肘的。晁夫人都一一的收了。"

【脂油】zhǐ yòu ①泛指动物的油脂：盆上粘的～太多了，一点儿也不好刷｜元无名氏《醉太平·讥贪小利者》："鹌鹑嗉里寻豌豆，鹭鸶腿上劈精肉。蚊子腹内刳～，亏老先生下手。"②特指猪大油：他不吃肉，锅上沾了～没刷净都不行。

【直肠子】zhǐ chang zi 耿直、直率的人：他那个人是个～，说话不中听。

【直橛橛】 zhǐ juè jue 挺直的样子：人家都待那忙活，就他还～地站那里不动弹｜《儿女英雄传》第二十六回："这个样儿的冷天，～的跪在风地里，举着箍香，一面烧香，一面磕头，一直等手里的香尽了才站起来。"‖亦作"直蹶蹶"：1928年《胶澳志》："直蹶蹶的，形容其直或言其粗鲁。"

【直愣怔】 zhǐ lèng zhěng ①发愣；一时反应不过来：他这一问，把我问了一个～。②突然；毫无征兆：正说着别的事儿，他～地问你的小名叫什么。

【直溜】 zhǐ liu 笔直：他画的这根线不大～｜△天河俩叉吃地瓜，天河弯弯吃干饭，天河～吃饸饹。

【直眼】 zhì yān ①因入迷而两眼直瞪瞪看着的样子：他看着个俊嫚儿就看～了。②目瞪口呆的样子：人家把证据往那儿一亮，他真～了。

【值当】 zhǐ dang =〖值过〗zhǐ guo 值得，一般用于疑问或否定句式：就为这么点小事儿找人家，还～张口儿的？｜为这样的人生气不～的｜孔尚任《桃花扇》第二十四回："杨老爷知道的，奴家冤苦，也～不得一诉。"｜《二十年目睹之怪现状》第四十四回："说来也不～，拿了收支的薪水，办的总办的事，你说冤不冤呢？"｜《聊斋俚曲集·富贵神仙》第七回："那里～的方仲起，我就合你缠一缠；缠一缠，济着揎，打到你明年明年又明年！"亦作"直当"：《醒世姻缘传》第三十四回："那汉又自己在荸荠里拿了又够十来两的两块，说：'这直当的买二亩地种，你给我的那点子，当的什么事？'"

【治】 zhǐ（zhì）①管理：△一问三不知，神仙没法～｜△锅漏豆面泥，屋漏顶着席，家漏～不得｜△人要脸，树要皮，没脸蛋子没法～。②诊疗；医治：△偏方～大病。③惩罚；刁难：～作｜～气｜那个婆婆就能～媳妇｜《聊斋俚曲集·翻魇殃》第五回："魏名回家，好不烦恼！寻思着说：'我待～人来，倒着人～了这么一下子。'"④与"不了"连用，放在形容词或某些词组后面，相当于"不得了"：厂里有这么好的福利，工人都恣得～不了。

【治不了】zhì bu liǎo ①用在形容词或某些词组后面，相当于"不得了"：精得～｜饿得～｜好得～｜高兴得～｜你快来尝尝，这些樱桃好吃得～。②管不住；没办法：他这么个大能人，就是自己的孩子真是～。

【治气】zhǐ qì 斗气：他们两个不解决事儿，光～去了。

【致情】zhǐ qìng 领情；感恩：你出的这些力，人家不是不～。

zhou

【周流】zhǒu liu ①整齐；有序；熨帖：盖的蓬布不～，一来风就刮跑了｜《红楼梦》第十三回："如此～，又无争竞，亦不有典卖诸弊。"②整理；使平整、整齐：你这个衣裳是怎么穿的，快～～。③教训；惩治：人家领来了一个大汉们把他好一个～。

【周正】zhǒu zhèng ①整齐；端正：他长得真～｜《红楼梦》第八十四回："只要深知那姑娘的脾性儿好，模样儿～的就好。"②使整齐、端正：看你那个衣裳后边乱的，快～～｜贾思勰《齐民要术·饼法》："（干剂）入脂浮出，即急翻，以杖～之。"

zhu（zhu）

【竹劚子】zhù pǐ zi 竹子劈成的薄片。‖《集韵》："劚，刀析也，攀糜切。"

【助忙】（～儿）zhù màngr 本义指帮忙，引申义指帮倒忙、添乱：我忙得一点儿空儿也没有，你就别来～儿了｜《醒世姻缘传》第五回："你两个穿着这红衣裳，一定是与我磕头。你搢空磕了头罢，好脱了衣裳～。"｜《醒世姻缘传》第十六回："从头一一数算，各匠俱到，只有那学匠不曾来～。"｜《醒世姻缘传》第八十一回："吕祥主作，调羹～，所以做的甚是快当。"

【毄】zhū ①用拳头打；用手触碰：我使手～了他好几下，他也没试着。‖《集韵》："～，击也。"②快速地递、塞：他把包儿一把～给我，翻皮打脸地走了。

【主】zhū ①接待别人的人（与"客"相对）：△客随～便｜△客不走～不安｜△客吃一～吃三。②权力或财物的所有者：户～｜财～｜地～｜△正头香～。③购买或接收的人：卖～｜△一回生，二回熟，三回四回老～户。④对象；配偶：《聊斋俚曲集·姑妇曲》第一段："有你这样人物，还愁没～么？"｜《聊斋俚曲集·禳妒咒》第六回："好呆好杪，好呆好杪，多少好～都辞了。"又："好杪孩子！有的是好～好闺女，何必他呢？"⑤主宰；控制；支配：△七口当家八口～事｜他～不了老婆的事｜元杂剧《鲁斋郎》楔子："这人也姓李，我也姓李，我有心待认他做个兄弟。孔目，意下如何？（正末云）大嫂，你～了便罢。"⑥冥冥当中的影响或决定：多做好事～着孩子也好｜～贵｜～贱｜～财。

【拄棒】zhū bang 拐棍；拐杖：劈了根树枝当～｜《聊斋俚曲集·慈悲曲》第一段："你看那有刺的，就叫做'后娘～'，有钩的就叫做'后娘匙子'。"

【拄墙】（～儿）zhǔ cangr 依靠；主心骨：看你来了，他就有～儿了｜《醒世姻缘传》第九十六回："今他在旁里当着那两个老私窠子，雄纠纠的逼着问我要，若是你在跟前，我还有些～，壮壮胆儿。"

【珠眼儿】zhū yanr 特指长在下眼皮上的麦粒肿或霰粒肿。

zhua

【抓】zhuā（zhuǎ）①用手抓握；拿取：～瓦儿｜～牌。②捉捕：～贼｜～雀儿。③一只手能抓取或捏取的量：不用拿多，一小～儿就够了。④买（禽畜）：～个羊｜～小鸡儿｜△～起了猪，打起了圈，将起了媳妇管起了饭。⑤（为贩卖而）购入：这两天都没～着货。

【抓货】zhuà huò ①（为贩卖而）进货、上货：早上三四点钟儿他就起来～去了。②<贬>抓人：他再敢来找事就～。

【抓家】zhuà jiǎ 为了家庭用心出力：他这个媳妇真能～。

【抓理】zhuǎ lī 说出支持自己主张的关键道理：说话要是不～，说多少也没用。

【抓瓦儿】zhuǎ　wār 抓阄；为了赌胜负或决定事情而各自抓取做好记号的纸团等：还是一块儿～好，谁也不能有意见。

【挝】zhuā（zhuà）①用镢头一类的工具刨、翻：～地瓜｜△砍一锛，～一斧｜△木匠～锛——有尺寸。②撅起：～～着腚。

【挝地】zhuà　dì 刨地；浅表性刨地：老远就看着他待那～。‖《俚语证古》第二卷："～，阙地也。掘地也。穿土谓之～。"

【挝钩儿】zhuǎ　gour 泛指二齿钩、三齿钩等用具。

【挝挝】① zhuā　zhua（屁股）翘起的样子：他走起来那个腚老是～着。② zhuǎ　zhua 拟声词，尖锐的叫声；大声叫嚷：你出去看看那是谁待那～？｜《醒世姻缘传》第七十回："今日太太喜庆的日子，我且不合这狗攮的说话；这半夜三更，打的叫～的也不好听。"

【挝挝腚】zhuā　zhua　dìng 翘臀：他那个～穿裤子挺好看。

zhuai

【跩】zhuāi ①走路像鸭子般摇摆：发她儿当了官，她走路都～起来了。②说话爱用书面语或十分做作的腔调：上了几天学就开始～，就怕人家不知道他那个大学问。

zhuan

【转筋】zhuàn　jǐn 手脚腿等部位抽筋痉挛：干了一天的活儿回来，使得他腿都～儿了｜《韩非子·外储说左上》："叔向御坐平公请事，公腓痛足痹～而不敢坏坐。"｜元杂剧《降桑椹》第二折："你还说嘴哩！你平常派赖，冬寒天道，着我在这里久等，险些儿冻的我腿～。"｜《聊斋俚曲集·禳妒咒》第二十回："娘子差我请主人，就从门外反回身，只怕说个主人请，听这一声转了筋，人哪哎哟转了筋！"

【转磨儿】zhuàn　měr =〖转磨磨〗（～儿）zhuàn　mě　mer 转圈；转来转去：急得恁爸爸溜地～｜《聊斋俚曲集·慈悲曲》第六段："张炳之这一时里，八十的老头转磨磨，几乎晕煞了！"｜《聊斋俚曲集·富贵神仙》第十三回："你说这一喜，若是不会善的，可不就是八十的老翁转磨磨——就晕杀了？"｜《醒世姻缘传》第八十三回："我见人上轿，都是脸朝外，倒退着进去。我没见有回头朝里钻进去，转磨磨的。"

【转腿肚子】zhuàn tēi dù zi ①腿肚肌肉痉挛：他爬山回来累得都～了｜《聊斋俚曲集·墙头记》第三回："半夜转了腿肚子，脚头冰凉舒不开，土炕上铺着席一块。"②比喻害怕或畏缩的样子：经了这一把儿，他再一听见打仗就～了。③比喻身体酥软，失去辨别力：那个女的几句好话就把他说得～了。

【转跶】zhuàn xian 转圈；转悠；遛达：早上起来我顺着海边儿～了两圈儿｜没事儿出去～～，别老是憋家里。

【转悠客】zhuàn you kēi 向日葵：顺着地边儿种了一圈儿～。

【转转儿】zhuànr zhuanr ①旋转；在一个范围内重复走动：急得他溜地打～。②头发旋儿：△一个～好，两个～坏，三个～去要饭儿。

【赚】zhuàn ①买卖盈利：～钱。②占便宜：真叫你～了。③赢得；获得：他光～了个好名声，也没得着什么。④落得；得到（某种不好的结果）：～了个没脸｜△黑瞎子拉油碾——出力～熊蛋｜他干赔上一顿酒席，还～了个生古｜元杂剧《西厢记》二本楔子："若是杜将军不把干戈退，张解元干将风月担，我将不志诚的言词～。"

【赚好儿】zhuǎn hāor 得到对方的肯定或感激：帮他那么些忙儿也没从他那里赚出好儿来。

zhuang

【装土鳖】zhuǎng tū bie 装弱认怂；躲避应有的责任：他们听说待出钱，都装起土鳖来了。

【装熊儿】zhuǎng xìngr 装样儿；佯装：你快别～了，都知道怎么回事。

【熿】zhuàng（炊蒸用具）一笼。属于老派的说法，现已很少使用：上下～。‖1928 年《胶澳志》："饸一笼曰一～，音壮。"

zhun

【准把儿】zhūn bār 一定；必然：你亲自去说，～能说动了他。

【准成】zhūn cheng 准确：这事儿还是挺～的，那咱就去趟看看。

【准当】zhūn dang 准确：他打得倒是真～，一下就打中了。

【准头儿】zhūn tour 把握性；精确度：按他的说法儿，这个事还有个～。

【准信儿】zhūn xìnr 准确的消息：这事不急，等那面有了～再说。
△

zhuo（zhuo）

【桌围子】zhuò wěi zi 悬挂在桌子前面用来遮挡的布。

【着】zhuǒ ①感受；受到：～急｜～忙。②接触；挨上：△上不够天，下不～地。③传染；侵袭：他的感冒才待好，又给媳妇～上了｜陆游《岁暮遣兴》："病～愁侵并不支，孤村况遇岁残时。"｜《红楼梦》第五十二回："晴雯方才又闪了风，～了气，反觉更不好了。"④燃烧；灯发光：点不～火。⑤zhuō 容纳：把你胀颠得青岛都～不下你！｜陆游《醉歌》："乾坤大如许，无处～此翁。"

【拙口呆腮】zhuō kōu dài sǎi 口舌笨拙、不善言辞的样子：俺～的哪有你会说。‖参"拙口钝腮"：元杂剧《降桑椹》第一折："古者有随何、蒯通、苏秦，虽为舌辩之士，若是见了哥，也拱手回容，他岂敢开口。量你兄弟拙口钝腮，真乃蛆皮而已。"｜《西游记》第八十八回："我等愚卤，拙口钝腮，不会说话。"

【拙老婆】zhuō lào pe 粗笨的女人；不善家务的女人：△～引长线｜你跟这么个～学绣花，几时能出徒？

【酌量】zhuǒ liang 斟酌；慎重考虑：这不是一个钱的事，还是仔细～着好｜自己的事还是待你自己～着定，谁也替不了你｜《醒世姻缘传》第九十回："晁夫人都有好话相慰，又将箱柜里的衣服首饰～着都分散与人留做思念。"

zi

【子果儿】zī guor 物质的精华：熬上两个钟头把～都熬出来了。

【子曰】zì yuě ①本指孔子说的话，引申为道理、准则：我问他为什么要这么做，他也说不上个～来。②事情的来龙去脉：到底这是怎么回儿事儿，那一大帮人都也说不上个～来。

【仔敢】zì gān 只要敢；若是敢：你～去就别想回来｜《醒世姻缘传》第三十三回："好小厮！你～哭，我就一顿结果了你！"｜《醒世姻缘传》第四十五回："素姐说：'你～开！放他进来了，我合你算帐！'"

【自觉不臭】zǐ juē bù chòu 自我感觉良好；没有自知之明：△猪八戒啃蹄爪——自脚（觉）不臭。

【自睛】zì qing 放心地做某事；尽管：你想什么时候来～来。

【自来】zì lǎi ①从来；历来；一向：他～就没把这些规矩当回事｜苏轼《殢人娇》词："问君终日，怎安排心眼。须信道，司空～见惯。"｜《元典章·圣政一》："～户籍乃有司当知之事，其勿疑惧。"｜元杂剧《西厢记》二本第三折："佳人～多命薄，秀才每从来懦。闷杀没头鹅，撇下陪钱货，下场头那答儿发付我？"｜元杂剧《西游记》第三出："唐僧云：'……那金山寺是大刹，万众可容。'夫人云：'～说金山寺是个大刹所在。'"｜元杂剧《九世同居》第一折："（正末云）老夫～仗义疏财，为乡里钦敬，尊称曰长者相呼。"｜《三国演义》第十一回："操指吕布而言曰："吾与汝～无仇，何得夺吾州郡？"｜《水浒传》第二十八回："他自是孟州人，～素不相识，如何这般觑我？"｜《醒世恒言》第三十卷："咱～没有姓名，亦不要人酬报。顷咱从床下而来，日后设有相逢，竟以'床下义士'相呼便了。"②本来；天生：～蜷儿｜～旧｜～熟｜△镶金牙，～笑；穿皮鞋，走石条｜柳永《小镇西》："意中有个人，芳颜二八。天然俏、～奸黠。"｜南戏《琵琶记》二十八出："我待画你个庞儿带厚，你可又饥荒消瘦。我待画你个庞儿展舒，你～长恁皱。"｜元杂剧《西厢记》一本第二折："～西洛是吾乡，宦游在四方，寄居咸阳。"

【自来旧儿】zì lǎi jiùr 指新物品的颜色显得陈旧。

【自来鬈儿】zì lǎi quànr ①天生的卷发：那个人长着个～。②天生卷发的人：他是个～。

【自来熟儿】zì lǎi shùr 与陌生人交往如同熟人一样。

【自来笑】zì lǎi xiào 脸上总是挂着笑：△镶金牙，～，戴手表，挽三道。

【姊妹】（～儿）zī meir ①姐妹；姐姐或妹妹：她～儿几个长得都挺好看的｜《儿女英雄传》第十三回："不但像是个同胞～，并且像是双生～。"｜戴叔伦《女耕田行》："～相携心正苦，不见路人唯见土。"②同辈份或年龄相仿的女子：干～儿｜张先《贺圣朝》词："谢家～，诗名空杳，何曾机巧。"③兄弟姐妹：他～两个，他还有个妹妹｜元杂剧《谢金吾》第三折："今皇帝是俺嫡堂叔侄，先皇帝是俺同胞的那～。"｜冯梦龙《挂枝儿·卷五·隙部·赎罪（之一）》："俏冤家进门来，把闲言斗，说得我低着头，满面娇羞，千不是，万不是，我的年纪幼。若有～情，把前言一笔勾。"

【紫铘子】zì zhǎi zi 因受外伤在皮肤表层形成的淤血凝块：他手上叫石头挤了个～。

【滓泥】zǐ mì 淤泥；污泥：他两个脚铲待～里拔不出来了。

【滓血】zǐ xiē 淤血：他指甲盖儿下面儿那块～到现在还没消。

【恣】zì ①高兴；满足：老头儿老嬷嬷一听，～得合不煞口儿了。②＜贬＞想得美：看把你～得，还想叫人家请吃饭｜～得你不善。

【恣艮艮】zǐ gèn gěn =〖恣悠悠〗zǐ yòu yǒu 舒服、舒心的样子：他待沙发上～地歇着。

zou

【做营生】zǒu yǐng sheng ①做活计；劳动：他发小就能帮着家里～。②做生意；从事某一职业：做什么营生能挣这么多钱？｜元杂剧《合汗衫》第四折："（张孝友云）你平日间做甚么营生买卖？"又："（赵兴孙云）员外，你如今怎地做个营生，养赡你那两口儿来？"

zuan

【钻天拱地】zuàn tiǎn gèng dì 想尽各种办法的样子：自己提前不着急准备，事到临头～也没有用。

【钻心挖骨】zuǎn xǐn wǎ gū 极度疼痛的样子：他那个痛风的毛病一犯了就～的，很要命。

zui

【嘴巴子】zuì bǎ zi ①嘴；嘴部：他就愿意吃猪头靠～的肉｜《聊斋俚曲集·墙头记》第一回："热了烫人～，薄了照出行乐图，老来相处你这椿物。"②耳光：他没想到打了人家个～，就惹下这么大的事来。

【醉三麻四】zuǐ sǎn mà sì 醉后失态的样子：再少哈酒，看你夜来晚上哈得～的那个样儿。

zuo

【左巴来子】zuò bǎ lāi zi 左撇子：他们家遗传，大部分孩子是～。

【作】zuō ①不顾道德与法律的约束，随心所欲地做；惹祸：他是地下的业不～光～天上的｜《聊斋俚曲集·磨难曲》第六回："老马得胜越发～，比从前加倍更酷贪，秀才越发没体面。"②指手工行业的类别，也指手工作坊：领～的｜《都城纪胜·诸行》："不以其物小大，但合充用者皆置为'行'……其它工伎之人，或名为'～'，如篦刀～、腰带～、金银镀～、钗～是也。"｜《梦粱录》第十三卷："最是官巷花～，所聚奇异飞鸾走凤、七宝珠翠、首饰花朵……极其工巧。"又："不以物之大小，皆置为'团行'……其它工役之人，或名为'作分'者，如碾玉～、钻卷～……裁缝～、修香浇烛～、打纸～、冥器等作分。"③按照某一数额计算（工费、价格等）：去了你请的假，这个月的工资就～二十天｜《醒世姻缘传》第六十七回："要不将银子去，员外～我的工食哩！"｜《醒世姻缘传》第七十九回："此牛是阜城一个富户家大牸牛生的，因他一应庄农之事俱不肯做，又会牁人，～了六两八钱银卖他到汤锅上去。"亦作"儎"：《醒世姻缘传》第六回："他那一路上的人恐怕晃大舍使性子，又恐怕旁边人有不帮衬的，打破头屑，做张做智的圆成着，做了五十两银子，卖了。"｜《聊斋俚曲集·蓬莱宴》第四回："书铺里做了一千二百钱卖了，还有些人托他物色。"

【作蹬】zuǒ deng ①闯祸；做坏事：他年轻的时候～得不善｜《聊斋俚曲集·俊夜叉》："怂强人，嘴畜生！割了肉来胡触送，终朝每日瞎～，弄的天那大窟窿。"②挥霍；糟蹋：父母给他做买卖的钱也都叫他～上了。③作贱；折磨：你个大人～个小孩子干什么？｜《醒世姻缘传》第六十八回："你待拗别的过他哩？你就强留下他，他也～的叫你不肯安生。"亦作"作登"：《聊斋俚曲集·磨难曲》第十八回："解子说；'张相公，你一回一回作登，弄把的都是俺。'"

【作索】zuō suo ①耍弄；捉弄；折磨：他哪是来帮忙的，简直是来～人的｜《聊斋俚曲集·增补幸云曲》第十五回："万岁自思：'好奴才！果然嫌我嘴。我找法～他～。'"｜《醒世姻缘传》第四十三回："那起初进来，身上也还干净，模样也还看的；如今～象鬼似的，他还理你哩！"亦作"作梭""作琐"：《聊斋俚曲集·姑妇曲》第三段："那鬼神把人作梭，闪开包誑了一个笃坐。"｜《聊斋俚曲集·翻魇殃》第七回："他师傅不在家，就百样的方法作琐二相公，不依他念书。"｜《聊斋俚曲集·磨难曲》第二十六回："娟娟，我着爷俩个，可作琐煞了，光赏报子使的我精穷。"②破坏；糟蹋；挥霍：两口子攒的那几个钱而都叫他一个人～净了。③闯祸：这遭你算是～下了，我看你怎么办吧。④哆嗦；打颤：几个大汉们往那一站，还没说话他就吓得～腿了。

【作死】①zuǒ sī 找死；自寻死路：他那么干是想～｜元杂剧《鲁斋郎》第一折："你这弟子孩儿～也！我是谁，你骂我！"｜元杂剧《陈州粜米》第一折："（大斗子云）告的相公得知，一个老子来粜米，他的银子又少，他倒骂相公哩。（小衙内云）拿过那老子来。（正末做见科）（小衙内云）你这个虎刺孩～也！你的银子又少，怎敢骂我？"｜《红楼梦》第三十五回："一面想,一面只管走,不防廊上的鹦哥见林黛玉来了,嘎的一声扑了下来,倒吓了一跳,因说道:'～的',又扇了我一头灰。"｜《红楼梦》第六十九回:"秋桐正是抓乖卖俏之时,他便悄悄的告诉贾母王夫人等说:'专会～,好好的成天家号丧,背地里咒二奶奶和我早死了,他好和二爷一心一计的过。'"②zuō shi调皮到极点;胡作非为到极点:那个孩子从小就要～了。

【作业】zuò yě①教师给学生布置的功课:这孩子都是先写完～再吃饭。②作孽;惹祸:只要他安安顿顿地别～,挣钱多少都不要紧｜《醒世姻缘传》第二十六回:"(汉子与老婆)却又天生天化的一对,还恐怕老婆作的业不甚,还要骂说:'扯淡的私窠子!……还想明日吃得着他的哩!'"｜《醒世姻缘传》第四十回:"小厮这等～,你可晓得什么是嫖?成精作怪!"｜《醒世姻缘传》第四十二回:"那典屋的人贪价贱便宜,不肯豁脱,送了他一分厚礼,他方才不出来～,许人典了这房。"｜《醒世姻缘传》第四十四回:"这样～的孩子,你定要叫他三十而娶,这十四年里头,不知作出多少业来!"｜《醒世姻缘传》第四十五回:"娘怕姐姐还～,不放心,叫我来看看哩。"｜《醒世姻缘传》第五十一回:"却说珍哥自从晁源买到家中,前后里外整整～了一十四年……还亏不尽送在这等一个严密所在,还作的那业,无所不为;若不是天公收捕了他去,还不知作出甚么希奇古怪事来!｜《醒世姻缘传》第五十三回:"当初众人打抢晁夫人的家事时候,惟他不甚～;无奈众人强他上道,他只得也跟了众人一同乱哄。"｜《醒世姻缘传》第五十八回:"你爹合你姑夫来了,你两个这们作了顿业,我这前头似作梦的一般。"｜《醒世姻缘传》第五十九回:"起初巧姐不曾过门之先,薛家的人都恐怕他学了素姐的好样来到婆婆家～。"又:"那狄婆子起初病了,还该有几年活的时候,自己也有主意,凭他～,只是不恼。"｜《醒世姻缘传》第六十回:"嫂子,你别怪我说,你作的业忒大,你该知感俺娘打你几下子给你消灾,要不,天雷必定要劈。"｜《醒世姻缘传》第九十八回:"我劝狄友苏,说你这般～,天没有不报你的理,留着叫天诛你,狄友苏不必自做恶人。"

【捽】zuō 揪；扯：那人一把就把他～起来，还往哪儿跑｜《淮南子·泛论》："溺则～其发而拯。"｜宋濂《秦士录》："王令隶人～入，欲鞭之。"｜《元典章·刑部四》："其刘三到将张驴儿头发～挽不放。"｜《武王伐纣平话》中卷："纣王大怒，令左右～下皇伯比干，推在一壁。"｜元杂剧《渑池会》第三折："一只手将腰带～，谁敢将我当拦住！"

【坐地户儿】zuò dǐ hùr 当地老住户：他是～，有什么事儿找他都好办。

【坐清】zuǒ qing 沉淀后变清澈：把这些水～干净了再灌桶｜你把这些水～一阵儿再往锅里添。

后 记

天道人性，显于语言。作为咿呀学语的启蒙之音，方言描绘了我们来到这个世界最初的场景，记录了童年的真和青春的梦，也绘制了我们人生的底色，影响着我们一生的语言行为、情感牵系乃至思维方式。

多年来，我雄心勃勃地对这座城市的方言进行所谓穷尽性的搜集整理，试图捕捉住每一个不经意间从口中流淌出来的方言词汇，在众多历史典籍中寻取每一处与家乡方言有关联的蛛丝马迹，想以此窥得语言洪流之下一直被忽略的青岛方言的实面真容，揭示乡音土语背后的众多隐秘，探求其源与流、脉与根、神与魂。

因有这样的执念，有了这本《青岛方言》。虽然本书沿用了从语音、语法和词汇三个方面对方言进行分析解释的方式，但我清楚地知道这仅仅是方言的表象。方言是一个有血肉、有体温、有精神个性的生命，不应成为研究室里干巴巴的语言骨架。方言研究不能仅仅停留于对语言形式的分析，沉浸在以科学的高位对发音部位、语法结构的津津乐道或高深讲解之中，将抽象的规则视为方言的本质和全部。德国语言学家洪堡特认为，是语言的内蕴形式支配着其外部的语音、语法和词汇的结构，而这一内蕴形式就是精神格局。只有将方言研究与这方地域的文化精神对接贯通，才能探寻到更有价值的研究途径。方言的精髓与魅力，那种最荡气回肠、微妙传神的东西，绝不仅仅存在于我们张合吐纳的口型、拆解散落的词汇、总结归纳起来的语法中，更多地是体现在现实发生的具体说话行为中，蕴藏在饱含生活智慧的民谚俗语、充盈着民间元气的戏曲歌谣等诸多地域文化宝藏之中。人生万象，语言是我们的价值尺度；世界纵远，我们只是在语言的疆域里驰骋或者栖息。

本书虽然采用词典体例，但并不属于工具书的范畴。青岛作为一座五方杂处的移民城市，东言西语和南腔北调在此融汇，在不同的街道与村落，乃至不同的家族与群体中，也是读音各异，词义有殊。要全面系统地展现青岛方言的语言特点，辑录一本完全统一的方言词典绝非易事。因此，本书不着意于方言的专业分析，而是倾心于方言与民俗及地域文化的关系，选辑那些最具特色又行将消逝的老词古音，在青岛方言的世界里掬水撷叶，撮要取精，录其一斑。由于作者学识水平之囿，力有不逮，其中鲁鱼亥豕，挂一漏万之处一定存在，恳请方家和读者朋友不吝赐教。希望本书能提供一个相对便利的场景和一种可能性，方便读者透过这些一直处于主流话语边缘的民间词语，重新感受与认识由方言构筑起来的民间生活与民间世界，用自己的经历和故事、理解与想象对其进行解构重塑，使其变成一部属于自己的方言词典。

在此，要特别感谢中国海洋大学邢军教授、青岛大学于建松教授在我搜集整理过程中的不断鼓励和悉心指导；感谢青岛实验中学王生溪老师提出了诸多具有启发性的修改意见；感谢国家语言资源保护工程青岛方言发音人胡延竹老师对本书词条逐一核对发音，订正了许多在音义方面的疏漏与错误；更要感谢中国文联副主席、中国民间文艺家协会主席潘鲁生老师拨冗为本书作序，其勉励之言谆谆在耳。唯有在传承和保护青岛方言之路上与各位同乡知音一道持续探索，才能不辜负各位老师的付出与期望。

"暖暖青灯夜向深，卧听檐雨话乡音。"方言是暖心的人间烟火，记录了城市的故事和过往，传承着乡情与文脉，成为一种独特的文化坐标。历史是伟人的传记，而方言则是一代代平凡民众的碑传。谨以此书向每一位在青岛这片土地上生长、生活、奋斗的人致敬。

王建升

2022 年 7 月